한국어교육학 총서 **4**

언어·문화, 그리고 한국어교육

저자 소개

박 갑 수

서울대 명예교수, 연변대 과기학원 겸직교수
일본 天理大學, 筑波大學, 중국 洛陽外國語大學 초빙교수 역임
국어심의위원, 방송심의위원, 법제처 정책자문위원
한국어 세계화재단 이사
한국어능력시험 자문위원장
재외동포교육진흥재단 상임대표
(사)한국문화국제교류운동본부 이사장 역임
국어교육학회·이중언어학회·한국언어문화교육학회·한국문화 국제교류운동본부 고문
저서:『현대문학의 문체와 표현』,『고전문학의 문체와 표현』,『일반국어의 문체와 표현』,『신문광고의 문체와 표현』,『한국 방송언어론』,『국어교육과 한국어교육의 성찰』,『한국어교육의 원리와 방법』,『한국어교육과 언어문화 교육』,『재외동포 교육과 한국어교육』,『한국인과 한국어의 발상과 표현』,『우리말 우리 문화』(상·하),『재미있는 속담과 인생』,『교양인을 위한 언어·문학·문화, 그리고 교육 이야기』,『국어순화와 법률 문장의 순화』외 다수.

한국어교육학 총서 **4**

언어·문화, 그리고 한국어교육

초판 인쇄 2017년 11월 1일
초판 발행 2017년 11월 13일

지 은 이 박갑수
펴 낸 이 이대현
책임편집 이태곤
편   집 권분옥 홍혜정 박윤정 문선희
디 자 인 안혜진 최기윤 홍성권
마 케 팅 박태훈 안현진 이승혜
펴 낸 곳 도서출판 역락
       서울시 서초구 동광로46길 6-6 문창빌딩 2층(우 06589)
       전화 02-3409-2058(영업부), 2060(편집부)
       팩시밀리 02-3409-2059
       이메일 youkrack@hanmail.net
       블로그 http://blog.naver.com/youkrack3888
       등록 1999년 4월 19일 제303-2002-000014호

ISBN 979-11-5686-811-8 94370
       978-89-5556-021-3(세트)

정가는 뒤표지에 있습니다.

* 이 도서의 국립중앙도서관 출판예정도서목록(CIP)은 서지정보유통지원시스템 홈페이지(http://seoji.nl.go.kr)와 국가자료공동목록시스템(http://www.nl.go.kr/kolisnet)에서 이용하실 수 있습니다.(CIP제어번호: CIP2017026892)

한국어교육학 총서 4

언어·문화, 그리고 한국어교육

박 갑 수

역락

동물의 세계를 보노라면 저들의 생의 목표는 종족의 번식에 있는 것 같다. 짝짓기, 산란, 수정 등 일련의 과정이 생사에 직결되어 있다. 연어의 산란을 위한 모천(母川) 회귀(回遊)나, 수사마귀의 수정 뒤의 순사(殉死)는 그 중 대표적인 것이다. 그리고 이 과정에 소통(疏通)이 큰 비중을 차지한다.

사람들은 자신들의 삶을 위해 끊임없는 소통을 한다. 소통의 대표적인 수단은 언어(言語)를 주고받는 것이다.

언어는 사회를 반영하고, 사회를 반영하는 언어는 인간과 사회를 규제하고 구속한다. 언어는 사물을 반영하는 거울과 같이 객관적인 것이 아니다. 이는 민족문화(民族文化)에 따라 굴절되어 있다. 사람들은 객관적 사물의 반영체가 아니라, 민족문화가 반영되어 있는 언어로 사물을 표현한다. 그리하여 같은 객체(客體)를 민족에 따라 달리 표현한다. 예를 들면 우리가 "맵다, 뜨겁다"라 구별하는 것을 영어권에서는 다 같이 "hot"라 하고, 우리가 "맵다, 짜다"라 구별하는 것을 일본어에서는 다 같이 "からい"라 한다. 따라서 미국 사람이 "hot"라 하게 되면 우리는 "맵다"는 것인지, "뜨겁다"는 것인지 구별이 안 되고, 일본사람이 "からい"라 하게 되면 "맵다"는 것인지, "짜다"는 것인지 의심의 눈초리를 보내야 한다. 이에 대해 영어권 사람들은 "blue"와 "green"을 구별하지 않는 한·중·일어에 대해 의아해 한다. 이러한 언어 사실은 문화적 충격을 느끼게 한다. 따라서 원만한 소통을 하기 위해서는 언어와 그 배후인 언어문화를 바로 알지 않으면 안 된다.

한국어교육총서 제4권『언어·문화, 그리고 한국어교육』을 세상에 내어 놓는다. 이 책은 제목이 말해 주듯, 민족문화가 반영된 언어, 사회 환경, 곧 문화에 따라 달리 구사되는 언어와 한국어교육의 문제를 다룬 것이다. 언어는 문화의 색인이라 하듯, 문화를 반영하는가 하면, 앞에서 예화를 들었듯 언어는 특유의 민족문화를 반영한다. 따라서 이 책에서는 바람직한 한국어교육을 하기 위해 한국어 내지 한국의 비언어행동 및 문화적 배경에 대한 논의를 주로하고 있다.

이 책은 4부로 이루어져 있다. 제1부에서는 언어생활과 언어문화를 다루었다. 인사(人事), 표준발음법, 속담에 대한 논의는 언어생활에 대한 것이고, 세시풍속(歲時風俗)은 한·중·일의 "설"·"春節"·"正月"의 문화적 특성을 비교 고찰한 것이다. 제2부는 문화적 수용에 따른 언어문화의 특성을 살핀 것이다. 제1절은 어휘사(語彙史), 제4절은 전의사(轉意史)라 할 것이다. 제2절은 식생활(食生活)과 관련된 한·중 어휘문화의 비교이고, "발" 관계 논의는 한·일·영 관용구를 비교 고찰한 것이다. 제3부는 한국어교육과 비언어행동(非言語行動)을 고찰한 것이다. 제1절은 표현의 문제를 발상의 차원에서 일본어와 비교 고찰한 것이고, 제2절은 한국어 세계화의 문제를 비교적 초기인 2007년 다룬 것으로, 미발표의 논문이다. 객체언어와 환경언어의 문제는 비언어행동(非言語行動)의 문제로, 한국어교육의 문제로 처음 총괄적으로 다룬 것이다. 언어생활에 큰 비중을 차지하는 비언어행동이 앞으로 한국어교육에 큰 의미를 지녀야 할 것으로 생각된다. 제4부는 한국어와 한국 언어문화 교육의 문제를 다룬 것이다. 제1장은 기본적인 문제를 다룬 것이고, 제2장은 한국어의 특수한 언어 현상인 공손법을 B-L의 이론에 따라 살펴본 것이다. 이는 특정언어의 특수한 언어현상이 개별언어의 이론이 아니라, 보편적 언어이론의 추구에 의해 해명하는 것이, 특히 외국어 교육에 있어 좀 더 바람직하지 않겠느냐는 제안이기도 하다. 호칭(呼稱)은 한・중・일을 비교해 그 특성을 드러냄으로, 한국어교육에서 가족 호칭어의 효과적 교육 방법을 찾아본 것이다. 능력시험(能力試驗)의 방안은 새롭게 방안을 제시한 것이 아니다. 오히려 현행 능력시험이 치러지기 전에 작성된 것이다. 역사적인 자료로 본서에 수록하는 것이 좋겠다는 주변의 권유로 수록하였다. 여기에는 일본에서 수행한 한국어 능력 검정시험에 대한 정보 내지 비사(秘史)도 다루어지고 있다.

한국어교육은 그간 많은 발전을 거듭해 왔다. 준비도 안 된 상황에서 피동적으로 수행된 한국어교육이다. 그리하여 초기에는 언어 사실에 집착한 남어지 언어와 표리관계에 있는 문화에 대해서는 미처 주의를 기울이지도 못했다. 그러던 한국어교육이 근자에는 문화교육의 필요성을 절감하고, 이에 많은 관심을 가지고 교육을 수행하고 있다. 앞으로 한국의 언어문화를 계속 발굴하여 이를 한국어교육에 활용함으로 한국어교육이 한층 발전하게 되기를 기대한다.

2017년 9월 20일
瑞草書室에서 南川 씀

제2부 한국어와 문화적 수용

제4부 한국어와 한국 언어문화 교육

제1부

언어생활과
언어문화

제 1 장 커뮤니케이션 문화로서의 인사

1. 서언

인간생활의 큰 원칙은 협동에 있고, 이는 언어에 의해 이루어진다. 그리고 이의 기초를 이루는 것이 인사(人事)다.

'인사'는 하나의 커뮤니케이션의 수단이다. 커뮤니케이션은 '정보를 교환하는 과정'이다. 커뮤니케이션은 의도적인 것과 비의도적인 것이 있다. 인사는 의도적인 사교적 의례(儀禮) 행위다. 인간생활을 원활히 운영하기 위해 수행하는 것이다.

동물은 적(敵)은 말할 것도 없고, 동종 사이에서도 서로 접근하면 일종의 심리적 불안을 느끼고, 긴장상태에 빠진다. 이 긴장 상태는 많은 경우 상대방에 대한 경계 또는 적의의 형태로 나타난다. 그리고 적의가 없다고 확인될 때 평상상태로 돌아간다. 사람들의 경우도 마찬가지다. 남과 접촉할 때 본능적으로 불안을 느끼고 반발한다. 그리고 상호간의 권력(power) 관계를 확인하고 이에 따라 협동행위를 취하게 된다. 원만한 인간관계를 취한다. 인사는 이러한 인간관계를 형성하고 유지하기 위한 중요한 수단이다.

이 글에서는 '인사', 그것도 커뮤니케이션 문화로서 우리의 인사를 중심으로, '인사' 일반에 관해 살펴보기로 한다.

2. '인사'의 성격과 인사말

2.1. '인사'라는 말의 명명과 정의

서언에서도 언급한 바와 같이 사람들은 낯선 사람과 마주칠 때 상대방이 어떤 사람인지 몰라 불안해 하고 경계를 한다. 이때 사람들은 대화를 나누고 인사를 한다. 한 마디 말이나, 짧은 인사를 교환함으로써 불안과 경계심을 풀고, 서로 우호 관계를 지닐 수 있는 동료 여부를 확인을 하는 것이다. 이때 '인사'의 형태는 그 사회나 문화의 특성을 반영한다.

어떤 사람을 만나거나 헤어질 때 의례적인 표현을 한다. 이를 우리는 인사(人事)라 한다. '人事'라는 한자말이 '관리나 직원의 임용, 해임, 평가 따위와 관계되는 행정적인 일'의 의미가 아닌, 이러한 뜻으로 쓰이는 것은 동양 삼국 가운데 우리가 유일하다. 중국에서는 우리의 인사에 해당한 말을 '문후(問候), 문호(問好), 한훤(寒暄), 타초호(打招呼)' 등 문맥에 따라 여러 가지로 구분하여 달리 사용한다. 일본에서는 이를 주로 '아이사쓰(挨拶)'라 한다(박갑수, 1992). '에샤쿠(會釋), 오지기(お辭儀)'도 인사를 나타내는 말이다.

'인사'를 왜 '인사(人事)'라 하는가? "인사"란 "사람의 일", 곧 "사람 노릇"을 뜻하는 말이다. 이 인사에는 두 가지 의미가 있다. 하나는 '수인사

(修人事)’의 ‘인사’이고, 다른 하나는 ‘진인사(盡人事)’의 ‘인사’다. ‘수인사’
는 ‘인사를 닦는 것’으로, 이는 성의를 나타내는 것과 안다는 표시를 하
는 것이다. 상대방을 만나 경의를 표하는 동작은 성의를 나타내는 것이
고, ‘안녕하세요’라 말하는 것은 아는 표시를 하는 것이다. ‘진인사’는
‘사람의 일을 다 한다’는 것으로, “진인사대천명(盡人事待天命)”이란 말이
이의 단적인 예이다. 이는 “사람이 해야 할 일을 다하고, 천명을 기다린
다”는 말이다. 예의작법으로서의 ‘인사’는 이처럼 “사람의 일”, “사람이
마땅히 해야 할 일”을 의미한다. 그리고 이는 나아가 “사람으로서 지켜
야 할 예나 도리”라고 하는 ‘인사’의 의미로 발전하였다고 할 수 있다.
그래서 이는 언어, 동작, 나아가 부조(扶助)라는 형식으로 나타난다. 우리
의 ‘인사’를 나타내는 말에는 한자어 ‘인사(人事)’ 외에 고유어 ‘고마’,
‘고마ᄒ다’가 있다. 이는 오늘날 사어(死語)가 되었다. 조선조 초기의 ‘석
보상절(釋譜詳節)’에 ‘서로 고마ᄒ며 드르샤 說法ᄒ시니’가 그 예다. 이
‘고마ᄒ며’가 오늘날의 ‘인사하며’에 해당한 말이다. ‘고마ᄒ다’는 본래
‘공경하다’를 뜻하는 동사다. 우리 조상들은 인사를 한자어 ‘인사’의 경
우와는 달리 ‘공경하는 것’으로 파악하기도 한 것이다. ‘고마’는 ‘고마
경(敬), 고마 건(虔)’<신증유합>과 같은 용례를 보여 준다. 오늘날의 ‘고
맙다’란 명사 ‘고마’에서 파생된 형용사이다. ‘고마하다’란 동사는 ‘인사
하다’로 바뀌었고, 형용사는 오늘날에 남아 ‘감사하다’란 뜻으로 쓰이고
있다.

　우리의 ‘인사’에 대한 일본어 ‘아이사쓰(挨拶)’는 그 어원이 좀 색다르
다. 이 말은 불교 선종(禪宗)의 ‘일애일찰(一挨一拶)’에서 연유한다. 이는 문
하승(門下僧)의 깨달음의 정도를 시험하기 위해 행하는 ‘문답’을 의미하던
말로, 여기서 나아가 그 의미가 일반화하여 주고받는 의례를 의미하게
되었다. ‘애찰(挨拶)’은 본래 ‘밀 애(挨), 밀 찰(拶)’로 질문을 하면 대답하

고, 다시 질문을 하면 대답한다는 의미의 말이다. 이것이 인사말이 주고
받는 형식임으로 이에 전의된 것이다. '에샤쿠(會釋), 오지기(お辭儀)'는 머
리를 숙여 절하는 가벼운 절(인사)을 의미한다.

한어(漢語)에는 우리의 '인사'에 일대일로 대응되는 말이 따로 없고, 여
러 가지로 구분하여 대응된다. 앞에서 예를 든 '문후(問候), 문호(問好), 한
훤(寒喧), 타초호(打招呼)' 등이 그것이다. '문후(問候)'란 시절, 또는 사계(四
季)의 변화에 따라 문안을 하는 것이고, '한훤(寒喧)' 역시 한훤문(寒喧問),
한훤례(寒喧禮)를 의미하는 말로, 춥고 더움, 곧 기후에 따른 안부를 묻는
것이다. '문호(問好)'는 호부(好否)의 안부(安否)를 묻는 것이고, '타초호(打招
呼)'는 가벼이 인사하는 것이다. 이밖에 경사를 치하하는 '치사(致謝)', '치
경(致慶)' 등도 있다. 이렇게 한어에서는 그 의미 내용에 따라 '인사'에
관한 말을 다양하게 구별, 사용한다.

영어로는 인사를 Greeting, Salutation이라한다. Greeting은 인도게르만
의 조어(祖語) *ghred-, *ghrod-란 '반향(反響)하다'를 뜻하는 말에서 파생
된 것이며, Salutation은 라틴어 salutare란 '건강, 복지'를 뜻하는 말에 연
유한다. 따라서 이들은 소리 지르거나, 안전을 기원하는 구체적 사실에
서 인사를 나타내는 말이 태어난 것이라 하겠다. 그러나 사실은
greetings는 축하 인사를, salutation은 편지 모두의 인사를 뜻해 '인사'라
는 뜻을 나타내는 단어는 따로 없는 것으로 본다.

그러면 '인사'는 어떻게 정의될 수 있는가?

'인사'란 "사람과 사람이 만났을 때나 헤어질 때 교환되는 사교적, 혹
은 의례적 말이나 동작"이라 정의한다. 그러나 이러한 정의는 인사의 대
상 및 인사하는 시점, 인사의 동기, 인사의 형식, 인사의 내용, 인사의
표현수단, 인사말의 특성 등의 조건, 내지 구조를 감안할 때 다소간에
바뀌게 마련이다. 이들 특성을 간단히 살펴보면 다음과 같다(比嘉, 1981).

① **인사의 대상**

인간과, 인간이 아닌 대상에게도 인사가 가능하다. 가축, 고향 산천, 신불(神佛) 등 의인화 대상은 다 대상이 될 수 있다.

② **인사의 시기**

인사하는 때, 계제는 우연한 만남과 의도적 만남에서 다 가능하다. 대표적인 시기는 만날 때와 헤어질 때, 그리고 특별한 절목(節目), 곧 생일, 설, 성탄절 등을 들 수 있다.

③ **인사의 동기**

인사는 개인적 동기와 사회적 동기에 의해 이루어진다. 이에 대해서는 아래에서 다시 논의할 것이다.

④ **인사의 상호성**

인사의 형식은 원칙적으로 상호 교환적이나, 일방적 통행인 경우도 있다. 동물이나 무생물, 사자(死者), 그리고 말을 못하는 어린이의 경우는 인사를 받기만 한다.

⑤ **인사의 성격**

인사의 기능은 친교적인 것으로 대인관계를 유지하기 위한 것이다. 이는 사교적 행위와 의례적 행위로 나눌 수 있다.

⑥ **인사의 표현수단**

언어 외에 비언어적 행동, 및 언어에 비언어 행동이 수반되는 경우가 있다. 선물과 같이 물품을 건넴으로 이루어지기도 한다. 비언어행동은 부차언어적 기능과 대용어적 기능을 드러내는 경우가 있다.

⑦ **인사말의 종류**

입말(口語)과 글말(文語)로 나뉜다. 편지의 인사말은 글말의 대표적인 것이다.

⑧ 인사말의 성격

인사말은 실질적 의미를 지니는 경우와, 그렇지 않은, 환정적(喚情的) 기능만을 드러내는 경우가 있다. 정형성을 지닌, 관용적 인사말은 대체로 환정적 기능만을 드러낸다.

⑨ 인사의 독창성

실질적 내용을 전달하는 경우와 일정한 형식의 관용어를 사용하는 경우가 있다. 다시 말하면 실질적 의미를 지닌 개성적인 표현과, 정형성을 지닌 관용적 표현의 인사말이 있다. 인사말은 '장면에 어울리는 인사'를 해야 하나, 이는 독창적 표현을 한다기보다 장면에 어울리는 정형적인 관용적 표현을 하는 경우가 많다.

이상 '인사'의 구체적 특성을 살펴보았다. 이러한 구체적 특성을 고려할 때 인사의 의미가 비로소 분명해지고, 구체적 정의를 내릴 수 있게 된다.

2.2. 인사의 성격과 커뮤니케이션

인사를 정의하여 "사교적, 혹은 의례적 말이나 동작"이라 하였다. 이는 인사의 일반적 성격을 말해 주는 것이다. 이 밖에 인사는 인사의 개인적 동기와 사회적 동기란 성격에 의해서도 규정된다. 인사는 이러한 광의의 성격으로 말미암아 인사라는 특수한 커뮤니케이션을 하게 된다. 그리고 인사가 관습적으로 행해짐으로 말미암아 인사말은 실질적 의미인 통달적(通達的) 기능보다 감정이나 태도를 환기하는 정서적(情緖的) 기능을 많이 드러낸다.

그러면 좁은 의미의 인사의 성격부터 보기로 한다. 인사를 한다는 것은 상대방에게 적의(敵意)를 품고 있지 않으며, 호의를 가지고 있다는 표시이고, 나아가 상대방의 친구이며, 협동할 수 있는 사이라는 것을 나타낸다. 이는 특히 사교적(社交的) 인사의 경우 그러하다. 따라서 상내방이 호감을 가지도록 하는 언어 내지 신체적 동작에 유의하게 된다. 이때의 인사말에는 사랑과 신뢰와 경의(敬意)가 담긴다. 대표적 신체적 동작에 의한 인사인 악수만 하여도 무기를 지니고 있지 않다는 평화의 몸동작이다. 이에 대해 정형(定型)의 의례적(儀禮的) 인사는 주로 공식적인 장소이거나, 관혼상제 및 명절과 같이 사회적으로 정해진 일정한 때와 장소에서 행해진다. 이때의 인사는 같은 집단 내지 사회의 일원임을 확인하는 구실을 한다. 인사말은 개성적인 창작이기보다 일정한 틀이나 형식을 갖춘 관용어에 의해 행해진다. 따라서 그 형식이나 틀을 알아야 인사를 제대로 할 수 있다. 그렇지 않으면, 이방인이거나, 교양 없는 사람으로 취급된다. 그래서 인사는 성인(成人)의 표지라고까지 한다.

인사의 동기는 앞에서 언급한 바와 같이 개인적 동기와 사회적 동기로 나뉜다. 개인적(個人的) 동기(動機)는 주로 인간관계를 형성하거나 유지하고자 하는 것이다. 이에 대해 사회적(社會的) 동기(動機)는 사회적 관계를 형성하거나 유지하고자 하는 것이다. 이들은 다만 적의나 악의가 없다는 것을 나타내는 소극적 인사에서부터 사랑과 존경과 공순(恭順)을 강력하게 드러내는 적극적 인사에 이르기까지 다양하다.

인간관계는 부자, 부부, 친척, 친구, 이웃 등 다양하다. 이러한 인간관계를 형성·유지하기 위해 인사말을 건넨다. 인간관계의 인사말은 친해질수록 말수가 적어지며, 친할수록 말을 생략·단축하는 경향을 보인다. 부부나 친한 친구 사이의 인사를 생각하면 쉽게 이해된다.

사회적 동기의 인사는 과거 봉건주의(封建主義) 사회의 영향이 큰 것으로 일러진다. 사회체제나 조직을 유지하기 위한 수단의 하나로 인사를

하게 한 것이다. 곧 지배자는 피지배자에게 인사를 강요함으로, 서열의
식과 사회계급 의식을 강조하고, 인사를 통해 윗사람에게 공순(恭順)의
뜻을 나타내도록 한 것이다. 이는 원칙적으로 하위자(下位者)가 상위자(上
位者)에게 인사하는 것이다. 예(禮)를 중시하는 신분사회에서도 이러한 경
향을 드러낸다. 존장자(尊長者)를 공경하는 유교문화가 이러한 것이다. 따
라서 이는 평등의 대등한 인사가 아닌, 하위자의 상위자에 대한 공순의
차별적 인사로, 동양 삼국에 발달되었다. 이러한 인사는 오늘날의 예절
교육에 의해 현대사회에도 계승되고 있다. 한국의 교육과정에 반영된 초
등학교의 '인사하기'의 규정을 몇 개 보면 다음과 같다.

* 문교부령 제44호(1955)
    2. 인사, (대화, 문답, 토의…) (ㅡ 초등학교 국어과의 영역, (ㅡ) 언어
        경험의 요소 중, '음성언어의 경험' 중 '서로 말하기')
    3. 간단한 인사를 할 수 있게 한다(1학년 말하기 지도목표)
    6. 인사와 소개를 예절 바르게 할 수 있다. (5학년 말하기 지도목표)
* 문교부령 제 제119호(1963)
    (4) 여러 가지 형식의 인사를 한다.(2. 국어과의 목표)
    6. 인사와 소개를 예절 바르게 하도록 한다. (5학년 말하기 지도목
        표)
    2. 인사, (대화, 문답, 토의…) (ㅡ 초등학교 국어과의 영역, (ㅡ) 언어
        경험의 요소 중, '음성언어의 경험' 중 '서로 말하기') (Ⅲ 지도
        내용, (1) 언어 경험의 요소, 음성, 언어(말하기 듣기의 경험) ②
        서로 말하기
* 문교부령 제310호(1973)
    ①인사, (문답) ([지도 사항 및 형식](1) 말하기 (나) 주요 형식)

한국에서는 이렇게 예절교육의 일환으로 '인사하기'를 교육의 대상으

로 삼고 있다. 이는 오늘날의 우리 사회적 현실을 고려하여 평등 아닌, 차별적 인사하기를 여전히 가르치고 있는 것이다. 이는 한국 사회가 민주사회라 하나, 유교적 신분사회로 존비상하를 명확히 하는 것이 사회적 결합을 강화하고, 질서를 지니게 하여 사회생활을 원활하게 할 수 있다고 생각하는 데서 말미암은 것이라 하겠다.

2.3. 인사말의 표현 구조

한국의 인사말은 어떤 표현구조로 이루어지고 있는가?

인사는 일상생활에서 안부를 묻고 답하는 수인사(修人事)와, 경사(慶事)·애사(哀事) 등에 의례적으로 행하는 인사, 결혼·사망·취직·퇴직·전직·수상·개업·이사(移徙)와 같이 인생사를 알리는 고지(告知)의 인사 등이 주를 이룬다. 이렇게 볼 때 인사는 인간생활 전반과 관련된다. 사람들이 인간관계 내지 사회관계를 형성·유지하는 하나의 방법은 수인사하고, 상대방을 축하하고 위로하는 외에, 자기 신변의 변화를 알려 상호간의 유대관계를 공고히 하는 것 등이 있다. 이런 의미에서 인사는 '사람이 마땅히 해야 할 일'이며, 유념해야 할 사실임이 분명하다.

일상생활의 인사는 반복적인 장면이 지니는 특성과, 장면(場面)에 어울리는 표현을 해야 한다. 따라서 일상의 인사는 일상생활의 반복성으로 말미암아 장면에 따라 정형화한 일정한 문구를 사용하는 경향이 짙다. 여기서 장면이란 때, 장소, 날씨, 상대방, 사정, 상황 등 인사란 언어행위를 하는 환경을 말한다. 아침에 '안녕히 주무셨습니까?', 외출할 때 '다녀오겠습니다.', 이웃의 어른을 만났을 때에 '안녕하십니까?'라 하는 따위가 그것이다.

이러한 일상생활에서의 인사말의 형식에 대한 일본과 독일의 조사가 있다. 이는 우리 인사말을 살피는 데 참고가 된다. 이들 조사는 일상에 빈번하게 나타나는 다음과 같은 13 장면에 대한 조사를 한 것이다(문화청, 1986).

① 아침에 일어나 가족과 처음 만났을 때
② 저녁에 잠들기 전 가족에 대해
③ 석식(夕食)을 먹기 시작할 때
④ 석식을 다 먹은 뒤
⑤ 자기가 외출할 때 가족에게
⑥ 가족이 외출할 때 배웅하며
⑦ 자기가 귀가해 가족에게
⑧ 가족이 귀가했을 때 맞으며
⑨ 아침에 길에서 이웃의 친한 사람과 만났을 때
⑩ 점심 때 길에서 이웃의 친한 사람과 만났을 때
⑪ 저녁 때 길에서 이웃의 친한 사람과 만났을 때
⑫ 오늘이 생일인 동성의 지인을 만났을 때
⑬ 가족에게 불행한 일이 있은 지인을 만났을 때

위의 장면에서 사용되는 인사말은 일본과 독일에서 그 종류가 다음과 같이 나타난다.

	①	②	③	④	⑤	⑥	⑦	⑧	⑨	⑩	⑪	⑫	⑬	계
일본	8	12	4	11	35	28	12	20	6	11	14	39	120	310
독일	55	81	54	46	99	99	102	106	67	74	61	129	127	1110

위의 도표에서 알 수 있는 바와 같이 일본에 비해 독일은 다양한 인

사말을 사용하는 것을 보여 준다. 이는 다시 말하면 일본은 정형성의 관용적 인사말을 많이 하고, 독일은 개성적 실질적인 인사말을 많이 하는 것을 의미한다. 일본의 경우는 위의 13가지 장면에서 두어 가지 언어 형태, 곧 정형이 압도적 사용빈도를 보인다. 우리의 경우는 이러한 조사가 행해져 있지 않아 단언은 할 수 없으나, 전통적 인사말은 일본의 경우와 같이 정형성의 인사가 많이 행해지는 것이 분명하다. 일상의 안부를 묻는 구어의 인사말의 표현 구조에 대한 언급은 의례적인 인사 및 고지(告知)의 인사, 그리고 문어(文語)의 인사와 비교 설명하기 위해 잠시 뒤로 미루기로 한다.

의례적 인사와 인생사의 고지(告知)라는 인사의 표현구조는 일반 문장이 다 그러하듯, 대체로 전문(前文)·주문(主文)·말문(末文), 곧 서론 본론 결론의 삼부로 이루어진다. 이러한 형식은 특별히 문어(文語) 인사의 경우 더욱 그러하다. 전문은 말을 트는 것으로, 대체로 먼저 시후(時候)에 대해 언급하고, '안녕하시냐?'고 안부를 묻는다. 그리고 그간의 호의에 감사하고 적조했음을 사과한다. 주문은 본론으로, 그 동안 자기주변에 일어난 사실을 알린다. 문어의 경우 흔히 '아뢰올 말씀은 다름이 아니옵고...'란 도입문을 앞세워 본론으로 들어간다. 말문(末文)은 결사(結辭)로, 상대방의 건강과 행복을 기원하고, 다음날을 약속한다.

고지(告知)의 인사, 그 가운데도 문어에 의한 인사는 위의 삼부 구조를 충실히 지키는 경향을 보인다. 그러나 바쁘거나, 그럴 필요가 없을 때는 '전략(前略)', 또는 '제번(除煩)'이란 말로 대신하고 본론으로 들어가기도 한다.

이와 달리 앞에서 언급한 일상생활 속에서 행해지는 구어로 된 문안 인사의 경우에는 구조를 다소간에 달리 한다. 이는 흔히 앞에서 언급한 '전문(前文)'만으로 이루어지는 경우가 많다. 평안과 건강의 기원, 자명한 사실의 확인, 일과 건강의 확인 등으로 나타난다. 그리고 한국어의 경우 각각 주로 청유문, 평서문, 의문문으로 이루어진다는 특성을 지닌다. 이의 형식은 대체로 다음과 같은 순서로 전개된다.

① 고개 숙이는 절, 또는 목례, 손짓 등 신체동작
② '안녕하세요?'란 관용적 인사말
③ '날씨가 참 좋네요.' 등 시후
④ '저번에 고마웠습니다.'나, '지난번에는 폐를 끼쳤습니다.' 등 유대 확인

그러나 일반적으로 안부 인사를 할 때 이 과정도 다 거치지 않는다. 대부분의 경우 ①②의 과정으로 인사를 마친다. 정중한 인사의 경우 ③④와 다음과 같은 절차가 이어진다.

⑤ '실은 이번에 …을 하게 되었습니다.' 등 인생사 고지
⑥ '앞으로 잘 부탁드리겠습니다.' 등 유대 계승 희망
⑦ '그러면 이만 가보겠습니다. 안녕히 계십시오.' 등 작별인사

인사말의 표현구조와 관련해서는 언어의 구조에 대해서도 언급을 해야 한다. 그것은 인사말에 관용적인 정형(定型)이 있느냐 없느냐의 여부와, 대우법의 문제다. 관용적인 정형이 있는 경우에는 이를 사용해 부담 없이 인사를 교환할 수 있다. 그렇지 않고 실질적 개창적(改創的)인 인사말을 하여야 할 경우에는 아무래도 심리적 부담을 갖게 되고, 인사를 잘 하지 않게 된다. 이의 대표적인 예가 식사(食事) 전후의 인사와 외출 전후의 인사 같은 경우다. 일본어에서는 식사 전후에 "이타다키마수"와 "고치소우사마"라는 정형(定型)의 관용어를 사용한다. 우리에게도 이에 대응

되는 "잘 먹겠습니다."와 "잘 먹었습니다."란 인사말이 있다. 그러나 이들은 외형상 비슷해 보이나 같은 인사말이라고 할 수 없다. 일본어의 경우는 상하귀천 없이 누구에게나, 어느 때나 쓸 수 있는 보편적 정형(定型)의 관용어인데, 우리의 경우는 정형이라 하기에는 문제가 있다. 보편적인 것이 아니고, 상대에 따라 형태가 바뀌어야 한다. 화계(speech level)를 달리한다. '잘 먹겠습니다'에 대해 '잘 먹겠다', '잘 먹겠네', '잘 먹었습니다'에 대해 '잘 먹었다', '잘 먹었네'와 같이 화계를 달리 하여 표현을 한다. 따라서 우리의 인사말은 준정형(準定型)의 관용어라 하여야 할 것이다. 그래서 눈앞에 인사할 상대가 없는 경우에는 일본의 경우와는 달리 흔히 이런 인사를 하지 않는다. 이는 물론 문화의 차이와도 관련된다. 윗사람은 이에 아무래도 식사 전후의 인사에 제한을 받는다. 그래서 식사 전후의 한국의 인사말은 일본어에 비해 사용빈도가 낮다(홍민표, 2007). 외출 전후의 인사도 마찬가지다. 일본어의 경우는 "잇테 기마수", "다다이마"라 인사한다. 한국어로는 "다녀오겠습니다.", "다녀왔습니다."라 한다. 이들도 식사 전후의 인사말과 같이, 일본어는 보편적 정형의 관용어인데, 한국어의 경우는 그렇지 않다. 보편적 관용어가 못 된다. 대우법에 따라 달리 표현해야 된다. 이렇게 언어의 구조에 따라 인사말의 구조가 달라지고, 이는 나아가 사용빈도에도 영향을 미친다. 식사 전후, 외출 전후의 인사는 서구어(西歐語)도 보편적 관용어가 없어 사용 빈도가 한국어와 같이 낮은 것으로 나타난다(홍민표, 2007).

다음에는 인사말의 표현 가운데 특히 한국의 전통적 인사의 표현 형식을 보기로 한다. 평상시와 경사 때, 그리고 애사(哀事) 때로 나누어 보면 다음과 같다.

먼저 평상시의 경우를 보기로 한다. 우선 가정에서는 혼정신성(昏定晨省)을 했다. 이 때 인사말은 대체로 관용적으로 익은 말을 사용한다. 저녁에는 "평안히 주무십시오.", 또는 "안녕히 주무십시오."라 한다. 아침에는 "편히 주무셨습니까?", 또는 "방이 차지나 않으셨습니까?"라 했다. 남과 만났을 때 아침에는 "안녕하십니까?"라 하고, 점심때에는 "점심 잡수셨습니까?", 밤에는 "안녕히 주무십시오."라 했다. 처음 만난 사람과는 '대객초인사'라고 먼저 담배를 권하고, "초면에 실례합니다. 통성명이나 합시다."라고 통성명을 청했다. 여러 날만에 만나는 경우는 "그간 안녕하십니까?", 또는 "그간 별고 없으십니까?"라 안부를 물었다. 행인을 만났을 때는 "어디 출타하세요?", 또는 "어디 가세요?"라 인사하였다. 그러면 "서울에 좀..." 하거나, "네!"라 응대한다. 인사가 통달적(通達的) 의미의 말이 아니라, 정서적(情緒的) 의미의 말임을 이미 인식한 대답이다. 이러한 문화를 모르는 경우는 일일이 구체적으로 응대하는 우(愚)를 범하게 된다. 개화기에 어떤 외국인 선교사는 실제로 이런 우를 범해 길을 제대로 가지 못한 것으로 알려진다.

경사 때의 인사말도 일정한 형식의 인사말이 있었다. 어른에게 새해 인사를 할 때는 "과세 안녕하십니까?"라 하였다. 요사이의 관용적 표현 "복 많이 받으세요."라고는 하지 않았다. 덕담은 아랫사람이 아닌, 윗사람이 하는 법이다. 인륜지대사(人倫之大事)인 혼사에서는 당사자에게 "좋은 연분을 만나 얼마나 즐거우신가?", 또는 "천정배필을 만나 얼마나 기쁘십니까?"라 하였다. 혼주(婚主)에게는 "현부를 얻으시니 기쁘시겠습니다."라 했다. 그러면 혼주는 "첫째 일기가 좋아서 내객에게 미안하기가 덜합니다."라 완곡하게 응대하였다. 출산의 경우는 아들의 경우는 "농장지경(弄璋之慶)을 축하합니다."라 했고, 딸의 경우는 "농와지경(弄瓦之慶)이 어떠십니까?"라 했다. 그러면 "순산을 하였으니 다행입니다."라 응대하였다. 생일 축하의 경우는 "생신을 축하합니다."가 대표적인 인사말이었다. 그렇지 않으면 "만수무강하십시오."라 하거나, "더욱 강녕하십시오."

라 하였다. 오늘날의 감탄사 '만세(萬歲)'도 사실은 "만세, 만세, 만만세'라고 장수를 기원하던 인사다.

애사(哀事)의 인사는 논어(論語)에 상사(喪事)는 잘 차리기보다 슬퍼할 것이라고 하였듯 위로하고 슬퍼하는 것을 위주로 하였다. 그래서 조문인사는 몰라서가 아니라, 슬픔을 드러내기 위해 끝을 흐렸다. 이러한 경향은 일본에도 보인다. 조객은 상주와 맞절을 하고, "상사 말씀 무어라 드릴 말씀이 없습니다."라 하거나 "상사를 당하시어 얼마나 망극하십니까?"라 하였다. 그러면 상주는 "망극하기 한이 없습니다.", 또는 "망극합니다."라 했다. 문병인사는 "얼마나 고생이 되십까?"라 위로하거나, "속히 쾌차하시길 빕니다."라 쾌유를 기원했다. 작별할 때는 "잘 조섭하십시오."라 당부했다. 이밖에 재화(災禍)를 당했을 경우에는 "무어라 여쭐 말씀이 없습니다."라 하거나, "그래도 그만하기 다행입니다."라 위로의 말을 건넸다.

이렇게 의례적인 인사말은 일정한 형식이 있었다. 그러나 이들도 상대방에 따라 호칭과 어미가 달라져야 하는 미완(未完)의 정형이었음은 물론이다.

3. 비언어행동의 인사

인사는 말과 행동으로서 이루어진다. 따라서 이번에는 비언어행동으로서의 인사를 보기로 한다. 비언어행동으로서의 인사도 언어와 마찬가지로 민족과 국가에 따라 다양하게 행해진다. 절, 목례, 악수, 포옹, 입맞춤, 탈모, 손 흔들기 등이 그것이다. 여기서는 우선 나라와 민족에 따라 달리 행해지는 이 비언어행동의 인사를 長新太(1989), 飛田良文(2001), 이

노미(2007), 홍인표(2010), 박갑수(2013) 등을 바탕으로 개괄해 보기로 한다.

한국·일본·인도네시아에서는 고개 숙여 절을 하고, 태국과 인도·캄보디아에서는 두 손을 모으는 합장을 한다. 유럽에서는 볼에 입을 맞추는 비주(bisous)를 한다. 프랑스·콜롬비아에서는 악수를 즐겨 한다. 아랍·아메리카·스페인·이탈리아·수단·몽골인은 포옹 뒤에 어깨를 두드리는 아브라소(abrazo)를 잘 한다. 이스라엘에서는 마주 서서 서로 어깨를 두드리며 샬롬(shalom)이라는 인사말을 건넨다. 알래스카에서는 부탠니(butanni)라며 두 주먹을 코앞에 대고 상대방의 주먹과 서로 비빈다. 미얀마, 말레시아, 에스키모인은 코를 가까이 대어 냄새를 맡는다. 티베트에서는 귀를 잡아당기며, 혀를 길게 내민다. 뉴질랜드의 마오리족은 키아오라(kiaora)라 하면서 손을 잡고 상대방의 코를 두 번 비비는 홍이(hungi)라는 인사를 한다. 아이누족과 파푸아뉴기니아의 한 부족은 오래간만에 만나 기쁠 때는 엉엉 울어 인사한다. 폴리네시아에서는 코와 코를 좌우로 비빈다. 중남미에서는 일반적으로 남성끼리는 악수를, 여성끼리는 뺨에 키스를 한다. 멕시코에서는 남성끼리 악수를 한 뒤 포옹하고, 가볍게 어깨를 두드린다. 아르헨티나에서는 남성끼리도 친한 경우 볼에 키스를 한다.

비언어행동으로서의 인사는 원거리에서 행해지는 경우와 근거리에서 행해지는 경우가 있다. 그리고 근거리에서 행해지는 경우는 신체적 접촉을 하는 접촉형(接觸型)과, 비접촉형이 있다. 악수나, 포옹, 입맞춤은 접촉형, 우리의 절이나 인도의 합장, 중국의 읍(揖) 따위는 비접촉형의 인사라 할 수 있다. 그리고 비언어행동의 인사는 언어행동을 수반하는 경우와 그렇지 않은 경우가 있다.

비언어행동으로서의 인사도 언어에 의한 인사와 마찬가지로 다양하다. 그리고 비언어행동으로서의 절도 언어와 마찬가지로 문화에 따라 차

이를 보인다. 앞에서 살펴본 일본 문화청의 자료에 의하면 일본과 독일
은 인사로서의 비언어행동에 상당한 차이를 보인다. 우선 언어와 마찬가
지로, 일본의 비언어행동에 정형성이 많고, 독일의 비언어행동에 정형성
이 적은 것으로 나타난다. 그리고 습관의 차이로 비언어행동의 유형도
달리 나타난다. 우선 고두(叩頭)는 일본과 독일의 비언어행동의 인사로서
큰 비중을 차지한다. 손 흔들기는 큰 비중을 차지하는 것은 아니나, 두
나라 모두가 즐겨 사용하는 인사 형태다. 이와 달리 절요(折腰)의 절은 일
본에서만 볼 수 있는 인사의 주요 형태이고, 악수, 입맞춤, 포옹은 주로
독일에서 보여 주는 주요한 인사 형태다. 손 흔들기는 일본에서 본인이
외출할 때나, 가족을 배웅할 때 많이 사용하는 제스쳐다. 독일에서는 비
중은 크지 않으나, 예의 13 장면에서 두루 행해진다. 비언어행동에 의한
우리의 인사는 대체로 일본의 경향과 비슷하다고 할 수 있다.

한국의 비언어행동으로서의 대표적인 인사는 절을 하는 것이다. '위지
동이전(魏志東夷傳)'에 의하면 절은 이미 부여(夫餘)시대에 행해지고 있었
다(皆跪手據地竊語)(太田, 1928). 이는 사회심리학적으로 보면 고개를 숙임으
로 굴종을 나타내는 것이다. 우리의 절에는 큰절과 반절, 그리고 서서
고개를 숙이는 가벼운 절이 있다.

전통적인 큰절은 애경사(哀慶事)에서 행해졌고, 오늘날에도 계승되고
있다. 남자의 큰절은 허리를 굽혀 손바닥을 바닥에 대되 두 손을 벌리지
않고, 오른 손위에 왼 손을 시옷자(ㅅ) 모양으로 포갠다. 여자의 큰절은
절차가 까다로워 흔히 일정한 교육을 받는다. 이는 두 손을 마주잡아 이
마에 대고 앉아서 허리를 굽혀 예를 표하게 되어 있다.

반절은 여자의 약식 절로, 허리를 굽히고 오른발은 세우고 왼발은 무
릎을 꿇고 앉아, 양손을 바닥에 짚고 고개를 숙이는 것이다. 이는 때로
큰절로 오해된다. 일본 平凡社(2000)의 '朝鮮を知る事典'도 이러한 경우

다. 반절은 또한 아랫사람의 절을 받을 때 앉은 채 윗몸을 반쯤 굽히는 것을 뜻하기도 하다.

서서 고개, 또는 허리를 굽히는 절도 있다. 고두(叩頭)는 절요(折腰)에 비해 가벼운 것이다. '절요(折腰)'는 우리말에서는 '절개를 굽히고 남에게 굽실거림'을 뜻하나, 한어(漢語)에서는 '허리를 굽혀 절을 하다'를 의미한다. 우리의 '절'이란 말의 어원이 바로 이 '꺾을 절(折)'자에서 나온 것이 아닌가 의심하게 한다.

이밖에 읍(揖), 공수(拱手), 국궁(鞠躬)도 인사를 나타내는 비언어행동이다. 읍(揖)은 두 손을 맞잡아 얼굴 앞으로 들어 올리고 허리를 앞으로 공손히 구부렸다가 몸을 펴면서 손을 내리는 동작이다. 공수(拱手)는 왼손을 오른손 위에 놓고 두 손을 마주 잡아 공경의 뜻을 나타내는 동작이다. 국궁(鞠躬)은 윗사람이나 위패(位牌) 앞에서 존경의 뜻으로 몸을 굽히는 것이다. 이들은 중국의 인사제도가 우리에게 들어온 것이라 하겠다. 중국에서의 읍(揖)은 지난날 두 손을 모아 올렸다 내리는 동작을, 공수(拱手)는 왼손으로 오른손의 주먹을 감싸듯 마주잡고 코 가까이까지 올렸다 내렸다하는 동작을, 국궁(鞠躬)은 상반신을 90도로 구부려 인사하는 절을 의미한다.

절은 한자 '절 배(拜)'자에 대응된다. '배(拜)'자의 금문(金文)은 초화(草花)를 뽑는 모양으로, '초화를 뽑아내다'가 본래의 뜻이다. 이는 그 자세가 허리를 낮추어 배수(拜首)하는 예(禮)와 비슷해서 뒤에 '절'의 뜻이 되었다. '배(拜)'자가 들어가는, 비언어행동과 관련이 있는 말에는 "배배(拜拜), 배수(拜手), 배수(拜首), 배궤(拜跪)" 등이 있다. 이 가운데 '배배(拜拜)'는 우리말에 보이지 않는다. 이는 '왼쪽 가슴에 오른손을 아래로 왼손을 위로 하여 잡고 가볍게 아래위로 움직이는 여자의 절'이다. 이는 우리 예절문화에는 보이지 않는 것이다. '배수(拜手)' 이하의 말은 한국어에도 있다. 그러나 그 의미가 다르다. '배수(拜手)'는 우리말로는 '손을 맞잡고 절함'을 의미한다. 중국에서는 이것이 금문(金文)과 서경(書經)에까지 보이는데, 옛날 남자들이 양손을 포개고 땅에 엎드려 그 손 위에 머리를 조아리던 절이다. 이는 배수(拜首)라고도 한다. 배수(拜手)는 벼슬(官位)에 임명될 때 하던 절이기도 하다(白川, 2004). 이 절은 우리의 절과 자세가 매우 비슷하다. 혹 우리의 절의 자세가 여기서 연유하는 것인지도 모른다. '배궤(拜跪)'는 우리말로 절하고 꿇어앉음을 의미한다. 그러나 중국에서는 옛날의 가장 큰 경례로, 양 무릎을 꿇고 머리를 대고 절하는 것을 가리킨다. 이는 '궤배(跪拜)'라고도 한다. 이렇게 한자어 가운데는 그 말의 형태는 같으나 우리와 중국의 절의 형태가 현저하게 다른 절의 문화를 보여 주기도 한다.

4. 결어

인사를 중심으로 외국의 경우와 비교하며 커뮤니케이션 문화를 살펴보았다. 인사란 사교적, 혹은 의례적 말이나 동작이다. 이는 사회에서의 인간관계를 원활히 유지하기 위한 의례적 행동으로, 언어와 비언어행동으로 이루어지는 것이다. 이는 본래 사람과 사람 사이를 조정하기 위한 행동으로, 본래는 실질적 의미를 지닌 것이었다. 그러던 것이 차츰 실질적 의미를 상실하고 환정적 기능이 강화된 것이다.

우리의 '인사'란 말은 '수인사(修人事)', '진인사(盡人事)'의 '인사(人事)'로서, 예의작법으로서의 인사는 '사람의 일', '사람이 마땅히 해야 할 일'을 의미한다. 그리하여 인사를 닦는다는 것은 사람 노릇을 하는 것이요, 인사를 할 줄 안다는 것은 성인(成人)이 되었음을 의미하였다.

인사의 목적은 인간관계의 유지 발전에 있다. 따라서 효과적인 인사를 함으로 개인적으로나, 사회적으로 인간 관계를 원활하게 유지 발전하도록 하게 된다.

인사말이나 동작은 문화와 민족에 따라 차이를 보인다. 이들의 표현 형식은 크게 보아 정형성과 독창성의 둘로 나눌 수 있다. 정형성은 그 민족의 문화와 습관이 응집된 것이다. 이는 학습을 통해 익힘으로, 효과적으로 사용할 수 있다. 흔히 정형성은 자칫하면 진부한 형식적 표현을 연상하게 된다. 그리하여 이와 달리 '특정 장면에 어울리는 표현'을 추구할 수 있다. 그러나 반드시 그런 것은 아니다. 이는 하나의 사회적인 규범으로 정형적 표현을 통해 인간적 유대를 강화하고, 표현의 어려움을 피할 수 있게 한다. 그리고 독창적 표현은 특정 장면에 정말로 어울리는 다양한 실질적 표현을 하는 것이다. 일상적 인사에서 불행을 당한 사람에게 마음에서 우러난 위로와 격려를 하는 것이 그것이다. 정형성은 그것이 인간관계를 유지하는 데 목적이 있기 때문에 유용한 것이라 할 수 있다.

인사는 문화에 따라 차이를 보인다. 따라서 대내적(對內的)으로는 독자적인 인사문화를 올바로 파악하여 소통함으로 인생을 원활히 운영하고, 무례하고 덜 떨어진 사람으로 치부되는 일이 없도록 하여야 한다. 그리고 대외적(對外的)으로 상대방의 인사문화에 관심을 가져 국제사회에서 개인적 인간관계나 사회적 관계를 원만히 형성 유지함으로 이후의 관계가 원만히 전개되도록 하여야 한다. 동양의 '천학비재' 운운의 지나친 겸손의 인사는 미국사회에서는 오히려 경멸의 대상이 된다고 한다. '인사'는 사람이 마땅히 해야 할 커뮤니케이션으로, '고마(恭敬)'하여 인사함으로 '고마워하는' 인간관계, 사회관계가 이루어지도록 할 일이다.

참고문헌

박갑수(1994), 제3논설집 올바른 언어생활, 한샘출판사.

박갑수(2013), 한국어교육과 언어문화교육, 역락.

박갑수(2015), 언어·문학·문화, 그리고 교육이야기, 역락.

이노미(2007), 손짓, 그 상식을 뒤엎는 이야기, 바이북스.

洪珉杓(2007), 日韓の文化の理解, 풍간서방.

홍민표(2010), 언어행동문화의 한일 비교, 한국문화사.

白川 靜(2004), 字通, 平凡社.

飛田良文(2001), 日本語行動論, おうふう.

박갑수(1992), 人事·禮·아이사츠, 月刊中央, 1월호.

太田亮(1928), 漢·韓史籍に顯はれたる 日韓古代史資料, 磯部甲陽堂.

比嘉正範(1981), あいさつの言語學, 月刊 言語, 4, 大修館書店.

藤崎康彦(1981) あいさつの文化人類學, 月刊 言語, 4, 大修館書店.

文化廳 編(1986), あいさつと言葉, 文化廳.

박갑수(1992), 전통적인 인사말, 서울대학교병원 병원보, 서울대학교병원.

■ 이 글은 '인사와 커뮤니케이션 문화(서울대학교 명예교수 회보, 제10호, 2014)'를 증보하고 부분적으로 개고한 것이다.(2017. 3. 16.)

제 2 장 남·북한과 중국 조선족의 표준발음법

1. 서언

고대에는 나라마다 언어에 대해 규제 아닌, 방임정책을 폈다. 그러다
가 근대에 접어 들어 국민 통합을 위해 폐쇄정책을 펴게 되었다. 자국의
영토 안에서 다양한 언어와 문자가 쓰인다는 것은 지배자의 권위를 나
타내는 것으로 자랑거리이기도 하였다. 이의 대표적인 예로 5세기 페르
샤의 언어정책을 들 수 있다. 왕명은 각 지역어로 번역 전달되었으며,
왕에게 상주되는 것도 역시 번역 전달되었다. 근대 국가의 폐쇄 정책은
러시아의 피터 대제가 새로 문자를 제정하고, 표준어 정책을 편 것을 들
수 있다. 13세기 칭기즈칸의 침략에 의해 러시아의 슬라브어(語)는 문장
어와 방언 사이에 커다란 괴리가 생겼다. 이에 피터 대제는 러시아 혁신
사업의 일환으로, 종래의 불가리아 문장어 및 기릴 문자를 버리고, 새
문자를 제정하고, 모스코바 어를 토대로 하는 러시아 표준어를 강력한
집권정책으로 보급하였다(박갑수, 1984). 그리하여 국민통합을 꾀하였다.
우리의 경우 표준어 정책은 20세기에 들어와 비로소 펼쳐지기 시작하

였다. 1988년 국가 시책으로 맞춤법, 표준ㅎ어, 외래어, 로마자 표기 등 4대 어문정책(語文政策)을 정비하였다. 표준어는 1921년 '보통학교용 언문철자법'에서 '경성어(京城語)를 표준어로 함'이라 규정한 것이 최초의 명문화된 규정이다. 그 뒤 제2, 제3의 조선총독부의 '언문철자법'의 규정에 이어, 1933년 조선어학회의 '한글맞춤법 통일안'에서 '표준말은 대체로 현재 중류사회에서 쓰는 서울말로 한다.'고 규정하였다. 그리고 그 '부록 1'에 표준말의 규정 6개를 두었다. 그 뒤 조선어학회에서는 9,547 어(語)를 사정하여 1936년 '사정한 조선어 표준말 모음'이란 책자를 간행하여 표준어의 기초를 마련하였다. 이어 학회는 1947~1957년에 걸쳐 '큰사전'을 발간하여 우리말의 표준화를 꾀하였다. 이는 물론 한 학회(學會)의 사안(私案)임에 틀림없다. 그러나 이는 일제(日帝) 하의 민족의 숙원 사업으로 이루어진 것으로, 해방이 되자 자연스럽게 이 겨레의 표준 규범으로 수용되었다(박갑수, 1994a).

그러나 '사정한 조선어 표준말 모음'은 사정 기준도 제대로 만든 것이 못되었고, 사정한 어휘 수도 1만 단어가 채 못 되는 것이다. 이에 정부 차원에서 1970년대에 표준어규정 제정 작업에 착수하여, 1988년에 '표준어 규정'을 제정하여 문교부 고시 88-2로 공포하게 되었다. '표준어 규정'은 '표준어 사정 원칙'과 '표준 발음법'의 2부로 이루어져 있다.

표준어규정으로 말미암아 그 동안 혼란을 겪던 우리의 표준어는 국가적으로 그 실체와 표준발음이 확정되었다. 그리고 어휘나 발음에 기준이 마련되어 비로소 언어생활을 정상적으로 영위할 뿐 아니라, 통일을 꾀할 수 있게 되었다.

'표준어 규정'에서 무엇보다 중요한 것은 이 글의 주제인 '표준발음법'을 새로 제정한 것이다. 이는 1936년의 '사정한 조선어 표준말 모음'에서는 채 마련하지 못한 것이다. 따라서 이는 우리나라 최초의 발음법을 규정한 것으로 발음교육의 기본이 되고, 나아가 올바른 언어생활을 하도록 발음에 기준을 제공한 중요한 규범이다.

북한에는 '맞춤법, 띄어쓰기, 문장부호법, 문화어 발음법, 내려쓰기' 등의 어문규범이 규정되어 '조선말 규범집'(1987)에 수록되어 있다. 이는 그 '머리말'에 보면 '1966년에 공포된 조선말 규범들을 전면적으로 검토하고 일부 조항과 내용들을 수정 보충하여 ≪조선말 규범집≫을 다시 내보낸다.'라 되어 있다. 이들 규범집의 규범들은 이미 1966년에 제정되어 있었음을 알 수 있다. 그런데 북한에는 우리의 '표준어 사정 원칙'에 해당한 것은 구체적으로 규정하고 있지 않다. 발음법은 '문화어 발음법'이라 하여 우리보다 먼저 제정하였다.

중국 동북 삼성 조선족도 '조선말 규범집'을 제정해 놓고 있다. 규범집에는 '조선말 표준발음법, 조선말 맞춤법, 조선말 띄어쓰기, 문장부호법, 조선말 어휘규범' 등 5가지 규범이 수록되어 있다. 이 가운데 '조선말 어휘규범'은 우리의 '표준어규정' 가운데 '표준어 사정원칙'에 해당한 것이라 할 수 있다. 이 규범집에 수록된 내용은 '모두 동북 3성 조선 어문사업 실무회의에서 토론 채택한 것으로, 누구나 의무적으로 지켜야 할 사회적 규범으로서 앞으로 글을 쓰거나, 말을 할 때 반드시 이에 준하여야 한다.'(동북삼서조선어문사업 협의소조 판공실, 1985)고 되어 있다. 이 규범은 규범집의 '머리말'에 의면 이미 1977년에 연변출판사에서 간행되었으며, '례구, 례문에 대하여 필요한 보충 수정을 가하였다'고 되어 있다. 따라서 우리의 고찰 대상인 '조선말 표준발음법'은 일찍이 1977년에 이미 제정된 것으로 보인다.

이 글에서는 한국과 북한 그리고 중국 조선족의 표준발음을 비교하여 그 이동(異同)을 살펴보기로 한다. 그렇게 함으로 바람직한 한국어교육의 터전을 마련하기로 한다. 이는 재중 동포들의 표준발음 교육에도 기여할 것이다. 중국에서는 지난날과 달리 방송이 한국의 표준발음으로 행해지고 있고, 많은 동포가 한국에 와 살고 있어 그만큼 이를 필요로 하게 되었다. 그리고 표준발음의 이동(異同) 파악은 한국어교육에 종사자들로 하여금 한국어의 발음을 통일하게 하고, 효과적인 한국어교육을 하게 하며, 한국어의 세계화도 촉진하게 할 것이다. 표준발음의 통일에 의해 한국어 보급에 박차가 가해지고 한국어 세계화가 촉진되기를 기대한다.

2. 남·북한과 중국 조선족의 표준발음법의 비교

한민족은 오늘날 다 같이 한어(韓語)를 사용하면서 지역적으로 국가 체제를 달리함으로 표준어와 표준발음을 달리 규정하고 있다. 한국어교육을 정상화하기 위해서는 재외 동포의 동력도 무시할 수 없다. 이런 견지에서 재외동포인 중국 조선족으로 하여금 한국어의 표준발음을 이해하도록 함이 필요하다. 이를 위해서는 한국의 표준 발음법과 중국의 "조선말 표준발음법"을 비교 고찰하여 그 이동을 파악하록 해야 한다. 그것도 중국의 '조선말 표준발음법'을 중심으로 그 체계를 살핌이 좀 더 바람직할 것이다. 따라서 이 글에서는 한국의 표준발음법이 아닌, 중국의 '조선말 표준발음법'을 중심으로 서로의 같고 다름을 고찰하기로 한다.

삼국의 '표준발음법'은 이 글에서 빈번히 언급될 것이고, 이를 언제나 정식 명칭으로 언급하는 것은 번거롭기까지 할 것이다. 이에 약호를 쓰기로 한다. 조선말 표준발음법은 <조표>, 문화어 발음법은 <문발>, 한국의 표준발음법은 <한표>라 하기로 한다.

2.1. 삼국의 표준발음법 체재 비교

삼국의 표준발음법은 7장에서 10장, 30항에서 31항으로 달리 편성되어 있다. 이를 구체적으로 말하면 조선말 표준발음법(<조표>)은 총칙 외에 8장, 31항으로 되어 있고, 한국의 표준발음법(<한표>)은 총 7장, 30항, 북한의 문화어 발음법(<문발>)은 총칙 외에 10장 31항으로 되어 있다. 이들 장과 항의 관계를 비교, 도시하면 다음과 같다.

조선말 표준발음법	문화어 발음법	한국 표준발음법
총칙	총칙	1장 총칙
1장 모음(ㅚ,ㄱㅣ,ㅢ, ㅖ)의 발음(1항~3항)	1장 모음의 발음 (1항~4항)	
2장 초성 자음(ㄴ,ㄹ)의 발음(4항)	2장 첫소리 자음의 발음(5항~6항)	2장 자모음 (2항~5항)
3장 받침소리의 발음 (5항)	3장 받침 자모 발음 (7항~9항)	3장 소리의 길이 (6항~7항)
4장 받침이 이어질 때의 발음(6항~8항)	4장 받침 연음 (10항~11항)	4장 받침 (8항~16항)
5장 받침 뒤의 된소리 발음 (9항~12항)	5장 받침의 절음 (12항~13항)	5장 소리의 동화 (17항~22항)
6장 ㅎ 관련 발음 (13항~19항)	6장 된소리 관련 발음 (14항~18항)	6장 된소리 (23항~28항)
7장 동화현상 (20항~27항)	7장 ㅎ 관련 발음 (19~20항)	7장 소리의 첨가 (29~30항)
8장 사이소리 현상 (28장~31장)	8장 닮기 현상 (21항~25항)	
	9장 사이소리 현상 (26항~28항)	
	10장 약화탈락 (29항~31항)	

표준발음법의 체재를 <조표>를 중심으로 살펴보면 <문발>은 <조

표>에 비해 받침의 발음을 2장으로 나누었고, 약화 탈락의 장을 더 설정해 <조표>에 비해 2장이 많다. <한표>는 총칙을 제1장으로 하여 총 7장의 구성을 보인다. 그리고 소리의 길이를 한 장으로 설정한 것이 특징적이다.

중국의 <조표>와 북한의 <문발>은 도표에 나타난 바와 같이 체재 면에서 매우 정연한 대응을 보인다. 이는 다음의 표준발음법의 비교에서 밝혀지는 바와 같이 내용면에서도 크게 차이를 보이지 않고, 대부분의 규정을 같이하고 있다. 중국의 '조선말 어휘 규범'의 '조선말 명사, 술어의 규범화 원칙'에는 다음과 같은 내용이 명시되어 있음을 볼 수 있다.

조선말 명사, 술어는 평양말을 기준으로 삼아 따라 배우라는 주총리의 지시에 좇아 언어의 민주화와 언어의 대중성, 과학성의 요구에 맞게 규범화함으로써 조국의 사회주의 혁명과 사회주의 건설을 위하여, 조국의 네 가지 현대화를 위하여 훌륭히 복무할 수 있도록 한다.

이렇게 중국에서는 조선말 어휘를 규범화함에 있어 주은래 주석의 지시에 따라 평양말을 기준으로 삼도록 하였고, 그 지시가 현실적으로 충실히 반영되고 있다. 이러한 것이 중국의 '조선말 규범' 제정의 원칙이다. 따라서 <조표>도 북한의 <문발>의 체제를 충실히 반영한 것으로 보게 한다. 이는 한국의 '표준발음법'이 체제상 중국의 <조표>의 체재와 많은 차이를 보이는 것과 대조되는 점이다.

다음에는 <조표>를 중심으로 규범의 배열 관계를 쉽게 파악할 수 있게 세 가지 발음법을 비교 도시해 보면 다음과 같다.

	조선말 표준발음법	문화어 발음법	표준발음법
	총칙	총칙	총칙 1항 자음과 모음 2-5항 소리의 길이 6-7항
1장 모음	1-3항	1-4항	
2장 초성 자음 발음	4항	5-6항	
3장 종성 발음	5항	7-9항	받침발음 8-16항
4장 종성 연음	6-8항	10-11항	13-14항
절음	7항	12-13항	15항
5장 종성의 경음화	9-12항	14-18항	23-28항
6장 ㅎ 관련 발음	13-19항	19-20항	12항
발음 하지 않음	16항	약화탈락 29-31항	약화탈락 9항, 12항
7장 동화현상	20-27항	21-25항	17-22항
8장 사이소리	28-31항	26-28항	29-30항

도표에 보이는 바와 같이 <조표>와 <문발>은 '총칙'을 두었으나, <한표>에서처럼 장으로 설정한 것이 아니다. <한표>의 총칙에는 자·모음과 소리의 길이에 관한 규범 등 7개 항이 들어 있다. 여기서의 자·모음은 한국어의 음소(音素) 전체를 규정한 것이다. <조표>의 제1장 모음, 제2장 초성자음은 음소 전체를 규정한 것이 아니고, 단모음과 두음법칙을 적용하지 않음을 규정한 것이다. <한표>에서 자모음의 음소를 일괄하여 제시하였다는 것은 표준발음법의 이해를 위해 잘 한 조치라 하겠다. <조표>의 제3장 받침소리의 발음(절음법칙 등)은 <한표> 제4장(제8항~16항)에서 규정하고 있다. 제4장의 종성의 연음은 <한표>의 제4장(제13항~제14항)에서 규정하고 있고, 제5장 받침 뒤 자음의 경음화는 <한표> 제4장(제23항~제28항)에서 규정하고 있다. 제6장 ㅎ관련 발음(격음화, 약음화)은 <한표>의 제4장(제9항, 제12항)에서 다루고 있다. 따라서 <한표>에서는 <문발>과 달리 <조표>와 순서가 바뀌고 있다. 제7장 동

화현상은 <한표>의 제5장(제17항~제22항)에서 규정하고 있고, 제8장 '사이소리'는 <한표> 제5장 소리의 첨가(제29항~제30항)에서 다루고 있다. <조표>와 <한표>의 체재는 이렇게 다소 차이가 있으나, 다룬 내용은 크게 차이를 보이지 않는다. 중국의 <조표>와 북한의 <문발>은 거의 같은 체재, 같은 내용으로 되어 있다. <문발>의 제10장 약화 탈락 현상은 <조표> 제6장의 ㅎ 관련 발음의 약음화를 규정한 것으로, 순서가 바뀌어 맨 뒤에 놓여 체재 상 차이를 보인다.

2.2. '조선말 표준발음법'을 중심한 발음법의 비교 고찰

앞 장에서 삼국의 표준발음법의 체재를 살펴보았다. 이 장에서는 발음법의 내용을 구체적으로 비교 고찰해 보기로 한다. 비교 고찰은 중국의 <조표>의 순서에 따라 북한과 한국의 규정을 비교하며 살피기로 한다.

<조표> 총칙 – 조선말 발달에 맞는 발음을 가려잡음을 원칙으로 한다.
<문발> 총칙 – 평양말을 토대로 하여 이룩된 문화어의 발음에 기준한다.
<한표> 총칙 제1항 – 표준어의 실제 발음을 따르되, 국어의 전통성과 합리성을 고려하여 정함을 원칙으로 한다.

표준발음에 대한 원칙 규정으로, <조표>는 언어사적 적합성을 원칙으로 하였다. 이에 대해 <문발>은 지역성과 교양성을 강조하고 있다. <한표>는 우선 표준어를 전제로 규정하고 있다. 표준어는 '한글맞춤법'에서 '교양있는 사람들이 두루 쓰는 현재 서울말로 정함을 원칙으로 한다'고 규정하였다. <한표>의 표준발음은 시대적으로 현대, 지역적으로 서울, 사회적으로 교양인의 발음을 따르되, 전통성과 합리성을 고려하여

정하는 것으로 한 것이다. 따라서 <조표>는 지정학 상 지역적 규제를
하기 어려워 이를 규정하고 있지 않으므로 광의의 한국어의 표준발음은
<한표>를 중심으로, 언어사에 부합하는 발음을 취택하는 것이 바람직
하다 할 것이다.

<조표> 제1항 – 'ㅚ/ㅟ'는 단모음이 원칙임. 겹모음 허용.
<문발> 제3항 – 홑모음으로 발음
<한표> 제4항 – 'ㅚ/ㅟ'의 이중모음 허용

<조표> 제2항 – 'ㅓ'는 겹모음을 원칙으로 함, [ㅣ],[ㅔ] 허용, 첫머리가 아닌 경우 [ㅣ],
　　속격토 [에] 허용
<문발> 제2항 – [ㅣ] 허용, [에] 허용
<한표> 제5항 – [ㅣ], [ㅔ] 허용

<조표> 제3항 – ㄱ, ㄹ, ㅎ 뒤의 [ㅖ]를 [ㅔ]로 발음
　　'계, 례, 혜 > 게, 레, 헤'로 발음
<문발> 제4항. <조표>와 같음.
<한표> 제5항. '예, 례' 제외하고, '몌, 폐, 혜'의 발음은 단모음 [메, 페, 헤]로 발음함.

<조표> 제4항 – 두음법칙을 적용하지 않음, 'ㄴ, ㄹ'은 [ㄴ, ㄹ]로 발음함이 원칙임.
　　(예) 녀성, 뇨산, 뉴대, 니탄/ 랑비, 량심, 력사, 로동, 료해, 루락, 류학, 리론, 래일, 례외,
　　　뢰관
<문발> 제5, 6항. <조표>와 규정이 같음
<한표> 규정이 따로 없음. (맞춤법 제10–12항에서 두음법칙을 규정하고 있음.)

　조선말 표준발음법의 제1항에서 제4항까지는 모음과 자음에 관한 규
정이다. 그런데 여기에는 <한표>와는 달리 자·모음 전반을 규정하는
것이 아니라, 특정 모음과 특정 자음만을 규정하고 있다. 제1항은 [ㅚ]
를 단모음으로 보고 이중모음으로 발음하는 것을 허용한 것이다. 이는
<한표>와 같다. <문발>은 허용기준이 없어 차이를 보인다. 제2항은
원칙적으로 3국이 공통되는 규범이다. <조표> 제3항의 규정은 <문

발>과 같다. <한표>는 '예, 례'의 경우는 예외로 처리하였다. 'ㅚ'는
<한표>에서만 단모음으로 규정하고 있다. 따라서 부분적으로 <조표>
와 <한표>는 차이가 난다. 제4항은 두음법칙의 실현여부를 규정한 것
으로 <조표>와 <문발>은 두음법칙이 실현되지 않는 것으로 본다. 한
국에서는 한글맞춤법에서 두음법칙이 실현되는 것으로 규정하였다. 따
라서 한국의 표준발음은 중국 조선족이나 북한과 달리 실현되어 발음
상 차이를 보인다.

```
<조표> 제5항, 받침소리는 7개임. 받침의 상호관계는 다음과 같음.
   1) ㄱ,ㄲ,ㅋ,ㄳ,ㄺ    [ㄱ]    <문발>제9항 1) <한표> 제8항-11항에 규정
      ㄺ[ㄹ] 예외 인정        前同         "
   2) ㄴ,ㄵ,ㄶ        [ㄴ]      6)         "
   3) ㄷ,ㅌ,ㅈ,ㅊ,ㅅ,ㅆ [ㄷ]     2)         "
   4) ㄹ,ㄾ,ㄽ,ㅀ      [ㄹ]      4)         "
   5) ㅁ,ㄻ          [ㅁ]      5)         "
   6) ㅂ,ㅍ,ㅄ,ㄼ,ㄿ   [ㅂ]      3)         "
      ㄼ[ㄹ] 예외 인정(넓다/밟다) 前同     "    (差異)
   7) ㅇ            [ㅇ]      제7항       제8항
<문발> 제7항, 7종성 규정. 각 받침의 규범은 위와 같음(제9항).
<한표> 제8항, 7종성 규정. 각 받침의 규정은 위와 같음(제9항~제11항).
```

제3장 '받침소리의 발음' 가운데 제5항은 받침소리 자체를 규정한 것
이다. 받침소리는 3국이 다 같이 7종성으로 본다. <조표>와 <문발>는
규범이 같으나, 다만 '7) ㅇ'의 규범이 <문표>에는 따로 없다. <조표>
와 <한표>도 대부분이 동일하다. 다만 '6) ㄼ'의 발음 규정은 다르다.
<조표>나 <문표>는 '밟다'가 뒤에 '-고, -기, -게'에 이어질 때 다른
'ㄼ' 받침과 같이 [발-]로 발음하는 것으로 규정하고 있는데, <한표>
에서는 이를 예외로 인정, [밥-]으로 발음하는 것으로 규정하고 있어
차이를 보인다.

<조표> 제6항 받침이 모음에 이어지는 발음 규정
<문발> 제10, 11항 연음을 규정함.
<한표> 제13, 14항 연음을 규정함.

<조표> 제7항 '아어오우으애외'로 시작되는 어근 앞의 받침은 끊어서 발음함.
　　넋없이, 닭우리, 팥알, 젖어미, 웃옷, 값없다
　　부엌안, 맛오르다,
　　* '멋있다', '맛있다'는 [머싣따], [마싣따]로 발음.　<문표> 前同,
<한표> 제15항에서 절음을 원칙으로 하고 연음을 허용함.
<문발> 제12, 13항 끊어 발음하기
<한표> 제15항, 'ㅏㅓㅗㅜㅟ'의 실질형태소 앞에서 대표음으로 실현

<조표> 제8항 모음 앞 ㅇ받침의 실현 규정
<문발>　無
<한표>　無

　　제6항은 연음법칙, 제7항은 절음법칙을 규정한 것으로 3국이 다 같이
규정하고 있다. 다만 제7항의 2 '멋있다','맛있다'는 [머싣따], [마싣따]
로 연음하는 것으로 규정하고 있는데, 이는 <문표>와는 같고, <한표>
와는 차이가 난다. <한표>에서는 끊어 발음하는 것이 원칙이고, 연음
은 허용 규정이다. <조표>, 및 <문발>과 <한표>에서 실질적 형태소
의 모음 제시는 차이를 보인다. 제8항은 <조표>에만 보이는 것이다.
이는 종성 ㅇ과, 초성 ㅇ의 변별과 관련된 것으로 특별히 <조표>에서
신경을 써 규정한 것이다. '중앙, 영웅'은 '주앙, 여웅'의 발음이 허용되
도록 규정하고 있다. 이는 이화현상(異化現象)을 인정한 것이다.

<조표> 제9항 폐쇄음 받침 아래 연음(軟音)의 경음화
　　먹다[먹따], 부엌간[부억깐], 몫도[목또], 있지[읻지]…
<문발>　無
<한표> 제23항, 제25항(ㄼ,ㄾ)에서 규정

<조표> 제10항, ㄴ, ㄵ, ㅁ, ㄻ, ㄽ 받침 아래에서의 연음의 경음화 규정
    안다, 안고, 안기, 안지, 안소, 옮다, 옮고, 옮기, 옮지, 옮소
    * 피동·사동의 접미사 '기'는 경음화 하지 않음. 안기다, 넘기다, 옮기다
<문발> 제14항 ㄴ, ㄵ, ㄽ, ㅁ 받침 아래 순한 소리의 된소리화를 원칙으로 함.
<한표> 제24~25항, ㄴ(ㄵ), ㅁ(ㄻ), ㄼ, ㄽ 받침 아래에서 된소리화함.
    신고, 껴안다, 앉고/ 삼고, 다듬지, 닮고/ 넓게, 떫지, 핥게

<조표> 제11항 용언 ㄹ 아래 경음화
    -ㄹ가, -ㄹ수록, -ㄹ지
    * 규정토 ㄹ 아래 명사 경음화- 갈바, 갈데, 갈 사람
    * 열, 여덟 뒤 연음의 경음화
<문발> 제15항, 일부 단어의 ㄹ 받침과 ㄹ 관형사형 아래 순한소리의 된소리화
    발달, 설정하다, 갈 것, 갈수록
<한표> 제27항 관형사형 -ㄹ, 및 -ㄹ로 시작되는 어미 뒤에서 경음화
    할 것을, 갈 데가/ 할걸, 할진대

<조표> 제12항, 한자어 안에서 ㄹ받침 아래 경음화
    발달, 결심, 결정
    * 같은 한자가 겹쳐지는 경우 경음화 하지 않음- 절절하다
<문표> 제15항 일부 단어, 및 고유어에서 ㄹ받침 아래 경음화
    발달, 설정하다/ 갈 것, 열 개/ 갈수록
<한표> 제26항 한자어에서 ㄹ 받침 아래 경음화- 갈등, 절도, 말살
    * 같은 한자가 겹쳐진 단어인 경우 경음화 하지 않음- 허허실실, 절절하다

제9항에서 제12항에 걸쳐서는 경음화(硬音化)를 규정한 것이다. 제9항은 폐쇄음 받침 아래, 제10항은 유성음 받침 아래, 제11항은 용언 ㄹ음 아래, 제12항은 한자음 ㄹ 아래에서 연음이 경음화하는 것을 규정한 것이다. 이들은 일상 언어에서 일반적인 발음현상으로, 당연한 것이어 3국의 표준어 규정에 다 같이 규정하고 있다. 다만 규범의 제시 범위는 차이를 보인다. <조표>는 한자 안에서의 경음화만을 규정하고 있고, <문발>과 <한표>는 고유어까지 규정하고 있다.

<조표> 제13항 받침소리 'ㅎ, ㄶ, ㅀ'이 순한소리와 이어져 거센소리가 됨.
　　좋다, 좋고, 좋지/ 많다, 많고/ 옳다, 옳지
　* '옳바르다, 싫증' 예외
<문발> 제19항의 규정과 같음.
<한표> 제12항의 1 규정과 같음.

<조표> 제14항 받침소리 ㅎ의 ㄷ화 규정으로, 'ㅅ, ㅊ, ㄴ' 앞에서 'ㄷ'으로 발음함.
　　놓소, 좋소, 놓치다, 놓니, 좋니
<문발> 제9항의 7 규정과 같음
<한표> 제12항의 2, 3과 유관 (ㄷ 발음이 난다는 분명한 언급이 없음)
　　(2) 닿소, 많소, 싫소
　　(3) 놓네, 쌓네
　* 다만 'ㅊ'과 이어질 때의 규정은 <문표>나 <한표>에는 따로 없음.

<조표> 제15항 둘 받침 'ㄶ, ㅀ'이 각각 'ㄴ, ㄹ'로 발음됨.
　　많소(만쏘], 많네[만네] 곯리다[골리다], 옳소[올쏘], 옳네[올레]
<문발> 제9항 4(ㅀ), 및 6(ㄶ)의 규정과 제31항(ㄶ)에 규정
<한표> 제12항의 3 [붙임] 및 제20항 2의 [붙임]에서 규정
　　않네[안네], 않는[안는], 뚫네[뚤네], 뚫는[뚤는]<제12항의 3>
　　닳는[달른] 뚫는[뚤른], 핥네[할레] <제20항의 2>

<조표> 제16항 모음 앞의 ㅎ음의 묵음화
　　놓아[노아], 놓으니[노으니], 많아[마나], 싫어[시러], 배앓이[배아리],
　　수놓이[수노이]
<문발> 제29항에 규정
<한표> 제12항 4 (어미, 접미사 앞)에 규정

<조표> 제17항 ㄱ, ㄷ, ㅂ + ㅎ > 격음화 규정
　　석회[석쾨], 맏형[마텽], 입학[이팍]
　* 첫해[천해>천태], 늦호박[는호박>는토박], 꽃향기[꼳향기>꼳탕기]
　* '굳히다' 제20항의 규정을 따름. 굳히다[구치다]
<문표> 제20항에서 규정
<한표> 제12항 1의 [붙임 1], [붙임 2]에서 규정

<조표> 제18항 ㄺ, ㄼ, ㄵ + ㅎ > 격음화
　　밝히다[발키다], 밟히다[발피다], 앉히다[안치다]
<문표> 제20항에서 규정
<한표> 제12항의 1의 붙임에서 규정

<조표> 제19항 ㅎ의 약화
　　아홉, 마흔, 안해, 열흘, 용감히
<문표> 제30항 <조표>와 같음.
<한표> 無

제13항부터 제19항까지는 주로 ㅎ과 관련된 발음을 규정한 것이다. 제13항~ 제18항은 ㅎ 받침, 제19항은 유성음 아래 ㅎ의 규정이다. 제13항은 ㅎ 받침이 'ㄱ, ㄷ, ㅂ'과 결합되어 거센소리가 되는 것을 규정한 것이고, 제14항은 ㅎ 받침이 [ㄷ]으로 발음 되는 것을 규정한 것이다. <문발>이나 <한표>의 규정에도 보이나, 다만 <ㅊ> 앞에서의 규정은 빠져 있다. 제15, 제16항은 ㅎ이 약화 탈락되는 것의 규정이다. 제15항에 해당한 <한표> 12항의 예 '뚫네[뚤네], 뚫는[뚤는]'은 다시 제20항의 규정에 의해 [뚤레], [뚤른]으로 발음하게 됨을 규정하고 있다. 제17항은 받침소리 'ㄱ, ㄷ, ㅂ'이 뒤에 오는 ㅎ과 결합하여 거센소리가 되는 것, 제18항은 둘받침 'ㄺ, ㄼ, ㄵ'이 ㅎ을 만나 거센소리가 되는 것, 제19항은 모음이나 유성자음을 만나 ㅎ이 약화되는 것을 규정한 것이다. 제13항~제18항은 <문발>, 및 <한표>에도 같은 규정이 보인다. 다만 <조표> 제19항의 ㅎ음의 약화 탈락 현상에 대한 규정은 <문발> 제30항에 같은 규정이 있으나, <한표>에는 따로 규정이 없다. 그러나 현실적으로 ㅎ음이 약화되는 현상은 다 같이 나타난다.

<조표> 제20항 'ㄷ, ㅌ, ㄾ + 이/히' > 구개음화
　　굳이, 해돋이, 굳히다, 붙이다, 핥이다, 밭이, 벼훑이
<문발> 제21항 구개음화 규정 같음.
<한표> 제17항 구개음화 규정 같음.

<조표> 제21항 받침소리 ㄱ, ㄷ, ㅂ + ㄴ, ㅁ, ㄹ > ㅇ, ㄴ, ㅁ. (비음화)

　폭로, 부엌문, 닦는다, 몫몫, 흙물/ 받는다, 밭머리, 꽂는다, 웃는다, 엎는다/ 없느냐,

　밟는다, 읊는다/ 협력

　* 단어들이 어울릴 때도 본 항을 따른다고 규정

　밥 먹는다[밤멍는다], 옷 만든다[온만든다]

<문발> 제22항 'ㄱ, ㄷ, ㅂ + ㄹ'의 경우가 빠져 있고, 단어 결합의 규정이 없음.

<한표> 제18항에서 'ㄱ, ㄷ, ㅂ + ㄴ, ㅁ' > ㅇ, ㄴ, ㅁ, 및 제19항에서 'ㄱ, ㅂ + ㄹ > ㄴ' 규정

　* 단어 결합의 경우도 같다고 규정함(제18항)

<조표> 제22항 [ㄹ] + [ㄴ] > [ㄹ-ㄹ]로 발음함(설측음화).

　별나라, 설날, 옳네, 핥는지

<문발> 제23항 [ㄴ] 받침 뒤에 [ㄹ]이 올 때 [ㄴ]을 [ㄹ]로 발음하는 규정 추가.

　근로자, 문리과, 본래, 천리마

<한표> 제20항 [ㄴ]이 [ㄹ]의 앞이나 뒤에 올 때 [ㄹ]로 발음. <문발>과 같음

<조표> 제23항 (설측음화) [ㄴ]+[ㄹ]= [ㄹ-ㄹ]로 발음

　건립, 진리, 근로자 산량, 단련, 인류, 혼란

<문발> 제23항에서 규정. <조표> 제22항 참조

<한표> 제20항에서 규정. <조표> 제22항 참조

<조표> 제24항 합성어 파생어에서 [ㄴ]+[ㄹ] > [ㄹ-ㄹ]의 설측음화 거부현상을 규정

　순리윤, 생산량, 손로동

　* 한자 '렬, 률' 앞의 ㄴ 제대로 발음함.

　선렬[선렬], 진렬실[진렬실]

<문발> 제23항 설측음화 거부 규정.

　다만 굳어진 단어의 경우는 닮기현상을 인정하지 않음- 선렬, 순렬, 순리익

<한표> 설측음화 거부 규정 無

　'렬/ 률'의 발음은 발음 아닌, 한글 맞춤법(제11항)으로 규정하고 있음.

<조표> 제25항 한자음 '렬/ 률'의 발음은 원음대로 발음함.

　가렬, 규률, 격렬, 강렬, 법률, 능률

　* '렬, 률'은 모음 아래에서 ㄹ을 탈락시킬 수 있으며, 자음 아래에서 ㄴ으로 발음할 수 있음-

　치렬[치열]하다, 생산률[생산뉼]

<문발> 제23항과 유관. <조표> 제24항 참조

　'선렬, 순렬, 순리익' 적은대로 발음

<한표> 표준발음법 아닌 한글맞춤법 제11항에서 규정하고 있음.

　* 렬/ 률은 모음이나, ㄴ 받침 아래에서는 '열/ 율'로 적음.

<조표> 제26항 한자어 받침 ㄴ 아래의 ㄴ은 [ㄴㄴ] 발음을 원칙으로 함
　　근년, 안내, 관념, 만년필, 한난계
　* '곤난'의 굳어진 발음 [골란]은 굳어진 대로 인정함.
<문발> 제24항 받침 ㄴ 뒤의 ㄴ 발음 인정- 눈나비, 단내
　* 굳어진 단어 예외- 곤난(곤란), 한나산(한라산)
<한표> 無
　　'곤란, 논란'은 한글맞춤법 제52항에서 표기법으로 규정

<조표> 제27항　다음과 같은 자음동화를 인정하지 않음.
　1) 연구개·양순음화(ㄱ/ㅂ): 받고, 밭고랑, 있고, 갑갑증/ 돋보기, 엿보다, 늦보리,
　　꽃보라
　2) 연구개음화(ㅇ): 반갑다, 산꼭대기, 손칼, 참고
　3) 양순음화(ㅁ): 전보, 눈뿌리, 간판, 신문
<문발> 제25항 <조표>와 같이 연구개·양순음화의 자음동화를 인정하지 않음
　* ㅣ 모음동화도 인정하지 않음
<한표> 제21항 연구개·양순음화의 자음동화 인정하지 않음.

　　<조표>의 제20항부터 제27항은 자음동화(子音同化) 현상을 규정한 것이다. 제20항은 구개음화(口蓋音化)현상을 규정한 것으로 3국의 규범이 같다. 제21항은 비음화(鼻音化)현상을 규정한 것으로 <문발>에는 'ㄱ, ㄷ, ㅂ'이 'ㄹ'과 이어지는 규정이 빠져 있다. <한표>에는 <조표>와 같은 내용이 제18항과 제19항에 나뉘어 규정되고 있다. 제22항과 제23항은 설측음화(舌側音化)를 규정한 것으로, <문발>은 제23항에, <한표>는 제20항에서 함께 규정하고 있다. 제24항은 설측음화 거부 규정으로 <문발>에도 보인다. 그러나 <한표>에는 이 규정이 따로 없다. '렬/ 률'은 'ㄴ' 받침 아래에서 표기 자체를 '열/ 율'로 하게 되어 있기 때문이다(한글맞춤법 제11항). 제25항은 이미 앞에서 언급한 바와 같이 <한표>에서는 따로 규정하고 있지 않다. '렬/ 률'은 모음과 [ㄴ] 받침 아래에서 '열/ 율'로 표기하기로 되어 있기 때문이다. 제26항은 한자어에서 [ㄴ] 받침 뒤에 [ㄴ]이 이어질 때 [ㄹ-ㄹ]로 발음되는 현상을 인정하지 않고,

[ㄴ-ㄴ]으로 발음하는 것을 원칙으로 한다는 규정이다. 이는 <한표>
의 규정과 같다. <문발>에서는 이 규정을 '눈나비, 단내'와 같이 고유
어에까지 확대 적용하고 있다. '곤난골란' 등 굳어진 것은 예외로 보아
인정한다. <한표>에는 이 규정이 따로 없다. '곤난, 논난'은 한글맞춤
법 제52항에서 '곤란, 논란'으로 적게 하였다. 제27항은 연구개음화(軟口
蓋音化)와 양순음화(兩脣音化)를 인정하지 않은 것이다. 이는 3국이 다 같
다. <문발>의 제25항에서는 'ㅣ' 모음동화도 인정하지 않는 것으로 명
문화하고 있다. 한국어의 규범은 한글맞춤법 제9항에서 'ㅣ' 모음동화를
원칙적으로 표준발음으로 인정하지 않는 것으로 규정하고 있다.

<조표> 제28항 합성어(또는 파생어)의 유성음 아래 연음의 경음화 인정
    손등, 달빛, 밤길, 총소리, 도장방, 기발, 코등, 바다가, 보리짚, 시계방, 표기법, 일군
  * 한자어에서 다음과 같은 경우 사이소리 인정
    -價, -件, -格, -句, -庫(창꼬, 저장꼬, 금꼬), -果(성꽈, 효꽈, 후꽈), -科, -權, -法,
    -數, -字, -的, -点
<문발> 제16, 17항에서 원음대로 발음하도록 하고, 부분적으로 경음 허용
    군적(군쩍), 당적(당쩍), 성과(성꽈), 창고(창꼬), 내과(내꽈), 외과(외꽈)<제16항>/
    논두렁(논뚜렁), 손가락(손까락), 손등(손뜽), 갈대숲(갈때숩), 그믐달(그믐딸),
    강가(강까)/ 나루가(나루까)
  * 제28하에서도 합성어 또는 파생어에서 일부 경음화 인정.
    가위밥(가윈밥>가위빱), 배전(밷전>배쩐), 쇠돌(쇧돌>쇠똘)
<한표> 제30항 사이시옷 뒤의 연음을 된소리로 발음. (맞춤법 제30항에서는 사이시옷을 규정하
    고 있음.)
    냇가, 샛길, 빨랫돌, 콧등, 깃발, 대팻밥, 햇살, 뱃속, 뱃전
  <한표> 제24항에서 어간의 유성음 ㄴ, ㅁ 아래 연음의 경음화를 규정하고 있고, <조표> 제
    10항, <문발> 제14항에서도 규정하고 있음. <조표> 10항 참조.

<조표> 제29항 합성어(또는 파생어)에서 '자음 종성+야여요유이' > 원칙적으로 ㄴ첨가.
    담요, 암여우, 덧양말, 옛이야기, 콩엿, 낮일, 꽃잎
  * 예 가운데 특수한 것이 있다 : 물약[물냑 > 물략], 솔잎[솔닙 > 솔립], 폭발약[폭빨냑
    > 폭빨략], 관절염[관절념 > 관절렴]

<문발> 제26항 'ㄴ' 소리 첨가를 원칙이 아닌 허용으로 규정
　　짓이기다(진이기다 > 진니기다), 옛이야기(옌이야기 >옌니야기)
<한표> 제29항 <조표>와 같이 규정
　　솜이불, 꽃잎, 내복약, 신여성, 콩엿, 담요, 눈요기, 식용유, 밤윷
　* 일부 표기대로 발음 허용- 이죽이죽, 야금야금, 검열, 금융
　* <조표>의 특수한 예는 <한표> 제29항 [붙임] 1에 해당됨.

<조표> 제30항 합성어(또는 파생어)에서 '모음 +유성자음 > ㄴ첨가'
　　냇물, 뱃머리, 이렛날, 콧날
<문발> 無
<한표> 제30항 2 참조. (사이시옷 뒤 ㄴ, ㅁ이 오는 경우 [ㄴ-ㄴ/ ㄴ-ㅁ]으로 발음.)
　　(한글맞춤법 제30항에서 표기법으로 규정함.)
　　콧날, 아랫니/ 툇마루, 뱃머리

<조표> 제31항 합성어(또는 파생어)에서 '모음 + 야여요유이' 사이 [ㄴ ㄴ]을 덧내어 발음.
　　뒤일(뒨닐), 바다일(바단닐), 나무잎(나문닙), 깨잎(깬닙)
<문발> 제27항 적은 대로 발음하고, [ㄴ ㄴ]을 허용함.
　　나라일, 바다일, 베게잇/ 수여우[순녀우], 수양[순냥]
<한표> 제30항 3 참조. (사이시옷 뒤에 '이' 소리가 결합되는 경우 [ㄴㄴ]으로 발음)
　　(한글맞춤법 제30항에 해당하는 경우로 사이시옷을 붙이도록 규정함.)
　　벼갯잇, 깻잎, 나뭇잎, 도리깻열, 뒷윷

　　<조표> 제28항에서부터 제31항은 '사이소리 현상'을 규정한 것이다. 제28항은 합성어 및 파생어에서 유성음 아래 연음이 경음화하는 규정이다. <문발>에서는 제16항과 제17항에서 원음대로 발음하는 것을 원칙으로 하고, 부분적으로 경음화를 인정하고 있다. 그리고 제28항에서 일부 합성어나 파생어에 ㄷ을 끼워 발음하여 결과적으로 된소리가 나는 것도 규정하고 있다. <한표>에서는 경음화하는 것을 이미 맞춤법 제30항에서 사이시옷을 받히어 적게 하였고, <한표> 제30항에서 된소리로 발음한다는 것도 명문화하고 있다. 제29항은 합성어나 파생어에서 자음의 종성 아래 '야여요유이'가 이어질 때 '언제나' [ㄴ] 소리를 첨가한다는 규정이다. <문발>에서는 이를 '언제나'가 아닌, 허용하는 것으로 규

정하였다. <한표>는 ㄴ첨가를 원칙으로 하고, '다만' 항을 두어 표기대로 발음할 수 있음을 따로 규정하고 있다. 따라서 <조표>와 <한표>는 규정의 성격을 같이 한다. 그리고 <조표>에 거례된 어휘 가운데 '물약[물냑 > 물략], 솔잎[솔닙 > 솔립], 폭발약[폭빨냑 > 폭빨략], 관절염[관절넘 > 관절렴]'은 <한표> 제29항 [붙임] 1에 해당한 것이다. 이는 <문발>에 규정되지 않은 것이다. 제30항과 제31항은 모음 아래에서 각각 [ㄴ] 소리와 [ㄴ-ㄴ] 소리를 덧내 발음한다는 규정이다. <문발>에는 제30항에 해당하는 규정은 없고, 제31항은 <문발> 제27항에서 적은 대로 발음하고, [ㄴ-ㄴ]을 허용하는 것으로 규정하였다. <조표>의 제30항과 제31항에 대해 <한표>에서는 [ㄴ-ㅁ] 앞에서 [ㄴ] 소리가 나는 경우와, [야여요유이] 앞에서 [ㄴ-ㄴ] 소리가 나는 경우를 제30항 1과 2에서 각각 규정하고 있다. 이는 발음 이전에 한글맞춤법 제30항 1과 2에서 [ㄴ]과 [ㄴ-ㄴ]이 덧나는 것으로 사이시옷을 붙인다고 규정하고 있는 것이다.

2.3. 한국의 '표준발음법'과 '문화어 발음법'의 독자성

한국의 '표준발음법' 가운데는 중국의 '조선말 표준발음법'에 규정되지 않은 규범과 이와 차이가 나는 것이 보인다. 곧 북한의 '문화어 발음법'과 한국의 '표준발음법'에 따로, 혹은 달리 규정된 것이 있다. 이에 여기서는 이들 규범에 보이는 독자성 있는 규범을 살펴보기로 한다. 먼저 한국의 '표준 발음법'의 규정부터 보기로 한다.

제2항은 표준어의 자음을 19개로 한다고 규정하였다.

19개의 자음은 구체적으로 'ㄱ, ㄲ, ㄴ, ㄷ, ㄸ, ㄹ, ㅁ, ㅂ, ㅃ, ㅅ, ㅆ,

ㅇ, ㅈ, ㅉ, ㅊ, ㅋ, ㅌ, ㅍ, ㅎ'이다.

<조표>의 제4항에서는 자음 전체가 아닌, 특정한 자음 'ㄴ, ㄹ'의 발음만을 규정하고 있다. <문발>도 제5항과 제6항에서 'ㄴ, ㄹ'의 발음만을 규정하고 있다.

제3항에서는 표준어의 모음을 21개로 한다고 규정하였다.

21개의 모음은 'ㅏ, ㅐ, ㅑ, ㅒ, ㅓ, ㅔ, ㅕ, ㅖ, ㅗ, ㅘ, ㅙ, ㅚ, ㅛ, ㅜ, ㅝ, ㅞ, ㅟ, ㅠ, ㅡ, ㅢ, ㅣ'이다. <조표>에서는 제1항에서 제3항에 걸쳐 'ㅚ, ㅟ, ㅢ, ㅞ'의 발음만 규정하고 있다. <문발>도 <조표>와 같이 모음 전체가 아닌, 이들 네 모음만 규정하고 있다.

제4항에서 단모음을 따로 규정하였다.

단모음은 "ㅏ, ㅐ, ㅓ, ㅔ, ㅗ, ㅚ, ㅜ, ㅟ, ㅡ, ㅣ"의 10개로 규정하였다. "ㅚ, ㅟ"는 이중모음으로 발음할 수 있다고 허용하는 기준을 두었다. 이는 <조표>와 같으나, <문발>은 단모음만을 인정하여 차이를 보이는 규정이다.

제5항에서는 'ㅑ, ㅒ, ㅕ, ㅖ, ㅘ, ㅙ, ㅛ, ㅝ, ㅞ, ㅠ, ㅢ'를 이중모음으로 발음한다고 규정하였다. <조표> 제3항에서는 'ㄱ, ㄹ, ㅎ' 뒤의 'ㅖ'는 단모음으로 발음한다고 되어 있는데, <한표>에서는 '예, 례' 이외의 'ㅖ'는 단모음으로 발음한다고 규정하였다. <문발>은 <조표>와 같다. 또한 <한표>에서는 '져, 쪄, 쳐'가 단모음화하는 것으로 규정하였고, 자음을 첫소리로 가지고 있는 'ㅢ'와, 첫소리 이외의 'ㅢ'를 'ㅣ'로, 조사 'ㅢ'는 'ㅔ'로 발음함을 허용하도록 규정하였다.

제6항은 모음의 장단을 구별하여 발음하되, 첫 음절에서만 긴소리가 나는 것을 원칙으로 한다고 규정하였다.

<조표>에는 음의 장단에 관한 규정이 없고, <문발>의 제1항에서는 '모음의 짧고 높은 소리와 길고 낮은 소리의 차이가 있는 것은 있는 대

로 발음한다.'고 모음의 장단을 인정하고 있다. <한표>에서는 또한 합성어의 경우 둘째 음절 이하에서도 분명한 긴소리는 인정하기로 하였다.

　　반신반의[반:신 바늬:/반:신 바:니], 재삼재사[재:삼 재:사]

　또한 <붙임>에서 단음절 어간에 어미 '-아/-어'가 결합되어 한 음절로 축약되는 경우에도 긴소리로 발음하는 것으로 규정하였다.

　　보아> 봐[봐:], 기어> 겨[겨:], 되어> 돼[돼:], 하여> 해[해:]

　다만 '오아 > 와, 지어> 져, 찌어 > 쪄, 치어 > 쳐'는 긴소리로 발음하지 않기로 하였다.

　제7항 긴 소리를 가진 음이라도 다음 경우에는 짧게 발음하는 것으로 규정하였다.

　1. 단음절 용언에 모음으로 시작된 어미가 결합되는 경우

　　감다[감:따]> 감으니[가므니], 밟다[밥:따]> 밟으면[발브면]
　　(예외: 끌다[끌:다]>끌어[끄:러], 떫다[떫:따]-떫은[떨:븐] 등)

　2. 용언 어간에 피동, 사동의 접미사가 결합하는 경우

　　감다[감:따]> 감기다[감기다], 꼬다[꼬:다]> 꼬이다[꼬이다]
　　(예외: 끌리다[끌:리다], 벌리다[벌:리다], 없애다[업:새다] 등)

　그리고 [붙임]에서 다음의 합성어는 본디의 길이와 관계없이 짧게 발음하기로 하였다.

　　밀-물, 썰-물, 쏜-살같이, 작은-아버지

　제16항에서는 한글 자모의 이름을 연음할 때 ㄷ, ㅈ, ㅊ, ㅌ, ㅎ은 받침을 [ㅅ]으로 ㅋ은 [ㄱ]으로, ㅍ은 [ㅂ]으로 한다고 규정하였다. <조표>나 <문발>에는 이러한 규정이 따로 보이지 않는다.

디귿이[디그시], 히읗이[히으시], 키읔이[키으기], 피읖이[피으비]

제19항 받침 'ㅁ, ㅇ' 뒤에 연결되는 'ㄹ'은 [ㄴ]으로 발음한다.

담력[담ː녁], 침략[침냑], 강릉[강능], 대통령[대ː통녕]

제22항에서는 다음과 같은 용언의 어미 '어'는 [여]로 발음함도 허용
하였다.

되어[되어/되여], 피어[피어/피여]

'이오, 아니오'도 이에 준하여 발음할 수 있다. 어미 '-아/-어'와 선어
말어미 '았/ 었'을 문화어와 중국 조선말 맞춤법에서는 어간 모음이 'ㅣ,
ㅐ, ㅔ, ㅚ, ㅟ, ㅢ'인 경우 '-여/-였'을 쓰기로 규정하였다. 따라서 어미
의 발음 [여]나 선어말 어미 '였'은 <조표>나 <문발>에서는 발음 이
전에 표기 문제로, 발음에서 문제될 것은 없다.

제28항 표기상 사이시옷이 없더라도 관형격 기능을 지니는 사이시옷
이 있어야 할 합성어의 경우 뒤에 오는 단어의 첫소리를 된소리로 발음
한다. 이는 <조표> 제28항에 보인다. <문발> 제28항에서는 이를 원
칙 아닌, 허용으로 규정하고 있어 차이를 보인다.

가위밥[가윋밥] 〉 가위빱], 배전[밷전 〉 배쩐], 쇠돌[쇧돌 〉 쇠똘]

<한표> 제28항에는 '문고리[문꼬리], 눈동자[눈똥자], 물동이[물똥
이], 발바닥[발빠닥], 바람결[바람껼], 잠자리[잠짜리], 강가[강까], 등
불[등뿔]'의 예가 보인다.

제29항 [붙임 1]은 'ㄹ' 받침 뒤에 첨가되는 'ㄴ' 소리를 'ㄹ'로 발음
한다는 규정이다.

들-일[들ː릴], 솔-잎[솔립], 설-익다[설릭따], 물-약[물략], 불-여우[불려우],

　　서울-역[서울력], 물-엿[물렫], 휘발-유[휘발류], 유들-유들[유들류들]

　　이러한 예는 <조표> 제29항에도 '물약[물냑 > 물략], 솔잎[솔닙 > 솔립], 폭발약[폭빨냑 > 폭발략], 관절염[관절넘 > 관절렴]'과 같이 들리고 있다. 이는 [ㄴ] 소리를 덧낸다는 규정의 예로, [ㄴ > ㄹ]의 변음에 대한 설명은 따로 없다. 따라서 <한표> 제29항 [붙임] 1의 규정은 <한표>의 독자적 규정에 해당한다 하겠다. 이는 <문발>에도 따로 규정되고 있지 않다.

　　<한표>의 제29항에는 [붙임 2] 두 단어를 이어서 한 마디로 발음하는 경우도 이에 준해 'ㄴ/ㄹ소리'를 첨가한다고 규정하였다.

　　　한일[한닐], 옷 입다[온닙따], 서른여섯[서른녀섣], 3연대[3년대], 먹은
　　　엿[먹은녇]/

　　　할 일[할릴], 잘 입다[잘립따]), 스물여섯[스물려섣], 1연대[1련대], 먹을
　　　엿(먹을렫)

　　다만 다음의 '625[유기오], 31절[사밀쩔], 송별연[송벼련], 등용문[등용문]'은 예외로 본다.

　　다음에는 문화어발음법에 보이는 독자적 규범을 보기로 한다. <조표>는 <문발>을 바탕으로 하여 이루어진 것으로 추정된다. 따라서 <조표>와 <문발>은 그 규범이 <한표>에 비하여 비슷할 것으로 추정된다. 그런데 <문발>에는 <조표>와 다른 독자적 규범이 보인다.

　　제1항 모음들이 짧고 높은 소리와 길고 낮은 소리의 차이가 있는 것은 있는 대로 발음한다고 규정하고 있다. 이 규정은 <조표>에는 보이지 않는 것이다. <한표>는 제3장 제6항과 제7항에서 '소리의 길이'를

규정하고 있다. 그러나 <문발> 제1항에서는 모음의 고저에 대해서도
언급하고 있어 차이를 보인다.

> 밤(栗-짧고 높은 소리)-밤(夜-길고 낮은 소리), 사다(짧고 높은 소리)-
> 사람(길고 낮은 소리)

제8항에서는 'ㄹ'이 받침소리로 발음될 때 혀옆소리로 발음한다고 그
종성이 설측음임을 규정하고 있다. 이는 <조표>나 <한표>에서는 규
정하고 있지 않은 것이다.

제16항은 일부 한자말에서 유성음 뒤의 연음의 경음화를 허용한다고
규정한 것이다.

이 규정은 <조표> 제28항, <문발> 제16항에서도 규정하고 있는 것
인데, 들려진 예 가운데는 한국어와는 차이를 보이는 것도 있다. '성과
(성꽈), 창고(창꼬)' 등은 한국어에서는 된소리로 발음되는 것을 표준발음
으로 인정하지 않는다.

제28항에서는 합성어 및 일부 단어에서 적은 대로 발음하는 것을 원
칙으로 하되, 일부의 경우 <ㄷ>을 끼워 발음하는 것을 허용한다고 규
정하였다.

> 개바닥[개바닥], 노래소리[노래소리], 사령부자리[사령부자리]

> 가위밥[가윋밥-가위빱], 배전[뱉전-배쩐], 쇠돌[쉳돌-쇠똘], 이몸[읻몸-인
> 몸]

이들은 '한글맞춤법'에서 사이시옷이 올 수 있는 경우로, 조선말 맞춤
법이나, 북한의 맞춤법에서는 사이시옷의 규정이 없기 때문에, <한표>
와 달리 이를 발음법으로 규정한 것이다.

제30항은 유성음 뒤의 ㅎ 첫소리를 약하게 발음할 수 있다는 규정이다.

　　마흔, 아흐레, 안해

　이는 ㅎ 소리가 유성음 사이에서 약화되는 현상을 규정한 것이나, <조표>나 <한표>에는 이러한 규정이 따로 없다.

3. 표준발음법과 한국어교육

　남한과 북한, 그리고 중국 조선족의 표준발음법을 살펴보았다. 다행스러운 것은 삼국의 발음법이 크게 다르지 않다는 것이다. 여기서는 이러한 삼국의 발음법을 바탕으로 원만한 한국어교육을 할 수 있는 방향을 모색해 보도록 한다. 그러기 위해서는 삼국의 발음법의 두두러진 이동을 중심으로 살펴보아야 할 텐데, 이들을 표준발음법에서 나누고 있는 장절을 중심으로 살펴보기로 한다.

　삼국의 표준발음의 원칙이 차이가 난다. 따라서 이 원칙을 분명히 하여야 한다. 이는 한국의 표준발음법을 중심으로 국어의 전통성과 합리성을 중심으로 규정할 일이다. 그것은 1933년의 표준어 기준의 정신을 그대로 이어받은 것이 한국의 표준어 기준이기 때문이다. 구체적 발음법은 다음과 같이 하고, 이에 의해 바람직한 한국어교육을 수행할 일이다.

첫째, 자모음의 문제

　표준어의 자음은 19개, 모음은 21개, 그 가운데 단모음은 10개로 본다. 그리고 한국어에는 운소(韻素)로 음의 장단이 있는 것으로 본다. 자음과 단모음은 구체적으로 다음과 같다.

자음: ㄱ, ㄲ, ㄴ, ㄷ, ㄸ, ㄹ, ㅁ, ㅂ, ㅃ, ㅅ, ㅆ, ㅇ, ㅈ, ㅉ, ㅊ, ㅋ,
    ㅌ, ㅍ, ㅎ

단모음: ㅏ, ㅐ, ㅓ, ㅔ, ㅗ, ㅚ, ㅜ, ㅟ, ㅡ, ㅣ

둘째, 종성의 발음 문제

받침소리는 'ㄱ, ㄴ, ㄷ, ㄹ, ㅁ, ㅂ, ㅅ, ㅇ'의 7개로 한다. 겹받침은
대표음으로 실현된다. 곧 'ㄳ, ㄺ'은 [ㄱ], 'ㄵ, ㄶ'은 [ㄴ], 'ㄼ, ㄽ, ㄾ,
ㅀ'은 [ㄹ], 'ㄻ'은 [ㅁ], 'ㅄ, ㄿ'은 [ㅂ]으로 실현되는 것으로 본다.
'밟다'는 예외로 [밥따]로 발음한다.

셋째, 종성의 연음 및 절음 문제

받침은 모음에 이어지며 연음현상이 일어나고, 자음과 결합되며 연음
(軟音)을 경음화하는 현상을 보인다. 이 경음화현상은 폐쇄음 아래에서만
일어나는 것이 아니고, 유성음 아래, 특히 관형사현 -ㄹ 아래에서도 실
현된다. 또한 모음으로 시작되는 실사와 이어질 때에 절음법칙(絶音法則)
이 실현되는 것으로 본다.

넷째, ㅎ의 발음 문제

ㅎ 소리는 약한 소리다 그리하여 약화·탈락하기를 잘한다. 폐쇄음과
연결될 때에는 결합하여 유기음으로 발음한다.

다섯째, 동화현상의 문제

한국어에는 여러 가지 동화현상이 일어난다. 구개음화(口蓋音化), 비음
화(鼻音化), 설측음화(舌側音化), 연구개음화(軟口蓋音化), 양순음화(兩脣音化),
'ㅣ' 모음동화(母音同化) 등이 그것이다. 이들 가운데 '구개음화(口蓋音化),
비음화(鼻音化), 설측음화(舌側音化)'는 표준 발음으로 인정한다. 이에 대해
'연구개음화(軟口蓋音化), 양순음화(兩脣音化), 'ㅣ' 모음동화(母音同化) 등 나
머지 동화현상은 표준발음으로 인정하지 아니한다. 이들은 다행히 삼국
이 다 같이 원칙적으로 인정하고 있다.

여섯째, 사잇소리 문제

한국어에는 합성어나 파생어에서 '당뇨, 들일'과 같이 'ㄴ', 또는 'ㄹ' 소리가 사잇소리로 덧나는 현상이 있다. 한국에서는 이런 경우 된소리가 나는 경우와 함께 표기를 할 때 사이시옷을 붙이기도 한다. 북한이나, 동북 삼성에서는 사이시옷 표기를 하지 않는다. 그러나 사잇소리의 첨가는 <한표>를 비롯하여 <조표>와 <문발>에서 다 규정하고 있다. 이는 삼국에서 다 실현되는 현상이다. 따라서 이는 가능한 경우 사이시옷 표기를 하여 자연스럽게 발음되는 이 덧소리를 한국어교육에 반영하도록 함이 바람직하다.

일곱째 두음법칙의 문제

두음법칙의 문제는 지정학적(地政學的) 문제를 안고 있다. 한국에서는 발음문제 이전에 표기법의 문제로 해결하고 있다. 한자음 '냐녀뇨뉴니'나, '랴려료류리'를 '야여요유이'로 적기로 한 것이다. 그런데 북한이나, 중국의 동북삼성에서는 이러한 규범이 없다. 따라서 이들 두음을 발음하게 되어 있다. 이들 두음은 일찍이 1933년의 한글맞춤법에서 이미 '야여요유이'로 적기로 한 것이다. 따라서 한국어교육에서는 두음법칙을 적용함이 바람직하다. 모음이나 ㄴ 음 아래에서 '렬/ 률'의 발음 문제도 마찬가지다. 한국에서는 한글맞춤법에서 '열/ 율'로 적게 되어 있다. 그런데 북한이나 중국의 맞춤법에서는 '렬/ 률'로 적고 있어 표준발음도 '렬/ 률'로 하고 있다. 이것도 '열/ 율'로 발음하도록 해야 한다.

여덟째, 기타의 문제

이상에 논의된 것 외의 자잘한 발음 문제는 앞에서 이미 비교·검토한 바 있다. 따라서 이에 좇아 전통성과 합리성을 고려하여 처리하도록 할 것이다. 그리하여 바람직한 한국어교육을 한다. 재중 동포들이 한국의 표준발음을 익히게 되면, 남북의 표준발음 통일에 가교 역할을 하고,

표준발음 통일에 기여하게 될 것이다. 표준발음의 통일에 의해 남북한과 중국의 조선족의 발음이 통일되고, 한국어 세계화가 촉진되기를 기대해 마지않는다.

참고문헌

박갑수(1984), 국어의 표현과 순화론, 지학사.
박갑수(1994), 우리말 사랑 이야기, 한샘출판사.
박갑수(1994), 올바른 언어생활, 한샘출판사.
박갑수(2005), 중국 조선족 및 남북한의 정서법, 국어교육연구, 제16집, 서울대학교 국어교육연구소 "재외동포 교육과 한국어교육"(역락, 2014)에 재록.
박갑수(2014), 재외동포 교육과 한국어교육, 역락.

■ 이 글은 저자의 글 "중국 조선족 및 남북한의 정서법"(국어교육연구, 제16집, 서울대 국어교육연구소, 2005 : 본 총서 3 '재외동포 교육과 한국어교육', 역락, 2013에 재록)과 짝을 이루는 것으로, 2017년 3월 27일 작성되었다. 미발표 신고이다.

제 3 장 한국 속담의 일반성과 특수성

-비교를 통한 한국 속담의 특성

1. 서론

우리말에는 속담(俗談), 속언(俗諺), 속언(俗言), 속설(俗說), 이언(俚言), 이어(俚語), 이언(俚諺), 야언(野諺), 야언(野言), 야어(野語), 언(諺) 등으로 불리는 언어 형식이 있다. 이는 속설(俗說), 속언(俗言), 야언(野諺), 야어(野語), 야언(野言), 상말, 상ㅅ소리, 겻말, 덧말이라 일러지기도 한다. 속담은 민간에 널리 전승되어 오는 구비적 잠언(箴言)으로, 여기에는 사회적 환경이 각인되어 있는 것으로 본다. 이는 오랜 세월을 두고 일반 대중이 그들의 지혜와 체험을 통해 이루어 놓은 정신적 산물로서 그들의 철학과, 처세훈이 반영되어 있다. 따라서 우리는 이를 통해 작게는 특정 사회의, 크게는 민족이나 국민의 성격과 기질을 살펴볼 수도 있다.

한국의 속담은 '내 일 바빠 한댁 방아(己事之忙大家之春促)'라는 일찍이 신라 경덕왕(景德王) 때의 용례를 삼국유사에서 볼 수 있다. 그 뒤 많은 속담이 생성, 전변되며 오늘에 이르고 있다. 속담은 간결성, 의의, 함미, 통속성, 운율성, 민족적 특성 등을 지닌다. 이 글에서는 이러한 한국의 속담을 그 일반성(一般性)과 특수성(特殊性)이란 양면에 초점을 맞추어 그 특성을 살펴보기로 한다. 속담은 민족마다 지니고 있을 뿐 아니라, 민족적 특성을 지니는 것이기 때문이다.

속담이라면 누구나 잘 아는 것으로 생각한다. 그러나 그 정체는 별로 밝혀져 있지 않다. 더구나 이에 대한 연구도 그리 많지 않다. 이는 우리의 정체성을 파악하기 위해서도 연구가 필요한 영역이다. 따라서 이 글에서는 중·일·영의 속담과 다소간의 비교도 꾀하며 한국 속담의 특성을 살펴보게 될 것이다. 속담은 다음 자료집을 기본으로 추출하기로 한다.

이기문(1962), 속담사전, 민중서관

徐宗才 外 編著(2006), 俗語詞典, 商務印書館

万森 主編(2009), 歇后語 諺語 俗語 慣用語 詞典, 知識出版社

藤井乙男(1978), 諺語大辭典, 日本圖書

大塚高信 外(1976), Sanseido's Dictionary of English Proverbs, 三省堂

2. 속담의 의미와 생성 및 수용

속담은 민속문학에 속하는 담화 양식의 하나다. 이는 일반 언중과 친숙한 것과는 달리 그 속성이 모호하여 정의를 내리는 데 어려움을 겪고 있다. 속담이 관용어(慣用語), 격언(格言) 등과 서로 넘나들기 때문이다(장덕순 외, 1971; 김선풍 외, 1993). 여기서는 이러한 문제를 잠시 접어 두고, '표준국어대사전(두산동아, 1988)'의 '속담' 풀이부터 보기로 한다.

속담(俗談) : ①예로부터 민간에 전하여 오는 쉬운 격언이나, 잠언. =
언속(言俗) ②속된 이야기. =세언, 속어3, 속설2

이는 관용어 등의 문제를 언급을 하지 않고, 속담을 격언이나 잠언과
같은 것으로 보고 있다. 이는 종래 "일종의 비유, 사채(詞采), 동음이의,
운율 등으로 이루어져 흔히 쓰이는 단소한 문장, 또는 문구"를 속담이라
하고, 혹은 "세상에 관용적으로 쓰이는 특수한 형태를 취하는 모든 언
구"를 속담이라 한 것(藤井, 1978)에 금을 그은 것이다. 모든 관용어가 속
담은 아니기 때문이다. 의미 조건을 추가한 것이다. '격언(格言)'은 '교훈
이나 경계 따위를 간결하게 표현한 것'이며, '잠언(箴言)'은 '가르쳐 훈계
하는 말'이기 때문이다. 이러한 의의(sense)를 지닐 때 비로소 속담은 관
용어와 구별된다. 이런 점에서 국어국문학자료사전(한국사전편찬연구사, 1994)
에서 속담을 "풍자나 교훈을 담아 비유의 방법으로 서술하는 관용구"라
고 풀이한 것은 비교적 충실한 속담의 정의라 하겠다.

그러면 '민간에 전승되어 관용적으로 사용되는 교훈이나 경계'라 할
속담은 어떻게 생성되는가? 근원적인 면에서 볼 때, 이는 서너 가지 사
태를 바탕으로 한다. 첫째, 특정한 역사적 사례를 바탕으로 하고(고려공사
삼일/ 아산이 깨어지나 평택이 무너지나), 둘째 일상적으로 발생하는 일반적인
사례를 바탕으로 비롯되며(백번 듣는 것이 한번 보는 것만 못하다/ 세월이 약),
셋째 설화나 문학작품을 바탕으로 형성된다는 것이다(억지 춘향이/ 홍길동
이 해인사 털어먹듯). 속담은 이러한 구체적이고 개별적 혹은 개인적 사실
에서 비롯되어 언중의 공감을 사 일정한 형태로 고정된다. 이는 무엇보
다 입언(立言) 뒤의 이러한 공중의 공감·승인을 필요로 한다. 따라서 속
담의 발생은 다음과 같은 과정을 거치는 것으로 볼 수 있다.

① 개별적 특정 사례 발생
② 적절한 묘사와 입언(立言)
③ 묘사된 표현의 조정 정비
④ 언중의 공감과 승인·확산
⑤ 어구의 정형화 및 일반화

이러한 과정에 대해 좀 더 보충 설명을 하면 속담은 개인적이고 특수한 것을 구어적으로 표현한 것에서 출발하여, 사회적·일반적·문어적인 것으로 발전하며, 특정 언어사회를 반영하며 정착된다. 따라서 이는 민족 전체의 경향만이 아닌, 특정사회의 특정 상황을 반영해, 심한 경우는 의미상 상반된 경향까지 드러낸다. 다음의 예가 이런 것이다.

나귀는 샌님만 섬긴다: 나귀는 샌님만 업신여긴다/ 바른 말 하는 사람 귀염 못 받는다: 입은 비뚤어져도 말은 바로 하랬다/ 보기 좋은 떡이 먹기도 좋다: 보기 좋은 음식 별 수 없다./ 사위도 반자식이라: 사위 자식 개자식/ 중이 미우면 가사도 밉다: 중이 밉기로 가사야 미우랴?/ 쥐구멍에도 눈이 든다: 쥐구멍에도 볕들 날이 있다./ 찬밥에 국 적은 줄만 안다: 찬밥에 국 적은 줄 모른다./

따라서 속담은 특정사회의 공언(公言)으로, 그 사회의 성원에게 교훈을 주거나, 경구로 작용하거나, 지식 정보를 주거나, 특정 사실을 풍자·비유하는 구실을 하게 된다.

이렇게 생성된 속담은 따라서 다음과 같은 특징을 지닌다(장덕순 외, 1971).

① 속담은 사회적 소산이다.
② 속담에는 민중의 사회철학이 반영되어 있다.
③ 속담은 향토성을 반영한다.

④ 속담은 시대상을 반영한다.

⑤ 속담의 형식은 간결한 것이 특징이다.

⑥ 속담은 언어생활을 윤택하게 한다.

속담은 사회적 산물이기 때문에 일반적으로 장구한 세월 동안 전승되며 사용되는 경향을 지닌다. 그러나 시대가 바뀌게 되면 속담의 시효성이 사라져, 언어가 사어(死語)가 되듯, 속담도 제 구실을 하지 못하고 사라지는 경우도 있다. 그뿐 아니라 시간의 흐름에 따라 속담에 쓰인 어휘의 유연성(有緣性)이 망각·상실되어 그 형태가 바뀌기도 한다. '내일 바빠 한댁 방아'가 '내일 바빠 한 데 방아', '삼청냉돌'이 '삼척 냉돌'이 되고, '굴원이 제 몸 추듯'이 '구렁이 제 몸 추듯'으로 바뀌는 것과 같은 것이 그것이다.

그리고 이러한 속담은 그 통속성(通俗性)으로 말미암아 역사적으로 상류사회에서는 잘 쓰이지 않았다. 우리의 경우는 상민(常民)의 상언(常言)으로, 주로 입말(口語)에 쓰였고, 문자화하는 경우는 전통적으로 서민사회의 읽을거리인 '춘향전', '홍부전', '심청전'과 같은 소설류에 사용되었다. 이러한 경향은 중국이나 일본 및 서구 사회도 마찬가지다. 귀족사회에서는 일반적으로 기피하였고(藤井, 1978), 속담에 대한 인식이 바뀌고 난 뒤에 일반화하여 쓰이게 되었다.

3. 한국 속담의 일반성

영국의 제임스 호우엘(J. Howell)은 속담의 3요소로 간결(shortness), 의의(sense), 함미(salt)를 들고 있고, 후지이(藤井)(1978)는 여기에 통속(popularity)

을 추가하고 있다. 이 밖의 특성으로는 앞에서 언급한 바와 같이 비유성, 운율성, 민족적 특성 등을 들 수 있다. 다음에는 이러한 속담의 특성을 형식적 및 내용적 특성과 수사적 특성으로 나누어 일반성으로서의 특성을 살펴보기로 한다.

3.1. 형식적 특성

3.1.1. 간결성을 지닌다

속담의 대표적 형식적 특성은 간결성에 있다. 그러나 모든 속담이 간결한 것은 아니다. 단형(短型)이 아닌 장형(長型)도 있다. 이는 그 경향이 단형을 취한다는 것을 의미할 뿐이다. 김선풍 외(1993)에서는 이기문의 '속담사전'을 자료로 하여 한국 속담 5950개에 대한 음절수의 통계를 제시하고 있다. 이를 필자가 다소 개고하여 도시하면 다음과 같다.

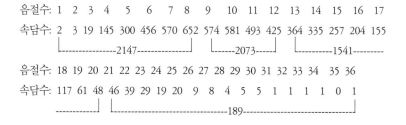

8음절을 정점으로 하여 장단형(長短型)으로 양분된다. 따라서 4・4조를 이루는 8음절까지를 단형으로 볼 때 2147개 속담이 단형에 속하는 것이 된다. 그렇게 되면 36.1%가 단형이 된다. 그러나 적어도 10음절 내외를 장단형의 기준으로 잡는 것이 바람직할 것이다. 현대소설 문장의 평균 길이는 31.15자이고, 중앙치(median)가 26자이다(박갑수, 1979). 따라서 5・

7조, 또는 7·5조를 이루는 12음절까지를 단형으로 보게 되면 4220개가
되어 70.1%가 되어 3분의2를 넘는 것이 단형이 된다. 한국 속담은 명실
공히 그 형식이 간결하다고 할 수 있다. 13음절 이상의 장형은 1730개
로 29.9%를 차지할 뿐이다.

8음절까지의 단형 속담의 예를 몇 개 들어 보면 다음과 같다.

> 2음절: 개판
> 3음절: 개 팔자/ 난 부자/ 눈요기/ 땡 떴다/ 배장수/ 아삼육/ 쥐정신
> 4음절: 이웃사촌/ 눈엣 가시/ 눈 먼 사랑/ 두더지 혼인/ 박쥐구실/ 사발
>   화통/ 아는 게 병/ 코 큰 소리/ 팔선녀다/ 패를 쓴다/ 함흥차사
> 5음절: 누워 떡 먹기/ 도랑에 든 소/ 딸 없는 사위/ 썩어도 준치/ 억지
>   춘향이/ 침 먹은 지네/ 학질을 뗀다.
> 6음절: 눈총을 맞다/ 다리아랫소리/ 사명당 사첫방/ 친정 일가 같다/
>   체면에 물렸다/ 팔자를 고친다.
> 7음절: 귀신이 곡할 노릇/ 제 눈에 안경이다/ 목구멍이 포도청/ 사자
>   어금니 같다/ 열 소경에 한 막대
> 8음절: 김칫국부터 마신다./ 끈 떨어진 망석중이/ 무당이 제 굿 못한
>   다./ 어린 중 젓국 먹이듯

외국의 경우도 단형의 예는 많이 보인다. 이들은 대체로 2, 3개 어휘
로 이루어져 있다. 다만 중국의 경우는 徐宗才 外(2006)에는 4음절 이하
의 것이 안 보이고, 万森(2009)에도 언어(諺語)에는 안 보이며, 속어(俗語)에
만 4음절 이하의 것을 들고 있다.

> 중국: 맹사(盲蛇), 객불송객(客不送客), 주유별장(酒有別腸), 춘무삼일청
>   (春無三日淸)
> 일본: 佛, 氣は心, 善は急げ, 壁に耳, 闇夜の錦

영어권: Extremes meet/ Haste makes waste/ Love is blind/ Tithe and be rich./ Vice corrects sin.

이에 대해 한국 속담의 30음절 이상의 장형의 예를 몇 개 보면 다음과 같은 것이 보인다.

32음절: 중이 얼음 건너갈 때는 나무아무타불 하다가도 얼음에 빠질 때에는 하느님 한다.
34음절: 소낙비는 오려 하고 똥은 마렵고, 괴타리는 옹치고 꼴짐은 넘어지고 소는 뛰어나갔다.
36음절: 장모는 사위가 곰보라도 예뻐하고, 시아버지는 며느리가 뻐드렁니에 애꾸라도 예뻐한다.

3.1.2. 운율성을 지닌다

속담은 압운(押韻)을 하고, 일정한 음수율(音數律)을 지녀 운율적 특성을 드러낸다.

(1) 압운(押韻)

압운은 두운과 각운, 첩운의 세 가지로 나타난다. 요운(腰韻)을 운운하기도 하나, 이는 원칙적으로 각운에 해당한 것으로 요운이 아니다. 이들의 예를 두세 개씩 보면 다음과 같다.

① 두운
불 난 집에 불무질 한다/ 신 첨지 신꼴을 보지, 그 꼴은 못 보겠다/ 주걱 파면 주걱새가 찍어간다/ 쇠고기 열점보다 새 고기 한 점이 낫다.
② 각운
콩팔 칠팔 한다/ 물어도 준치, 썩어도 생치/ 이래도 일생, 저래도 일생/

똥인지 호박 국인지/ 이 장떡이 큰가, 저 장떡이 큰가?

③ 첩운

　그 놈이 그 놈이라/ 한 번 가도 화냥, 두 번 가도 화냥/ 물 쏘듯 총 쏘듯

　그리고 여기 덧붙일 것은 한자 성어(成語)에 의한 속담의 문제다. 우리의 속담은 한문으로 번역된 것이 많은데, 이 가운데 이덕무(李德懋)의 '열상방언(洌上方言)', 정약용(丁若鏞)의 '이담속찬(耳談續纂)' 등의 속담은 한역 과정에서 압운을 하고 있다. 이들의 예를 두어 개 씩 들어보면 다음과 같다.

　곡무호 선생토(谷無虎 先生兎)

　독목교 원가조(獨木橋 怨家遭) <열상방언>

　구미삼기 불성초피(狗尾三朞 不成貂皮)

　조지방비 유운기리(鳥之方飛 有隕其梨) <이담속찬>

　이러한 압운법은 중·일·영어의 속담에서도 많이 보인다. 이들의 예는 다음과 같다.

　중국, 두운: 다언다기(多言多欺)/ 노유천조(路有千條) 이기일조(理祇一條)

　각운: 인궁(人窮) 지불궁(志不窮)/ 종선여등(從善如登) 종악여붕(從惡如崩)

　일본, 두운: なくて七癖/ なすようにならいで なるようになる/ にら にんにく　にぎり屁

　각운: こわしみたし/ 學者むしゃくしゃ/ やすかろう惡かろう高かろうよかろう

영어, 두운: Benefits bind/ Like lips, like lettuce./ No cross, no crown/ Out
of debt, out of danger.

각운: Good mind, good find/ East west, home is best/ Measure in
treasure./ Who goes a-borrowing, goes a sorrowing/ Will is no skill.

이 밖에 압운법(押韻法)에는 동음, 또는 동음어(同音語)를 반복적으로 사
용함에 의해 두운 내지 각운의 효과를 나타내기도 한다.

(2) 음수율(音數律)

음수율은 일정한 율조(律調)를 지녀 구조(口調)를 좋게 함에 따라 부르
기 쉽고, 기억을 편하게 하며, 널리 통용되게 한다. 그래서 음수율은 시
가에 애용되는가 하면, 속담에도 많이 활용된다.

한국 속담은 대체로 일정한 수의 음절이 전후에 대립되는 음수율을
지닌다. 음수율을 지니지 않는 속담은 그 빈도가 비교적 낮다. 이러한
음수율을 이기문 편 '속담사전'을 자료로 하여 그 1/3(539쪽 중 180쪽)을
조사해 보면 4·4조를 일음보(一音步)로 한 속담이 가장 많고, 그 다음이
대체로 3·4조, 5·5조, 3·3조, 3·5조, 4·3조, 4·5조의 속담순으로
그 빈도가 낮아진다. 따라서 이러한 음수율을 한국 속담 전체에 확대 적
용할 때 그 분포 유형은 대체로 다음과 같을 것으로 추정된다.

최고빈도: 4·4조, 3·4조, 5·5조
고빈도: 3·3조, 3·5조, 4·3조, 4·5조
중빈도: 3·2조, 5·6조, 6·6조, 2·3조, 5·4조, 7·5조, 4·6조,
6·5조, 5·7조, 2·2조, 7·7조

한국 속담은 위에 보이듯 3음절, 혹은, 4·5음절이 음수율로 많이 쓰

인다. 이는 우리말의 체언이 2음절에 조사 1음절, 용언의 어간이 2음절에 어미 2~3음절로 이루어지기 때문에 이러한 경향을 보이는 것으로 해석할 수 있다.

최고빈도와 고빈도의 음수율을 보이는 속담의 예를 두어 개씩 보면 다음과 같다.

① 4·4조
   공든 탑이 무너지랴/ 봉이 나매 황이 난다.
② 3·4조
   사랑은 내리 사랑/ 자는 범 코침 주기
③ 5·5조
   국이 끓는지 장이 끓는지?/ 입에 쓴 약이 병에는 좋다.
④ 3·3조
   꿩 먹고 알 먹기/ 어르고 뺨친다.
⑤ 3·5조
   광에서 인심이 난다./ 짚신에 국화 그리기
⑥ 4·3조
   목구멍이 포도청/ 열 소경에 한 막대
⑦ 4·5조
   꽃 본 나비 물 본 기러기/ 딸자식은 도둑년이다.

음수율은 일본 속담도 많이 활용하고 있다. 일본 속담에는 특히 7·5조가 애용된다. 이는 그들의 시가문학 형식이 반영된 것이다. 일본에는 7·5조 외에 5·7조, 7·7조, 5·5조를 취하는 것이 많은 것으로 본다 (藤井, 1978). 중국의 경우는 4·4조, 5·5조, 7·7조의 대구가 많고, 7·3조 또한 많이 보인다. 일본의 7·5조와 5·7조, 그리고 중국의 4·4조, 5·5조, 7·7조의 예를 보면 다음과 같다.

　＊ 花は櫻木　人は武士/　詩を作るより田を作れ

　　瓜の蔓に茄子はならぬ/　死んだ子の年を數える

　＊ 유전유주(有錢有酒) 필유붕우(必有朋友)/

　　측은지심(惻隱之心) 인개유지(人皆有之)

　　불끽반즉기(不喫飯則飢) 불독서즉우(不讀書則愚)/

　　화무백일홍(花無百日紅) 인무천일호(人無千日好)/

　　남인삼십일지화(男人三十一枝花) 여인삼십노인가(女人三十老人家)/

　　불행로부지원근(不行路不知遠近) 불섭수부지심천(不涉水不知深淺)

3.1.3. 통사적 특성을 지닌다

속담은 모두가 비문이 아닌, 완전한 문장으로 이루어지는 것은 아니다. 단형의 속담인 경우 대부분 단어 및 어류(word class)와, 구나 절로 이루어진다. 장·단형에서 문장 형태를 취하는 경우는 단문, 및 복문을 이룬다. 문장은 대부분 불완전한 문장인 경우가 많다. 서법(문체법)은 평서문, 의문문, 명령문, 청유문 등의 형태를 취하고 있으나, 빈도는 크게 차이가 난다. 평서문의 빈도가 가장 높고, 그 다음이 의문문, 명령문, 청유문의 순으로 빈도가 낮아진다. 청유문의 용례는 하나밖에 보이지 않는다.

단어 형태를 취하고 있는 속담은 그 출현 빈도가 만만치 않다. 이들은 대체로 복합어로 이루어져 있다. 몇 개의 예를 들어 보면 다음과 같다.

　＊ 체언: 가재걸음, 개판, 곽분양팔자, 난부자, 노목궤, 누이바꿈, 눈엣가시, 눈요기, 단판씨름, 닭고집, 대못박이, 동동팔월, 두더지 혼인, 따라지목숨, 만경타령, 만수받이, 매팔자, 멧부엉이, 미 끈유월, 박쥐구실, 반찬단지, 배장수, 벌타령, 벼룩잠, 사발화통, 삼청냉돌, 앵두장수, 억지춘향이, 여덟달반, 우물안개구리, 월천꾼, 이웃사촌, 제갈동지, 쥐정신, 조

리복소니, 좁쌀영감, 청기와장수, 칠흡송장, 파리경주인, 파주미륵, 풍년
거지, 피장 파장, 하룻강아지, 후레아들, 함흥차사, 흉년거지
　*용언: 감때사납다, 개잡듯, 다락같다, 땅내가고소하다, 뚱딴지같다,
부아가나다, 엇구수하다, 젬병이라, 조롱복이야, 줄행랑친다, 쥐뿔같다,
큰코다친다, 태화탕이다, 팔선녀다

구나 절로 이루어진 예는 참으로 많다. 이들 가운데는 주어, 또는 술
어를 생략한 불완전한 문장이 많고, 이밖에 내포문장에 안길 문장으로,
부사절이 많다.
　서법(문체법)에 따라 구별되는 경우 평서형은 동태문, 성상문, 판단문으
로 구분된다. 서법에 따른 용례를 두어 개씩 보면 다음과 같다.

　　* 평서형
　　　개같이 벌어서 정승같이 먹는다/ 소 잃고 외양간 고친다.<동태>
　　　등 시린 절 받기 싫다/ 아내가 예쁘면 처갓집 울타리까지 예쁘다.
　　　　<성상>
　　　사위는 백년지객이라/ 재주는 홍길동이다. <판단>
　　* 의문형
　　　말 잘 하고 징역 가랴?
　　　매 위에 장사 있나?
　　* 명령형
　　　내 손톱에 장을 지져라,
　　　동서 춤추게.
　　* 청유형
　　　네 다리 빼라 내 다리 박자

복문의 경우는 접속문과 내포문으로 구분할 수 있고 접속문은 대등

접속문과 한정 접속문으로 구분된다. 속담에는 대구(對句)의 형식을 취한 대등접속문이 많다는 것이 하나의 특징이다. 이들의 용례를 두어 개씩 보면 다음과 같다.

* 접속문
  귀신은 경에 막히고, 사람은 인정에 막힌다./ 낮말은 새가 듣고, 밤말은 쥐가 듣는다/ 까마귀가 울면 사람이 죽는다./ 숭어가 뛰니까 망둥이도 뛴다

* 내포문
  날 궂은 날 개 사귄 이 같다./ 용수가 채반이 되도록 우긴다./ 첩의 살림은 밑 빠진 독에 물 길어 붓기

이러한 특성과는 달리 한국 속담에는 통사적으로 비문이라 할 것이 많다. 이는 앞에서 언급한 바와 같이 주요 성분을 생략한 것으로, 간결성을 추구한 나머지 빚어진 결과이다. 비문은 주어 또는 서술어가 생략되었거나, 주술어가 다 같이 생략된 것이 많다. 이 밖에 주문에 안길 문장으로, 부사어구만으로 이루어진 속담도 상당수에 달한다. 이들의 예를 보면 다음과 같다.

* 주어 생략의 경우
  누이 좋고 매부 좋다/ 다리 뻗고 잔다/ 부르느니 말하지/ 약에 쓸래도 없다/ 잠을 자야 꿈을 꾸지/ 초 판 쌀이라/ 팔자를 고친다/ 헛물만 켠다/ 흉년의 곡식이다.

* 서술어 생략의 경우
  내외간 싸움은 칼로 물 베기(다)/ 마소의 새끼는 시골로 사람의 새끼는 서울로(보내라)/ 말살에 쇠살에(지껄여댄다)/ 부모가 반팔자 (다)/ 중 술 취한 것(못 쓴다)/ 타관에 섰어도 고향나무(다)/ 한 번 똥 눈 개가 일

생 눈다고 (한다).

＊ 주・술어 생략의 경우

게 발 물어 던지듯/ 누워 떡 먹기/ (그는) 다시 보니 수원 손님(이다)/ (그는) 도랑에 든 소(같다)/ (그것은) 박쥐의 두 마음(이다)/ (내 가) 삼수갑산을 가서 산전을 일궈 먹더라도 (그러지 않겠다.)/ 애호 박에 말뚝 박기/ (사람들이) 칠년대한에 대우 기다리듯(한다)/ 코 묻 은 돈/ (색시는) 하룻밤을 자도 헌 각시(다).

＊ 부사어구 사용의 경우

다식판에 박아내듯/ 마파람에 게 눈 감추듯/ 말 죽은 밭에 까마귀같 이/ 무른 메주 밟듯(짓밟다)/ 말죽은 데 까마귀같이(모여든다)/ 매 앞 에 뜬 꿩같이(위태하다)/ 죽어서 넋두리도 하는데(할 말은 언제나 해야 한 다)/ 취한 놈 달걀 팔듯/ 피나무 껍질 벗기듯/ 흰 머리에 이 모이듯.

이러한 비문의 경향은 일본과 중국의 경우에도 보인다. 이는 한국 고 유의 특성만은 아니다. 그러나 그 정도가 심해 상대적으로 한국 속담의 특수성이라고 해도 좋을 정도다. 중국의 경우는 徐宗才 外(2006)와, 万森 (2009)의 언어(諺語)의 경우 4자성어 이하의 속담을 들고 있지 않아(万森 (2009)에서는 단형을 언어(諺語) 아닌, 속어(俗語)로 취급) 한・일 속담과 구별된 다. 영어의 비문도 한・일 속담의 경우처럼 심하지는 않다. 통사적으로 비문인 외국 속담의 예를 몇 개 들어 보면 다음과 같다.

중국: 예무부답(禮無不答)/ 파가현령(破家縣令) 멸문자사(滅門刺史)/ 청 대우산(晴帶雨傘) 포대기량(飽對飢糧)/ 의인불용(疑人不用) 용인불 의(用人不疑)

일본: きつと馬鹿/ 狐の嫁入/ 西施の顰に倣ふ/ 正鵠にあたる/ 鳥の水 を吸ふほど・

영어권: An egg and to bed/ laugh like a hyena/ merry England/ Never too late to learn/ sick of idles/ A women's mind

3.1.4. 다양한 표현 형식을 취한다

속담은 다양한 주제를 다양한 표현 형식으로 나타낸다. 그런데 이와는 달리 동일한 주제나 사실을 다른 표현 형식으로 나타내는 경우도 많다. 이는 동일한 주제나 사실을 서로 다른 특수한 상황을 바탕으로 입언한 것이거나, 다양한 표현성을 노려 다양한 표현형식을 취하고 있는 것이다. 이러한 특성은 속담의 일반적 성격이다. 한 예로, 한국의 속담에는 '격이 맞지 않는 것', 그것도 공연한 사치(奢侈)나 호사(豪奢)를 하는 것을 나타내는 속담이 무려 15가지나 된다. 이들 예를 보면 다음과 같다.

가게 기둥에 입춘: 거적문에 돌쩌귀: 거적문에 과 돌쩌귀: 개에게 호패: 개발에 놋대갈: 개 발에 주석 편자: 개 발에 편자: 돼지우리에 주석 자물쇠: 방립에 쇄자질: (사모에 영자:) 삿갓에 쇄자질: 조리에 옻칠한다: (재에 호춤:) 짚신에 구슬 감기: 짚신에 국화 그리기: 짚신에 정분칠하기: (초헌에 채찍질:) 홋 중의에 겹말:

동일 주제나 사실을 달리 표현한 것은 2, 3, 4, 5종의 여러 가지 유형이 있다. 이들은 물론 주제의 범위를 어떻게 규정하느냐에 따라 차이가 날 수도 있다. 2~5가지로 달리 표현되고 있는 예를 몇 개씩 보면 다음과 같다.

* 같은 주제에 2가지 표현
말은 보태고 떡은 뗀다: 말은 보태고 봉송은 던다/ 뱁새가 황새걸음을 걸으면 가랑이가 찢어진다: 뱁새가 황새를 따라가면 다리가 찢어진다./ 사람 살 곳은 가는 곳마다 있다: 사람 살 곳은 골골이 있다/ 온 통으로

생긴 놈 계집 자랑, 반편으로 생긴 놈 자식 자랑: 자기 자식 추기 반 미친놈, 계집 추기 온 미친놈/ 중이 고기 맛을 보더니 절에 빈대 껍질이 안 남는다: 중이 고기 맛을 보면 법당에 파리가 안 남는다/ 혀 밑에 죽을 말 있다: 혀 아래 도끼 들었다.

* 같은 주제의 3가지 표현

나무에 잘 오르는 놈이 떨어지고, 헤엄 잘 치는 놈이 빠져 죽는다: 헤엄 잘 치는 놈 물에 빠져 죽고, 나무에 잘 오르는 놈 나무에서 떨어져 죽는다: 잘 헤는 놈 빠져 죽고, 잘 오르는 놈 떨어져 죽는다/ 서울이 낭이라니까 과천서부터 긴다: 서울이 무섭다니까 새재서부터 긴다: 서울이 무섭다니까 남태령부터 기는 격/ 아내가 귀여우면 처갓집 말뚝 보고 절을 한다: 아내가 귀여우면 처갓집 문설주도 귀엽다: 아내가 예쁘면 처갓집 울타리까지 예쁘다.

* 같은 주제의 4가지 표현

서투른 과방 안반 타박: 서투른 무당이 장고만 나무란다: 서투른 숙수가 안반만 나무란다.: 선 무당이 장고 탓한다./ 소더러 한 말은 안 나도, 처더러 한 말은 난다.: 소더러 한 말은 없어도 처더러 한 말은 난다.: 소 앞에서 한 말은 안 나도, 어미 귀에 한 말은 난다: 어미한테 한 말은 나고, 소한테 한 말은 안 난다.

* 같은 주제의 5가지 표현

개똥에 굴러도 이승이 좋다: 말똥에 굴러도 이승이 좋다: 개가 죽은 정승보다 낫다: 죽은 석숭보다 산 돼지가 낫다: 소여 대여에 죽어가는 것이 헌옷 입고 벌에 앉았는 것만 못하다/

시집 가기 전에 강아지 장만한다: 시집도 가기 전에 기저귀 마련한다: 시집도 아니 가서 포대기 장만한다: 아이도 낳기 전에 기저귀 장만한다: 아이도 낳기 전에 기저귀 누빈다.

참고로 같은 주제를 다양하게 표현하고 있는 예를 영어 속담에서 하나 들기로 한다. 이는 '여자는 말이 많다'는 주제를 나타내는 것으로 10여 종이나 된다.

Arthur could not tame woman's tongue/ One tongue is enough for a women(or two women)/ Silence is a fine jewel for a women; but it is little worn/ Silence is the ornament of a women/ Tell nothing to a women and a pie unless thou wouldst have all the world to know it/ Ten cabs(or kabs) of speech descended in to the world and the women took away nine of them/ A women's tongue is the last thing about her that dies/ A women's tongue wags like lamb's tail/ Women are great talkers/ Women will say anything/ Where there are women, there is much tattling/ Women and magpies are always prating/ Women must have their words

3.2. 내용적 특성

내용적 특성은 여러 가지 면에서 살펴볼 수 있다. 내용면에 대한 선행적 접근으로 소재면에서는 김사엽(1953), 김선풍 외(1993)가 있다. 김사엽(1953)에서는 그 내용을 '① 도덕성, ② 인사(人事), ③ 사회 일반, ④ 가족주의제도, ⑤ 습속·신앙·미신, ⑥ 재료'로 나누고 있다. 이에 대해 김선풍 외(1993)에서는 세계관을 중심으로 '①무격의식, ②사대의식, ③관존민비사상의식, ④남존여비의식, ⑤척불의식, ⑥중농주의의식, ⑦절충의식, ⑧무사안일주의'로 나누고 있다. 이 밖에 속담의 기능면에서 정약용은 '이담속찬(耳談續纂)'에서 '언(言), 유(喩), 계(戒), 유(猶), 기(譏)'로 분류하고 있다. 김도환(1978)은 '교도형, 희롱형, 재인식형, 구두형, 고지형(告知型), 비난형, 주관표시형, 지시형, 기타'의 9가지로 분류한 것이 있다.

여기서는 내용적 특성을 크게 함미(salt)와 통속성(popularity)의 둘로 나누고 그 아래에서 세분해 살펴보기로 한다.

3.2.1. 함미(salt)를 지닌다

Howell은 속담의 내용적 특성으로, 의의(sense)와 함미(salt)를 들었다. '의의'란 '어떤 말이나 일, 행위 따위가 현실에 구체적으로 연관되면서 가지는 가치 내용'이란 철학적 의미를 지닌다. '소금'은 '사회도덕을 순화·향상시키는 참신한 자의 사명'을 비유적으로 나타낸다. 이런 점에서 속담은 교훈을 주고, 경구로 사용되는 것이라 볼 때 이들 둘은 하나로 묶어서 보는 것이 바람직하다.

속담 가운데는 직접적인 교훈이나 경계가 아닌, 사실이나 지식을 전달하는 것도 많다. 이런 의미에서 일본의 '국어학대사전(1975)'이 속담을 '일상적 언어를 사용하여, 경험을 바탕으로 한 실제적 지식을 짧은 구절 가운데 담아, 사람들의 마음을 움직이어, 유통하는 언어작품으로서의 연어'라 정의한 것은 의미가 있다. 그러나 이러한 구체적 사실(事實)(눈 먼 소경더러 눈멀었다 하면 싫어한다/ 하룻밤을 자도 헌 각시/ 한 달이 크면 한 달이 작다.)도 그 운용 과정에서 교훈을 주는가 하면 경구로 사용된다. 이런 점에서 속담은 상기 '국어학대사전(1975)'이 제시하고 있는 '① 비평·풍자를 하는 것, ② 교훈을 주는 것, ③ 지식·진리를 전달하는 것, ④ 이야기의 흥취를 보태는 것' 등의 특성을 지닌다고 할 수도 있다. 그리고 이 밖에 '⑤ 민족적 특성을 반영하는 것'을 추가할 수 있다. 다음에는 이러한 점에 유의하며 한국 속담의 내용상의 일반성을 살펴보기로 한다.

(1) 비평·풍자를 한다

비평·풍자는 대표적인 속담의 기능 가운데 하나다. 한국 속담도 이러한 기능을 드러내는 것이 많다. 이들의 예로는 다음과 같은 것을 들 수 있다.

가까운 남이 먼 일가보다 낫다/ 가지 많은 나무가 바람 잘 날이 없다./ 국에 덴 놈 물 보고 분다./ 낮말은 새가 듣고 밤 말은 쥐가 듣는다./ 닭 벼슬이 될망정 소꼬리는 되지 마라./ 대감 죽은 데는 안 가도 대감 말 죽은 데는 간다./ 더위 먹은 소 달만 보아도 허덕인다./ 돈만 있으면 개 도 멍첨지라./ 먹은 죄는 없다/ 물과 불과 악처는 삼대 재액/ 미꾸라지 한 마리가 온 웅덩이를 흐린다./ 바늘 도둑이 소 도둑 된다./ 바다는 메 워도 사람의 욕심은 못 채운다./ 바른 말 하는 사람 귀염 못 받는다./ 발 없는 말이 천리 간다./ 보리 고개가 태산보다 높다./ 부귀빈천이 물레바 퀴 돌 듯 한다./ 부모가 반 팔자/ 새우 싸움에 고래 등 터진다./ 세 잎 주 고 집 사고, 천 냥 주고 이웃 산다./ 송도 외 장사/ 억지 춘향이/ 열 번 찍어 안 넘어가는 나무 없다./ 중이 얼음 건너갈 때는 나무아미타불 하 다가도, 얼음에 빠질 때에는 하느님 한다./ 토끼를 다 잡으면 사냥개를 삶는다/ 함박 시키면 바가지 시키고, 바가지 시키면 쪽박 시킨다.

(2) 교훈을 준다

속담은 오랜 세월을 두고 사회의 승인을 받아 이루어진 정신적 산물 로, 구비적 격언이며, 잠언이다. 이는 우수한 문학이고, 철학이며, 처세훈 이다. 따라서 속담은 인생에 많은 교훈을 준다. 이러한 예로는 다음과 같은 것이 있다.

가는 말이 고와야 오는 말이 곱다./ 가물에 돌 친다/ 고생 끝에 낙이 온다./ 곡식 이삭은 잘 될수록 고개를 숙인다./ 남의 말 다 들으면 목에 칼 벗을 날이 없다./ 남의 사정 보다가 갈보 난다./ 모난 돌이 정 맞는 다./ 물이 깊을수록 소리가 없다./ 미운 아이 먼저 품어라./ 민심은 천심/

밑알을 넣어야 알을 내어 먹는다./ 부처님 공양 말고 배고픈 사람 밥을
먹여라/ 사랑은 내리 사랑/ 세 좋아 인심 얻어라./ 암탉이 울면 집안이
망한다./ 어머니가 반 중매쟁이가 되어야 딸을 살린다./ 예쁜 자식 매로
키운다./ 오르지도 못할 나무는 쳐다보지도 말아라./ 온통으로 생긴 놈
계집 자랑, 반편으로 생긴 놈 자식 자랑/ 이기는 것이 지는 것/ 지위가
높을수록, 마음은 낮추어 먹어야/ 집안이 화합하려면 베개 밑 송사는 듣
지 않는다./ 코 아래 진상이 제일이라./ 패장은 말이 없다.

(3) 지식·진리를 전달한다

속담은 세상을 살아가는 지식, 지혜, 진리 등을 전달한다. 이러한 것의
대표적인 것에는 생활철학과 관련된 것, 지식·교양과 관련된 것, 속신
·속설과 관련 된 것 등이 있다. 속신속설과 관련된 것은 그 내용이 한
국적인 것이 대부분이다. 따라서 이는 다음 장 '한국 속담의 특수성'에
서 논의하기로 한다.

    * 생활철학과 관련된 것:
    계집의 곡한 마음 오뉴월에 서리 친다./ 금강산도 식후경/ 닫는 말도
채를 치랬다./ 덴 데 털 안 난다./ 마소의 새끼는 시골로, 사람의 새끼는
서울로/ 물은 건너보아야 알고, 사람은 지내보아야 안다./ 복은 쌍으로
안 오고, 화는 홀로 안 온다./ 부부싸움은 칼로 물 베기/ 신정이 구정만
못하다./ 어려서 굽은 나무는 안장감이다./ 여름비는 더워야 오고, 겨울
비는 추워야 온다./ 여인은 돌리면 버리고, 기구는 빌리면 깨진다./ 음지
가 양지 되고 양지가 음지 된다./ 이십 안 자식, 삼십 전 천량/ 조카 생
각느니만치 아자비 생각는 법이라./ 취중에 진담 나온다./ 털어서 먼지
안 나는 사람 없다./ 하룻강아지 범 무서운 줄 모른다./ 한 편 말만 듣고
송사 못한다./ 십년 세도 없고, 열흘 붉은 꽃 없다./ 아내 나쁜 것은 백년
원수, 된장 신 것은 일년 원수

* 지식·교양과 관련된 것:

꽃이 좋아야 나비가 모인다./ 동여 맨 놈이 푸느니라./ 돈이 없으면 적
막강산, 돈이 있으면 금수강산이라./ 마음처럼 간사한 것은 없다./ 먹을
가까이 하면 검어진다./ 무병이 장자/ 못할 말 하면 제 자손에 앙얼 간
다./ 백번 듣는 것이 한번 보는 것만 못하다./ 백성의 입 막기는 내 막기
보다 어렵다./ 색시 그루는 다홍치마 적에 앉혀야 한다./ 소경보고 눈멀
었다 하면 노여워한다./ 여식이 나거든 웅천으로 보내라/ 열흘 붉은 꽃
없다./ 오이는 씨가 있어도, 도둑은 씨가 없다./ 절에 가면 신중단이 제
일이라/ 한 손뼉이 울지 못한다./자식은 오복이 아니라도 이는 오복에
든다.

(4) 인생에 대해 경계한다

속담은 인생의 잠언으로서, 경계를 하는 것이 많다. 앞에서 본 비평·
풍자를 하는 것, 교훈을 주는 것 등도 결과적으로 인생에 대해 무엇인가
경계를 하자는 것이다. 그런데 이들과는 달리 직접 경계를 하고 있는 속
담도 많다. 이러한 것으로는 다음과 같은 것이 있다.

관에 들어가도 막말은 말라./ 귀한 자식 매로 키워라./ 남이 나를 저버
리거든 차라리 내 먼저 남을 저버리라./ 돌다리도 두들겨 보고 건너라./
무른 감도 쉬어 가면서 먹어라./ 물에 빠지더라도 정신을 잃지 마라/ 밥
은 열 곳에 가 먹어도 잠은 한 곳에 자렸다./ 삼정승 부러워 말고 내 한
몸 튼튼히 가지라./ 삼정승을 사귀지 말고 내 한 몸을 조심하여라./ 서편
에 무지개가 서면 개울 너머 소매지 마라/ 숨은 내 쉬고 말은 내하지 말
라/ 안 살이 내 살이면 천리라도 찾아가고, 밭 살이 내 살이라면 십리라
도 가지 마라./ 옥니박이 곱슬머리와는 말도 말아라./ 의붓아비 돼지고기
써는 데는 가도, 친아비 나무패는 데는 가지 말라./ 입은 비뚤어져도, 말
은 바로 해라./ 입 찬 소리는 무덤 앞에 가서 하라./ 죽어도 시집 울타리
밑에서 죽어라./ 하룻밤을 자도 만리성을 쌓아라./ 호랑이에게 물려가도

정신만 차려라.

 이상과 같이 속담의 내용상 특징은 위험을 피해 실패하지 않게 경계하는 것과, 화복이 무상하고 세사가 뜻과 같이 이루어지지 않는 것이니 주의하라는 것이 주류를 이룬다.

 그리고 여기에서 참고로 속담의 소재가 되고 있는 대표적인 어휘를 보면, '개(犬)'의 빈도가 가장 높고, '물(水), 사람(人), 말(言語), 똥(糞), 밥(飯), 소(牛), 집(家)이 고빈도를 보인다는 것이다. 이는 한국 사람이 세상을 살아가며 관심이 어디에 놓였는가를 알게 한다.

 외국의 속담도 내용상 특성은 함미를 나타낸다는 것이다. 외국의 속담도 이러한 것이 많다. 다만 한국의 속담과 달리 중·일·영 등의 속담은 좀 더 구체적인 교훈과 경계를 나타내고, 좀 더 철학적이라는 것이 다른 점이다. 이들의 예를 몇 개씩 보면 다음과 같다.

> 중국: 독만권서(讀萬卷書) 행만리로(行萬里路)/ 몰득산계일생궁(沒得算計一世窮)/ 백일막한과(白日莫閑過) 청춘부재래(靑春不再來)/ 반군여반호(伴君如伴虎)/ 병종구입(病從口入) 화종구출(禍從口出)/ 애지심(愛之深) 책지엄(責之嚴)/ 재고조투(才高遭妬) 인현조난(人賢遭難)/ 재불로백(財不露白)/ 출문관천색(出門觀天色) 진문관표정(進門觀表情)
>
> 일본: あなたを祝えばこなたの恨/ 金が敵の世の中/ 德を以て怨に報ず
>
> 영어권: He that would live in peace and rest must hear and see and say the best/ Sin pulls on sin/ Pudding before praise/ You should be a king of your word

3.2.2. 통속성(popularity)을 지닌다

속담은 서민의 구어적 잠언이다. '통속(通俗)'이란 '비전문적이고, 대체로 저속하며 일반대중에게 쉽게 통할 수 있는 일'이다. 그런데 속담의 경우는 오히려 일반대중, 곧 서민이 주체가 되어 창작한 것으로, 저속성을 드러낸다. 따라서 속담은 그 통속성으로 말미암아 우리의 경우는 양반사회에서 잘 쓰이지 않았고, 서구에서도 귀족사회에서 잘 쓰이지 않았다. 일반적으로 속담이 많이 쓰이게 된 것은 문필이 상류층의 전유물에서 서민층으로 내려오게 된 뒤부터라 할 수 있다.

속담은 우선 입말(口語), 문자 그대로 속어(俗語)요, 많은 비속어로 이루어졌다. 여기에는 '놈년'과 함께 성기를 나타내는 비어도 그대로 노출된다. 그러니 점잖은 양반사회에서 이를 어문(語文) 생활에 올리기에 어려움이 있었을 것이다. 속담을 한문으로 번역한 것은 이러한 불편을 제거하고자 한 의도도 숨어 있었을 것으로 보인다.

우리의 속담이 통속성을 지닌 그대로 사용된 것은 물론 구어에서이고, 설화나 판소리, 가면극 등과, 전통적으로 서민사회에서 즐겨 읽힌 대중소설 '춘향전', '흥부전', '심청전' 등 소설류에서였다. 이러한 통속성을 드러내는 속담의 예로는 다음과 같은 것이 있다.

가래 터 종놈 같다/ 곁방 년이 코 구른다/ 날 적에 봤더라면 도로 몰 아넣었겠다/ 남의 사정 보다가 갈보 난다/ 누걸 놈 방앗간 다투듯/ 대가리에 물도 안 말랐다/ 딸자식은 도둑년이다/ 복 없는 가시나가 봉놋방에 가 누워도 고자 곁에가 눕는다/ 똥구멍이 찢어지게 가난하다/ 미친 년 널뛰듯/ 사위 자식 개자식/ 밑구멍으로 호박씨 깐다/ 보지 좋자 과부 된다/ 시어미 미워서 개 배때기 찬다/ 씹 본 벙어리/ 아가리를 벌린다/ 얼려 좆 먹인다/ 의뭉한 중놈/ 장가들러 가는 놈이 불알 떼어 놓고 간다./

종년 간통은 소 타기/ 좆 빠진 강아지 모래밭 싸대듯/ 죽은 자식 자지 만져보기/ 처녀 불알/ 하던 지랄도 멍석 펴 놓으면 안 한다/ 하룻밤을 자도 헌 각시/ 행사가 개차반 같다/ 헌 바지에 좆 나오듯

3.3. 수사적 특성을 지닌다

속담은 다른 문학 영역과 마찬가지로 그 표현효과를 드러내기 위해 각종 수사적 기법을 많이 활용하고 있다. 이는 각국 속담이 다 마찬가지다. 한국 속담은 우선 명확성과 구체성을 드러내기 위해 각종 비유법을 쓰고 있고, 강조를 하기 위해 각종 형용법(figure of speech)을 구사하고 있다. 이들 수사기법 가운데는 비유법(比喩法)과 대우법(對偶法)이 가장 많이 쓰이고 있다.

3.3.1. 비유법을 많이 쓴다

속담은 지력(智力)에만 호소하지 아니하고, 감정과 상상에 호소하여 감동을 주고 널리 통용되도록 하기 위해 광의의 비유법을 많이 활용한다. 그래서 속담의 특성의 하나로 비유적표현(figurative expression)을 든다. 이에는 수사적 장치로서 '같이, 처럼, 듯이'와 같은 비교어를 사용하는 직유와, 특정 사물을 들어 은근히 비유하는 은유가 포함된다. 이밖에 제유, 환유, 의인법도 애용된다. 비유법은 외형상 비유법으로 된 것 외에, 운용에 있어 비유적 표현을 하고 있는 것도 많다. 따라서 속담은 온통 비유라 하여도 좋다. 비유법이 쓰인 속담을 약간만 제시하면 다음과 같다.

* 직유법: 깎은 밤 같다./ 가보 쪽 같은 양반/ 뚱딴지같다/ 말은 청산유수 같다/ 병든 솔개같이/ 뺑덕어멈 같다/ 손대성의 금수파 쓰듯/ 입의

혀 같다/ 앓던 이 빠진 것 같다/ 장인 돈 따먹은 놈처럼/ 조자룡이 헌 칼 쓰듯/ 쥐 불알 같다/ 쥐뿔같다/ 찬물에 좆 줄듯/ 칠년대한에 대우 기다리 듯/ 파리 목숨 같다/ 호랑이 개 어르듯

　* 은유법: 가르친 사위/ 가재걸음/ 개천에 든 소/ 고려공사삼일/ 까마 귀밥이 된다./ 꽃 본 나비/ 노목궤/ 눈엣가시/ 다리아랫소리/ 닭고집/ 담을 쌓다/ 돈이 제갈량/ 두더지혼인/ 떡국이 농간한다./ 똥줄 빠지다./ 말고기 자반/ 모과나무 심사/ 목구멍에 풀칠한다(糊口)/ 미역국 먹다/ 바가지를 긁다/ 밥숟가락 놓았다/ 배가 맞는다./ 범의 차반/ 벙어리 삼년/ 볼장 다 봤다/ 비단이 한 끼/ 사발호통/ 삼십 넘은 계집/ 설 쉰 무/ 세 전 토끼/ 소경의 초하룻날/ 수구문 차례/ 식은 죽 먹기/ 안성맞춤/ 암탉이 운다/ 억지 춘향이/ 업어온 중/ 열 소경에 한 막대/ 오쟁이 졌다/ 월천꾼/ 절에 간 색시/ 좌수상사라/ 찬 이슬 맞는 놈/ 청기와 장수/ 파김치가 되었다./ 팔선녀다/ 팔자를 고친다/ 코 큰 소리/ 코 묻은 돈/ 하룻강아지

외국의 속담에도 마찬가지로 비유가 많이 쓰이는데, 그 예를 몇 개 보면 다음과 같다.

중국: 인심사철(人心似鐵) 관법여로(官法如爐)/ 호부무견자(虎父無犬子)/ 남인삼십일지화(男人三十一枝花)/ 덕불고필유린(德不孤必有隣)/ 묘부재가(猫不在家) 모자조반(耗子造反)

일본: 雪と炭/ 玉に疵/ 色の白いは七難かくす/ 女三人よれば姦しい/花は櫻木 人は武士/ 船頭多くて船山へのぼる/

영어권: Benefits bind/ God is above all/ Hot love soon cold/ Out of debt, out of danger/ The birth follows the belly/ preach like a magpie

3.3.2. 대우법(對偶法)을 많이 쓴다

속담에는 대우법이 많이 쓰인다. 이는 형식의 면에서 평형(balance)을 취하고, 의미의 면에서 흔히 대조(contrast)를 이루게 한다. 평형(平衡)은

Parison과 Isocolon에 의해 이루어진다. 대우법은 사실의 대조만이 아닌, 의미상의 반복, 열거, 비교를 함으로 변화와 강조를 하게 된다. 또한 이는 일정한 조자(調子)를 지녀 운율적 효과도 드러낸다. 그리하여 전창(傳唱)하기 쉽고 기억을 잘 할 수 있게 한다. 형식은 부분적인 대구(對句)를 이루기도 하고, 전체적으로 대구를 이루기도 한다. 이러한 기법은 중국, 일본의 속담에도 많이 활용하고 있는 것이며, 특히 중국에서는 시가에 이 기법을 애용하여, 이것이 속담에까지 많이 쓰인다. 일본 속담에도 많이 쓰이고 있고, 영어권 속담에는 이들과 비교할 정도는 아니지만 비교적 많이 쓰이고 있다. 한국 속담에는 중국 다음으로 많이 쓰이고 있는 것이 아닌가 한다. 그리고 이는 비유법 다음으로 많이 쓰이는 수사기법이기도 하다. 이들의 예를 대조, 열거, 비교로 나누어 약간씩 보면 다음과 같다.

* 두 가지 사실이 대조

귀 장사 하지 말고, 눈 장사 하라./ 날고기 보고 침 안 뱉는 이 없고, 익은 고기 보고 침 안 삼키는 이 없다./ 늙은이 잘못 하면 노망으로 치고, 젊은이 잘못 하면 철없다 한다./ 돈이 없으면 적막강산, 돈이 있으면 금수강산이라/ 드는 정은 몰라도 나는 정은 안다./ 말은 보태고 떡은 뗀다./ 반잔 술에 눈물 나고, 한잔 술에 웃음 난다./ 밤 말은 쥐가 듣고, 낮 말은 새가 듣는다./ 불 없는 화로, 딸 없는 사위/ 사람은 죽으면 이름을 남기고, 범은 죽으면 가죽을 남긴다./ 상놈의 발 덕, 양반의 글 덕/ 손톱은 슬플 때마다 돋고, 발톱은 기쁠 때마다 돋는다./ 오는 정이 있어야 가는 정이 있다./ 일색 소박은 있어도, 박색 소박은 없다./ 하늘 높은 줄은 모르고, 땅 넓은 줄만 안다./ 홀아비는 이가 서 말, 과부는 은이 서 말/ 흰 술은 사람의 얼굴을 누르게 하고, 황금은 사람의 마음을 검게 한다.

* 유사한 사실의 열거

귀 소문 말고 눈 소문 하라/ 귀신은 경문에 막히고, 사람은 인정에 막힌다./ 꽃 본 나비 물 본 기러기/ 남의 옷 얻어 입으면 걸레 감만 남고, 남의 서방 얻어 가면 송장치레만 한다./ 덫에 치인 범이요, 그물에 걸린 고기/ 돈이 많으면 장사를 잘 하고, 소매가 길면 춤을 잘 춘다./ 들은 말은 들은 데 버리고, 본 말 본 데 버려라./ 말은 해야 맛이고, 고기는 씹어야 맛이다./ 서천에 경 가지러 가는 사람은 가고, 장가 드는 사람은 장가 든다./ 열 소경에 한 막대요, 팔대군의 일 옹주라/ 자식을 보기에 아비만한 눈이 없고, 제자를 보기에 스승만한 눈이 없다./ 자식 추기 반 미친 놈, 계집추기 온 미친 놈/ 헤엄 잘 치는 놈 물에 빠져 죽고, 나무에 잘 오르는 놈 나무에서 떨어져 죽는다.

* 두 가지 사실의 비교

똥 묻은 돼지가 겨 묻은 돼지를 나무란다./ 뛰는 놈 위에 나는 놈 있다/ 뛰면 벼룩이요, 날으면 파리/ 먼저 난 머리보다 나중 난 뿔이 무섭다/ 며느리 시앗은 열도 귀엽고, 자기 시앗은 하나도 밉다./ 세 잎 주고 집 사고, 천 냥 주고 이웃 산다./ 손은 갈수록 좋고, 비는 올수록 좋다./ 쇠고기 열 점보다 새 고기 한 점이 낫다./ 영감 밥은 누워 먹고, 아들 밥은 앉아 먹고, 딸의 밥은 서서 먹는다./ 용의 꼬리보다 닭의 머리가 낫다/ 팔백 금으로 집을 사고, 천금으로 이웃을 산다.

대우법을 사용한 외국 속담의 용례를 몇 개씩 보면 다음과 같다.

중국: 만반호끽(滿飯好喫) 만화난설(滿話難說)/ 묘부재가(猫不在家) 모자조반(耗子造反)/ 조지장사기명야애(鳥之將死其鳴也哀); 인지장사기언야선(人之將死其言也善)

일본: 女やもめに花がさく, 男やもめに蛆がわく/ 刀は武士の魂, 鏡は女の魂/ 問うは一旦の恥, 問わぬは一生の恥/ 鳥の兩翼, 車の兩輪

영어권: Love me little, love me long/ Lucky in life, unlucky in love/ No
　　　　pains, no gains/ Win purple and wear purple/ Men are made of
　　　　clay but women are made of men.

4. 한국 속담의 특수성

한국 속담의 일반성에 대해 앞에서 살펴보았다. 이들은 속담의 일반적
공통 특성인 동시에 한국 속담의 두드러진 특성이라 해도 좋은 것이다.
특히 대우법과 비유법의 많은 사용이 그러하다.

이 장에서는 한국 속담의 특성 가운데 비교적 고유하다고 할 수 있는
특성에 대해 살펴보기로 한다. 그것은 ①구어와 한문(漢文)의 이중구조
로 되어 있다, ②한국의 역사·지리·사회·문화를 반영한다, ③한국
설화 및 문학작품을 많이 반영한다, ④한국적 속신·속설이 많이 반영
되어 있다, ⑤중국을 배경으로 한 속담이 많다는 것 등이다.

(1) 구어(口語)와 한문의 이중구조로 되어 있다

한국 속담의 대표적 특성의 하나는 구어와 문어, 곧 한문의 이중구조
로 되어 있다는 것이다. 한국 속담은 그의 본성 그대로 본래 관용적이고
통속적인 구어로 된 것이다. 그런데 이것이 문자로 기록되는 과정에서
한문으로 번역되어 한자로 서사되며 구어 속담과, 번역체인 한문 속담의
이주구조를 이루게 되었다. 이러한 현상은 일본 속담에도 나타나는 현상
이다. 그러나 한·일의 경우는 차이가 난다. 한국의 경우는 문자 그대로
이중구조를 보이는데, 일본의 경우는 한문 속담의 경우 일반적으로 일한
혼용(日漢混用)의 경향을 지녀 우리와 차이가 난다. 일본의 경우는 중국의

성어를 많은 경우 '운중백학(雲中白鶴)'을 '雲中の白鶴', '한단지보(邯鄲之步)'를 '邯鄲に步を學ぶ', '왕척이직심(枉尺而直尋)'<孟子>을 '尺を枉げて尋を直くす'와 같이 바꾸고 있다. 일본어화 하였다. 따라서 속담의 이중구조는 한국 속담의 특수성이라 하여 좋다. 그 예를 몇 개 들어 보면 다음과 같다.

> 강물이 돌을 굴리지 못한다: 강류부전석(江流不轉石)
> 고래싸움에 새우 등 터진다: 경전하사(鯨戰蝦死)
> 달면 삼키고 쓰면 배앝는다: 감탄고토(甘呑苦吐)
> 도마 위에 오른 고기: 조상육(俎上肉)
> 드는 돌에 낯 붉는다: 거석이홍안(擧石而紅顔)
> 벌린 춤이라: 기장지무(旣張之舞)
> 소경 단청 구경하듯: 맹완단청(盲玩丹靑)
> 언 발에 오줌 싸기: 동족방뇨(凍足放尿)
> 주머니에 든 송곳: 낭중지추(囊中之錐)
> 하나를 듣고 열을 안다: 문일지십(聞一知十)
> 햇비둘기 재 넘을까?: 구생일년(鳩生一年) 비불유령(飛不踰嶺)

(2) 한국의 역사·지리·사회·문화를 반영한다

속담은 구체적 사실을 바탕으로 이루어진다. 따라서 한국 속담에는 한국의 역사, 지리, 사회, 문화적 배경이 반영되게 마련이다. 그런데 한국 속담에는 굵직굵직한 역사·지리·사회·문화의 배경이나 사건·이념 등은 거의 반영되어 있지 않다. 다른 언어권에 비해 주류 아닌 아류, 좀더 서민 주변의 사실, 통속적 사실이 주로 거론의 대상이 되고 있다.

역사적 사실은 호란이나 왜란 등의 전란이나, 국사(國事)에 관한 것은 거의 보이지 않는다. 지리적 사실은 주로 서민의 생활과 관련된 것이다.

사회적 사실도 윤리·도덕에 관한 것은 거의 반영되어 있지 않다. 이는 일본의 속담과 비교해 볼 때 이러한 사실이 분명히 드러난다(朝に道を聞いて夕に死するも可なり/ 義は泰山よりも重く, 命は義よりて輕し/ 德を以て怨に報ず/ 仁者は憂ひず 智者は惑はず 勇者は懼れず/ 身を殺して仁を成す). 한국 속담에는 반상의 차이, 척불숭유(斥佛崇儒), 남녀의 차별 등이 다소간에 반영 되어 있으나, 이것도 이념적인 것이라기보다 주변적 사실을 제시한 것이다. 척불숭유만 하여도 불승(佛僧) 천대와 양반 관리의 횡포가 주를 이룬다. 농경생활도 본격적인 농경 생활에 관한 것은 거의 보이지 않는다. 이러한 경향은 중·일 속담과 다른 점이다. 따라서 한국 속담에는 사회적 사실이 이념적·원리적인 것이 아니라, 한국의 주변적 사상(事相)을 다소간 구체적으로 드러낸 것이라 하겠다. 영어권의 경우와는 한층 더 차이를 보인다.

　*역사적 사실: 가정오랑캐 맞듯/ 갑술 병정 흉년인가/ 강화 도령님인가 우두커니 앉았다/ 고려공사삼일/ 뜨겁기는 박태보가 살았을라구/ 문익공이 내려다 본다/ 사명당 사첫방/ 아산이 깨어지나, 평택이 무너지나?/ 이괄의 꽹과리/ 일진회 맥고모자/ 함흥차사

　*지리적 사실: 강원도 안 가도 삼척/ 강원도 포수/ 내일은 삼수갑산을 가더라도/ 담양 갈 놈/ 사람의 새끼는 서울로 보내고, 마소의 새끼는 제주로 보내라/ 서울이 낭이라니까 과천서부터 긴다/ 수원 남양 사람은 발가벗겨도 삼십 리를 간다/ 인왕산 모르는 호랑이가 있나?

　*사회적 사실: *반상 차별 및 관존민비(상놈의 살림이 양반의 양식이라/ 아전의 술 한 잔이 환자가 석 섬이라고/ 푸른 양반/ 양반은 가는 데마다 상이요, 상놈은 가는 데마다 일이라.)/ *척불·숭유(논밭은 다 팔아먹어도 향로 촛대는 지닌다/ 죽어서 상여 뒤에 따라와야 자식이라./ 부처 밑을 기우리면 삼거웃이 드러난다/ 의뭉한 중놈/ 중이 고기 맛을 알면 절에 빈대가 안 남는다./ 중 쳐 죽이고 살인한다.)/ *남녀의 성 차

별(남편은 두레박 아내는 항아리/ 치마짜리가 똑똑하면 승전(承傳)막이 갈까?)/ * 농경 생활(농사꾼이 죽어도 종자는 베고 죽는다./ 밭 팔아 논 사면 좋아도, 논 팔아 밭 사면 안 된다./ 소는 농가의 조상/ 하지를 지내면 발을 물꼬에 담그고 산다.) * 무속 신앙생활(싸움해 이한 데 없고, 굿해 해한 데 없다./ 안 되면 산소 탓/ 죽기 살기는 시왕전에 달렸다./ 지신에 붙이고 성주에 붙인다.)

(3) 한국의 설화, 및 문학작품을 많이 반영한다

속담의 생성과정의 하나가 설화나 문학에서 비롯된다고 하였다. '가르친 사위' 계통의 설화 '노목궤'나, '업어온 중' 등이 이러한 것이다. 그뿐아니라, 서민 문학을 반영한 것은 '춘향전, 홍부전, 심청전, 홍길동전' 등을 통해 속담이 많이 생성되었다. '억지 춘향이', '뺑덕어멈 같다'와 같이 소설 내용을 바탕으로 속담이 형성되기도 하고, 작품에 쓰인 표현이 회자되면서 속담으로 정착되기도 하였다. 이러한 예는 다른 나라나 민족의 속담에서는 별로 찾아볼 수 없는 것이다.

　　* 설화
　　가르친 사위/ 내 일 바빠 한댁 방아/ 대학을 가르칠라/ 동상전에 들어갔나?/ 보릿고개가 태산보다 높다/ 수구문 차례/ 수염 잡는다/ 업어 온 중/ 중학생이 화간하고, 활인서 별제가 파직 당한다/ 충주 결은 고비/ 송도 외장수/ 함흥차사/ 합천 해인사 밥이냐?
　　* 문학작품
　　놀부 심사라/ 뜨겁기는 박태보가 살았을라구/ 만석중이 놀린다./ 목낭청조/ 박을 탔다/ 변학도 잔치에 이 도령 상/ 뺑덕어멈 같다/ 사명당의 사첫방/ 소대성이 모양 잠만 자나?/ 억지 춘향이/ 자기 자식에겐 팥죽 주고, 의붓자식에겐 콩죽 먹인다.(콩쥐팥쥐)/ 춘향이 집 가는 길 같다/ 홍길동이 합천 해인사 털어먹듯

이밖에 판소리나, 인형극, 가면극을 반영한 '고수관이 딴전이라/ 끈 떨어진 망석중이/ 왜장녀 같다' 같은 것도 보인다.

(4) 한국적 속신, 속설을 많이 반영한다

속담의 특성의 하나는 통속적인 것이라 하였다. 따라서 이에는 속신·속설이 많이 반영되어 있다. 이는 일반성적 특성이라 할 것이다. 이에 대해 그 내용이 구체적으로 한 민족의 특성을 반영한다는 면에서는 특수성으로서의 특성이라 할 것이다. 한국 속담에는 이러한 특수성으로서의 속신·속설이 속담에 많이 반영되어 있다. 예를 들면 다음과 같은 것이다.

> 개미가 거동하면 비가 온다./ 다리를 뻗고 밥 먹으면 가난하게 산다./ 다듬잇돌 베고 누우면 입이 비뚤어진다./ 더운 술을 불고 마시면 코끝이 붉어진다./ 달무리 한 지 사흘이면 비가 온다./ 돼지가 깃을 물어들이면 비가 온다./ 밤에 손톱을 깎으면 도둑이 온다./ 봄 첫 갑자일에 비가 오면 백리중이 가물다./ 비 오는 날 머리를 감으면 대사 때 비가 온다./ 저녁에 불장난 하면 밤에 오줌 싼다/ 빈 다듬잇돌을 두들기면 어머니가 젖을 잃는다./ 사내가 바가지로 물을 마시면 수염이 안 난다./ 소나기 삼형제/ 숟가락을 멀리 잡으면 시집을 멀리 간다./ 아침 놀 저녁 비요, 저녁 놀 아침 비라./ 아침에 까치가 울면 좋은 일이 있고, 밤에 까마귀가 울면 대변이 있다./ 어려서 고생하면 부귀다남 한다./ 이야기를 좋아 하면 가난하게 산다./ 자면서 이를 갈면 가난해진다./ 제비가 사람을 얼르면 비가 온다./ 제비가 새끼를 많이 낳는 해는 풍년/ 첫봄에 흰 나비를 먼저 보면 초상난다./ 추운 소한은 있어도 추운 대한은 없다/

속신·속설은 민족에 따라 같고 다른 것이 있을 수 있다. 외국 속담에 속신·속설이 반영된 예를 언어권에 따라 몇 개씩 보면 다음과 같다.

* 중국: 동무대춘우대(冬霧大春雨多)/ 마문반가(螞蚊搬家) 필유우하(必有雨下)/ 북풍삼천필유상(北風三天必有霜)
* 일본: 白眼の多きは短氣/ 正月に煮豆を食へばまめになる/ 夏胡瓜を川に流すと河童に引かれぬ/ 鼠を食へば寝小便がなほる.
* 영어권: A Leap year is never a good sheep year/ merry heart lives long/ The rain comes scouth when the wind's in the south.

(5) 중국을 배경으로 한 속담이 많다

한국은 문화적으로 중국과 밀접한 관계를 가져 중국과 관련된 사실이 한국 속담에 많이 반영되어 있다. 이들은 대부분 역사·지리·문화적인 것이다. 예를 보면 다음과 같다.

* 강태공의 낚시질/ 곽분양의 팔자/ 말은 낳거든 시골로 보내고, 아이를 낳거든 공자의 문(門)으로 보내라/ 돈이 제갈량/ 동방삭이는 백지장도 높다고 하였단다/ 말 잘하기는 소진 장의로군/ 맹상군의 호백구 믿듯/ 유비가 한중 믿듯/ 손대성의 금수파 쓰듯/ 이태백도 술병 날 때가 있다/ 인물 좋으면 천하일색 양귀비/ 장비는 만나면 싸움/ 조자룡이 헌창 쓰듯/ 조조는 웃다 망한다
* 갈수록 태산이라/ 낙양에 지가를 높인다/ 대국 고추는 작아도 맵다/ 동정 칠백리에 헌화 사설한다/ 만리장성을 써 보낸다/ 백년하청을 기다린다/ 보릿고개가 태산보다 높다/ 악양루도 식후경/ 제비는 작아도 강남 간다/ 여산풍경엔 헌 쪽박이라
* 대학을 가르칠라/ 배장수(수호전)/ 영소보전 북극천문에 턱 걸었다.

이러한 중국과 관련이 있는 내용의 사실은 일본 속담에도 많이 보이는 것이다. 일본 속담에는 경서(經書) 등 고전의 글귀를 속담으로 녹인 것이 많다. 한국 속담에도 일본의 '衣食足りて禮節を知る'와 같이 '의식이

풍족한 다음에야 예절을 안다.'와 같은 것이 있다. 그렇지만 이러한 중국 관련 사실은 일본의 경우가 훨씬 많은 것으로 보인다. 이러한 중국적 사실은 고전 활용 여부에도 차이가 있고, 또 변형이 가해져 있는가 하면, 통속적인 것인 경우엔 서로 다른 면을 보인다. 이런 면에서 이들 특성은 민족적 특성이요, 한국 속담의 경우는 한국적 특수성이라 할 수 있을 것이다. 이에 여기서는 중국 관련 내용을 한국적 특성으로 다루었다. 다만 여기서 주의할 것은 구어적 속담이 그렇다는 것이다. 문어적 한문 속담에는 중국 관련 내용이 부지기수다. 한국의 구어적 속담에 보이지 않는 중국적 내용의 일본 속담을 몇 개 보면 다음과 같다.

> 愛は屋上の烏に及ぶ<陔餘叢考>/ 鸚鵡能く言ふとも飛鳥を離れず<禮記>/ 秋高く馬肥ひ<漢書>/ 朝起は七つの德あり<傳家寶>/ 麻の中の蓬 <맹자(孟子)>/ 恩を以て怨に報ず<老子>/ 羹に懲りて賄を吹く<離騷>/ 晏子の御者/ 一丁字を識らず<通俗編>/ 一點紅<壬齋詩話>

5. 결어

속담은 통속적인 문학이다. 한국 속담에는 한민족의 심지 성정(心志性情)과, 역사·지리·사회·문화적 특성이 반영되어 있다. 따라서 한국 속담에는 속담 일반에 공통되는 일반성과 함께, 한민족 특유의 특수성을 드러낸다.

이 글에서는 한국 속담의 일반성과 특수성을 살펴보았다. 한국 속담은 속담 일반의 특성을 충실히 반영한다. 그것은 형식이나 내용면에서 일반성적 특성을 적극적으로 수용하고 있는 것이다. 형식적으로는 간결성·

운율성·통사적 특성·다양한 표현 형식을, 내용적으로는 함미·통속성 등을 지니고 있다. 그리고 수사적으로는 비유법·대우법(對偶法)을 애용한다.

이에 대해 한국 속담만의 특수성도 몇 가지 드러난다. 이는 반드시 고유한 특수성이라기보다 상대적으로 좀 더 특수성을 지니는 것이라 하여 좋다. 역사·지리·사회면의 특성만 하더라도 본격적 차별성이라기보다, 중·일과 달리, 한국 속담은 주변적 사실 제시에 중점이 놓인다. 한국 속담의 '일반성'이 원색적인 동질성을 드러내는 것이라면, '특수성'은 파스텔 톤의 차이를 보인다고 할 수 있다. 이런 것이 한국 속담의 특성이다. 물론 한국 속담이 '구어와 한문의 이중구조'를 보인다든가, '한국의 설화, 및 문학'을 반영하고, '한국적 속신, 속설'을 많이 반영한다는 점 등은 독자적 한국적 특성이요, 차별성이라 할 것이다.

한국 속담은 두드러진 속담의 일반적 특성을 지녀 속담의 공통성을 다분히 지니고 있는 반면, 특수성으로서의 특성은 완곡하게 드러낸다 하겠다. 藤井(1978)는 일본의 속담을 '대개 경쾌(輕快) 낙이(樂易)의 기질이 있어, 심각 첨예의 뜻이 적'다고 보았다. 그리고 중국의 속담은 '질실(質實) 침중(沈重)의 기질이 풍부하고, 부세(浮世) 신산(辛酸)을 맛본 노인이 자손을 훈계하는 것과 같이 수신하고, 처세하여 과오가 없다 하나, 용왕매진의 의기가 결여되고, 건곤일척의 장어(壯語)가 없고, 개구갹소(開口噱笑)의 쾌미(快味)가 없다.'고 한다. 그리고 이들은 모두 그들의 생활과 성정과 관계가 있는 것이라 결론하였다. 한국 속담을 이들에 견주어 보면 중일(中日)의 중간자적(中間者的) 특성을 지니는 것이 한국 속담의 특성이라 할 것이다. 일본과 같은 '경쾌 낙이'가 적고, 중국과 같은 '질실 침중'한 기질에 좀 더 기울어져 있는 것이 다. 따라서 한국 속담은 '용왕매진하는 의기'가 부족하고 쾌미가 적으며, 중용을 지향하는 특성을 지닌다고 하겠다.

참고문헌

김기종(1989), 조선말 속담 연구, 동북조선민족교육출판사.
김도환(1978), 한국 속담의 묘미, 제일문화사.
김사엽(1953), 속담론, 대건출판사.
김선풍 외(1993), 민속문학이란 무엇인가, 집문당.
박갑수(1979), 문체론의 이론과 실제, 세운문화사.
박갑수(1984), 국어의 표현과 순화론, 지학사.
박갑수(2013), 한국어교육과 언어문화교육, 역락.
이기문(1962), 속담사전, 민중서관.
장덕순 외(1996), 구비문학개설, 일조각.
徐宗才 外 編著(2006), 俗語詞典, 商務印書館.
田中淸一郎(1979), 中國の俗諺, 白水社.
藤井乙男(1906), 俗諺論, 富山房.
藤井乙男(1978), 諺の硏究, 講談社.
藤井乙男(1978), 諺語大辭典, 日本圖書.
大塚高信 外(1976), Sanseido's Dictionary of English Proverbs, 三省堂.

■ 이 글은 2015년 11월 6일 작성된 원고로, 미발표의 신고이다.

제 4 장 한·중·일의 '설' 세시풍속

1. 서언

세상은 하루가 다르게 변한다. 하루가 달리 세계는 지구촌화 하고, 다문화사회가 되고 있다. 입버릇처럼 단일민족이라던 한민족사회도 다민족의 교류장이 되었다. 나라와 민족 간의 관계는 친화적(親和的)이어야 한다. 이런 의미에서 문화는 상호간에 학습되고, 이해되어야 하며, 국제적으로 교류·소통되어야 한다.

한·중·일은 전통적 농경사회요, 유교문화권으로 많은 공통요소를 지닌다. 그런 가운데 각 민족은 그 나름의 고유문화를 지니고 있다. 따라서 동양 3국이 좀 더 우호적 관계를 수립하기 위해서는 서로 이들 이문화(異文化)를 알고 교류해야 한다. 이에 한·중·일의 대표적 전통문화인 세시풍속을 살펴보기로 한다.

'세시 풍속' 이란 일 년 중 철을 따라 행해지는 풍속, 곧 옛날부터 전해 내려오는 생활 전반에 걸친 습관이나 민속 의례 등을 말한다. 이는 1년 열두 달에 걸쳐 다양하게 펼쳐진다. 그리고 이러한 의례에는 개인적 벽사진경(辟邪進慶)의 행사, 가정을 위한 안택(安宅) 행사, 풍년을 기원하는 각종 예축(豫祝) 행사 등의 공동체 행사와 관아(官衙)의 공공(公共) 행사 등이 있다.

여기서는 이러한 세시풍속 가운데 가장 대표적인 '설' 문화를 살펴보기로 한다. 그리고 한·중·일 삼국(三國)의 세시풍속의 특징을 비교 고찰하기로 한다. 그렇게 함으로 한국의 '설' 문화의 특질을 분명히 하고, 중·일의 문화적 특징도 아울러 파악하기로 한다. 이러한 동양 삼국의 문화적 특징과 이동(異同)의 파악은 상호 이해와 교류의 장을 넓혀 줄 것이며, 나아가 언어와 문화 교육에 크게 기여할 것으로 기대한다.

2. 한국의 '설' 문화

2.1. '설' 문화의 의의

한국의 '설'은 적어도 6세기 이전에 월력(月曆)을 중국에서 받아들인 후 쇠게 되었을 것이다. 이는 새해의 시작이자 만물이 피어나는 새봄의 시작으로 축하하였을 것이다. 우리의 역법은 고종 31년(1894) 양력으로 바뀌었다. 왜정시대 및 해방 후 공식적으로 설은 양력설을 쇠었고, 1985년 '민속의날'이란 이름으로 음력설이 부활하였으며, 1989년 '설날'이란 이름을 되찾아 오늘에 이르고 있다.

'설'은 일년의 기점으로, 원일(元日), 원단(元旦), 정초(正初)라고도 한다. 그러나 이러한 분절은 말처럼 쉬운 것이 아니다. 역사적으로 월력이 들어오기 전에는 삭망(朔望)을 기준으로 연·월(年月)을 달리 작정하는가 하면, 하루의 시작과 끝도 달리 인식하였다. 달의 시작이 초승이냐, 만월이냐에 따라 구분이 달리 되고, 하루 해의 끝은 일몰과 자정을 기준으로 인식을 달리 하였다. 따라서 여기서 제기되는 것이 특히 제야(除夜)의 문제다. 이 글에서는 이를 염두에 두어 '설'의 논의에서 제야의 의식(儀式)을 다소간에 살펴보기로 한다.

그러면 본론으로 들어가 '설'의 어원부터 보기로 한다. 먼저 제기된 어원설을 몇 가지 보면 다음과 같다.

① 설(愼)-날(日)설: 최남선
② '歲' 음의 변화설: siwat>섣>셜>설: 최호철 외, 최창렬 등
③ 새(新)-ㄹ(관형사형)설: 천소영
④ 사라(新)설: 안옥규

이들 어원설 가운데 필자는 최남선의 '신일(愼日)'설에 무게를 둔다. 최남선(1972)은 '설'에 대해 "보통으로 슬프다는 뜻이지만 옛날에는 조심하여 가만히 있다는 의미로도 쓰는 말이니, '설'이라 '설날'이라 함은 곧 기우하기 위하여 가만히 들어 앉았는 날이라는 뜻입니다."라 하고 있다. 이는 중대한 일이 있을 때 몸과 마음을 깨끗이 하고, 혹시나 부정한 일이 있을까 하여 기우하는 날이란 말이다. 그래서 '설'은 정초를, '설날'은 초하룻날을 지칭하는 것으로 본다. '설날'을 '신일(愼日)', '단도일(怛忉日)'이라 하는 것은 이러한 배경과 관련된 것이다. '설'이란 이렇게 근신하는 날, '신일(愼日)'이라 할 수 있다. 이는 제야나, 설날의 많은 금기(禁忌), 및 근신하는 습속이 이를 반증해 준다. 그리고 '설'을 '설다'의 어근으로 보아 '미숙(未熟), 날 것(生)'으로 보고, '설'이 새해의 첫날임을 의미하는 것으로 볼 수도 있다.

그리고 필자는 '설'의 어원을 각도를 좀 달리하여 '세(歲)', 또는 '년(年)

에서 중간어원을 찾고자 한다. '歲·年'은 오늘날 '해 세', '해 년'이라고 '한 해'를 의미한다. 해를 넘기면 한 살을 더 먹는다. 이렇듯 세수(歲首)인 '설'을 맞게 되면 한 '살'을 더 먹는데, 나이를 이르는 '살'은 세수(歲首), 또는 연수(年首)를 나타내는 '설'의 모음을 교체함으로 그 의미가 분화된 말이다. 고어에서는 이것이 일반적으로 '살'이 아닌, '설'로 나타나고 있다. 歲首인 '설'로 나이를 나타내고 있는 것이다. 따라서 근원적인 어원과 달리 세수(歲首) '설'이란 '해(歲·年)'를 나타내는 것이라 하겠다. 이렇게 볼 때 '설(元旦)'이란 '삼가다', 또는 '설다'란 본래의 뜻에서 해(歲·年)를 지칭하게 되었으나, 이것이 과세(過歲), 및 나이와 연결되며, 그 의미가 변해 '나이(年)'도 의미하게 된 것이라 하겠다. 이는 한·중·일, 동양 삼국이 다 같은 경향을 보인다.

'설'의 의미를 이렇게 볼 때 '설'이란 삼가고 조심하며 송구영신(送舊迎新)하던 날로, 새해를 맞아 축하하는 날이다. 동국세시기(東國歲時記)에는 "서울 풍속에 이날 사당에 제사지내는 것을 차례(茶禮)라 한다(京都俗歲謁家廟行祭曰茶禮)."고 하여 '茶禮'를 지낸다고 되어 있다. '茶禮'란 비록 한자로 쓰였으나, 우리의 고유어로, 음력 매달 초하루와 보름, 명절, 조상의 생신 등의 날 낮에 지내는 의식이다. '설날'에 '行祭'를 한다고 하나, 이는 기제(忌祭)와는 달리 '축제(祝祭)'를 의미한다 할 것이다. '歲謁家廟行祭'라 하였듯, 해가 바뀌었음을 사당(先祖)에 아뢰고 새해를 축하하는 제례를 행한 것이다. 차례 전후에는 신년의 벽사(辟邪) 진경(進慶)의 의식을 행하였다. 이러한 '설'을 중국에서는 '춘지에(春節)', 일본에서는 '오쇼가쓰(正月)'라 하여 우리와 같이 명절로 쇤다.

2.2. 설날의 각종 세시풍속

설에는 차례를 지내고, 민속 행사를 하고, 관민(官民)이 다 같이 각종 음식을 먹으며 놀고 즐긴다. 전에는 친족이 세거지(世居地) 주변에 살아 쉽게 사당이나, 종가에 모여 차례를 지낼 수 있었다. 그러나 오늘날은 도시생활로 사방에 나가 흩어져 살게 되어 설에는 귀성·귀향이란 민족 대이동의 기현상을 연출하고 있다.

우리의 전통적 세시기에는 조선조 정조때 김매순(金邁淳)의 열양세시기 (洌陽歲時記), 역시 정조 때 유득공(柳得恭)의 경도잡지(京都雜誌), 헌종 때 홍석모(洪錫謨)의 동국세시기(東國歲時記) 등이 있다. 이에 우리의 전통적 설 풍습을 이들을 바탕으로 하고, 그 밖의 문헌 자료 및 답사 자료를 참고하여 살펴보기로 한다. 이들 세시풍속은 내용면에서 다소 유형화하여 살펴보기로 한다.

우리나라에서는 섣달 그믐날을 까치설이라 한다. 그리고 설과 같이 차례를 지내고 세배를 하였다. 이 날의 세배는 특히 '묵은세배'라 한다. 그믐날 밤은 특히 제석(除夕)·제야(除夜)·세제(歲除)라 하여 많은 의식을 행하였다. 여기서의 '除'는 역려(疫癘)의 귀신을 구축함을 의미한다. 따라서 대표적인 의식이 나례(儺禮), 수세(守歲), 액막이굿 등이다. 나례란 구나(驅儺)의 의식으로 악귀와 역신을 쫓아내는 의례로 고려 때 중국에서 들어와 조선조에 성행하였다. 수세(守歲)란 역귀(疫鬼)의 침입을 막는 것으로, 다락·마루·방·부엌, 심지어는 외양간, 변소에 이르기까지 불을 환히 밝히고 자지 않고 밤을 새우는 것이다. 이날 밤 잠을 자면 눈썹이 센다고 하였다(열양세시기). 이러한 수세(守歲)의 풍습은 중국 송 나라때 맹원로(孟元老)의 동경몽화록(東京夢華錄)에 보이는가 하면, 종름(宗懍)의 형초세시기(荊楚歲時記)에 보인다. 액막이굿은 집안에 머물고 있는 액을 몰아내기 위한 풍물굿으로 일종의 동제(洞祭)이다.

설날의 세시풍속으로는 다음과 같은 것을 들 수 있다.

첫째, 차례를 지내고 쉰다

① 설은 명절 가운데 가장 큰 명절이다. 이날 사람들은 차례(茶禮)를 지낸다. 4대조 이상은 성묘를 한다. 해가 바뀌었음을 아뢰는 것(歲謁)이다. 차례는 강신례(降神禮)·참신례(參神禮)·헌작례(獻爵禮)·사신례(辭神禮)의 순으로 진행된다. 차례를 지내고는 손을 놓고 쉰다. '열양세시기'에 의하면 설날부터 3일까지 승정원(承政院)의 각 방(各房)은 공무를 보지 않았다. 시장도 문을 닫았다. 공경대부(公卿大夫)는 명함만 받아들이고, 면회는 허락지 않았다. 사람들은 세장(歲粧)을 하고 세배를 다니고 나들이를 하였기 때문에 거리가 분주하였다(열양세시기). 차례는 앞에서 말한 바와 같이 축제로, 조상에게 새해 세배를 드리는 것이라 할 수 있다. 존망경조(存亡慶弔)를 하는 것이다.

② 관아에서도 조하(朝賀)를 하고, 신년 축하 행사를 하였다. 동국세시기에 의하면 이날 의정대신(議政大臣)은 모든 관원을 거느리고 대궐에 나가 문안을 드리고, 전문(箋文)과 표리(表裏)를 바쳤다. 그리고 정전(正殿) 뜰로 가서 조하(朝賀)를 하였다. 관찰사나 고을의 목사(牧使)도 전문과 방물(方物)을 바쳤으며, 州·府·郡·縣의 호장리(戶長吏)에 이르기까지 모두 이 반렬(班列)에 참가하였다(동국세시기). 승전원(承政院)에서는 시종신(侍從臣) 중 당하관에게 연상시(延祥詩)를 지어 올리게 하고, 홍문관 제학(提學)으로 하여금 선정하여 입선 된 것을 입춘 날 대궐 각 전의 문설주에 붙였다.

③ 설날의 대표적인 습속은 세배(歲拜)를 하는 것이다. 집안 어른뿐 아

니라, 동네 어른을 찾아 세배를 한다. 이때 어른들은 "올해는 꼭 과거에 합격하게.", "돈을 많이 버시게."와 같이 덕담(德談)을 하였다. 서면으로 할 때는 일반적으로 '공하신희(恭賀新禧)'라 하였으나, 축하하는 문구를 늘어놓기도 하였다. 한 예를 들어보면 '신년기송(新年祈頌), 소재(蘇才), 곽복(郭福), 희자(姬子), 팽수(彭壽), 주덕(周德), 이공(伊功)'과 같이 '재주, 복, 자식, 수, 덕, 공'을 축수하였다(今村. 1925). 이들은 각각 소동파(蘇東坡)의 재주, 곽자의(郭子儀)의 부, 왕희(王姬)의 자복, 팽조(彭祖)의 삼천년 장수, 주공(周公)의 덕, 이윤(伊尹)의 적(績)을 들어 축하한 것이다. 관청의 서예(胥隷)와 영문(營門)의 교졸(校卒) 등은 세함(歲銜)을 전했다. 명함(名銜)을 적은 종이를 그 집 대문 안에 비치해 둔 쟁반에 올려놓고 오는 것이다. 세함은 사흘 동안 받았다(동국세시기).

부인들도 새해 문안을 하였다. 양반가 부인들은 출입을 삼갔기 때문에 잘 차린 계집종을 보내어 새해 문안을 하였다. 이를 문안비(問安婢)라 하였다. 사돈집에서는 부인들이 근친하는 뜻으로 서로 이 문안비를 보내어 새해 문안을 하였다. 세뱃돈을 주는 것은 근자의 풍습이다. 본래는 세찬을 대접했다.

둘째, 벽사(辟邪)·제액(除厄)의 행사를 한다.

설날에는 신일(愼日)답게 여러 가지 벽사·제액의 행사를 한다.

① 세화(歲畵)를 보내고, 벽에 붙인다.

도화서(圖畵署)에서는 수성(壽星)과 선녀 및 직일신장(直日神將) 등을 그려 왕에게 바쳤고, 이들 세화(歲畵)는 선물로 쓰였다. 이는 송축을 의미하였다. 또 금(金) 갑(甲) 두 신장(神將)을 그린 그림을 대궐문에 붙였다. 이를 문배(門排) 세화라 하였다. 이밖에 중국의 대표적 문신(門神)인 종규(鍾馗)가 귀신 잡는 상을 그려 문에 붙이거나, 귀신의 머리(鬼頭)를 그려 문설주에 붙이기도 하였다. 이로써 재액과 역질을 물리친다고 하였다.

또한 세화의 풍속은 도화서에서 그린 십장생(十長生) 등의 그림을 임금이 신하에게 하사하여 문이나 벽에 붙였고, 항간에서는 닭과 호랑이 그림을 벽에 붙여 액막이를 하였다. 닭은 빛을 부르는 권능을 지녔고, 호랑이는 두려움과 신령스러운 존재로 인식하였다. 동북 아시아 일대에는 이같이 닭과 호랑이의 벽사(辟邪) 신앙이 있다. 계호도(鷄虎圖)와 함께 용호도(龍虎圖)와 처용상(處容像)도 벽사의 그림으로 쓰였다. 용호도는 사신도(四神圖)가 변하여 정착된 것으로 보이는데, 이는 중문(中門)에 쌍으로 붙였다.

② 삼재(三災)를 당한 사람은 매를 그려 문설주에 붙인다.

민속에 사람이 태어난 해를 십이지(十二支)로 따져 삼재가 드는 불운의 해를 삼재년(三災年)이라 한다. 삼재란 도병(刀兵), 기근(饑饉), 역질(疾疫)로 이는 태어난 해로부터 9년 만에 3년씩 든다. 그래서 삼재가 든 해에는 설날 삼수일체(三首一體)의 매를 그려 문설주에 붙임으로 액땜을 하였다. 이 삼년간에는 언행을 조심하고, 모든 일을 꺼리고 삼갔다. 매를 그려 붙이는 것은 매가 맹금이고, 북방계 무당새(shaman bird)의 하나인 데서 벽사력을 인정한 것으로 보인다.(이두현 외, 1977)

③ 설날 황혼에 머리카락을 태운다.

일 년 동안 빗질할 때 빠진 머리카락을 납지(臘紙)로 만든 주머니에 넣어 빗 상자에 보관해 두었다가 설날 황혼에 문 밖에서 태운다. 그러면 나쁜 병과 액운을 물리칠 술 수 있다고 하였다. 머리카락을 태우는 소발(燒髮)은 고약한 냄새로 악귀를 쫓은 것으로 보인다.

④ 야광신이 두려워 어린이는 신을 감추고 일찍 잔다.

야광신(夜光神)이 이날 밤 인가에 내려와 아이들의 신을 신어보고 맞는 것이 있으면 신고 간다고 한다. 신을 잃은 아이는 불길하다고 했다. 그래서 아이들은 신을 감추고 불을 끄고 일찍 잠을 잤다. 민가에서는 마루의 벽이나 뜰에 체를 걸어 놓았다. 그러면 야광신이 체의 구멍을 세다가 다 세지 못하고 닭이 울면 도망간다고 한다. 이는 체의 주술성을 말하는 것이다. '경도잡지'에서는 어린이들을 일찍 재우려고 어른들이 만들어 낸 이야기라 하고 있다.

⑤ 금줄을 치고, 복숭아 나뭇가지로 벽사를 한다.

정초나 대보름에 갖는 동제(洞祭)의 제관 집이나, 신역(神域) 입구에 금줄(禁忌繩)을 치고, 황토를 뿌려 벽사(辟邪)를 한다. 금줄은 잡귀나 외인의 출입을 금하고 부정의 근접을 막는 경계 표시다. 금줄은 왼새끼를 쓰는데, 왼쪽과 벽사력이 관련이 있는 것으로 본다. 왼새끼는 일본·몽고·퉁그스 족의 무속에도 보인다. 일본의 시메나와(注連繩)가 이런 것이다.

복숭아 나뭇가지도 벽사력을 지니는 것으로 본다. 중국에서도 마찬가지다. 우리의 경우 용재총화의 '방매귀(放枚鬼)'라는 벽사 행사에서 복숭아의 동쪽 가지(桃東枝)가 중요한 구실을 하고 있는 것이 이러한 것이다.

셋째, 기복(祈福)의 행사를 한다.

① 복조리를 장식해 벽에 건다.

섣달 그믐날엔 복조리를 사라 외치며 파는데 이를 사서 붉은 실로 매어 벽 위에 걸어 둔다. 갈퀴를 사서 벽에 걸기도 한다. 이들은 그 해의 복을 긁어 모아 건진다는 뜻을 나타낸다. 복 갈퀴 풍속은 일본에도 있다.

② 안택고사를 비롯해 온갖 치성을 드린다.

안택고사(安宅告祀)는 집안의 평안과 풍요를 위해 조왕신, 성주신 등 가정의 신을 대상으로 의식을 행하는 것이다. 이 의식은 흔히 무당이 주재하나, 주부가 행하기도 한다. 이때 시루떡이 사용된다. '홍수매기'도 하는데, 이는 '횡수막이'가 변한 말이다. 횡수(橫數)가 없는 경우라도 새해의 복을 받기 위해 좋은 날을 택해 굿을 한다.

③ 지신밟기를 한다.

지신(地神)밟기는 집터의 기운이 주인보다 세어 집터를 눌러 액운을 제거하고 평안을 기구하는 의식이다. 이는 마을 청년이 지신을 밟는 지신패가 되어 풍물이나 풍장을 치는가 하면 풍물굿을 하기도 한다. 이는 주요한 마을 공동의식이다. 지신밟기는 본래 지신에 대한 행사였으나, 마을 우물이나, 도로, 당(堂)은 물론 개인 집의 조왕신과 성주신 등 가신을 대상으로 하는 의식으로 확장되기도 하였다(한호철, 2016). 지신을 밟으며 하는 노래로 '지신밟기노래'가 있다. 제액초복(除厄招福)하여 1년 내내 무병하고 화평하기를 바란 의식이다.

④ 중들이 법고(法鼓)를 치거나, 염불을 한다.

중들이 시내에 들어와 등에 진 북을 치거나, 불교에 귀의하도록 하는 모연문(募緣文)을 펴 놓고 방울을 흔들며 염불을 하거나, 문 앞에 와 재를 올리라고 소리치기도 한다. 그러면 사람들은 돈을 던져 주거나 재를 올렸다. 나쁜 병을 쫓고, 복을 빌기 위한 것이다. 중들은 절에서 떡을 만들어 떡 한 개에 속세의 떡 두개와 바꾸기도 하였다. 어린이들이 이 떡을 먹으면 마마(痘腫)를 곱게 한다고 하였다. 이런 풍습은 정조(正祖) 이후 중들의 도성 출입을 금하며 성 밖에서만 이루어지게 되었다.

⑤ 뱃고사 등을 한다.

정월 초하루가 되면 선주(船主)들은 배안의 성주신(星主神)에게 고사를 지낸다. 성황당에서 고사를 지내는 것과 같은데, 포구에서는 성황당에서 1차로 고사를 지내고, 2차로 배에서 풍어와 안전을 기원하며 고사를 지낸다.

⑥ 과일나무 시집보내기를 한다.

과일나무가 있는 집에서는 섣달그뭄밤부터 설날이나, 대보름날에 걸쳐 풍성한 수확을 기대하며, 과일나무 시집보내기를 한다. 이는 과일나무 가지 사이에 돌을 끼워 넣는 것을 말한다. 이렇게 함으로 많은 열매가 맺히기를 바란 것이다.

넷째, 세찬(歲饌), 세주를 먹고, 마신다

이날 절식(節食)으로 흰떡(白餠)과 떡국(餠湯)을 먹는다. 동국세시기에 의하면 떡국(餠湯)은 떡을 얄팍하게 돈같이 썰어 장국에 넣고, 꿩고기나 쇠고기를 넣고 끓인 다음 고춧가루를 친다. 떡국은 제사에도 쓰고, 손님에게도 대접하였다. 설날 떡국을 먹으면 나이를 한 살 더 먹는다 하여 이를 첨세병(添歲餠)이라고도 한다. 이러한 풍습은 일본에도 있다. 떡에는 또 시루떡(蒸餠)도 있는데, 새해에 이로써 신에게 빌기도 하고, 삭망전(朔望奠)에도 썼다. 이 밖에 북쪽에서는 세찬으로 만두(饅頭)를 많이 먹었고, 남쪽에서는 떡국을 먹었다. '열양세시기'에서는 선조의 제사에 강정(羌飣)을 으뜸으로 친다고 하고 있다. 상류층에서는 세주(歲酒)로 중국에서 들여온 도소주(屠蘇酒)와 초백주(椒柏酒)를 사용하였고, 일반 가정에서는 약주, 청주, 탁주를 이용하였다. 세주는 데우지 않고 찬술을 써 봄을 맞는 의미를 나타낸다.

다섯째, 윷놀이, 널뛰기, 연날리기, 승경도놀이 등 놀이를 한다

① 윷놀이(柶戲)를 하고, 오행점(五行占)을 친다.

'동국세시기'에 의하면, 설날 윷놀이를 하는데, 윷놀이(柶戲)란 붉은 싸리나무 토막을 쪼개어 밤윷같이 작은 윷을 만들어 노는 것으로 되어 있다. '경도잡지'에서는 이 놀이가 설날의 놀이 가운데 대표적인 것이라 하였다. 윷놀이는 근자에까지 많이 행해지던 민속놀이로, 윷의 길이가 길어져 15cm쯤 되게 변하였다. 이는 인도의 파치시(pachisi) 놀이에서 온

것이라 한다.(김광언, 2001)

② 널뛰기(超板戲)를 한다.

널뛰기는 항간의 부녀자들이 널조각을 짚단 위에 가로 놓고, 양쪽 끝에 갈라 서서 널판을 굴러 뛰노는 놀이다. '경도잡지'는 이 널뛰기를 하며 뛰어 오를 때 울리는 패물 소리가 쟁쟁하고, 지쳐 떨어져 나가는 것을 낙으로 삼는다(困頓爲樂) 하고 있다. 그는 이를 초판희(超板戲)라 한다 하였다. 이는 여자들의 놀이라 하여 여판도희(女板跳戲)라고도 한다.

③ 연날리기를 한다.

정월 초하루부터 대보름까지 연날리기를 한다. 대보름이 되면 액연(厄鳶) 띄운다고 하여 연을 날려 보낸다. 이는 한 해의 액운을 물리치려는 심리를 반영한 것이다, 일본에서는 연줄이 끊어져 날아가는 것을 액운이라 본다. 또한 연은 단순히 띄우는 것만이 아니고, 연싸움이라 하여 연줄이 얽혀 상대방의 연줄을 끊고 날아가게 하는 놀이도 한다.

④ 승경도(陞卿圖)놀이를 한다.

승경도란 옛 벼슬 이름을 품계와 종별에 따라 적어 놓은 도표를 말한다. 이는 오각형의 고구마 모양의 나무토막에 눈금을 새긴 말을 사용하여 그 끝수에 따라 벼슬이 오르고 내림을 겨루게 한 양반가의 놀이다. 이는 오락성과 더불어 관직명을 익히게 한 놀이다. 이 밖에 화투놀이도 많이 하였다.

여섯째, 새해의 길흉과 운수를 점친다

① 윷으로 오행점을 친다.

설날엔 윷을 던져 놀이를 하는 외에 새해의 길흉을 점치기도 했다. 작은 나무토막의 윷을 던져 오행점(五行占)을 치는 것이다. 점괘는 64개인데 '경도잡지'에는 이 점괘 육십사괘와 그 요사(繇辭)를 소개하고 있다.

이를 앞에서 몇 개 보면 다음과 같다.

도 · 도 · 도... 건(乾)-- 아이가 어머니를 만남(兒見慈母).

도 · 도 · 개... 이(履)-- 쥐가 창고에 들어감(鼠入倉中).

도 · 도 · 걸... 동(同)-- 사람이 밤에 불을 얻음(人昏夜得燭).

도 · 도 · 모...무망(无妄)-- 파리가 봄을 만남(蒼蠅遇春).

② 오행전(五行錢)으로 점을 친다.

엽전 상평통보의 뒷면에는 금목수화토의 오행 문자가 하나씩 있는데 이를 다섯 개 갖춘다. 그리고 예복으로 갈아입고 손을 씻은 다음 꿇어 앉아 새해 운수와 길흉화복을 일러 달라고, 주문을 외며 오행전(五行錢)을 마루에 던진다. 주문은 '天下言哉 地下言哉 告之卽應勿秘 昭示當弟子之 今年運數 吉凶禍福 以此五行占掛 判斷賜' 운운한다. 이렇게 점을 쳐 좋은 점괘가 안 나오면 좋은 점괘가 나올 때까지 반복한다.

③ 청참(聽讖)을 한다.

설날 꼭두새벽에 거리로 나가 맨 처음 들려오는 소리로 새해의 길흉을 점친다. 이를 청참(聽讖)이라 한다. 까치 소리는 풍년이 들고 행운이 오며, 참새 소리는 흉년이 들고 불행이 온다 한다.

④ 초하루의 일진(日辰)에 따라 점을 친다.

초하루가 유모일(有毛日)인 때에는 풍년이 들고, 반대로 무모일인 경우에는 흉년이 든다고 하였다.

⑤ 토정비결을 본다.

많은 사람들은 정초에 조선조 때 토정(土亭) 이지함(李之菡)이 지은 비결서 '토정비결(土亭秘訣)'을 보아 새해의 신수를 많이 점쳤다.

일곱째, 정초 12일 간에 일진(日辰)에 따른 행사를 한다

중국에서는 1일부터 12일까지 12지에 따라 행사를 하는 것이 습관화

되어 있는데, 우리의 경우도 이에 따른 놀이와 행사를 하였다. 동국세시기는 上子日, 人日, 卯日, 巳日, 上亥日의 행사를 기록하고 있다.

첫 쥐날인 상자일(上子日)에는 일을 하면 손가락이 아리다고 하여 쉬었다. 농가에서는 방아를 찧으면 쥐가 없어진다고 하여 이날 밤에 방아를 찧었다. 마을 청년들은 이날 밭이나 논두렁에 쥐불을 놓았다. 쥐불을 놓아 서해(鼠害)를 막고자 한 것이다. 조선조에는 상자일과 상해일에 궁중에서 횃불을 들고, '쥐 주둥이 지진다', '돼지 주둥이 지진다' 하며 풍년을 기원하는 행사를 하였다.

초축일(初丑日)에는 소를 부리지 않고, 말린 채소와 콩을 섞어 먹였다. 이날 소를 부리면 쟁기가 상한다고 하였다.

초인일(初寅日)에는 교유를 하지 않는다. 특히 부녀자들은 출입을 삼갔는데, 호환(虎患)을 두려워한 것이다. 여자가 이날 남의 집에서 대소변을 보면 그 집 가족이 호환을 입는다고 하였다.

초묘일(初卯日)에는 남의 집을 방문하지 않는다. 가장이 먼저 문을 연 뒤가 아니면 여자들은 문밖에 나갈 수 없었다. 여자가 먼저 문을 나서면 신운이 불길하다고 한다. 또한 이날 새로 뽑은 실을 톳실(兔絲)이라 하여 이를 주머니 끝에 매어달면 재앙을 물리친다고 했다. 그리고 이날 무명실을 뽑아 옷을 지어 입으면 명이 길다 하였고, 베틀에 앉아 베를 짜는 시늉을 하면 역시 장수한다고 하였다.

초진일(初辰日)에는 농가의 주부가 남 먼저 일어나 우물물을 길어온다. 전설에 의하면 전날 밤에 용이 하늘에서 내려와 우물에 알을 낳는데, 그 우물물을 길어다 밥을 지으면 일년 운수가 좋고 풍년이 든다고 하였다. 처음 우물물을 뜨는 것을 '용알뜨기'라 한다. 또한 이날 머리를 감으면 머리가 용처럼 길어진다고 하여 부녀자들은 이날 머리를 감아 머리가 길고 아름다워지기를 바랐다.

초사일(初巳日)에는 머리를 빗지 아니하였고, 일을 하지 않았다. 머리를 빗거나 일을 하면 집안에 뱀이 들어온다는 속신이 있었다.

초오일(初午日)에는 좋은 교통 수단인 말에게 좋은 먹이를 주고 제사도 지냈다. 그리고 장을 담그면 맛이 좋다고 장을 담갔다. 말이 콩을 좋아하는 것과 관련된 것으로 보인다.

초미일(初未日)에 어촌 사람들은 출어를 하지 않았다. 염소가 물을 싫어해 풍어를 보장 받지 못할 것으로 생각한 것이다. 그리고 섬 지역에서는 '미불복약(未不服藥)'이라고 약을 먹어도 효험이 없다고 하였다.

초신일(初辛日)에는 일손을 놓고 쉬는 날로, 칼질을 하면 손을 벤다고 하였다. 그리고 부엌에 귀신이 찾아오는 날이라 하여 새벽에 담이 큰 남자가 먼저 부엌에 들어간 다음 여자들은 부엌 출입을 하였다.

초유일(初酉日)에는 부녀자가 바느질이나 길쌈을 하면 손이 닭발처럼 흉하게 된다고 하여 쉬었다.

초술일(初戌日)에 일을 하면 개가 텃밭에 해를 끼친다고 하였다. 이와는 달리 메주를 쑤거나 장을 담그면 맛이 좋다고 한다.

초해일(初亥日)에는 팥가루로 세수를 하면 얼굴이 희어진다고 하였다. 가게는 이날 처음 문을 연다. 유모일(有毛日)이 좋다고 하며 인일(寅日)에 개장하는 곳도 많다.

이렇게 정초 12일은 일진에 따라 일손을 놓고 쉬기도 하고, 벽사진경 등의 행사를 하기도 하였다.

3. 중국의 설 '春節'의 문화

중국에서는 설을 춘절(春節)이라 한다. '일년지계(一年之計)는 재어춘(在於

春'이라 하여 일년의 시작은 봄이며, 봄의 시작은 춘절(春節)이라 한다.

중국에서 춘절을 쇠는 것(過春節)은 4천여 년의 역사를 지닌다(紀微, 2008). 춘절은 본래 음력 정월 초하루였으나, 신해혁명 이후 남경(南京) 정부가 건립된 뒤 양력을 사용하게 되어 양력 1월 1일을 원단(元旦)이라 하게 되었다. 그리고 음력, 다른 말로 농력(農曆) 정월 초하루를 춘절(春節)이라 하였다.

춘절(春節)은 원단(元旦) 하루에 그치지 않고, 왕왕 15일, 심하게는 한 달간 계속된다. 전통적인 춘절은 12월 23일부터(혹은 24일) 1월 15일 원소절(原宵節)까지였다. 고대 중국에서는 연말연초에 납제(臘祭)를 거행하였고, 선조 및 중신(衆神)에게 제사를 지내고, 풍작을 기원하는 것이 일반적이었다. 紀微(2008)는 춘절의 활동으로 제사신불(祭祀神佛), 제전조선(祭奠祖先), 제구포신(除舊布新), 영춘접복(迎春接福), 기구풍수(祈求豊收) 등을 주요 내용으로 들고 있다. 춘절은 이렇게 한 해를 보내며 천지신령과 조상에 감사하고, 봄을 맞아 풍성한 수확과 접복(接福)을 기원하는 전통적 명절이라 할 수 있다. 춘절은 가족의 단란이 중시되어 춘절 전후에는 귀성으로 인한 민족 대이동이 일어난다. 금년(2017년)에는 연인원 30억의 이동을 예고하고 있다. 이는 우리의 설 풍습과 같다.

중국의 옛 세시기(歲時記)로는 6세기 중기 양 나라의 종름(宗懍)이 지은 '형초세시기(荊楚歲時記)'가 있고, 18-19세기의 것으로 제경세시기승(帝京歲時記勝), 연경세시기(燕京歲時記) 등이 있다. 따라서 이들 세시기와 현대의 기록들을 참고하여 중국의 세시풍속을 살펴보기로 한다. 이들도 한국의 경우와 같이 유형화하여 보기로 한다.

첫째, 폭죽(爆竹)을 터뜨려 새해를 맞고, 세배한다

춘절의 행사는 제야(除夜), 혹은 제석(除夕)부터 시작된다. 각 가정은 등

불을 밝히고 온 가족이 모여 조선에게 먼저 제물을 바쳐(先供祭祖先) 조상의 신령이 보우하고, 평안히 이 밤을 보내게 되길 기원한다. 그리고 연야반(年夜飯)을 먹는다. 식사를 한 뒤에는 가족들이 둘러앉아 한담을 하거나 놀이를 하고, 친정(親情)을 나누며 수세(守歲), 곧 밤을 새운다. 자정이 되면 폭죽을 터뜨리며 새해를 반긴다(田文敬, 2014).

춘절은 문을 열고 폭죽(爆竹)을 터뜨려 제구영신(除舊迎新)함으로 시작된다. 이를 개문포장(開門砲仗·開門爆仗)이라 한다. 이는 이미 북송(北宋) 시대부터 있었던 것으로 보인다(中村, 1988). 옛날에는 폭죽이 귀신과 역질(疫疾)을 쫓는다고 했다. 종름(宗懍)의 형초세시기(荆楚歲時記)에서는 구체적으로 산조(山臊)란 악귀를 쫓는다 하고 있다. 폭죽을 터뜨린 뒤에는 서로 신년을 축하한다. 젊은이가 세배(拜年)를 하면, 어른은 홍포(紅包)에 넣어 세뱃돈(壓歲錢)을 주며, 면려한다. 중국에서도 관아의 행사로 왕공에서 백관에 이르기까지 모두 조정에 가 하례하였다(연경세시기). 형초세시기는 이날의 특별한 행사가 "원조에는 존망을 경조하고, 관에서 조하(朝賀)하고, 사가에서 제사지내며(私有祭享), 경건한 모습으로 이른 새벽 제자리로 돌아가는 것"이라 하고 있다.

길에서 만나는 사람에게는 '恭賀新禧(공하신희), 恭喜發財(공희발재), 新年快樂(신년쾌락)'이라 축하하고, 덕담을 나눈다. 친한 친구들은 서로 방문하여 신년 인사를 나누고, 술을 마시며 즐긴다. 고대의 사대부(士大夫)들은 명첩(名帖)을 접복(接福)이라 쓰인 종이 봉투에 넣고 돌아왔다. 특히 하인을 보내 명첩을 건네는 것을 비첩(飛帖)이라 하였다(中村, 1988). 이와는 달리 성명을 기장하는 방명록 '문부(門簿)'라는 것도 있는데, 여기에는 언제나 앞에 방문자(親到者) 이름 넷이 적혀 있었다. 수백령노대야(壽百齡老大爺), 부유노야(富有餘老爺), 귀무극부인(貴無極夫人), 복조임노야(福照臨老爺)가 그들로, 이는 壽·富·貴·福을 바라는 심정을 반영한 것이다(紀微, 2008).

둘째, 벽사진경(辟邪進慶)의 의식을 행한다

① 폭죽을 터뜨려 '연(年)'을 물리친다.

중국에서는 새해맞이를 흔히 '과년수세(過年守歲)'라 한다. '과년'이란 '새해를 맞다, 설을 쇠다'란 말이고, '수세'란 '제야에 온 집안이 둘러앉아 뜬눈으로 묵은해를 보내다'란 말이다. 그런데 이들은 이러한 뜻만을 지니는 것이 아니었다. 거기에는 다른 뜻도 있다. 전설에 의하면 '연(年)'이란 사자의 머리를 가진, 황소같이 생긴 흉악한 괴수로, 이는 제야에 마을에 내려와 인축(人畜)을 해치고 가원(家園)을 파괴하고 훼손하였다. 이에 사람들은 연수(年獸)의 동정을 살펴 그가 제야에 산에서 내려오며, 폭죽 소리를 두려워하고, 붉은 색과 밝은 빛을 두려워한다는 사실을 알게 되었다. 그리하여 사람들은 창을 붉게 칠하고, 제야에 불을 밝히고, 가족들이 만찬을 한 뒤 모여 앉아 이야기를 나누며 밤을 새웠다. '수세방연해(守歲防年害)'한 것이다. 이를 달리 '오년수세(熬年守歲)'라고도 한다. 따라서 '과년수세'는 벽사의 풍속으로, 뒤에 '송구영신'의 진경(進慶)의 의미를 지니게 된 것이라 하겠다(廖華英, 2008).

② 폭죽을 터뜨려 '석(夕)'을 물리친다.

제석에 폭죽을 터뜨리는 것은 또 다른 의미도 지닌다. 그것은 '석(夕)'을 제거한다하는 것이다. '석(夕)'은 '年'과 마찬가지로 전설상의 괴수인데, 뿔이 네 개이고, 몸이 매우 크고, 성질이 흉맹(凶猛)하였다. 이 괴수도 연말에 나타나 그 해와 두려움이 컸다. 사람들은 대나무를 태워 그 터지는 소리로 이를 쫓았다. 그러나 석(夕)은 죽지 않기 때문에 매년 제석이면 나타났고, 사람들은 '방석(防夕)', '제석(除夕)'을 하기 위해 폭죽을 떠뜨려야 했다. 이것이 벽사(辟邪)의 연속(年俗)이 되고, 오늘의 폭죽놀이가 되었다 한다.(田文敬, 2014).

③ 도부(桃符)를 걸고 문신(門神)의 그림을 붙여 벽사 방해(防害)한다.

일찍부터 중국에는 '도편(桃便)', '도판(桃板)', '도부(桃符)' 등 복숭아나무의 인형을 목각하여 문 옆에 걸어 벽사방해하는 풍습이 있었다. 중국에서는 복숭아나무가 오목지정(五木之精)으로 백귀를 제압한다고 인식하였다. 형초세시기에서는 이러한 신화적 배경이 기록되어 있다. 도삭산(度朔山), 혹은 도도산(桃都山)에 귀역(鬼蜮)의 세계가 있어 각종 요괴가 살고 있었다. 천제(天帝)는 이들의 앙화를 막기 위해 신도(神荼)와 울루(郁壘) 두 신장(神將)으로 하여금 이들을 감찰하게 하였고, 두 장군은 천리(天理)를 어기는 경우 붙잡아 무서운 호랑이에게 던졌다. 그래서 요괴들은 두 신장을 두려워하였다. 이에 민간에서는 복숭아나무로 이들의 상을 새겨 문입구에 걸어 벽사를 하고 그 해를 막았다. 뒤에는 장군의 이름을 복숭아나무에 세기는 것만으로도 진사거악(鎭邪去惡)할 수 있다고 믿어 이렇게 하였다. 형초세시기에는 또 도부와 함께 닭을 갈대 줄로 묶어 문에 걸어 백귀를 물리친다고도 하고 있다. 도부(桃符)는 벽사형의 것과 예축형(豫祝形)의 춘패(春牌·迎春牌)의 두 가지가 있다.

④ 초백주(椒柏酒)와 도소주(屠蘇酒), 도탕(桃湯)을 마신다.

초백주와 도소주를 마시면 병과 귀신을 쫓고 장수한다고 믿었다. 촉백주가 먼저 쓰였고, 수(隋)·당(唐) 시대에 도소주로 바뀌었다. 도탕은 복숭아의 잎, 가지, 줄기를 삶아 만든다.

⑤ 삼씨와 콩 등을 먹음으로 전염병을 없애고, 악기를 물리친다.

형초세시기에 의하면 정월 초하루 아침부터 초칠일까지 삼씨와 팥을 각각 14알씩 먹으면 전염병을 없앤다고 하였다. 장중경방(張仲景方)을 인용, 콩 14알, 계란, 흰삼씨를 술과 함께 먹으면 나쁜 기운을 없애고, 불행을 면할 수 있다고도 했다. 정월 초하루 아침에 날계란과 팥을 일곱 알 먹으면 전염병을 물리친다고도 한다.

셋째, 연화(年畵)와 춘련(春聯)을 장식하고, 기복(祈福) 행사를 한다

① 연화는 대문, 벽, 부뚜막에 붙이는데, 그 소재는 다양하다. 신장(神將), 어린이가 잉어를 안고 있는 것, 역사적 인물, 희곡 중의 인물 등이 그것이다. 창에 붙이는 그림은 따로 창화(窓畵)라 하는데 과년의 기쁨을 나타내는 오래된 풍습이다. 주제는 화초어충(花草魚虫), 산수풍경, 역사전설, 현실생활 등 다양하다.

② 춘련(春聯)을 붙여 새해의 소원과 기쁨을 나타내고, 미관을 추구한다. 춘련은 도부(桃符)가 발전한 것이다. 송(宋) · 원(元) 시대에 사람들은 대련(對聯)을 복숭아나무에 써 벽에 걸었고, 뒤에 점점 변해, 길상을 나타내는 붉은 종이에 대련을 써 붙이게 되었다. 복운(福運)이 강림하고, 풍년이 들기를 바란 것이다. 내용은 흔히 행복, 부귀, 장수, 만족스런 결혼, 많은 자녀에 대한 희망 등으로 되어 있다. 춘련의 기원은 명(明) 태조에서 비롯되는 것으로 본다.(中村, 1988)

③ 전통적으로 종이를 오려 장식하는 전지(剪紙)의 풍습이 있다. 전지는 새, 짐승, 꽃, 그림 이야기 등을 그 내용으로 한다. 창화, 벽화, 문렴(門簾) 등으로 사용한다. 단일형과 달리 복합형의 전지는 민속 주제의 그림 이야기로 되어 있다. 대표적인 것은 '봉황과 모란', '견우와 직녀', '팔선(八仙)' 같은 것이다.(廖華英, 2008).

넷째, 구체적 기복(祈福) 의식을 행한다

① 복(福)자를 붙여 복이 깃들기를 기원한다. 이는 오래된 습속으로, 문이나 장벽(牆壁), 문틀 위에 크고 작은 복자를 붙인다. 민간에서는 다양한 도안을 만들어 붙이기도 한다.

② 복(福)자를 붙이되, 거꾸로 붙이는 풍습도 있다. 이는 거꾸로 붙여 '福倒了'로 읽게 함으로 이것이 동음어 '福到了'가 되어 '幸福到了'란 의

미로 쓰이게 하는 습속을 이루게 하였다. 이는 고사를 지니는데, 그 하나가 明 태조 주원장(朱元璋)과 마(馬) 황후의 고사다. 태조가 미복으로 어느 집을 찾았다. 마등(馬燈) 위에 수혜(繡鞋)를 신은 한 쌍의 말이 그려져 있었다. 태조는 다리가 긴 마(馬) 황후를 풍자한 것이라 생각하고, 그 집문에 복(福)자를 써 붙여 다음날 잡아오게 하였다. 이를 안 마음씨 착한 황후가 성안 모든 집에 복자를 써 붙이게 하였다. 그런데 글을 모르는한 집에서 복자를 거꾸로 붙였다. 이튿날 이런 실상을 보고 받은 황제는대로하고, 복자를 거꾸로 붙인 집의 일가족을 몰살시키라 하였다. 이를안 황후는 사정이 급해 태조를 찾아가 말하였다. 이는 임금이 어느 집을방문할지 몰라 일부러 거꾸로 붙인 것이다. "'복도(福倒)'는 '복도(福到)'가아니냐"고 했다. 큰 화가 빚어질 뻔한 사건이 황후의 기지로 이렇게 해서 원만히 수습되었다. 그래서 재난을 피하고 보우함을 바라서, 그리고마 황후의 덕을 기리기 위해 '도복(倒福)'의 풍습이 생겼다는 것이다.

③ 돈 꿰미를 지팡이에 묶어 이것으로 두엄을 치며 소원대로 이루어달라고 하는 풍습이 있다. 이는 형초세시기에 보이는 여원(如願)고사에따른 것이다. 옛날 구명(歐明)이란 장사꾼이 배안의 물건을 팽택호에 늘공양하였다. 이에 청홍군묘(青洪君廟)의 청홍군이 그에게 소원을 이루어주는 비녀(婢女) 여원을 내어 주어 그는 부자가 되었고, 마침내 교만해졌다. 어느 해 정단(正旦)에 여원을 부르니 곧장 오지 않아 화가 난 그는 그녀를 지팡이로 치려 하였다. 그러자 그녀는 거름 속으로 몸을 숨겼다.그래서 치지 않을 테니 나오라 하였지만 마침내 나오지 않았다. 이런 고사로 말미암아 지팡이로 두엄을 치며 소원대로 이루어달라는 두엄치기풍습이 생겨났다. 이를 일러 타회퇴(打灰堆)라 한다.

④ 출천행(出天行)이란 의식이 있다. 이는 원단 새벽에 집안 어른이 대문을 열고 "문을 크게 열었으니 많은 재물이 들어오라"라고 끊임없이

소리치면, 가족들이 뛰어나와 동쪽에서 폭죽에 불을 붙인다. 재물이 많이 집에 들어오기를 기원하는 풍습이다.

⑤ 신을 맞이하고 제사를 지내 평안을 기원한다.

중국인은 다신교적 민족으로 많은 신을 맞아 제사를 지낸다. 섣달 그믐날 제사상을 마련하고, 초2일 재신(財神)을 맞고, 초3일 정신(井神)을 제사하고, 초4일 하계한 여러 신을 위해 기고(旗鼓)를 펼치고 크게 제사를 지내는 등의 제사가 그것이다.

다섯째, 춘절의 음식은 다양하고 특색이 있다

① 춘절 전야에 값진 만찬을 즐긴다.

제야에는 앞에서 언급하였듯, 철야를 하며 연야반(年夜飯)을 즐긴다. 이때에는 반드시 닭고기와 물고기, 두부 요리가 오른다. 이는 발음이 ji, yu, tofu로 吉, 餘, 都富를 의미하기 때문이다.

② 남방에서는 연고(年糕)와 춘권(春卷)을 먹는다.

연고는 한족의 전통적 음식으로, 찹쌀로 쪄서 만든 떡이다. 이는 '年高'와 발음이 같다. '유년고(有年高)', '연년고(年年高)'와 같이 풍년(豊年)과 매년 승진을 상징한다. 그리하여 이를 먹으며 건강, 부귀 등이 매년 나아지길 기대한다. 연고(年糕)에는 역사적 일화가 있다. 전국시대에 吳 나라에서 적의 내침을 막기 위해 견고한 성벽을 쌓고 성대한 잔치를 베풀어 자축하였다. 오자서(伍子胥)는 이를 즐거워하지 않고 우려하였다. 사람의 출입을 어렵게 한다는 것이다. 그리고 난리가 나 양식이 모자라면 상문성(相門城) 아래를 석자(三尺) 파 양식을 구하라고 하였다. 이후 왕이 세상을 뜨고 부차(夫差)가 승계하였고, 오자서는 모함을 받아 자결하였다. 이때 월(越) 나라가 쳐들어왔다. 오나라는 수성을 하기 어려운 가운데 양식이 떨어져 부녀자와 어린이들의 곡성이 목불인견이었다. 이 때 오자서의 말을 상기하고 相門의 성을 헐고 땅을 파보니, 성벽 아래 석자 되는 곳에 찹쌀 가루로 만든 전벽(磚壁)이 나왔다. 찹쌀 가루로 벽돌을 만들어 성을 쌓은 것이다. 백성들은 감동을 받아 무릎을 꿇고 오자서에게 감사의 절을 올렸다. 이것이 상문성의 찹쌀 성전(糯米城磚)의 유래담이다. 그 뒤 백성들은 오자서의 공적을 기리기 위해 찹쌀가루로 전벽 모양의 미고(米糕)를 만들어 그에게 바쳤고, 이런 풍습이 매년 계속되어 마침내 이를 '연고(年糕)'라 하게 되었다는 것이다.

춘권(春卷)은 복건 지구에서 많이 먹는다. 이는 단원(團圓)을 상징하고, 포금포은(包金包銀)의 행운을 비유한다. 이밖에 당연자(糖蓮子), 원소(元宵)를 먹는 습관이 있다.

③ 북방에서는 교자(餃子), 혼돈(餛飩), 및 단자(團子)를 먹는다.

교자(餃子)는 '경세교자(更歲餃子)'라 한다. '교자(交子)'와 음이 같아 신구년이 교체되는 제야의 상황을 나타낸다. 교자를 먹는 것은 명·청대에 성행하였다. 이는 다양한 형태의 것이 있는데, 사람들은 이를 먹으며 새해의 소원이 성취되기를 바랐다. 혼돈(餛飩)은 훈둔탕(湯)으로 원탕(元湯), 또는 원보탕(元寶湯)이라고도 하는 것이다. 이는 섬서성 화음(華陰) 지방에서 많이 먹었는데, 교자와 형상이 비슷해 잘 혼용되었다 한다. 단자(團子)는 경단으로, 이를 먹으며 단원과, 돈과 보물이 많이 들어오기를 바랐다. 실제로 교자 안에 경화(硬貨)를 넣어 그 교자를 먹는 사람은 부자가 된다고도 하였다.

④ 면류(麵類), 계란(鷄蛋) 등을 먹는다.

송대(宋代)에는 '색병(色餅)'이란 우동 같은 면을 먹었다. 병(餅)이란 떡이 아닌 소맥분의식품을 말한다. 이는 긴 형상으로 말미암아 벽역과 장수가 기탁되었다. 항주(杭州) 지역에서는 박탁(餺飥)을 먹었다 "冬(冬至)餛飩 年(元日)餺飥"이란 속담이 있다. 박탁은 색병과 같은 면류이다. 계란은

범사의 원만함을 빗대어 나타낸다. 저두(苧頭), 완자(丸子)를 먹기도 하는데, 해마다 여유 있고, 가족이 단란하게(團圓) 지내게 되기를 바라는 마음을 나타낸다.

⑤ 오신채(五辛菜)와 칠종갱(七種羹)를 먹는다.

'풍토기(風土記)'에는 오(吳)나라와 진(晉)나라 사이의 장강 유역에서는 원일의 절식으로 날 계란을 마시고 오신채를 먹는 습관이 있다고 하였다. 이들은 각각 오체(五體)와 오장(五臟)에 좋다고 한다. 오신채는 마늘, 달래, 부추, 평지(유채), 고수풀(胡荽)을 이른다. 칠종갱은 초7일, 인일에 일곱가지 나물로 국을 끓여 먹는 것을 말한다. 형초세시기는 북인들이 이 날까지 음식을 가려먹는데, 묵은 나물(歲菜) 먹기를 꺼리고 신채(新菜)만을 먹는다 하였다.

⑥ 교아당(膠牙餳)을 먹는다.

교아당은 맥아(麥芽)를 고아 만든 엿으로, 이를 먹으면 이(齒牙)를 견고하게 할 수 있다고 하여 먹었다. 형초세시기를 보면 남조의 양(梁)나라에서 먹었다고 되어 있다. 당 나라 때도 원일에 먹었다. 남송 후에는 완전히 자취를 감추었다.

음식에는 한 가지 특별한 금기사항이 있다. 그것은 초하루에는 죽을 먹지 않는다는 것이다. 죽은 궁고(窮苦)의 상징이기 때문이다. 죽을 먹으면, 나들이할 때 날씨가 궂고 여정이 불순하다고도 하였다.

여섯째, 여러 가지 놀이를 한다

사자무(獅子舞), 용무(龍舞), 각저(角觝), 포한선(跑旱船), 유앙가(扭秧歌), 등미(燈謎), 조자아(抓子兒) 등의 놀이가 있다. 사자무는 사자의 탈을 쓰고 추는 춤이다. 이는 남북조 시대에 성행하였고, 수·당나라로 이어졌다. 太平樂이라고도 하여 무악(舞樂)에 쓰였으나, 후세에는 태신악(太神樂) 등에서 행해져 악마를 쫓는 구실을 하게 되었다. 용무는 용의 탈 속에 여러 사람이 들어가 춤을 추는 것으로, 풍농을 기원하는 것이다. 각저는 씨름과 같은 남자들의 놀이이고, 포한선은 무용의 일종으로 배모양을 만들어 두 사람이 거리를 누비는 것이다. 유앙가는 모내기노래다. 등미는 초롱에 쓴 수수께끼를 구경꾼들이 풀면서 노는 놀이이고, 조자아는 공깃돌 놀이로 여자들의 놀이다. 이밖에 도박의 일종인 패구(牌九), 마작(麻將), 척투자(擲骰子), 도십점(賭十点), 타승급(打昇級) 등의 놀이가, 제야에 행해졌다.

일곱째, 길흉과 운세를 점친다

연경세시기(燕京歲時記)에 의하면 정월 초하루 자정에 태세신을 영접하는 폭죽을 터뜨리고, 자발발(煮餑餑)이란 음식으로 점을 쳤다. 또한 경청(鏡聽)이란 점을 쳤다. 원단 저녁 부뚜막에 불을 켜고, 물을 채운 가마에 국자를 띄우고 절한 다음 손가락으로 이를 돌려 국자 자루가 향한 방향으로, 거울을 품에 품고 문을 나가 길 가는 사람의 대화를 남몰래 듣고 최초로 들은 말로 점을 치는 것이다. 소주 지방에서는 청향복(聽響卜)이라 하여 제야에 행하며, 새해의 길흉을 점친다. 형초세시기에 의하면 정월 제7일 인승절에 날씨의 청담에 따라 그 해의 풍작 여부를 점치기도 했다. 또한 측신(廁神)을 정월 보름에 맞아 잠상(蠶桑)과 여러 가지 일(衆事)을 점치기도 하였다(異苑)

여덟째, 원단부터 원소절(元宵節)에 이르기까지 다양한 세시풍속 행사를 한다

초1일엔 금기(禁忌)가 많은데, 비(掃帚)의 생일로, 비를 옮기거나 비질을 하면 좋은 운이 달아난다고 하였다. 쓸 수밖에 없는 때는 안으로 쓴다. 물을 뿌리고, 쓰레기를 버리고, 물건을 빌려 주는 것도 금한다. 이들은 재물을 모으는 일과 관련된 풍속이다.

초2일은 시집간 딸이 친정에 돌아오는 귀녕일(歸寧日)로, 함께 골육지정을 나눈다. 북방에서는 재신(財神)에게 제사를 지낸다. 점포에서는 재신의 신상(神像)과 지마(紙馬) 앞에 제수를 차려 놓고, 재운을 불러 모으는 세화(歲畵)를 붙인다. 낮에는 혼돈(餛飩)을 먹는데, 이를 원보탕(元寶湯)이라 한다. 이렇게 함으로 일년 내내 재원이 넘쳐나기를 기원한다.

초3일은 소년조(少年朝)라 하는데, 송(宋) 진종(眞宗) 때 천경절(天慶節)이라 하게 되었다. 이 날은 땅을 쓸지 않으며, 불을 옮기지 않으며, 물을 긷지 않는다.

초4일은 영신일(迎神日)로, 신선을 맞아 보살핌을 구했다. 이 날 길의 신선이 천계에서 인간에 내려온다고 하여, 가가호호는 제물을 갖추고 촛불을 밝혀 분향하고 보우를 빈다. 그런데 재미있는 사실은 이날 가게 주인은 점원을 불러 신을 영접하는데, 이때 초청을 받지 못한 사람은 해고를 의미하였다.

초5일은 파오(破五)라 하여 그 간의 금기를 이 날 모두 깬다. 이 날은 다섯 재물의 신, 곧 오로재신(五路財神)의 생일로, 양 머리와 잉어를 차려 놓고, 징과 북을 치며 이들이 자기네 집에 오도록 다투어 빈다. 옛날 대소 점포는 이날이 길일이라 하여 개장하고, 개장할 때 초재동자(招財童子), 이시선관(利市仙官)의 화상을 붙이고 한 해의 장사가 잘 되기를 빌었다. 이날은 정원, 특히 측소(廁所)를 청소하는데, 측신(廁神)이 검사하러 온다고 한다.

초6일은 송궁일(送窮日)로 정월 닷새 동안의 쓰레기를 쓸어낸다. 쓰레기를 쓸어냄으로 앞날의 곤궁한 운(窮運)을 몰아내고자 한 것이다. 어떤 지방에서는 송궁(送窮) 의식을 하는데 종이쪽지로 부인을 만들어 '오궁낭(五窮娘)'이라 하였다. 오궁낭은 상고의 제왕 전욱(顓頊)의 아들로, 허약하고 왜소한 사람이었다. 그는 찢어진 헌옷을 입기 좋아하였고, 죽을 먹었다. 새 옷을 주면 찢거나 불에 태워 구멍을 낸 다음 입었다. 이로 인해 부자는 모두 그를 '궁자(窮子)'라 불렀다. 정월 그믐에 그가 죽어 매장하였는데, 궁인(宮人)은 "오늘 궁자를 보낸다(送窮子)"고 하였다. 이로 말미암아 '송궁(送窮)'의 풍속이 생겼다. 이는 지난 곤궁한 날을 보내고, 새로운 한해의 좋은 삶을 영접하려는 전통적 심리를 반영하는 것이다.

초7일은 인승절(人勝節)로, 인류의 생일이다. 신화 중의 여제(女帝) 여와(女媧)가 사람을 만든 것을 기념하기 위해 춘병권(春餅卷) 합자채(盒子菜)를 먹고, 정원에서는 전병 훈천(熏天)을 부친다. 이는 사람의 조상인 여와의 공과 업적을 기념해서다. 뒤에 이 날은 아들을 비는 구자일(求子日)로 바뀌었다. 특히 하남(河南)의 인조묘(人祖廟)에서는 판묘회(辦廟會)를 열어 각지의 부녀들이 와 아들 낳기를 빌었다. 묘회에는 특색 있는 기념품이 있었는데, 그것은 니니구(泥泥狗)로 이를 가지고 집에 들어오면 아들을 낳는다고 하였다.

초8일은 곡물(벼)의 생일이다. 이날 날씨가 좋으면 벼농사가 풍년이 들 것이라 예단하였다. 또한 이날은 일년 중 가장 별이 빛나는 날이라 부모들은 인성제(認星祭)를 지내고 자녀에게 성수(星宿)를 알도록 가르친다. 산서(山西) 등지에서는 이날을 '팔선일(八仙日)'이라 하여 팔선을 제사 지내는가 하면, 팔선이 바다를 건너는 것을 흉내 내 친척과 친구를 찾는다.

초9일은 옥황대제의 생일이다. 이날 융중한 '제천공(祭天公)' 의식을 행하였는데, 제품(祭品)은 한결같이 남성적인 것을 사용하였다.

초10일은 전설에 나오는 석두(石頭)의 생일로, 이날엔 매(磨碾) 등 돌로 만든 공구는 일체 사용하지 않고, 쉬게 하는가 하면, 옮기지도 않는다. 이를 '石(十)不動'이라 한다. 어떤 지방에서는 늙은 쥐(老鼠)가 딸을 시집 보내는 날이라 하여 가루떡(面餅)을 담 모퉁이에 놓아두는가 하면, 일찍

불을 끄고 잠을 자 늙은 쥐의 딸이 출가하기 편하게 해 주었다. 쥐를 하루 편하게 해 줌으로 일년 동안 쥐의 소동으로부터 벗어나려 한 것이다.

초11일은 장인이 사위를 초청하는 날이고, 초12일은 사람들이 색종이·비단·나뭇가지 등으로 장식한 가건물(彩棚)을 만들어 원소등회(元宵燈會), 곧 정월 대보름날 등회(燈會)를 준비하였다. 원소절에는 원소(元宵)를 먹고, 사자놀이와 용춤 등의 의식을 행한다.(紀微, 2008)

4. 일본의 설, '正月'의 문화

일본은 명치유신(明治維新)을 한 1872년부터 태양력을 공식적으로 쓰기 시작하였다. 그리고 음력 명절을 양력으로 바꾸었다. 1948년 원일(元日)이 법으로 국민 축일이 되었다.

일본의 설 '쇼가쓰(正月)', 또는 '오쇼가쓰(大正月)'란 곡물을 관장하는 신인 '도시카미(歲神)'를 맞이하여 영력(靈力)을 접함으로 몸에 새로운 힘을 받고, 한해의 풍작을 기원하며 새해를 축하하는 것이 본래 명절의 모습이다. '도시(歲·年)는 곡물, 특히 벼를 의미한다. 따라서 '쇼가쓰'는 신년 예축(豫祝) 및 조령에 신년 인사를 하는 축일(祝日)로, 공식적으로는 1월 1일부터 3일까지이나, 관습적으로 마쓰노우치(松の內)라는 '소나무 장식(松飾り)'을 하는 기간인 7일까지를 가리킨다. 옛날에는 15일까지 장식을 하였다.

일본에서는 대체로 섣달 20~28일 사이에 대청소(煤拂い), 떡치기(餅搗き), 소나무 베어오기(松迎え), 가토마쓰(門松) 장식하기, 도시카미 맞이 등 일련의 설 준비를 한다. 지난날은 일몰(日沒)부터 날이 바뀌는 것으로 생각해 섣달 그믐밤, 제야(除夜)부터 새해라 생각하였다. 전통적으로 이날

밤에는 목욕을 하고, 도시카미에게 제물을 바치고, 온 가족이 모여 오세치요리(お節料理)를 먹었다. 그리고, 난방 및 취사 시설인 이로리(圍爐裏)에 불을 피우고 둘러 앉아 잠을 자지 않고, 공찬시좌(供饌侍座)하여 신을 맞아 그의 영력을 받고자 하였다(田中 外, 2012). 일본에서도 이날 잠을 자면 머리가 센다고 하여 잠자는 것을 경계한다. 도시카미(歲神) 맞이는 사사(社寺) 및 당(堂)에서 큰불을 피우고 참롱(參籠)하는 경우도 많았다. 새해 원일(元日) 새벽에는 와카미즈(若水)를 길어오고, 아궁이에 불을 피우고(竈火), 떡국(雜煮)을 끓여 도시카미(歲神)에게 바친다. 이러한 일은 도시오토코(年男)라고 남자가 담당한다. 물론 평소의 일은 하지 않고 쉰다. 특히 이때는 도시카미제(祭)와 연하(年賀)의 의무가 없는 여자와 아이들의 휴식 기간이다. 중요한 음식은 떡으로, 이는 토시카미가 주는 것으로 생각한다. 떡은 사람만이 아니고, 우마(牛馬)나, 가구, 농구에 이르기까지 차려준다.

일본에서는 1·2·3일을 '산가니치(三が日)'라 하여 일을 쉬고 새해의 출발을 축하한다. 불단(佛壇)에 첫 우물물인 와카미즈(若水)와 떠국 조니(雜煮)만을 올린다. 그리고 '도시카미(歲神)'의 강림을 축하하는 행사를 함으로 새해에 벼농사가 잘 되기를 기원한다. '차례(茶禮)'는 지내지 않는다. 쇼가쓰에 분명히 의식하여 조상을 제사하는 날은 없다. 다만 정월 16일에 조상에 제물을 바치고 성묘(省墓)를 하는 예는 많다(宮田登 外, 1984). 이렇게 일본의 설은 새해에 도시카미를 맞아 풍년을 기원하는 축제이다. 일본에서는 설날 영시에 신사(神社) 참배를 하기 위해 한밤중에 인산인해의 군중이 신사로 몰려든다. 이는 종가(宗家)에 모여 차례를 지내는 우리 문화와는 현격하게 다르다. 이날 지인(知人)을 찾아 신년 축하 인사를 하고, 설음식을 나누어 먹는다.

일본의 설, '오쇼가쓰(大正月)'의 풍속을 살펴보면 대체로 다음과 같은 특징을 지닌다.

첫째, 세배를 다닌다.

① 신년 인사 다니는 것을 '연시(年始)', '연초돌이(年始回り)'라 한다. 일족뿐만 아니라 이웃까지 방문한다. 예전에는 친족이 큰집에 모여 축하하는 것을 '넨시마와리'라 하였으나, 오늘날은 연초에 신세를 진 사람을 찾아 신년 축하 인사 하는 것을 말한다. '新年お目出度うございます' 또는 '明けましてお目出度うございます'라 인사한다. 세배객에게는 '오토시다마(お年玉)'라 하여 봉투에 넣은 돈을 준다. 이는 도시카미의 은혜를 나누어 준다는 의미를 갖는데, 본래는 음식을 대접하던 풍습이 변한 것이다. 이는 흔히 상가니치(三が日) 동안에 행해진다. 도시다마(年玉)는 쌀로 만든 떡이라고도 한다.

② 일본에서도 궁중에서는 천황이 아침 일찍 천지사방 산릉(山陵)에 절하는 사방배(四方拜)를 하였고, 신하는 천황에게 절하는 소조배(小朝拜)를 하였다. 국민들은 일반참하(一般參賀)라 하여 1월 2일 황거(皇居)에 가 천황 및 황족에게 축하 인사를 하기도 한다.

둘째, 벽사(辟邪), 제액(除厄)의 행사를 한다.

① 가도마쓰(門松)를 세우고, 시메카사리(注連飾)를 하고, 금줄을 친다.

설에는 문 입구 양쪽에 도시카미(歲神)를 맞기 위해 나무를 세우는데, 이를 가도마쓰(門松)라 한다. 소나무, 또는 소나무와 매(梅)·죽(竹)을 곁들이고, 인줄을 친다. 소나무는 신이 강림하는 나무로 행운을, 매화나무는 부활을, 대나무는 장생을 상징한다. 이는 설 장식의 대표적인 것이다. 가도마쓰는 도시카미가 강림하는 매체(依り代)로, 흔히 1월 7일, 혹은 15일까지 장식한다.

시메가사리는 집의 입구에 장식하는데, 부정한 것의 침입을 막기 위한 것이다. 짚과 무명 오리와 길조를 나타내는 장식물로 만든다. 집의 입구에 '시메나와(注連繩)'라는 왼 새끼의 금줄을 문에 걸어 부정한 것의 침입을 막기도 한다. 이들은 모두 풍작(豊作)의 신, 도시카미(歲神)를 맞이하기 위한 벽사(辟邪)의 풍속이다.

② 사자춤(獅子舞)을 춘다.

사자탈(사자 머리)을 쓰고, 피리와 북소리에 맞추어 춤을 추면서 가가호호 방문한다. 사자춤은 악령(惡靈)을 몰아내고, 행운을 불러들인다고 한다. 문자 그대로 벽사진경(辟邪進慶)을 하고자 하는 의식이다.

셋째, 하쓰모데(初詣) 등 기복 행사를 한다.

① 새해 들어 처음으로 신사와 절(社寺)을 찾는 것을 하쓰모데(初詣)라 한다. 도시카미를 맞는 외에 고장의 수호신과 저명한 사사(社寺)를 찾아 좀 더 행운을 맞으려 하는 것이다. 이때에는 하레키(晴着)를 입는다. 이는 벽사진경(辟邪進慶)의 진경(進慶)의 행사라 할 수 있다. 섣달그믐날 밤 사사에서 철야하기도 한다(年籠り).

② 돈도야키(とんど燒き) 및 와카미즈(若水) 긷기를 한다.

돈도야키(とんど燒き)는 섣달그믐, 및 6일·7일, 고쇼가쓰에 행하는 성대한 화제(火祭)이다. 이는 시대적으로 발전 전개된 것으로 보는데, 이로리(圍爐裏)의 불, 귀신이나 재액을 추방하는 마을의 화제(火祭), 농작에 대한 축원의 고쇼가쓰(小正月)의 성대한 화제(火祭)가 그것이다(宮田登 外, 1984).

돈도야키(とんど燒き)는 쇼가쓰의 장식을 태우는 것이 주를 이룬다. 이는 기둥을 중심으로 나무나 대, 짚으로 작은 집을 만들고, 여기에 각 가정의 설 장식을 모아다 함께 태우는 행사다. 이불에 떡을 구워 먹으면

일년 중 병이 안 걸린다거나, 그 재를 집 주변에 뿌리면 제액·구충이 된다고 한다. 도조신제(道祖神祭)와 복합된 행사도 많다. 도조신은 마을의 경계나 고개 등에 모셔진 경계신이다. 사기조(左義長)라 일러지는 화제(火祭)도 한다. 이는 쇼가쓰의 장식물을 불사른다는 점에서는 돈도야키와 같으나 도조신(道祖神)과의 관련이 거의 보이지 않는다는 점이 다르다. 도조신은 외부로부터 들어오는 재액을 막기 위해 마을 경계나 고개마루에 위력 있는 신을 모신 것이다.

③ 와카미즈(若水)는 설날 새벽에 긷는데, 이는 도시오토코(年男)의 담당이다. 아침 일찍 사람을 만나지 않게, 만나도 말을 하지 않고 우물에 가 수신(水神)에게 쌀과 소금을 바치고 새 국자로 물을 긷는다. 약수(若水)는 차를 끓이거나, 밥과 죽을 끓이거나, 얼굴을 씻는 데 사용한다. 약수로 얼굴이나 몸을 씻으면 젊어진다고 한다. 이는 약수(若水)에 의한 생명의 경신을 의미하는 것이라 할 수 있다. 우리의 '용알뜨기'와 관련시킬 수 있다.

여기서 참고로 신사(神社) 참배의 풍습을 보면 다음과 같다(白鳥).

① 죠즈야(手水舍)에서 국자로 물을 떠 왼손, 오른손의 순서로 씻는다. 한번 더 떠 오른손에 받아 입을 헹군다.

② 배전(拜殿)으로 나가, 배전 앞에 서서 새전을 새전상(賽錢箱)에 던져 넣는다.

③ 새전상 앞에 있는 방울 끈을 오른손으로 잡고 흔들어 두어 번 울린다.

④ 두 번 절을 한 뒤 두 번 손바닥을 치고, 다시 한 번 절을 한다.

넷째, 세찬 세식(歲食)에 거울떡(鏡餠), 조니(雜煮), 오세치요리(お節料理)
등이 있다.

① 해넘이 메밀국수(年越しそば) 등을 먹는다.

일년의 시작은 섣달 그믐밤부터이므로 이날 저녁 식사를 일년 최초의 식사라 본다. 이를 과년 식사(年越し食事)라 한다. 동북 지방에서는 이날 저녁의 정식 식사를 나이먹기(年取り)라 한다. 이때 동북·관동지방에서는 흔히 연어(鮭), 중부·근기지방에서는 방어(鰤), 서남 일본에는 정어리(鰯)를 먹는다. 과년 메밀국수(年越しそば)는 잘 알려진 음식이다.

② 도소주(屠蘇酒)를 마신다.

원단 아침에 도소주를 마신다. 이는 원래 궁중 풍습이었으나, 민간에도 널리 퍼졌다. 이를 마시면 사기(邪氣)를 씻어내고, 수명이 연장된다고 생각하였다. 마시는 순서는 젊은이부터 마시는 것이 예의작법이다. 도소주는 술에 도소산(屠蘇散)을 넣은 것으로, 원래는 중국에서 감기 예방약으로 만든 것이라 한다.

③ 거울떡(鏡餅)은 신에게 바치고 먹는다.

가가미모치(鏡餅)는 신에게 바치는 대표적 세찬이다. 이는 신좌(神座)로서, 크고 작은 두 개의 둥근 떡을 쌓아 집의 중심인 도코노마(床間)에 장식한다(白鳥). 이 떡을 신에게 바침으로 가족의 영혼이 새로운 힘을 얻게 되는가 하면, 이를 먹음으로 신으로부터 새로운 힘을 받게 된다고 한다. 이는 친척 등에 선물하기도 한다.

거울떡은 1월 3·7·11일 '마쓰노우치(松內)' 이후에 거두어서 조니(雜煮)나 팥죽에 넣어 먹는다. 이를 가가미비라키(鏡開き)라 한다. 거울떡은 신에게 바친 떡이기 때문에 나누어 먹으면 복을 받는다고 한다.

④ 전통적인 요리인 떡국 조니(雜煮)를 먹는다.

조니(雜煮)와 오세치요리(お節料理)는 대표적 세찬이다. 조니는 도시카미에게 바친 음식을 설에 끓여 먹는 떡국으로 신인공식(神人共食)을 의미한다. 따라서 이를 통해 신과 일체가 되어 그 영력을 받으려 하는 것이다.

이를 먹으면 도시가미의 축복을 받고 1년간 건강히 살게 된다고 생각한다. 조니는 지방에 따라 많은 차이를 보이는데, 크게 보아 관동지방 생각은 기리모치(切餅)에 맑은장국(すまし汁)으로, 관서지방에서는 마루모치(丸餅)에 흰 미소로 국물 맛을 내는 것으로 본다.

⑤ 도시락 오세치요리(お節料理)를 먹는다.

오세치요리는 본래 도시카미에게 바치기 위한 음식으로, 연말에 만들어 두었다가 설날부터 가족도 먹고 손님에게도 대접한다. 이는 야채 조림을 비롯하여, 오래 보존할 수 있는 것, 풍요를 기원하는 의미를 지닌 것 등, 축하에 어울리는 음식을 도시락에 담아 놓은 것이다.

오세치요리는 공양했던 음식을 나누어 먹는다는 의미와 신을 맞고 있는 동안 일체의 가사 노동을 하지 않고 쉰다는 의미를 지닌다. 그래서 연말에 미리 많이 만들어 놓는다. 그리고 손님이 오면 곧 낼 수 있게 찬합에 담아 놓기 때문에 찬합이란 뜻의 주바코쓰메요리(重箱詰料理)라고도 한다. 정식 요리는 4단 찬합에 반찬수는 홀수로 한다. 반드시 들어가는 것이 3가지 있는데, 관동(關東)지방에서는 검정콩(건강과 성실을 의미), 말린 청어알(자손 번영의 의미), 정어리 새끼 말린 것(집안의 화평, 풍년·건강 기원)이고, 관서(關西)지방에서는 이 가운데 정어리 말린 것 대신 우엉(가택 평안)이 들어간다.

⑥ 일곱가지 나물죽(七草粥)을 먹는다.

정월 7일에 봄나물 일곱 가지를 넣고 죽을 끓여 먹는다. 이 죽을 먹으면 잡귀를 쫓고 병을 막을 수 있다고 한다. 일곱 가지 나물이란 미나리, 냉이, 떡쑥, 별꽃, 광대나물, 순무, 무 등이다. 칠초(七草)를 먹는 것은 중국에서 유래한 것으로, 매년 1월 7일에 관리 승진이 있었고, 이날 약초인 어린 나물을 먹고 입신출세를 기원했던 데 말미암은 것이라 한다(黑澤明夫(2002)). 이는 중국의 칠종갱(七種羹)과 연관된다.

⑦ 팥죽을 먹는다.

삶은 팥과 그 즙으로 죽을 만들어 먹는다. 이를 먹고 일년 중의 사기(邪氣)를 털어 버리고자 한 것이다. 병을 유행시키는 역귀(疫鬼)는 팥을 싫어한다고 한다. 이는 붉은 색의 주술성을 말하는 것으로 보인다.

다섯째, 연날리기 등 놀이를 한다.

① 연날리기 등 민속놀이를 한다. 이는 본래 어른들이 마을끼리 시합을 하던 민속행사였다. 오늘날은 남자 어린이들의 민속놀이로 변하였다. 일본에서는 우리와 달리 연줄이 끊어져 연이 날아가면 불길하다고 한다.

민속놀이에는 또 하네쓰키(羽根つき)가 있다. 이는 나무채로 재기 비슷한 하네(羽根)를 치고 노는 여자아이들의 노리다.

② 가루타도리(かるた取り)를 한다. 이는 카드놀이로, 이로하 가루다, 노래 가루다 등이 있다. 이로하 가루다에는 교훈적 속담이 많이 쓰인다. 그림 카드를 바닥에 늘어놓고, 한 사람이 글을 읽으면 그에 해당한 그림 카드를 다른 사람이 찾는 형식의 놀이다. 노래 가루다는 와카(和歌) 윗구(上句)를 읽으면 아랫구(下句)를 찾는 식이다. 카드를 많이 찾은 사람이 이기는 놀이다.

③ 후쿠와라이(福笑い)를 한다.

눈을 가린 뒤에 얼굴 윤곽만 그린 종이 위에 눈썹, 눈, 코, 귀, 입을 오린 종이쪽지를 놓고, 그 완성된 형태의 익살스러움을 즐기는 놀이다.

이 밖에 팽이돌리기, 주사위놀이(스고로쿠·雙六) 등이 있다.

여섯째, 새해 첫날밤의 꿈(初夢) 등으로 점을 친다.

새해 첫꿈(初夢)으로 점을 친다. 후지산(富士山)이 제일 좋은 꿈이고, 매(鷹)와 가지(茄子)의 꿈이 각각 둘째와 셋째이다. 이밖에 작물의 풍흉, 및 천후 등을 점치는 여러 가지 연점(年占)이 있다. 죽통(粥桶) 등에 들어 있는 죽의 양으로 점치는 죽점, 콩을 굽는 방법과 껍질의 벗겨진 상태로 보는 두점(豆占), 빚은 떡을 쌀 위에 늘어놓고, 절구를 뒤집어 놓은 뒤 다음날 쌀알이 붙는 정도에 따라 점치는 절구점(臼伏せ), 물 가운데 떡이나 쌀알을 던져 잠기는 모양으로 점치는 것 등이 그것이다. 절구 뒤집어 놓기(臼伏せ)는 섣달그믐날 밤 쌀을 담은 됫박 위에 조도(早稻) 중도(中稻) 만도(晩稻)로 빚은 떡을 놓고, 그 위에 절구를 뒤집어 놓아 원단(元旦)에 어느 떡에 쌀이 많이 붙어 있는가를 보아 풍작을 점치는 것이다. 남부 九州에서는 쌀 알을 와카미즈 통에 한 두 알씩 넣어 그 침전하는 모양을 보고 일년 12달 날씨를 점치거나, 떡을 담가 떡의 표리에 따라 비가 많은 해(雨年)와 맑은 해(日年)을 점치기도 한다. 고쇼가쓰의 사기조(左義長)에서 연기가 피어오르는 방향에 따라 작물의 풍흉을 점치기도 한다. 그리고 줄다리기·씨름 등 경기에서도 이긴 팀이 풍작 또는 풍어라는 연점의 요소를 보이기도 한다. 여자가 이기는 경우 풍작·풍어라고 점친다.

일곱째, 의례적인 일을 시작한다.

정월 이튿날부터 의례적 일을 시작한다. 이를 일 시작(仕事始め)이라 한다. 이는 실제로 일을 하는 것이 아니고, 생활을 시작하는 의식, 의례를 행하는 것이다. 농사의 시작, 산사(山事)의 시작, 어업의 시작 등 여러 가지가 있다. 이들 일의 시작은 그 기일에 차이를 보인다. 정월 2일에서 4일에 걸친 것과 11일에 행하는 것이 그것이다. 일의 시작은 2일~4일에 많이 하는데, 장(欌) 열기, 돈상자 축원 등은 예외 없이 11일에만 행하였고, 농사의 시작은 2일~4일에 행하는 것과 11일에 행하는 것의 두 가지가 있다. 태평양을 면한 쪽은 2일계의 괭이 넣기가 많고, 동해를 면한 쪽은 11일계의 도작(稻作) 예축 의례인 다우치(田打ち)가 많다. 뱃일(船の仕

事)은 태평양 쪽에 2일계, 동일본의 동해 쪽에 11일계가 많다(宮田登 外, 소59). 가키조메(書初め)라고 초2일 경사스러운 글씨를 쓰거나, 그림을 그리는 것도 있다 경사스러운 경지로 나아가길 소원하는 것이다.

여덟째, 작은 설 고쇼가쓰(小正月) 행사를 한다.

고쇼가쓰 행사는 오쇼가쓰(大正月)에 대한 정월 보름 행사를 말한다. 농경의 예축, 연점(年占), 벽사, 신령의 방문, 불꽃축제(火祭) 등이 행해진다. 고쇼가쓰는 우리의 까치설에 해당한 것으로, 십오일쇼가쓰(十五日正月), 모치노쇼가쓰(望正月) 女子의쇼가쓰(女の正月) 등 여러 가지로 불린다.

5. 결어

한·중·일의 설의 세시풍속을 살펴보았다. 이들은 대체로 큰 주제에서는 공통점을 보이고, 세부적 내용 면에서는 많은 차이를 보이는 것으로 나타난다.

설의 세시풍속의 큰 흐름은 몇 가지 특징을 보인다. 한국의 세시풍속이 혈족중심의 조상숭배 색채가 짙다면, 중국의 경우는 제구영신(除舊迎新)의 벽사적 색채가 짙고, 일본의 경우는 신불 의존의 기구적(祈求的) 성격이 강하다. 벽사적 성격은 삼국이 공통된 가운데, 중국이 가장 기복적(祈福的) 성격이 강하다. 종교적인 면에서는 한국의 경우 유교적, 중국의 경우 도교적, 일본의 경우 신도적(神道的) 성격이 강한 것으로 볼 수 있다.

문화는 선진국에서 후진국으로 흘러가게 되어 있다. 따라서 세시풍속도 문화 종교의 영향을 많이 받는다. 그래서 중국의 선진문화가 한국이나, 일본에 많이 전수되었음을 보게 한다. 종교적 영향은 삼국 세시풍속에 다 유·불·도의 영향이 나타남을 보게 한다.

이러한 큰 흐름 외에 한·중·일의 세시풍속 가운데 대표적인 특징을 몇 가지 들어 보면 다음과 같다.

① 한·중·일은 송구영신을 하는 가운데, 특히 모두가 역귀(疫鬼)의 침입을 막는 수세(守歲)를 한다.

② 한·중·일은 농업국가로, 유교문화의 나라다. 그래서 기풍(祈豊)을 하는 가운데 제전조선(祭奠祖先)을 한다. 이런 가운데 한국에서는 조상에 차례를 지내고, 중국에서는 제사신불(祭祀神佛)·제전조선(祭奠祖先)하며, 일본에서는 도시카미(歲神)를 영접한다는 특징을 보인다.

③ 한국은 세배, 중국은 배년(拜年), 일본은 연시(年始·年始回り)를 한다.

④ 벽사 의식으로 한국에서는 구나(驅儺), 벽사의 세화 붙이기, 소발(燒髮), 액막이굿 등, 중국에서는 폭죽, 도부(桃符), 벽사의 벽화 붙이기, 삼씨·검은콩 먹기 등, 일본에서는 가도마쓰(門松), 시메가사리, 시메나와, 사자춤 등이 있다.

⑤ 기복(奇福) 의식으로 한국에서는 복조리 걸기, 안택고사, 지신밟기, 염불(念佛), 쥐불놀이, 용알뜨기, 과수 시집보내기 등, 중국에서는 연화(年花)·춘련·전지(剪紙)·복자(福字) 등 붙이기, 타회퇴(打灰堆), 영신제(迎神祭) 등, 일본에서는 하쓰모데(初詣), どんど燒き, 와카미즈(若水) 길어오기 등의 행사를 한다

⑥ 대표적 세식으로 한국은 떡국과 만두, 중국은 교자(餃子)와 연고(年糕), 면류, 춘권(春卷), 단자(團子) 등, 일본은 거울떡(鏡餅)과 조니(雜煮), 오세치요리(お節料理)를 들 수 있다.

⑦ 놀이로, 한국에서는 윷놀이, 널뛰기, 연날리기, 승경도놀이 등, 중국에서는 사자무, 용무, 각저, 조자아 등, 일본에서는 연날리기, 가루타놀이, 후쿠와라이(福笑い) 등을 한다.

⑧ 점복으로 한국에서는 오행점, 오행전, 청참을, 중국에서는 인승절 날씨, 측신에의 잠상점(蠶桑占) 등, 일본에서는 하쓰유메(初夢), 와카미즈(若水)에의 볍씨 점 등을 한다.

⑨ 설 연후의 일정에 따라 다양한 의식 및 행사를 한다. 한국에서는 일하지 않고 쉬기·12지 관련 의식·속신의 행사, 중국에서는 신화적 행사·벽사 금기·기복행사, 일본에서는 의례적 첫일(初仕事) 하기·大正月에 벽사·小正月에 농경예축 행사(宮田登 外, 1984) 등을 주로 한다.

⑩ 기타 중국의 연야반(年夜飯)과 일본의 과년식사(年越し食事), 한국과 중국의 귀성(歸省) 풍습, 한국의 용알뜨기와 일본의 와카미즈(若水) 길어오기, 중국의 칠종갱(七種羹)과 일본의 칠초죽(七草粥), 중국의 폭죽(爆竹), 일본의 하쓰모데(初詣) 등은 상대적으로 각국의 특징적 행사라 하겠다.

한중일은 동양의 대표적 선진국이다. 그리고 이웃한 나라다. 그럼에도 자국중심(自國中心)의 이기주의로 말미암아 우호관계가 심히 손상되는 경우가 적지 않았다. 이는 상호 이해의 부족에서 온 결과라 하겠다. 요즘 자국 보호주의(自國保護主義)로 쏠리는 경향이 없는 것은 아니나, 역시 국제교류를 전제로 한 개방주의(開放主義), 세계화(世界化)가 바람직한 경향이라 하겠다. 그런 의미에서 이웃한 동양 삼국은 국제적인 교류를 함으로 가깝고도 가까운 이웃이 되어야 할 것이다. 이를 위해 상대방의 문화를 이해하도록 교육을 하고 문화교류(文化交流)를 적극적으로 전개하며, 이에 대한 교육(敎育)을 수행함이 바람직하다 하겠다.

참고문헌

박갑수(2016), 언어·문학·문화 그리고 교육, 역락.
오정란·교지연(2011), 외국어로서의 한·중 언어 문화 비교, 박이정.
이두현 외(1977), 한국민속학개설, 민중서관.
이석호 역(1977), 동국세시기(외), 을유문화사.
이화영(2014), 민중의 현실, 생활과 의례, 푸른 사상 .
최남선(1972), 조선상식문답, 삼성문화재단.
한호철(2016), 세시풍속 이야기, 지식과교양.
田文敬(2014), 習俗與健康, 中原農民出版社.
廖華英(2008), 中國文化槪況, 外語敎學與硏究出版社.
紀微(2008), 中國國俗, 陝西師範大學出版社.
蕭放, 김지연 역(2006), 중국인의 전통생활 풍습, 국립민속박물관.
宗懍, 荊楚歲時記, 尙基淑 譯(1996), 荊楚歲時記, 集文堂.
今村 鞆(1925), 朝鮮風俗集, 斯道館.
岡田芳朗·松井吉昭(2013), 年中行事讀本, 創元社.
黑澤明夫(2002), 見てわかる日本- 傳統·文化編, JTB.
田中宣一·宮田登 編(2012), 年中行事 事典, 三省堂.
中村喬(1988), 中國の年中行事, 平凡社.
中村喬(1988), 續中國の年中行事, 平凡社.
(株)日鐵技術情報センタ-(2010), 日本- その姿と心, 學生社.
福田アジオ 外(2012), 日本の年中行事 事典, 吉川弘文館.
宮田登 外(1984), 日本 民俗學大系 9, 曆と祭祀- 日本人の季節感覺, 小學館.

■ 이 글은 2017년 2월 17일 작성된 신고로, 미발표의 논문이다.

제 2 부

한국어와
문화적 수용

제1장 문화적 수용과 한국어의 어휘사

1. 서언

언어는 생명을 지녔다. 더구나 어휘는 태어나기도 하고 소멸하기도 한다. 이 글에서는 문화적 수용과 한국어의 어휘 변천사, 곧 어휘사(語彙史)를 살펴보기로 한다. 그러기 위해서는 먼저 한국어의 형성과 역사적 흐름을 잠깐 둘러보기로 한다.

한국어의 계통은 확정되지 않았다. 지금까지 논의된 계통설(系統說) 가운데는 알타이 어족에 속한다고 보는 것이 가장 유력한 설이다. 북쪽에서는 이러한 계통설과는 달리 한국어의 독자적 근원설을 주장하고 있다(김영황, 1978, 박정문, 1984). 여기서는 이러한 계통에 대한 논의는 접어두고, 한국어의 어휘사(語彙史)를 살피기 위한 전제로, 국어의 형성과 그 이후의 흐름에 대해서만 간략히 보기로 한다.

원시한국어는 부여(夫餘)·한 공통어(韓共通語)의 단계를 거쳐 부여 계통의 북방계와, 한(韓) 계통의 남방계 언어로 분화되었다고 볼 수 있다. 먼저 북방의 여러 언어에 대한 옛 기록을 보면 다음과 같다.

　　고구려: 東夷舊語 以爲夫餘別種 言語諸事 多與夫餘同 其性氣衣服有異
　　　　　<三國志 魏志東夷傳>
　　동옥저: 其言語與句麗大同 時時小異 <三國志魏志東夷傳>
　　예: 其耆老舊自謂 與句麗同種...言語法俗 大抵與句麗同 衣服有異 <三國
　　　　志 魏志東夷傳>
　　읍루: 其人形似夫餘 言語不與夫餘句麗同
　　물길: 在高句麗北... 言語獨異 <北史勿吉傳>

　이상의 기록에 의하면 우선 북방에는 부여어(夫餘語)가 있었고, 이는
고구려 어와 같은 계통의 것이었으며, 동옥저(東沃沮)와 예(濊)의 언어도
고구려 어와 같은 것이었다. 이에 대해 숙신계(肅愼系)인 읍루(挹婁)와 물
길(勿吉)은 부여계 어와 달랐다.

　남방의 한계(韓系) 여러 언어에 대해서는 다음과 같은 기록이 보인다.

　　진한: 辰韓在馬韓之東 其耆老傳世自言 古之亡人避秦役 來適韓國... 其言
　　　　語不如馬韓同 <三國志魏志東夷傳>
　　변한: 弁辰與辰韓雜居 亦有城郭 衣服居處與辰韓同 言語法俗相似 <三國
　　　　志魏志東夷傳>
　　진한・변한: 弁辰與辰韓雜居 城郭衣服皆同 言語風俗有異 <後漢書東夷
　　　　傳>

　이들 기록에 의하면 삼한(三韓)의 언어가 같다고도 다르다고도 하여 혼
란스럽다. 이는 우선 진한(辰韓)을 중국의 진(秦)과 동일시한 데서 혼란이
빚어진 것으로, 삼한의 언어는 다른 것이 아니고 같은 것이며, 이들은
방언적 차이 이상의 차이가 났으리라 보는 것이 온당한 견해일 것이다.
　그렇게 되면 우리의 원시 공통어는 북쪽에 부여계 제어와 남쪽에 한
계 제어가 있었던 것이 된다. 그리고 이들 남북의 언어는 동계어로, 이

들이 분화되기 전에는 부여(夫餘)·한 공통어(韓共通語)를 이루고 있었다고 할 수 있다.

이러한 부여·한공통어는 고대에 삼국(三國) 시대를 맞아 각각의 언어를 형성하게 된다. 고구려의 언어는 앞에서 말한 바와 같고, 백제의 언어는 다음의 <양서 백제전(梁書 百濟傳)>에 보이는 바와 같이 대략 고구려의 언어와 같았다고 보인다. 그리고 신라의 언어는 <양서>에 고구려와 달라 백제인을 기다린 연후에 통했다 하고 있다. 이는 신라어가 고구려 어와 다르고 백제 어와 같았음을 말하고 있는 것이라 하겠다.

> 백제: 馬韓有五十四國... 百濟卽其一也. ... 今言語服裝略與句驪同
> 　　　<梁書百濟傳>
> 신라: 其拜及行與高驪相流 無文字刻木爲信 語言待百濟而後通焉
> 　　　<梁書>

그러나 신라어와 고구려어가 달라 백제인의 통역을 필요로 하였다는 것은 액면 그대로 수용할 수 없다. 오히려 부여·한공통어를 물려받은 삼국의 언어는 같았다고 보아야야 할 것이다. 이들 사이에는 방언적 차이 이상의 차이가 났을 것이다. 다만 <양서>의 '語言待百濟而後通焉'이란 기록은 고구려어와 백제어보다 신라어 사이에 차이가 더 심해 백제인의 통역을 필요로 하였다는 것으로 해석된다. 백제에서는 민족적으로 지배족은 고구려 방언을, 피지배족은 한족(馬韓)의 방언을 구사하였을 것이기 때문에 백제인들의 통역을 언급한 것으로 보인다. <주서이역전 백제조(周書異域傳百濟條)>의 '王姓夫餘氏 號於羅瑕 民號鞬吉支 夏言竝王也 妻號於陸夏言妃也'는 이러한 사회적 방언이 쓰였음을 엿보게 한다. 이는 지배층은 임금을 '於羅瑕'라 하고, 백성들은 '鞬吉支'라 한 것으로 해석되기 때문이다.

삼국의 언어는 비록 같은 언어이나, 상당한 차이를 보이는 것이었다. 이는 다음의 어휘 비교에서 구체적으로 드러나는 바와 같다. 이러한 언어가 신라의 통일로 어느 정도 사로(斯盧) 중심의 공통어를 형성하게 되었다. 그리고 고려가 송도(松都)에서 건국하고, 조선이 한양(漢陽)에 도읍을 정함으로 한반도의 언어는 중부권 방언이 중심을 이루어 오늘에 이르게 되었다고 할 수 있다.

2. 한국어 어휘의 구조적 특성

언어는 문화의 색인이라 한다. 이는 문화를 반영한다. 따라서 한국어의 어휘사는 한국의 문화사라 하여도 과언이 아니다. 그러면 이러한 어휘의 문화사적 논의를 하기에 앞서 먼저 한국어 어휘의 구조적 특징을 알아보고, 사회·문화의 변천과 어휘의 관계를 간단히 짚어보기로 한다.

2.1. 한국어 어휘의 구조적 특성

한국어 어휘의 구조적 특징은 형태 및 의미의 면에서 여러 가지를 들수 있을 것이다. 여기에서는 유형론적 입장에서 다음과 같은 몇 가지 특성을 들기로 한다.

① 고유어와 한자어의 이중체계를 이룬다

우리말 '큰사전'에는 어휘 164,125어가 수록되어 있다. 순우리말이 74,612어, 한자말이 85,527어이다. 곧 고유어가 45.46%, 한자어가 52.12%

다. 이러한 한국 어휘의 이중구조로 말미암아 한국어에는 동의어의 비율
이 높다. '나이-年歲, 머리-頭髮, 발-足, 사람-人間, 어버이-兩親, 짝사랑
-片愛, 찬물-冷水, 키우다-養育하다' 같은 것이 그 예다.

② 논리적 사색어보다 생활어, 감각어가 발달되었다

개념적인 면에서 볼 때 지적·논리적 어휘는 대부분 한자어로 이루어
져 있고, 이에 대해 일상어 및 감각어는 대부분 고유어로 이루어져 있다.

* 결론, 과학, 귀납, 논리, 도입, 모순, 미분, 부정, 분해, 사유, 삼단논
법, 이해, 인식, 정반합, 종합적, 척결, 충직, 타산, 파탄, 학술, 핵심, 혁
신, 형상화,

* 개, 곱다, 놀다, 눈, 뚱뚱하다, 마당, 말하다, 반갑다, 밥, 배앓이, 살
다, 소, 쌀, 얼굴, 웃다, 일, 절구, 좋아하다, 착하다, 피나다, 하다(多), 흑
다(小·細)

달다(甘): 달곰하다-달금하다-달보드레하다-달짜근하다-달짝지근하다-
달차근하다-달착지근하다-달곰삼삼하다-달곰새금하다-달곰씁쓸하다-달
콤하다-달콤새콤하다-달크무레하다-달큰하다(北)-달큼하다-다디달다-들쩍
지근하다-들찌근하다-들척지근하다-들치근하다-들크무레하다(北)-들큰하
다(北)-들큼하다

③ 유연성(有緣性)이 있는 말이 많다.

우리말에 많은 상징어와 복합어가 유연성이 있는 말이다. 상징어는 자
연적 유연성이 큰 것이고, 음상(音相)에 의한 낱말의 분화도 이에 속한다
할 것이다. 복합어의 발달은 언어내적 유연성으로, 형태론적 유연성이
크다.

* 상징어: 기러기, 개구리, 귀뚜라미, 매미, 뻐꾸기, 쓰르라미(擬聲語)/

깍뚜기, 깜빡이, 누더기, 떠버리, 빤짝이, 삐쭉이 살살이, 얼룩이(擬態語)
  * 음상의 차이에 의한 의미 분화:
  모음의 교체= 곪다(括)-긁다(搔), 나(我)-너(汝), 남다(餘)-넘다(溢), 늙다
(古)-늙다(老), 맛(口味)-멋(風味), 밝다(明)-붉다(紅), 살(歲)-설(元旦)
  자음의 교체= 덜다(減)-털다(拂), 뛰다(躍)-튀다(彈), 마당(庭)-바탕(場),
마리(匹)-바리(負擔), 볼(足)-폴(腕)
  * 복합어: 눈-물(淚-水), 목-숨(頸-息), 별-빛(星-光), 함께(一時), 꽃-답다,
딕-먹다, 일-하다, 즐-겁다

④ 존비 관계를 나타내는 단어들이 발달되어 있다.

한국어는 대우법이 발달되어 있는 언어다. 존비의 구별은 많지는 않지
만 고유어 사이와, 고유어와 한자어 사이에 나타난다.

  * 있다-계시다, 말-말씀, 먹다-잡수시다, 묻다-여쭈다, 있다-계시다, 자
  다-주무시다, 주다-드리다
  * 나이-연세, 밥-진지, 술-약주, 이-치아

⑤ 2 음절 이상의 다음절어가 많다.

단음절어(單音節語)가 합성되어 다음절어를 많이 이루고 있다. 용언의
경우는 어근(語根)에 접사가 붙어 다음절어를 이루기도 한다.

  돌-집, 입-시울/ 감-돌다, 딕-먹다, 빌-먹다/ 검-붉다, 놉-늦갑다
  송-아지, 벌-어지, 지붕(집-웅), 터럭(털-억)/ 눉물, 눉즈슨

⑥ 명사에 서술격 조사(-이다/-다)를 붙어 용언화하는 경향을 보인다.

명사에 '-하다' 따위가 붙어 용언화하는 파생어의 경우와는 달리, 역
사적으로 명사에 '-다/-이다'가 붙어 용언화하는 것이다. 이는 체언이
용언화 하는 한 형식이다.

  * 갈(刀)-갈다, 긋(劃)-긋다, 깃(巢)-다, 났(釣)-다, 너출(蔓)-너출다, 동(束)-

이다, 되(升)-되다, 띠(帶)-띠다, 매(束)-다, 묶(束)-다, 미끼(餌)-다, 발(足)-ㅂ
다, 배(腹)-배다(姙), 빗(梳)-빗다, 새(東)-새다(曙), 신(靴)-신다(着靴), 안(內)-
안다(抱), 입(口)-입다(詠), 품(胸)-품다(懷)

　* 노릭(獐)-노릭다(黃), 믈(水)-믉다(淡), 블(火)-붉다(紅), 플(草)-프르다
(靑), 해(日)-희다(白),

2.2. 사회·문화의 변천과 어휘 변화

사회문화적인 발달과 산생은 그대로 언어에 반영된다. 어떤 어휘가 존
재한다는 것은 이미 그 언어사회에 그와 같은 사물이나 개념이 현현되
고 있음을 의미한다. 여기에서는 이러한 관계를 보이는 역사적 사실을
살펴봄으로, 사회문화의 변천과 어휘 변화의 관계를 개관하기로 한다.
이러한 것에는 사회제도, 문물의 발달 및 생산, 외래문물의 유입, 생활습
관 및 풍습, 지역적 특성 등의 예를 들 수 있을 것이다.

① 사회 제도

신라 경덕왕(景德王) 때(757) 군현제도를 중국식으로 바꾸며, 지명을 한
자 2자로 고친 것은 중국 문화가 언어에 영향을 미친 대표적인 경우라
할 수 있다. 이러한 한자 지명의 등장은 인명, 관명 등을 한자어로 바꾸
게 하였고, 한국어 어휘에 한자어가 유입되게 하였다. 이러한 예를 몇
개 들어보면 다음과 같다.

- ‣ 화백, 골품제도, 국자감, 과거, 탕평책, 민적, 갑오경장, 장가-들다,
  경을 치다
- ‣ 민주공화국, 문민정부, 내각책임제, 초토세, 벤처기업, 수능, 특목고,
  초등학교

② 문물의 발달 및 생산

새로운 문물이 생산되면 거기에는 새로운 이름이 붙게 된다. '향가, 훈민정음, 측우기, 화포(火砲), 전차(戰車), 호패(號牌), 자행거, 자동차, 에스컬레이터, 미사일, 티브이, 휴대전화, 스마트폰, 기중기, 크레인' 같은 것이 그것이다. 발전된 새로운 것이라는 의미로 '개화경, 개화모, 개화복, 개화장'과 같이 '개화'를 붙이거나, '신극, 신발명품, 신상품, 신소설, 신제품, 신형'과 같이 '신(新)'을 붙이기도 한다.

③ 외래문물의 유입

사람들은 교류하며 산다. 외래문물이 유입될 때에는 흔히 그것을 나타내는 어휘도 차용된다. 이름은 흔히 원음차용을 하거나 번역차용을 하게 마련이다. 한국어에 원음을 차용한 외래어는 약 30개 언어 쯤 된다. 명칭은 전래 과정을 반영하기도 한다. 전래과정을 보여 주는 대표적인 우리말은 중국의 문물임을 나타내는 '당(唐), 호(胡)'를 접두어로 하는 말과, 서양에서 전래되었음을 나타내는 '양(洋)'을 접두어로 하는 말이 있다. 일본에서 전래되었음을 나타내는 '왜(倭)'를 접두어로 한 말도 있다.

- 껌, 노트북, 라디오, 밀크, 버스, 수수(蜀黍·蜀秫), 스마트폰, 이메일, 케이크, 펜
- 산소, 일주일, 전기, 철학
- 당궁(唐弓), 당나귀, 당나발, 당닭, 당모시, 당의(唐衣·당저고리), 당지(唐紙), 당창(唐瘡), 당화기(唐畵器), 당황(唐黃·唐石硫黃)/ 호궁(胡弓), 호마(胡麻, 胡馬), 호복(胡服), 호(胡)-주머니

④ 생활습관 및 풍습

언어는 생활습관 및 풍습을 반영한다. 한 예로 여인에 관한 어휘를 보기로 한다. '안해' 및 '계집'은 '내자(內者)' 및 '재가(在家)'를 반영하는 말이다. '가시·각시'는 여인을 지칭하는 말로, '각시 시(氏) <훈몽자회>'는 모계사회를 반영한다. '마누라'는 '말루하(抹樓下)'가 변한 말로 이는 상전, 임금을 뜻하던 말이었다. 이것이 '아내'를 뜻하게 되었고, 마침내 남존여비의 세태를 반영해 비하하는 말이 되었다.

종이 닐오디 마노랏 父母ㅣ 늘그시니(삼강)
太太 마노라(역어유해보), 抹樓下 마노라(이두편람)

⑤ 지역 및 사회적 특성

언어에는 지역방언과 사회방언이 있다. 지역방언은 지역에 따라 언어에 차이가 나는 것을 말한다. 삼국시대에 성(城)·촌(村)을 주로 고구려에서는 홀(忽), 백제에서는 부리(夫里), 신라에서는 벌(伐)이라 한 것도 그 중하나다. 오늘날 중부방언, 경상방언, 호남방언이 다른 것은 다 아는 사실이다. 사회방언은 사회적인 계층에 따라 사용하는 어휘가 다른 것을 말한다. 궁중용어, 양반언어, 특수사회의 은어가 이런 것이다.

3. 고대국어의 어휘

원시한어 이후 고대국어, 곧 고구려, 신라, 백제어의 어휘는 구체적으로 어떠한가? 이 시기의 어휘는 우선 삼국사기와 삼국유사 등에 실려 전하는 지명과 인명 등 많은 고유명사(固有名詞)를 통해 재구할 수 있다. 그리고 다행스러운 것은 삼국유사에 향가 25편이 수록되어 있어 이를 통해 신라의 어휘를 상당수 재구(再構)할 수 있다는 것이다. 이러한 고구에 의해 확인되는 것은 고대국어에는 고유어가 많다는 것과, 외래문화의 수용에 의해 많은 어휘를 차용(借用)하게 되었다는 것이다.

3.1. 삼국에는 고유어 어휘가 많이 쓰였다

삼국시대의 어휘는 아직 외래문물의 영향을 별로 받지 않아 대부분이 고유어로 되어 있다.

① 삼국의 어휘 사이에는 공통되는 어휘가 많다.

삼국의 어휘에는 공통조어에서 분화된 언어답게 공통되는 어휘가 많다. 그 대표적인 예를 몇 개 보면 다음과 같다. 이들 예에서 고구려어는 <고>, 신라어는 <신>, 백제어는 <백>이라 약호를 써 구분하기로 한다.

> ‣ 곶(串·岬): 忽次·古次<고>, 古尸<백>, 嘉瑟·加西<신>
> ‣ 내(나, 川·江): 那<고>, 奈<백>, 那<신>
> ‣ 물(水): 物·勿<고>, 未冬<백>, 勿<신>
> ‣ 머리(ᄆᆞᄅᆞ, 首·高·上): 首乙·莫離<고>, 毛良<백제>, 麻立·末 <신>:
> ‣ 붉다(*사비, 싀붉·싀볘, 赤): 沙伏·沙非<고>, 所比<백>, 助比 <신>

② 후기의 어휘와 대응되는 것이 많다

삼국의 어휘 가운데는 각각 후기의 어휘와 대응되는 어휘가 많다.

고구려: 勿(믈), 加阿(얏), 達(달, 山・高), 波兮(바회), 忽(골), 述爾(수리),
　　　　 溝婁(城), 珍惡(石), 屈火(구불다), 今勿(黑), 沙(新), 沙熱伊(서늘
　　　　 히)

백제: 固麻(고마・熊), 珍惡(돍), 夫里(벌), 所非(金), 毛良(ᄆ<ruby>ᄅ</ruby>), 子兮(城),
　　　 烏(외다・孤) 勿居(묽다)

신라: 谷(실), 道(돌・梁), 伐(벌), 波珍(海・바둘), 關智(아기), 素(金), 密
　　　 (밀다・推), 阿火(아블다・倂), 居柒(荒), 異次・異處(厭), 加尸兮
　　　 (가시야), 波夫里(곳비리)

③ 생활주변의 기본어휘가 많다

생활문화 및 생활주변의 동식물의 이름 등 기본어휘가 많다. 이들 용
어를 보면 다음과 같다.

* 생활주변 용어

고구려: 斤尸(글・文), 古斯(구슬), 兒旦(아둘), 伊(입・入), 也次(어ᄉᆞ・
　　　　 母); 伐力(프르다), 加尸(갈다・犁), 沙熱伊(서늘히), 於斯(엇・
　　　　 橫)

백제: 陰(엄・牙), 子兮(잣・城); 韓・翰(한・大), 沙尸・沙(새・新)

신라: 尼(이・齒), 尼師今(임금), 內(누・뉘・누리・世), 麻立(말・橛),
　　　 自(잣・城), 次次雄(즁・巫), 關智(아지・아기・小兒), 阿莫(어
　　　 미・母); 柯半(ᄀ외・半), 居柒(거츨다・荒), 吉(길다・永), 南(남
　　　 다・餘), 弗矩(붉다・赫)

* 동식물명

고구려: 烏斯(돝), 首(쇼), 烏斯含(톳기), 乃勿(납), 也尸(이리), 加支(갓・
　　　　 菁), 古衣(고해・鵠), 賣尸(마날・蒜)

백제: 功木・固麻(곰), 夫首只(삐・子)

신라: 舒發・舒弗(쌀), 異斯(잇기・잇), 朴(박), 巨老(거유・鵝)

④ 후기에 연계되지 않고 소실된 것으로 보이는 어휘도 많다.

　　고구려: 夫斯(松), 內米(池), 奴・內(壤), 旦・頓(谷), 於乙(泉), 斬(根), 皆
　　　　　　(王)

　　백제: 己・只(城), 於羅瑕(王), 鞬吉支(王), 於陸(妃)

　　신라: 突(高), 仇刀(鳥), 買(㳋珍), 乙(井), 熱次(白)

3.2. 외래문화 수용에 의해 차용어가 유입되었다

고대국어에는 우선 중국문화의 영향으로 한자어가 유입되었고, 유교,
불교 등 광의의 종교의 전래로 이들 종교 용어가 수용되었다. 그리고 태
학(太學) 등의 교육기관에 의해 경학(經學)의 어휘가 문어 및 구어에 스며
들었을 것으로 보인다.

① 중국의 문물・제도 도입으로 인한 지명 변화

한자문화는 적어도 한사군(漢四郡) 설치 이후에는 이 땅에 들어왔을 것
이다. 그리고 무엇보다 신라의 지증왕 때 고유어로 되어 있던 국호와 왕
명을 한자어로 바꾸고, 경덕왕 16년(757)에 행정구역을 중국식으로 개정
한 것이 한어의 유입을 촉진하였을 것이다. 신라는 행정구역을 중국식으
로 9주(州), 5소경(小京), 117군(郡), 293현(縣)으로 개편하고, 이들 지명을
한자어로 개정하였다. 이러한 지명 개정은 일본에서도 713년 강대한 집
권체제를 확립하기 위하여 호자(好字) 2자로 바꾸도록 한 바 있다.

　　木の國> 紀伊, 遠つ淡海> 遠江, 上津毛野國> 上野(塩田紀和, 1977).

　　신라의 지명 개정의 예를 몇 개 보면 다음과 같다.

　　* 沙伐州> 尙州, 熊川州> 熊州, 武珍州> 武州

沙伏忽> 赤城縣, 買忽郡> 水城縣, 夫斯達縣> 松山縣
波夫里郡> 富里縣, 突惡山縣> 石山縣, 烏山縣> 孤山縣

② 유교 및 불교 도입으로 인한 한자어의 침투

고구려에서는 17대 소수림왕 2년(372)에 태학(太學)을 설립하였고, 신라는 신문왕 2년에 국학(國學)을 설립하여 관리를 양성하였는데, 교육 내용은 주로 유교 경전이었다. 고구려의 태학에서는 3과(科)로 나누어 가르쳤는데, 논어와 효경은 공통필수 과목이었고, 오경(五經)과 문선(文選)은 과정에 따라 선택과목으로 이수시켰다. 신라에서는 원성왕 때 독서삼품과(讀書三品科)를 두어 관리를 등용하였다. 이로 말미암아 경전은 문어생활에 큰 비중을 차지하게 되었고, 나아가 생활어에 많은 한자어가 침투하게 되었다. 따라서 예를 들면 공통과목의 하나인 효경의 다음과 같은 어휘는 자연스레 고대국어에 유입되었을 것이다.

군자, 귀신, 만국, 명당, 백성, 부모, 성인, 슬하, 신체, 자애, 재해, 중심, 처자, 천지, 춘추, 타인, 화목, 환심, 효자 등

불교는 삼국 가운데 제일 먼저 고구려에 전래되었다. 소수림왕 2년(372) 순도(順道)가 전하였다. 백제는 384년, 신라는 527년에 전래되었다. 따라서 이들 불교의 용어도 고대국어에 많이 침투되었을 것으로 보인다. 그것은 신라 향가에 '천수관음, 자비, 건달파, 道, 원왕생, 미타, 무량수불, 生死路, 西方' 등의 불교 용어가 보이는 것으로 보아 알 수 있다.

4. 중세전기 국어의 어휘

고려는 신라를 계승한 국가다. 그러나 이는 고구려의 후계를 자처하며, 개경(開京)에서 건국한 국가이어 그 언어의 저층(底層)에는 다소간의 고구려 언어가 깔려 있었다고 하겠다. 그리고 이때 교육제도가 확립되고, 과거제도가 실시되었으며, 후기에는 원 나라와 굴종의 맹약을 맺어 그 영향을 받았다. 이로 말미암아 고려의 어휘에는 한자어가 많이 침투되었고, 몽고어(蒙古語)가 많이 차용되었다. 중세 전기인 고려어의 특징으로는 다음과 같은 것을 들 수 있다.

4.1. 교육제도의 확립 및 과거제도 실시 등으로 한자어가 많이 수용되었다

고려는 성종 때 국자감(國子監)을 창설하였고, 인종 때 국자학(國子學)·태학(太學)·사문학(四門學)·율학(律學)·서학(書學)·산학(算學) 등 경사(京師) 육학(六學)을 정비하였다. 국자학·태학·사문학 등 3학에서는 오경(五經)과 효경·논어 등 경학을 주로 가르쳤고, 나머지 3학에서는 기술교육을 하였다. 그리고 관학 외에 문헌공도(文憲公徒) 등 12 사학(私學)이 발달하여 경서와 시문 등의 전문 강좌를 개설하여 교육함으로 한문학이 숭상되었다.

고종 때(958년)에는 관리 등용시험인 과거제도(科擧制度)가 실시되었는데, 이는 제술업(製述業), 명경업(明經業), 잡업(雜業)으로 나뉘었다. 제술업은 부(賦)·송(頌)·책(策) 등의 문학으로, 명경업은 유교의 경전으로 인재를 시취(試取)하였다. 잡업은 기술관을 선발 하는 시험이었다. 이때의 과거는 명경업보다 제술업을 중시하였고, 경서보다 문학이 중시되었다. 따

라서 이때 많은 한자어가 유입되었다. 어휘상의 특징으로는 다음과 같은
것을 들 수 있다.

① 많은 중국의 한자어가 차용되었다.
　　‣ 千曰千, 海曰海, 江曰江, 人曰人, 茶曰茶, 鶴曰鶴 <계림유사>
　　‣ 黃金酒 柏子酒 松酒 醴酒/ 竹葉酒 梨花酒 五加皮酒/ 鸚鵡盞 琥珀盃예
　그득 브어/ 위勸上人景 긔 엇더ᄒ니잇고/ 葉 劉伶 陶潛 兩仙翁의 劉伶
　陶潛 兩仙翁의/ 위 醉혼 景 긔 엇더ᄒ니잇고 <한림별곡, 名酒>
② 중국어가 원음 그대로 수용되기도 하였다.
　　퉁(銅), 퉁소(洞簫), 바치(把指: 工匠), 쟝싄(匠人)
　　珠曰主, 盞曰站, 宮曰拱[kung], 殿曰顚[tien], 匠人曰掌忍.[tsangzien]
③ 한국식 한자어가 대두되었다.
　　神曰神通, 雷曰天動, 商曰行身, 遊子曰浮浪人, 吏曰 主事 <계림유사>

4.2. 많은 고유어가 문헌에 실려 전한다

많은 한자어를 수용하였으나, 이와는 달리 계림유사(1103), 향약구급방
(1236), 조선관역어, 대명률직해(1395) 등에 많은 고려의 고유어가 전한다.

① 고려시대 자료에는 많은 고유어가 실려 전한다.
　　雲(屈林・故論), 山(每・磨一), 井(烏沒・五悶), 手(遜・算), 早(阿慘・阿
　怎), 弟(Y兒・阿自), 米(菩薩・色二), 花(骨・果思), 馬(末・墨二) <계림유
　사/화이역어>
　　鷄冠(鷄矣碧叱), 麥門冬(冬沙伊), 蒼耳(刀古休伊) <향약구급방>

용언도 많은 어휘가 보인다.

下(恥-), 美(朝勛), 黃(那論), 寢(作之), 坐(阿則家羅), 高(那奔), 小(胡根)

② 전후기(前後期)를 잇는 고유어가 많이 보인다.

水(勿・沒), 文(斤乙・乞), 絲(谷・實), 牛(首・燒) 天(漢捺), 雪(嫩), 伯叔亦皆曰丫査秘, 叔伯母皆曰 丫子彌

③ 기본적 수사가 오늘날과 매우 유사하다

일(河屯), 이(途字), 삼(灑), 사(乃), 이십(戌沒), 삼십(實漢), 백(醞)

④ 접미사에 의한 조어법이 발달되어 있다.

彌陀里(비달-이), 子丫秘(지압-이), 柯馬鬼(가막-이), 屈林(굴-음), 沒審(므스-ㅁ), 鳥子蓋(돗-개)

⑤ 대명률직해 등 이두 자료에도 고유 어휘가 전한다.

不冬(안돌), 在(견, 인), 敎矣(이ᄉ되, 이시되), 新反(새로이, 새려), 是齊(이제), 仍于(지즈로)

4.3. 불교 용어가 전기에 비해 증가한다

고려에서는 불교(佛敎)를 현세 이익의 종교로 생각하여 이를 숭상하였다. 그리고 과거제도와 더불어 승과(僧科)제도가 창설되어 급제자에게 법계(法階)를 주었다. 또한 승려들은 국가로부터 토지 급여 등 혜택을 받아 그 수가 늘어났고, 왕자들 가운데도 삭발위승이 되는 사람이 많았다. 따라서 불교는 세속에 퍼지게 되었고, 나아가 불교용어가 확산되는 계기가 되었다. 균여의 '보현십원가'에는 '법계, 須彌, 법공, 보리, 삼업, 시방(十方), 중생, 大悲, 남무불, 불도' 등의 불교용어가 쓰이고 있다. 그리고 고려 말의 나옹(懶翁)화상의 가사 서왕가(1), 서왕가(2), 심우가 등에는 많은 불교용어가 쓰인 것을 볼 수 있다. '서왕가(1)에서 불교용어를 보면 다음과 같은 것이 보인다.

무상, 선지석(善知釋), 육적(六賊), 오온산(五蘊山), 사상산(四相山), 육근(六根), 삼계(三界), 염불, 중생, 삼승(三乘), 불성(佛性), 서왕(西往), 지옥(地獄), 선근(善根), 삼세제불, 육도중생, 삼계윤회, 화엄(華嚴), 극락세계, 칠보망(七寶網), 구품연대(九品蓮臺), 나무아미타불

4.4. 몽고어가 차용되었다

몽고는 1231년 제1차 고려 침입 이래 6차에 걸쳐 쳐들어 왔다. 고려는 1232년 수도를 강화도로 천도하였고, 원과 강화를 한 뒤 1270년 개경으로 환도하였다. 그 뒤 원종은 왕권강화를 위해 원의 부마국을 자청하였다. 이에 왕호에 '충(忠)'자를 붙인 6대에 걸친 임금이 원의 공주와 혼인을 하였다. 이는 고려 왕실의 격하를 초래하였다. 임금은 몽고식 성명을 쓰고, 몽고식 결발을 하고, 몽고식 복장을 하며, 몽고어를 사용하게 되었다. 그리하여 '達魯花赤' 등 군사 용어를 비롯한 많은 몽고 어휘가 고려어에 수용되게 되었다.

① 관직 등에 관한 어휘
   必闍赤・必者赤(서기)-필자치, 達魯花赤(진수관)- 다루가치, 吹螺赤- 취라치, 司小人-아올라치, 農夫-다라치, 禿魯花(質子), 怯怜口(私屬人)
② 말에 관한 어휘
   아질개몰(兒馬 망아지), 절다말(赤馬 절따말), 가라몰(黑馬 가라말), 악대(犍轄 去勢畜 악대)
③ 마구에 관한 어휘
   다갈(馬蹄鐵 대갈), 지달(絆), 오랑(肚帶 오랑), 쟈갈(勒 재갈), 고돌개(楸 고들개)
④ 매에 관한 어휘

숑골(海靑 송골매), 귁진(白角鷹 새매의 한 종류), 보라미(秋鷹 보라매),
도롱태(弄闘兒 쇠황조롱이, 새매)

⑤ 군사와 군기(軍器)에 관한 어휘

바오달(營 군영), 사오리(登狀 발돋음), 텰릭(帖裏 철릭), 고두리(骨朶頭
고두리), 阿其拔都(ba'atur 용사)

⑥ 음식과 의복에 관한 어휘

더그레(號衣), 타락(駝酪, 우유), 슈라(水剌, 임금의 밥)

5. 중세후기 국어의 어휘

조선조의 건국은 중세전기와는 여러 모로 상황을 달리한다. 우선 양반
사대부들은 불교를 배척하고 유교적 이상 정치를 실현하고자 하였다, 이
들은 과거(科擧)를 통해 문·무반(文武班)에 진출하였고, 출세를 하기 위해
서는 유교에 대한 학문적 교양을 쌓아야 했다. 양반사회는 사농공상의
차별을 낳았고, 정치는 육조(六曹)체제에 의해 수행되었다.

과거는 문관의 경우 생진과(生進科)와 문과가 있었고, 생진과는 사서
오경을 시험하는 생원과와, 시(詩)·부(賦)·표(表)·책(策) 등 문장을 시험
하는 진사과로 나뉘었다. 이밖에 무과는 무예와 경서·병서 등 학술을,
잡과는 기술학을 시험하였다. 따라서 문무관이 되기 위해서는 유교의 경
전을 공부하여야 하였다. 교육기관으로는 향교, 성균관 외에 사학인 서
재(書齋)가 있었고, 양반사회에서는 이 서재를 오히려 선호하였다.

그리고 이 시대는 무엇보다 훈민정음(訓民正音)이 제정되었다는 것이
특기할 사실로, 이로 인해 '우민(愚民)'이 문자생활을 하게 되었다. 이는
많은 언해 사업이 추진됨에 의해 이루어졌다. 또한 이 시기에는 많은 문

헌이 간행되었는가 하면 뒤에 개역본과 개찬본이 나와 언어의 시대적 변모를 엿보게 한다는 장점도 보여 준다. 중세 후기의 어휘상의 특성은 다음과 같다.

5.1. 고유어의 재발견과 활용의 새 경향

한글의 창제는 고유어를 재발견하게 하였다. '국지어음(國之語音) 이호 중국(異乎中國)'이 바로 그 배경이다. 그리하여 한자어 아닌 우리 고유어 를 재발견하고, 번역을 통해 우리말을 발굴하며, 애용하게 하였다.

① 고유어의 재발견 및 애용

한문 아닌 우리말로 용비어천가, 월인천강지곡이 지어지고, 두시(杜詩) 등을 언해하며 고유어를 재발견·활용하게 되었다.

> * 불휘 기픈 남ᄀᆞᆫ ᄇᆞᄅᆞ매 아니 뮐쎄 곶 됴코 여름 하ᄂᆞ니/ 시미 기픈 므른 ᄀᆞᄆᆞ래 아니 그츨쎄 내히 이러 바ᄅᆞ래 가ᄂᆞ니 <용가 2장>
> * 오ᄂᆞᆯ 밤 부쥬(鄜州)엣 ᄃᆞ롤/ 도장 안해서 오직 ᄒᆞ오아 보ᄂᆞ니라/ 효 곤 兒女ᄅᆞᆯ 아ᅀᆞ라히 憐愛ᄒᆞ노니/ 長安 ᄉᆞ랑호ᄆᆞᆯ 그르디 몯ᄒᆞ얏ᄂᆞ라/ 곳 다온 雲霧에 그름ᄀᆞᆺᄒᆞᆫ 머리 저젓고/ 몰ᄀᆞᆫ빗체 玉 ᄀᆞᆺᄒᆞᆫ ᄑᆞᆯ히 셔늘 ᄒᆞ니라 / 어느 ᄢᅴ 븬 帳을 지어서/ 둘희 눈믈 그제 ᄆᆞᄅᆞᆯ 비취에 ᄒᆞ려뇨 <두 시언해, 월야(月夜)>

② 대우법의 발달

유교적인 이상 정치와 오륜을 강조하며 대우법이 발달하였다. 그리하 여 높임법과 겸양법이 발달하였으며, 새로운 경어도 생겨났다. 이때 '겨 시다, 드리다, 받ᄌᆞᆸ다, 마쯔뵈, 말ᄊᆞᆷ, 모시다·뫼시다, 뵈다·뵈ᅀᆞᆸ다, 솗

다, 얼우신, 업스시니, 엳쭙다, 자시다, 좌시다, 주무시다, 진지, 뫼’ 등의
높임말이 사용되었다.

* 지븨 모셔다가 <월석>/ 뫼ᅀᆞᄫᆞᆫ 사ᄅᆞᄆᆞᆫ <석보>/ 夫人을 뫼샤 <월
석>
* 님긊 좌샤며(王食) <杜초>/ 文王이 ᄒᆞᆫ번 뫼 자셔든(一飯) <小언>
술 잡ᄉᆞ신 일이 업ᄂᆞᆫ디라 <한중록>/ ᄒᆞᆫ번식도 아니 잡ᄉᆞ오면 <계
축일기>
* 님금 자샤며(御宿) <杜초>/ 주무시다가 문후를 ᄒᆞ시고 <한중록>

③ 음상(音相)의 차이에 의한 어휘 분화 및 표현성 강화
사회의 발달과 다양한 표현 효과 및 의미의 차이를 드러내기 위해 자
음과 모음을 교체함으로 어휘가 분화 발달하였는가 하면, 표현성을 드러
내게 되었다.

* 칙칙ᄒᆞ샤칙칙ᄒᆞ니, 프르고-파ᄅᆞ리로다, 아득하야어득ᄒᆞ야, 밧논-버
서, 보ᄃᆞ랍다-부드럽다, 도련하다-두련ᄒᆞ다, 햑다-혁다-흑다, 도ᄅᆞ혀- 두
르혀(反), 머리-마리, 감다-검다, 노ᄅᆞ다-누르다, ᄂᆞ초다느추다
* 덛덛ᄒᆞ다-떧떧ᄒᆞ다, 두드리다-쑤두드리다, 디ᄅᆞ다-씨ᄅᆞ다, 그스다-쓰
스다
* 묽다-맑다, 갓(物)-것, 맛(味)-멋, 갔다(削)-겄다(折), 남다-넘다(越), 할
다(謗)-헐다(破), 반다기-번드기(現), 반다시-번드시(宛), 녹다(融)-눅다(稀),
곧다(直)-굳다(堅), 붉다-붉다, 늙다-늙다, ᄂᆞ초다(低)-느추다(遲), 돈돈하다
(硬)-든든ᄒᆞ다(堅), 갗(皮)-겇(表), 곱다(曲)-굽다(俯), ᄇᆞ롬-프람(嘯), 설(元
旦)-살(歲)

④ 용언 어간의 합성이 매우 활발해짐

사회가 발달하게 되면 이를 표현하고 반영하기 위해 새로운 어휘가 생성되고, 복합어(複合語)가 발달하게 된다. 이 시기에는 특히 용언의 어간이 직접 연결되는 복합어가 매우 활발하게 형성되었다.

> 것곶-(折揷), 딕먹-(啄食), 맞보-(逢見), 빌먹-(乞食), 죽살-(死生)
> 놉눗갑(高低), 됴쿷-(好凶), 설익-(未熟), 뿟돌(磨石)

⑤ 부사와 수사의 발달

표현을 구체적으로 하게 하기 위해서는 관형어 및 부사어를 많이 쓰게 된다. 그리하여 이 시기에는 용언의 어간이 많이 부사화 하였고, 수사가 발달하였으며, 이들이 관형어로 쓰일 때 오늘날과 같이 다양한 형태로 나타났다.

> * 느외(更), 밋(及), 하(多), 일(早), 바르(直), 그르(誤), 브르(飽), 굳(同), 닫(異)
> * ᄒᆞ낳/ 다ᄉᆞᆺ차히, 여듧번짜히/ 녜닐굽, 세닐굽/ ᄒᆞᆫ, 두, 세(서, 석)

5.2. 고유어와 한자어의 이중체계 확립

고려 이래 이 땅에는 정치·문화적으로 유교와 한문학이 중시되며, 한자어가 많이 유입되었다. 그리하여 언어는 고유어와 한자어의 이중체계를 확립하기에 이르렀다. 이는 같은 석보(釋譜)를 노래한 석보상절(釋譜詳節)과 월인석보를 비교해 보면 극명하게 드러난다.

* 그 가온딧 안팟긧 種種 말쏨과 소리를 드르리니 象이 소리 물쏘리
쇠 소리 술윗소리 우는 소리 시름ㅎ야 한숨디는 소리 골와랏소리 갓붑
소리 쇠붑소리 바옰소리 우숨ㅅ 소리 말쏨소리 풍륫소리 남지늬소리 겨
지븨소리 스나희소리 갓나희소리 法소리 法 아닌 소리 셜본소리 즐거본
소리... <석보상절 권 19>

* 그 中 內外옛 種種 語音 音聲을 드르리니 象聲 馬聲 牛聲 車聲 啼哭
聲 愁歎聲 螺聲 鼓聲 鍾聲 鈴聲 笑聲 語聲 男聲 女聲 童子聲 法聲 非法聲
苦聲 樂聲... <월인석보 권 17>

이 시기에 사용된 한자와 그 운용 경향을 보면 다음과 같이 나타난다.
첫째, 한자로 기록되어 당시의 음으로 굳어진 한자어가 보인다.

    天福, 始祖, 艱難, 天下, 寢室, 革命, 太子, 世子

둘째, 오늘날의 한자음과 같게 한글로 기사된 한자어가 보인다.

    구경(求景), 롱담(弄談), 분별(分別), 사탕(砂糖), 조심(操心), 풍류(風流)

셋째, 현대의 한자음과 달리 기사된 한자어도 있다.

* 가난(艱難), 갸亽(家事) 뎌(笛), 도직(盜賊), 미샹(每常), 모란(牧丹), 亽
랑(思量), 잢간(暫間), 쳔량(錢糧), ᄎ례(次第), 쇼(褥)

* 예(倭), 뵈(布), 자(尺), 살(矢), 쇼(俗), 그(其), 되(升)

넷째, 고유어와 결합하여 새로운 복합어를 이루기도 한다.

* 이싱(-生), 믿쳔(-錢), 後날, 글冊, 귀것(鬼-), 대범(大-), 뎡바기(頂-), 비
얌당어(-長魚)

* 救ㅎ다, 端正ㅎ다, 性가시다, 受苦롭다, 疑心ㅎ다, 向ㅎ다, 能히, 支離
히, 便安히

그리고 이 시기에는 또한 여진(女眞)과의 접촉으로 말미암아 다소간의
여진어가 유입되기도 하였다.

移蘭(이란, 3), 幹石(위휘, 石), 唐括(탕고, 百), 伊板(이반, 牛), 雙介(쌍가, 孔), 童巾(퉁건, 鍾), 豆漫(두만, 萬), 羅端(나단, 七), 聚立(슈륩, 우산)

5.3. 불교 용어가 많이 보급되었을 것으로 보인다

조선조는 유교를 건국이념으로 하였으나, 석보상절, 월인천강지곡, 월인석보 외에 많은 불경언해가 간행되어 불교 용어가 많이 일반화 하였을 것으로 보인다. 이 시기에 간행된, 불경언해가 중심을 이루는 불서(佛書)로는 세조(世祖) 때의 '능엄경언해, 묘법화경언해, 금강경언해, 불설아미타경언해, 영가집언해, 원각경언해, 목우자수심결언해', 성종(成宗) 때의 '몽상화상법어약록언해, 금강경삼가해, 영가대사증도가남명천선사계송언해, 불정심경언해, 영험약초', 연산군(燕山君) 때의 '육조법보단경언해, 시식권공언해', 선조(宣祖) 때의 '칠대만법, 선가구감언해, 야운자경, 발심수행장, 계초심학인문' 등이 있다.

6. 근세국어의 어휘

근세국어의 시기는 임란(壬亂) 이후 17세기 초부터 19세기 말에 이르는 3세기 동안을 이른다. 이 시기의 특징은 무엇보다 한글에 의한 서사(書寫)가 용이해졌고, 풍부한 어휘 자료를 제공해 준다는 것이다. 그리고 양반신분 체제가 동요되고 실학(實學)이 싹텄으며, 평민문학이 발전하였고, 개화(開化)의 물길이 트이기 시작하였다. 따라서 이 시기에는 다양한 구어와 사회적 방언 및 한자어에 의한 고유어의 대체, 외래어 유입 등의 언어 변화 현상을 엿보게 한다.

6.1. 구어의 서사(書寫)와 방언의 차이

한글에 의한 표음 표기가 수월해져 많은 민요나 설화와 같은 구어(口語) 자료가 문자화 되고, 나아가 지역 방언들이 문자로 정착되게 되었다.

6.1.1. 구어의 서사어화

① 다양한 부사어 및 많은 상징어의 등장

고비고비, 노여 업다, 못내 보아, 슬크장 슳쟈ᄒ니, 얼픗 ᄶ니, 아마도, 이리로 가며 팽당그르르, ᄒ마면 보리로다

두 귀는 쫑긋, 두 눈은 도리도리, 꽁지는 오뚝, 앞발은 잘룩<토끼타령>

원산은 첩첩, 태산은 주춤, 기암은 칭칭, 장송은 낙낙<유산가>

② 생활어의 문예어화

삿갓누역, 되롱갓, 구럭망태, 지게, 거적, 쓴ᄂ물, 돈줌, 고사리, 씨암탁, 떨쳐입다, 모시므기, 논삼기, 들바라지, 마당질, 키질ᄒ기, 태질, 잠자리

③ 관용적 성구 및 속담의 문자화

초상난디 춤추기, 불붓는디 부치질ᄒ기, 히산ᄒ디 긴닭잡기, 장의 가면 억미 흥정하기, 집의셔 못쓸 노릇ᄒ기, 우는 아히 볼기치기<흥부전>

6.1.2. 지역 방언의 반영

각 지역 방언의 서사화를 통해 여러 방언이 대립형을 보이게 되었으며, 음운변화에 의해 많은 이형태(異形態)를 드러내게 되었다.

① 어휘의 대립

간대로-마구, 가시-안해, 누역(강원)-도롱이, 나조-저녁, 날래(함경, 평안)-샐리, 다숨어미(경상)-계모, 돌마구(평안, 황해, 함남)-단쵸, 도타랏(경

상)-명아지(경기), 머구리(한남, 강원)-개고리, 벼-우케(경상)-나락(충청, 경
상, 전라, 강원), 상긔(황해, 함경, 평안)-아직, 세우(함남)-굳세게-세츠게,
아리(경상, 충북)-일쪽-그젓긔, 열-쁠개, 접동시, 솟젹다시, 죵다리-노고지
리(강원, 경상, 전남), 혀다(황해, 평북, 강원)-켜다, ᄒ마(경상, 강원)-벌셔

② 어음 변화에 의한 대립

   * 구개음화에 의한 대립: 뎌>져, 딤치>짐치, 키>치, 힘>심, 힘힘ᄒ
다>심심ᄒ다

   * 아래 ‘·’ 소실에 의한 대립: ᄂᆞ물>나물, 도치>도칙, ᄉᆞ매>소매,
ᄌᆞ올다>조올다, ᄒᆞᆰ>흙

   * 순경음의 소실에 의한 대립: 글발-글왈-글월, 누뷔-누위-누의, 수뷔-
수이

   * 반치음 소실에 의한 대립: ᄀᆞᅀᅢ-ᄀᆞ애-ᄀᆞ싀, 겨슬-겨ᅀᆞᆯ-겨을, 몸ᅀᅩ-몸
소

   * 어두 ‘ㄴ’ 탈락 및 모음축약에 의한 교차: 녀름>여름, 닙>입

   * 모음 축약에 의한 대립: 나리>내, 막다히-막대

   * 기타 어음변화에 의한 대립: 가시-각시, 무엇-무슴, 더품-거품, 산
힝>산영

6.2. 한자어의 증가와 고유어의 위축

양반사회에서 문자생활에 한자어를 많이 사용함에 의해 일상어에 한
자어 어휘가 점차 증가하고, 고유어가 위축되는 현상이 빚어지게 되었
다. 중종조의 ‘번역노걸대’와 현종조의 ‘노걸대언해’는 이런 한자어 사용
의 변화 경향을 단적으로 보여 준다. 아래의 보기에서 앞이 ‘번역노걸
대’, 뒤가 ‘노걸대언해’의 예다.

니건힉-往年, 前年, 도티고기-豬肉, 돌다리-石橋, 아ᅀᅮᆷ-眷黨, 나드리-出

入, 아버님-父親, 웃듬봄-主見, 이스랏-櫻花, 흥졍ᄀ숨-貨物

이러한 한자어는 고전을 통한 유입 외에 서구어의 번역어를 통해 들
어오기도 하였다. 그리고 한자어와 고유어의 복합어도 계속 산생되었다.
① 서구어가 한자어로 중국에서 수입되어 고착되게 되었다.
　　성경, 자명종, 전도, 화포, 천리경>만리경, 천주교, 화륜선>륜선,
② 현재의 한자음과 같거나, 약간 다른 한자어가 계속 증가하였다.
　　잔인(殘忍), 포도(葡萄), 필(匹)/ 뇨강(尿缸), 산판(散盤), 탕권(湯罐)
③ 한자어와 고유어의 합성이 계속 이루어졌다.
　　客들다, ᄇ람壁, 뎌싱(-生), 食칼, 從容ᄒ다, 草갓(草帽子), 合치다

한자어는 단순히 유입되어 사용되는 것에 그치지 아니하고, 고유어를
밀어내고 대체되어 고유어가 점점 위축·소실되게 되었다.

　　* 가난ᄒ히>凶年, 겿>吐·助詞, 그위>公·官, 그위실>官吏·관직·
訴訟, 노랏바치>배우, 다ᄆ사리>雇用, 서흐레>階級, 지령>醬, 오래>
門, 하리>참소, 활 와치>弓匠
　　* 거르기-대단히, 그ᅀ기-은근히·비밀히, 바지로이-공교롭게, 시러-가
히·능히, 어여-피하여, 이로이-足히, 잇비-수고로이, ᄒ다가-만일에
　　* 고마ᄒ다>공경하다, 과ᄒ다>탄복하다, 굴외다>반항하다, 녀름짓
다>농사하다, 두렵다>원만하다·둥글다, ᄆ숨져브다>용서하다, 배다>
패하다·망하다, 뵈아다> 재촉하다, 얼이다>혼인하다, 조ᅀ롭다>중요
하다

6.3. 사회적 방언의 발달

양반 신분사회가 동요되고 많은 평민들의 신분이 상승되기도 하였으

나, 여전히 정체(政體)는 봉건적 전제군주 체제였기 때문에 신분에 따라 계속 서로 다른 사회방언이 쓰였다.

① 궁중 용어

鷄蛋(달걀), 坤殿(중궁전), 긴衣襨(소매가 좁은 네 폭의 長衣), 內人(궁녀), 單女衣(속속곳), 매화(똥), 蕃椒(고추), 嬪宮(왕세자의 아내), 山鷄(꿩), 수라(임금의 밥, 음식), 御醞(임금이 마시는 술), 왕백(임금에게 바치던 입쌀), 足件(버선), 足掌(발바닥), 至密(임금이 거처하던 곳), 黃肉(쇠고기), 鑒ㅎ다(살펴보다), 所避보다(소변보다)

② 양반사회의 공통어

家母(자기 어머니), 家豚(자기 아들), 귀문(남의 문중), 伯氏(남의 맏형), 聘丈(장인), 雁行(남의 형제), 兩堂(남의 부모), 令夫人(남의 부인), 令抱(남의 손자), 至月(동짓달), 見舅姑(신부가 폐백과 함께 시부모를 처음 뵘)

③ 특수사회의 은어

양민사회와 달리 천민사회의 언어는 독특하였으며, 특수 기관이나 업종의 은어도 발달하였다.

  * 포도청 변말: 마미(자물쇠), 밀대(열쇠), 맨드라미(무당), 생인쇠(양반), 아래마디(아우), 웃마디(언니), 욱이(아들), 튀어살이(어미), 푸석 (담배), 허리간(중인)

  * 신전변(靴廛-): 시두(하나), 미두(둘), 반상옥(셋), 상미두(넷), 번(다섯), 옥상(여섯)

  * 심마니변: 도자(칼), 무투(나무), 살피개(눈),

  * 불교계변: 곡차(술), 도끼버섯(고기), 향(담배), 빨래주인(아내)

6.4. 근세국어 어휘의 변모

근세국어의 어휘는 어형 변화, 어휘 소실 및 교체, 합성 및 파생 등 시대적 형태 변화와 의미변화의 특징을 보인다.

첫째, 어휘의 어형 변화

근세어는 음운변화와 어휘의 소실 및 교체로 어형이 많이 변화하였다.
그리고 파생어 및 합성어의 생산이 활발하게 이루어졌다.

① 어휘의 어형 변화가 많이 나타남.

> • 아ᅀᅳ>아ᄋ, 그ᅀᅢ>그애(가위), 구싀>구유, 노릇>노릇, 가히>개(17C)
> 마ᄉᆞᆯ>마을, 딤치>진치, ᄀᆞᄅ치다>가르치다 <音韻變化>
> • 긷>기둥, 납>진나비, 언>언덕, 울>울타리, 일>일즙>일즉이, 굴>
> 구둘(添加現象)
> • ᄇᆞ얌>뱀, 수을>술, 소옴>솜, 그어기>거긔, 닛므윰>잇몸, 막다
> 히> 막대, 주머귀>주먹, 호올로>홀로, ᄆᆞ싀엽다>ᄆᆞ셥다, 이시다>잇다
> (縮約現象)

② 어휘의 소실 및 교체가 심함.

> 소실 어휘: 가시아(다시), 가시다(고치다), 픗비리(흔히, 많이), 거르기
> (크게), 외프다(사기다), 혁다(적다), 가ᅀᆞ멸다(부유하다), 가줄비다(비교하
> 다), 간답다(깨끗하다), 날호다(천천하다), 마초ᄡᅳ다(증명하다), 다뭇(더불
> 어), 잋다(피곤하다), 아ᅀᆞᆷ(친적), 입다(혼미하다), 둧다(사랑하다), 아야오
> ᄅᆞ시(애오라지, 겨우), 어리롭다(재롱스럽다)
>
> 나뭇>주머니, 학다>적다, 보십고지>모통이, 현>몇, 반득기>반드
> 시 · 반드시, 하마>이믜, 바랍다>ᄀᆞ랍다 · ᄀᆞ럽다, 밫다>밧브다 · 밧ᄇ
> 다

③ 파생어 및 합성어의 생산이 계속됨.

> 뭇어굽다(묻어굽다), 나여가다(내어가다), 열곳지다(열고찌다), 허여셰
> 다(허옇게 세다), 덥고찌다(덥고찌다), 홀여내다(후려내다)

④ 용언의 연결형(-아/-어)에 의한 동사 합성이 나타남.

> 나ᅀᅡ가-(進行), 도라오-(回來), 앉아잇-(坐有)

둘째, 어휘의 의미 변화

어휘의 형태적인 변화와 하게 의미변화도 많이 나타난다. 우선 후기중세어에는 의미변화의 교체기에 있는 어휘가 많았다. 그리고 동음어·다의어·유의어 등의 양산을 보인다. 이들 예를 몇 개 보면 다음과 같다.

① 어휘의 의미 변화가 많이 이루어짐.

귀향(歸鄕)-謫居, 녀름(夏)-農事, 맛(食物)-맛(味), ᄆᆞᅀᆞᆷ(心臟)-심정(心情), 손곱다(屈指)-計日, ᄉᆞ랑(思)-애(愛), ᄉᆞ싀(공간적 거리)-시간적 거리, 아비(男子)-父·夫, 어ᅀᅵ(母)-양친, 이바디(供養)-잔치, 즁ᅀᅵᆼ(生物))-짐승, 지사비(男子)-부(夫), 허믈(痕)-과오, 힘(筋)-力

이와 달리 이 시기에 의미가 변하는 어휘로는 다음과 같은 것을 볼 수 있다.

가이없다(無邊)-憐, 감튜(小帽)-관직, 갸록ᄒᆞ다(驕傲)-壯, 겨레(宗族)-民族, 곁(腋)-側, 고마ᄒᆞ다(恭敬)-感謝, 곳답다(香滿)-華麗, 구실(官吏))-역할, ᄢᅵ(時)-식사, 날(太陽)-日字, 녑(脇)-側, 노리개(裝身具)-玩具, 니키다(熟)-習, 돗바ᄂᆞᆯ(席針)-大針, 마노라(上典)-妻, 메조(醬)-메주, 마ᅀᆞᆯ(官署)-村, 보조개(頰)-笑印, 분별(思)-憂, 섭섭ᄒᆞ다(不實)-불만, 셩가시다(瘦瘠)-귀찮다, 스승(巫)-師, 식식ᄒᆞ다(嚴)-强健, 쓰다(高價)-安價, ᄡᆞᆯ(穀物)-米, 어리다(愚)-幼, 얼굴(形體)-顔, 열없다(無膽)-小心, 우티(衣裳)-裳, 인졍(人情)-賂物, 일없다(無事)-무관, 자내(自)-汝, 즛(貌)-行動, 톱(鉅)-爪, ᄒᆞ욤없다(無爲)-無聊,

② 동음어·다의어·유의어가 양산됨

동음어: 드리(橋,梯)>다리-다리(脚), 놀(刃)>날-날(日), 몰다(卷)>말다-말다(勿), 술(肌>살-살(矢), 시다(漏)>새다-새다(曙), 비다(孕)>배다-배다(潤)

다의어: 오랑캐(여진족/야만인), 되(북방소수민족/한족), ᄉᆞ싀(공간/시간)

유의어: 오좀-져근믈-믈, 똥-큰믈, ᄣᅢ(때)-ᄢᅴ(끼), ᄉᆞ싀(ᄉᆞ이)-즈슴(즈음)-덛-제

6.5. 한국 특유의 한자 표기에 의한 어휘

이 시기에는 한국 특유의 한자가 만들어져 특수어가 표기되는가 하면, 새로운 의미가 부여된 한자로 표기된 고유어가 보인다.

① 한국 한자로 된 고유어

곳(厫), 답(畓), 전답(田畓), 갈초(乫草), 다짐(侤音), 대지(垈地), 솔(乺), 엇시조(旕時調), 온돌(溫堗), 왕골(王莖), 요기(繞飢), 조(稤), 탈품(頉品)

② 이두식 표기의 고유어

갓갓(物物, 가지가지), 둘음(冬音, 물고기 등의 계산 단위), 발괄(白活, 청원이나 신소), 시가(媤家), 외자(外上), 조이(召史, 아내 과부), 질청(作廳·아전이 사무 보는 곳), 환자(還上)

③ 새로운 의미가 부여된 한자로 된 고유어

고과(告課), 광목(廣木), 동태(凍太), 등내(等內), 매부(妹夫), 사초(莎草), 색리(色吏), 전세(傳貰), 제수(弟嫂), 지만(遲晩), 차지(次知), 척사(擲柶), 청태(靑太), 행하(行下)

6.6. 근고 한어(近古漢語)의 차용

근세어에는 근고 한어(漢語)가 차용되어 현대까지 사용되는 것, 도중 한국 한자음으로 변한 것, 고유어나 새로운 한자어로 변한 것 등이 있다.

① 근고 한어를 차용, 현대까지 사용하는 것이 있음.

노(羅), 노고(鑼鍋), 누비(衲衣), 다홍(大紅), 딤치(沈菜), 바자(芭子), 반찬(飯饌), 비치(白菜), 비단(匹段), 상투(上頭), 슈슈(蜀黍), 시근치(赤根菜), 양즈(樣子), 즈디(紫的), 탕건(唐巾), 토슈(套手), 통쇼(洞簫), 푸주(庖廚), 투구(頭盔)

② 근대한어 차용어가 근대 후기에 한국 한자음으로 변한 것이 있음.

당지(當直), 던링(團領), 망간(網巾), 버리(玻璨), 뵈당(布帳), 야청(鴉靑),

탕쇠(湯水), 파란(琺瑯), 훠·허(靴)

③ 차용어가 점차 고유어, 또는 새로운 한자어로 대체되기도 함.

감모(感冒, 감기), 쇄쉬(刷子), 진디(眞的), 투슈·투셔(圖署, 도장)

④ 근고 이전에 차용되었을 것으로 보이는 어휘도 있음.

먹(墨), 목면 무명 무면(木棉), 쥭(粥), 퉁(銅)

7. 현대국어의 어휘

현대에 접어들어 이 땅은 열강의 각축장이 되었고, 그런 가운데 정치
·사회적으로는 개화(開化)를 추구하였다. 그러나 우리는 자주적, 근대 국
가가 성립되는 것과 달리, 오히려 일본의 식민지하에서 민족어를 상실한
국민이 되었다. 거기에다 해방 후에는 남북이 분단되는 참담한 비극을
맞았다. 따라서 이 시대는 국어·국자를 고양하고, 표준어를 추구하며,
국민언어(國民言語)의 통일을 기하기도 하였으나, 오히려 우리말이 수난을
당하고, 남북의 언어가 이질화되게 된 시기이기도 하다. 매스컴 등도 표
준어를 보급하고 국민언어의 통일을 꾀하는 등 순기능을 담당하는가 하
면, 한편 한국어를 오염시키는 역기능도 적잖이 빚고 있다.

7.1. 언문일치 운동과 표준어의 확정

우리의 국문은 언문(諺文)으로 천시되다가 갑오경장(甲午更張) 이후에야
비로소 국자(國字)의 대접을 받게 되었다. 갑오년(1894) 고종의 칙령 제1

호에서 "第十四條 法令勅令 總以國文爲本 漢文附譯 或混用國漢文"<고
종실록, 권 32>이라 한 기록이 그것이다. 그리고 언문일치를 추구하였
다. 독립신문이 한글을 전용(專用)한 것은 이의 단적인 예다. 독립신문의
창간호 사설에서 "우리 신문이 한문을 아니 쓰고 다만 국문으로만 쓰는
것은 상하귀천이 다 보게 함이라."라 하였다.

표준어(標準語)는 1912년 "보통학교용 언문철자법"에서 "경성어를 표
준어로함"이라 최초로 개념을 규정하였고, 1933년 한글맞춤법통일안에
서 "표준말은 대체로 현재 중류사회에서 쓰는 서울말로 한다."고 하였
다. 그리고 1988년의 표준어규정에서 "표준어는 교양 있는 사람들이 두
루 쓰는 현대 서울말로 정함을 원칙으로 한다."고 규정하여 표준어의 성
격을 분명히 하였다. 이로 말미암아 사전에 따라 일부 달리 제시되던 표
준어가 통일되게 되었다. 그리고 표준어 교육 및 매스컴의 발달(특히 방
송), 국어순화운동(國語醇化運動) 등으로 말미암아 거의 지역 방언이 사라
져 국민언어가 통일되고, 대부분의 국민이 공통어를 사용하게 되었다고
할 수 있다. 다만 문제가 되는 것은 남북이 분단되어 언어의 이질화가
꾀해지고 있는 것이다.

7.2. 사회 발전에 의한 한자어의 급증

사회 문화의 발전으로 말미암아 현대어에 많은 한자어가 스며들었다.
이는 크게 중국(中國) 한자어와 일본(日本) 한자어로 나누어 볼 수 있다.
문화발전으로 말미암아 또한 합성어 및 파생어가 양산되었고, 한자어를
품위 있는 말로 여겨 애용하게 하였다. 이와는 달리 문화 제도의 개정으
로 구시대 정치제도(政治制度)의 명칭이 쓰이지 않게 되기도 하였다. 한자
어의 수용 경향은 다음과 같다.

첫째, 중국 한자어의 수용

① 청(淸)나라의 "自强, 洋務, 開化" 등의 한자어 유입.

　자강주의, 자강불식, 자강지술

　양차(인력거), 양철(함석), 양화(구두), 양복, 양말, 양산, 양회, 洋草(담배)

　개화경, 개화장, 개화주머니, 개화복, 개화인, 개명군, 개명묵

② 중국 백화문에서의 어휘 수용

　공사(公司), 공원, 다소, 매판, 보도(報道), 악수, 용이, 우표, 자재(自在), 점검, 정객, 철로

둘째, 일본 한자어의 수용

① 일본의 많은 번역차용어를 한국 한자음으로 수용

일본의 근대화 과정에서 번역 차용한 말을 수용하였다. 우리의 대부분의 근대어가 이에 속한다. 이를 유형화하여 몇 가지 들어 보면 다음과 같다.

　* 일상용어: 광고(廣告), 광선(光線), 교환(交換), 교과서(敎科書), 기록(記錄), 내용(內容), 냉장고(冷藏庫), 능력(能力), 담판(談判), 대기(大氣), 도구(道具), 면허(免許), 모교(母校), 목적(目的), 부식(副食), 사교(社交), 사상(思想), 상업(商業), 소화(消化), 승객(乘客), 신문기자(新聞記者), 신용(信用), 실련(失戀), 액체(液體), 열차(列車), 영양(營養), 온실(溫室), 운전수(運轉手), 위생(衛生), 인력거(人力車), 인상(印象), 일요일(日曜日), 일정(日程), 잡지(雜誌), 전기(電氣), 전화(電話), 종점(終點), 중점(重點), 지구(地球), 총리(總理), 한류(寒流), 회화(會話)

　* 법률·경제 용어: 가결(可決), 간수(看守), 경기(景氣), 공판(公判), 구류(拘留), 권리(權利), 규칙(規則), 금융(金融), 민주(民主), 법률(法律), 법인(法人), 부결(否決), 변호사, 소득세(所得稅), 예산(豫算), 인권(人權), 청산(淸算), 자본(資本), 판결(判決), 투자(投資), 회계(會計)

　* 인문·자연과학 용어: 개념(槪念), 구심력(求心力), 명제(命題), 밀도(密度), 방정식(方程式), 범주(範疇), 변증법(辨證法), 분해(分解), 분석(分析),

산소(酸素), 세포(細胞), 신경(神經), 우주(宇宙), 원리(原理), 원자(原子), 위성(衛星), 인력(引力), 자외선(紫外線), 전제(前提), 중력(重力), 지양(止揚), 철학(哲學), 현상(現象), 형이상학(形而上學)

  * 연예 관계 용어: 가극(歌劇), 각본(脚本), 경기(競技), 궁도(弓道), 극장(劇場), 만화(漫畫), 미술(美術), 소묘(素描), 심미(審美), 연출(演出), 연주(演奏), 영상(映像), 운동장(運動場), 음정(音程), 입장권(入場券), 작자(作者), 작품(作品), 주인공(主人公), 창작(創作), 체육(體育), 풍금(風琴)

② 중국 고전을 바탕으로 한 일제 한자어 수입

  간첩, 경찰, 논리, 독점, 리성, 사상, 상대, 예술, 의식, 의학, 일요일, 철학, 화학

③ 일본의 훈독 한자어 및 원음차용 외래어를 한국 한자음으로 수용

  * 廣場, 見本, 見習, 大勢, 相對, 小型, 手續, 市場, 身分, 入口, 立場, 組合, 出口, 取消, 取締

  * 림파(淋巴), 낭만(浪漫), 호렬자(虎列拉), 구락부(俱樂部), 지브스(窒扶斯)

④ 전통 한자어를 일본 한자어로 대체

  광대-배우, 기지-부지, 도급-청부, 仕進-출근, 어구-입구, 원동-극동, 육혈포-권총, 인도-안내, 입신양명-출세, 증기차-기차, 증기선-기선, 지동-지진, 체결-조인, 측간-변소, 파직-면직, 호상-상호, 활동사진-영화,

셋째, 합성 및 파생에 의한 한자어의 양산

  합성어: 경제공항, 국민운동, 동화작용, 사회교육, 심리상태

  파생어: 가능성, 기수, 무비판, 불평등, 비인간, 선교사, 인생관, 지구상

넷째, 고유어에 비해 한자어를 품위 있는 말로 인식

  걸음-행보, 고뿔-감기, 나들이-출입, 머리-두발, 손발-수족, 수염-염, 이-치아

다섯째, 조선조의 구 기관명, 관직명 등을 사용치 않게 됨.

  판서, 관찰사(도지사), 승지, 리방, 給由(휴가), 徒流(징역과 귀양), 昇遐

7.3. 서양문화의 수용과 외래어 차용

사회적으로 국제화(國際化)되고, 서구 문물의 수용이 많아지며, 우리말에 많은 서구 외래어가 차용되게 되었다. 외래어는 중국어, 인도어, 일본어, 몽고어, 만주어, 영어, 독어, 불어, 미어(美語), 노어, 화란어, 나전어, 포어(葡語), 이어(伊語), 호어(濠語), 노르웨이어 등 적어도 30개국의 외래어는 들어와 쓰이고 있는 것으로 보인다.

외래어는 차용할 때 어휘 전체를 차용하기도 하고, 그 일부를 차용하기도 한다. 그리고 이는 원음차용과 번역차용으로 나타난다.

① 원음차용(음역)

　* 전음 음역: 가방, 고무, 넥타이, 랍소디, 샤쓰, 펜, 화이트데이

　* 반음반역(반음차): 렌트겐광선, 엑스광선, 올림픽경기, 펜대

② 번역차용(의역)

　* 반 번역차용(음의역): 도템(圖騰, totem), 붕대(繃帶, bandage), 섭씨(攝氏, celsius), 聖(saint), 打數(dozen), 沙翁(shakespeare), 幕府(moscow)

　* 완전 번역차용(전이): 경기(game), 기계(machine), 상징주의(symbolism), 영감(inspiration), 일주일(week), 전기(electric), 接吻(kiss), 철학(philosophy)

한국 외래어에는 일본을 거쳐 간접 차용된 것이 많다. 이들 가운데는 원래의 말과 발음이 달라지거나, 어형이 바뀌거나, 그 의미가 변하거나, 일본에서 만든 서구어 외래어 등 문제성을 안고 있는 것이 많다. 이들 외래어를 몇 개 보면 다음과 같다.

　① 발음이 달라진 것: 로스(roast), 메리야스(medias), 뻰찌(pinchers), 아이롱(iron), 지루박(jitterbug), 프랑카드(placard), 하이라이스(hashedrice)

　② 어형이 바뀐 것:

　* 생략-비디오(video tape recorders), 후론트(front desk)

　* 절단- 후략어: 다이아(diamond), 디스코(discotheque), 레지(register), 에

끼스(extract), 프로(professional)

전략어: 늄(aluminium), 니스(varnish), 빠이(goodbye), 핀트(brandpunt), 홈
(platform)

전후 절단어: 골덴(corded velveteen), 리모콘(remote control), 퍼스컴(per-
sonal computer)

* 생략·절단-스텐(stainless steel), 클라식(classical music), 파마(perman-
ent wave), 하이힐(high heeled shoes)

③ 의미가 변한 것: 룸펜(lumpen, 부랑자·실업자<남루), 스탠드(stand,
탁상등<작은 탁자), 아르바이트(Arbeit, 부업<노동), 아베크(avec, 동반
산책<함께·더불어), 포스트(post, 우체통<우편·우편물), 핸들(handle,
조향장치<손잡이)

④ 일본에서 만든 것: 골인(reach the goal, make the goal), 리야카
(bicycles cart), 백미러(rearview mirror, rearvision mirror), 샤프(automatic pen-
cil), 스프링코트(top coat), 오엘(office girl), 플러스알파(plus something), 하
이틴(late teens), 홈인(score, reach home)

7.4. 생략·절단에 의한 어휘가 많다

현대의 특성의 하나가 속도(speed)라 한다. 모든 것을 속전속결하려 한
다. 언어도 되도록 간단히 줄여서 소통하려 한다. 이로 말미암아 신문
방송과 같은 매스컴은 생략을 많이 하고, 약어를 많이 쓴다. 심하게는
어두문자(語頭文字)만을 딴 약어를 쓰는 경우도 많다. 이는 서구 외래어만
이 아니라, 한자어는 물론 고유어까지 어두문자에 의한 약어가 쓰이고
있다. 젊은이들의 통신언어(通信言語)는 특수어로서 여러 가지로 문제를
안고 있지만 약어, 생략도 이러한 문제 가운데 하나다.

다음에 이들의 용례를 신문과 통신언어에서 몇 개 보기로 한다.

* 신문의 용례:

노찾사< 노래를 찾는 사람들, 민가협< 민주화실천가족운동협의회, 민민탄< 민주민중탄압대책위원회, 세계신<세계신기록, 세탁< 세계탁구선수권대회, 유량<유수량, 2중전회< (중국) 제2차중앙위 전체회의, 전노협< 전국노동조합협의회, 지재권< 지적재산권, 집시<집회 시위, 토초세<토지초과이득세, 특감< 특별감사, 행불< 행방불명, AS< 애프터 서비스, BOD측정치<생화학산소요구량 측정치, DCC레코더<디지털 콤팩트카세트 레코더, UNDP< 유엔개발계획

* 통신언어의 용례

간도(그만 두어), 남친(남자친구), 몬(무슨), 샘(선생님), 수제비(수준 높은 제비족), 야동(야한 동영상), 어솨요(어서 와요), 엄니(어머니), 여관(여자와 관계하는 곳), 울집(우리 집), 잼업(재미 없어), 절친(절친한 친구), 중방(중학생 대화방), 횡수(횡설수설)

이밖에 신문에서 자립어 아닌 어근(語根)을 특히 표제어에서 자립 형태로 많이 쓰고 있는 것을 볼 수 있는데, 근자에는 TV에서도 이런 현상이 나타나고 있다. 인물 화면과 함께 그 사람의 감정을 자막으로, '브끄, 수줍, 쑥스'와 같이 처리하고 있는 것이 그것이다. 이는 전에는 전혀 볼 수 없었던 언어 현상이다.

언어는 사회적 소산이다. 이에 한국어의 어휘를 문화적(文化的) 수용(受用)과 관련시켜 역사적인 변화를 살펴보았다. 오늘을 알기 위해서는 지난날을 알아보아야 한다. 후과(後果)를 알기 위해서는 그 원인을 살펴보아야 한다. 이런 의미에서 오늘의 우리 언어현실을 바로 알고, 효과적으로 사용하게 하기 위해 지난날의 문화적 현상과 어휘사(語彙史)의 관계를 개괄해 보았다. 문화적 수용과 어휘의 관계를 잘 살펴 한국어의 실체를 좀더 잘 알고, 사용할 수 있게 되기를 바란다.

참고문헌

김영황(1978), 조선민족어 발전력사 연구, 과학백과사전출판사.
류렬(1992), 조선말 역사, 사회과학출판사.
리득춘(1988), 조선어 어휘사, 연변대학출판사.
박갑수(1998), 일반국어의 문체와 표현, 집문당.
박갑수(1999), 우리말 사랑 이야기, 집문당.
박갑수(1999), 아름다운 우리말 가꾸기, 집문당.
박갑수(2013), 한국어교육과 언어문화 교육, 역락.
박갑수(2015), 언어, 문학, 문화, 그리고 교육 이야기, 역락.
박정문(1984), 조선어사 연구론문집, 교육도서출판사.
심재기 편(1998), 국어어휘의 기반과 역사, 태학사.
유창돈(1961), 국어변천사, 선명문화사.
유창돈(1964), 이조국어사연구, 선명문화사.
유창돈(1973), 어휘사연구, 선명문화사.
이기문(1978), 국어사개설, 탑출판사.
이기백(1980), 한국사신론, 일조각.
이숭녕 외(1967), 한국문화사대계 V. 언어·문학사, 고려대학교 민족문화연구소.
塩田紀和(1977), 諸國語の混亂と統一, くろしお出版.

■ 이 글은 본서에 수록하기 위해 지난날의 강의 노트를 정리한 것이다. 따라서 구고(舊稿)의 신편(新編)이라 하겠다. 2016년 11월 14일. 미발표

제 2 장 한·중 식생활 문화와 언어문화

1. 서언

인간은 사회적 동물이라 한다. 이는 인간의 생존(生存)을 전제하고 하는 말이다. 사람이 살기 위해서는 우선 먹어야 하고, 그리고 자손을 번식시키기 위해 남녀의 정을 나누어야 한다. 그래서 지난날 현자나 제왕들은 이를 강조하였다. 중국의 "식위천(食爲天)"이란 이러한 것의 대표적인 말이다. 이 글에서는 이러한 식생활 문화, 그것도 단순한 식생활 문화가 아닌, 언어문화와 관련된 식생활 문화를 살펴보기로 한다.

고대의 중국은 우리와 인접해 있고, 그 문화가 우리보다 선진적이었다. 그래서 우리는 지난날 그들로부터 많은 영향을 받았다. 식생활 문화도 마찬가지다. 이에 우리의 식생활 문화를 살피는 자리에서는 저들의 식생활 문화와 비교하게 될 것이다. 식생활 문화는 주로 중세 이전의 것을 보기로 한다.

우리의 식생활 문화를 살피기 위해서는 우선 한(韓)·중(中) 농경문화부터 알아보아야 한다. 식재료의 주류를 이루는 곡물의 재배가 어떻게 이루어졌는가 알아보아야 하기 때문이다. 이러한 식재료를 바탕으로 하여 한·중 식생활 문화가 어떻게 전개되었는가를 살펴볼 것이다. 그리고 이러한 한·중 식생활 문화를 반영하는 언어문화, 그 가운데도 어휘(語彙) 문화를 살펴 그 특성을 살펴보기로 한다.

언어는 개념과 형식으로 이루어진 기호다. 언어와 지시물에 대한 관계는 형식과 개념과의 관계와는 달리 간접적이다. 간접적으로 연합된다. 그런데 곡물의 경우 이 형식과 지시물의 연합관계가 꽤 복잡하게 나타난다. 연합관계에 많은 변화가 생겨 유연성(有緣性)이 소실되거나, 심한 변화로 말미암아 그 실상을 파악하기 어렵게 하는 경우가 적지 않다. 이에 한·중 어휘의 언어문화를 살펴 저간의 변화를 밝혀보기로 한다.

한·중 식생활 문화에 대한 비교 고찰을 통해 한·중 상호간의 문화에 대한 이해의 폭을 넓히고, 언어문화에 대한 올바른 이해를 할 수 있게 되길 기대한다.

2. 중국과 한국의 식생활 자료

2.1. 고대 문화와 식생활

지금으로부터 약 45억 년 전에 지구가 생성되었고, 고생대(古生代), 중생대(中生代)를 거쳐 신생대(新生代)에 접어들어 인류가 탄생되었다. 오늘의 인류의 조상인 원인(猿人)은 약 250만 년 전, 원인(原人)은 약 100만 년 전, 그리고 구인(舊人)은 50만 년 전, 신인(新人: homo sapiens sapiens)은 약 7만 년 전에 나타나 현대인으로 진화·발전한 것으로 보인다. 따라서 인류의 조상은 문화 연대로 볼 때 대체로 구석기(舊石器) 시대에 탄생한 것이라 할 수 있다.

구석기시대의 식생활은 주로 과실과 나무 열매를 따 먹거나, 조개를 채취하여 먹었고, 원시적인 방법으로 사냥을 하여 동물을 잡아서 먹었다. 이때 불에 익혀 먹는 법을 알았으며, 식생활은 도구를 사용하지 않고 손으로 집어먹는 수식(手食)의 방식을 취하였다.

구석기시대를 지나서는 중석기시대를 거쳐 지금으로부터 약 7,000년 전에 신석기(新石器) 시대로 접어들어 마제 석기, 토기 등을 사용하였으며 원시농업이 비롯되었다. 그 뒤 청동기가 제작되는 역사(歷史) 시대로 접어든다. 중국의 경우는 삼황오제(三皇五帝)와 하(夏) 시대가 신석기시대에 해당하며, 양사오(仰韶) 문화, 룽산(龍山) 문화는 이 시대의 유물을 보여 준다. 이 시대의 대표적 중국문화 유적의 분포는 다음 도표와 같다.

중국 신석기시대의 유적문화

주(周)나라와 춘추시대는 청동기시대, 전국시대와 전한(前漢) 시대는 철기(鐵器)시대에 해당한다. 우리나라의 경우는 단군(檀君)시대가 신석기시대, 부여·기자조선(箕子朝鮮) 시대가 청동기 시대, 위만조선(衛滿朝鮮) 시대가 철기시대에 해당되는 것으로 볼 수 있다.(부록 연대표 참조)

신석기시대의 식생활도 조개와 해조류를 채취하여 먹었고, 물고기와 고래 등 바다짐승을 잡아먹었으며, 사슴, 멧돼지 등 야생의 짐승을 포획하여 식재료로 하였다. 이 밖에 개를 사육하여 식용하였으며, 조류(鳥類)를 잡아먹었다. 그리고 야생식물 가운데 식품재료를 채취하여 먹었을 뿐 아니라, 이를 재배하여 식재료로 하였다. 여인들에 의해 이 시대에 식물재배를 통한 원시농업이 발달되기에 이르렀다.

2.2. 중국의 농경(農耕)생활과 곡물(穀物)의 재배

신석기 시대의 남자들은 사냥을 하고, 여자들은 각종 과일과 열매를 채취하여 식생활(食生活)을 하였다. 이런 과정에서 여자들은 식물이 성장하고 열매를 맺으며, 그것을 채취할 수 있다는 사실을 알게 되었다. 그들은 식용할 수 있는 열매, 그것도 소출이 많은 작물을 재배하였다. 그리하여 야생식물은 재배식물이 되었고, 이는 나아가 원시농업으로 발달하였다. 남자들이 사로잡아 온 동물은 그 수가 많을 때 한꺼번에 다 먹을 수 없었다. 이런 경우에 이들은 부득이 다음날 필요한 때 식용하기 위하여 우리에 가두어 두고, 일정 기간 먹이를 주며 살려 두어야 하였다. 이러는 과정에서 이들은 야생동물을 가축으로 길들이게 되었고, 또 목축생활, 내지 유목생활을 하게 되었다.

중국의 농경생활(農耕生活)은 전설에 의하면 일찍이 삼황오제 때부터 시작된 것으로 일러진다. 후한(後漢)의 반고(班固)의 '백호통(白虎通)'에 의

하면 신농씨(神農氏)가 백초를 먹어본 뒤에 사람에게 유익한 식물을 재배하도록 하였다고 한다. 그리고 '서경(書經)'에 의하면 요순(堯舜) 시대에 기(棄)를 후직(后稷)이란 농정관을 삼았다고도 한다.

이러한 전설적 이야기와는 달리 신석기 문화인 양사오(仰韶) 및 룽산문화(龍山文化)의 유적에서는 구체적으로 많은 농경의 유물이 출토되었다. 양사오문화 유적은 하남성(河南省)의 면지현(澠池縣)의 황하 중류 지역인 양사오촌에서 발굴된 원시농경의 유적으로, B.C. 약 2500년경의 것이다. 여기에서는 기장·조·벼 등의 곡물이 출토되었고, 이삭을 자르는 돌칼(石刀)과 땅을 일구는 돌보습이 나왔다. 곡물 외에는 돼지와 개의 뼈가 많이 출토되었고, 말·양·사슴의 뼈가 나왔으며, 고기잡이와 사냥의 연모가 나왔다. 이로 보아 양사오문화인은 원시농경 외에 가축을 기르고, 수렵도 하였을 것으로 추정된다. 룽산문화는 이보다 좀 후대인 B.C. 2,000년 경 유적으로, 산동성(山東省) 리청현(歷城縣)의 황하 하류 룽산전(龍山鎮)의 농경문화 유적이다. 여기서 출토된 유물로 볼 때 룽산문화인들도 양사오문화인들과 비슷한 곡물을 재배한 것으로 보인다. 농기구로는 돌로 된 마제(磨製) 농구와 목제 따비 등이 출토되었다. 가축으로는 양사오문화의 유적에 보이지 않던 소나 양의 뼈도 나왔다. 양사오문화는 서방계인 하(夏) 나라의, 룽산문화는 동방계인 동이(東夷)의 문화로 보인다.

중국에서는 고대에 양식작물(糧食作物)을 흔히 오곡(五穀), 육곡(六穀), 또는 구곡(九穀), 백곡(百穀)이라 하였다. 이들은 구체적인 곡물 수 외에 많은 곡물을 이르는 말로 쓰였다. 오곡(五穀)에 대한 주장은 일정하지 않다. 중국에서는 상고시대에 오곡(五穀)을 일반적으로 직(稷)·서(黍)·맥(麥)·숙(菽)·마(麻)로 보았다. 이들은 각각 조·기장·보리·콩·삼에 대응되는 것으로 보인다. 한어(漢語)에 대한 우리말 비정은 일정치 않다. 이에 대해서는 아래에서 구체적으로 논의할 것이다. 육곡(六穀)에는 이들 오곡에도(稻·벼)가 하나 추가된다(馬漢麟, 2007). 수도(水稻)인 벼(稻)는 남방의 작물로, 뒤에 북방에 전래되어 오곡에 끼이지 못하고, 육곡에 포함되게 된 것으로 본다.

오곡(五穀)은 고문헌인 시경(詩經), 서경(書經) 등에는 기록이 보이지 않고, B.C. 1세기경에 이루어진 주례(周禮), 및 예기(禮記) 등의 [注]에 보인다. 예기 대대례(大戴禮)·증자천원조(曾子天圓條)에는 오곡으로 마(麻)·서(黍)·직(稷)·맥(麥)·숙(菽)을 들고 있고, 주례·천관(天官)·질의조(疾醫條)의 [注]에는 '숙(菽)'을 '두(豆)'로 적고 있다. 숙(菽)은 한대(漢代) 이후 두(豆)에 가차(假借)되어 일반화하였다. 육곡은 주례의 식의조(食醫條)에 도(稌·찰벼)·서(黍)·직(稷)·량(粱)·맥(麥)·고(苽·줄)를 들고 있다. 구곡(九穀)은 주례의 천관(天官) 태재조(太宰條)의 [注]에 서(黍)·직(稷)·출(秫)·도(稻)·마(麻)·대소두(大小豆)·대소맥(大小麥)으로 나타난다.

직(稷)은 흔히 옥편(玉篇)에서 '기장 직, 피 직'이라 풀이하고 있다. 그러나 여기서는 '조(粟)'라 비정하기로 한다. 한(漢)나라 허신(許愼)의 설문해자(說文解字)에서는 '稷'을 "치(齋). 오곡지장(五穀之長)"이라 하였고, 湯可敬은 그의 설문해자금석(說文解字今釋)(1997)에서 이를 번역하여 "직(稷), 속미(粟米). 오곡지수령(五穀之首領)"이라 하였다. 직(稷)이 좁쌀(粟米)이라는 것이다. 단주(段注)에서는 또한 "직(稷)은 북방에서 곡자(穀子)라고도 하고, 그 쌀은 소미(小米)라고 한다" 하였다. "소미(小米)"는 현대 한어에서 조의 열매를 탈곡한 것(粟的子實去了殼叫小米)을 말한다(중국 사회과학원어언연구소 사전편찬실, 2010). 이렇게 직(稷)은 '조(粟)'를 가리킨다. 옛 사람은 직(稷)으로 곡신(穀神)을 대표하였고, 또 토신(土神)인 사신(社神)을 합쳐 사직(社稷)이라 하였다. 직(稷·조)은 옛날에는 이렇게 중요한 곡물이었다.

서(黍)는 기장으로, 서자(黍子)라고도 한다. 거피한 것을 황미(黃米)라 한다. 조(粟)보다는 조금 크다. 이는 시경(詩經)에서 서직(黍稷)이라 연칭(連稱)

할 정도로 직(稷)과 더불어 상고시대에는 중요한 곡물이었고, 이는 비교적 맛있는 곡물로 인식되었다. 기장(黍)은 이집트와 아시아 지역에서 재배되었다. 이는 양사오문화 유적에서도 출토된 바 있다. 한(漢) 나라의 본초강목(本草綱目)에서는 "직여서일류이종야(稷與黍一類二種也). 점자위서(黏者爲黍), 부점자위직(不黏者爲稷), 직가작반(稷可作飯) 서가양주(黍可釀酒)"라고 서직(黍稷)을 동류로 보고 있다.

맥(麥)은 본래 갑골문(甲骨文)에 보이는, 보리 이삭을 상형한 '來'자로 나타냈었다. '보리 맥(麥)'자는 '래(來)'자가 올 래(來)의 뜻으로 가차되어, '來'에 '夊'을 더해 새로 만든 글자다. '夊'은 발을 상형한 것으로, 보리는 착근이 잘 되라고 봄에 밟아 주기 때문에 이를 더한 것이다. 고대에는 보리를 모(麰), 또는 내모(來牟)라고도 하였다. 보리는 서남아시아 등이 원산지로, 이것이 화북(華北) 지방에 들어온 것은 역사시대(殷代)에 들어서라 본다. 대소맥(大小麥)을 구분하지 않고 맥(麥)이라 하였으며, B.C. 1세기말에 이를 구별하게 되었다. 소맥(小麥)이 화북(華北) 지방에 들어온 것은 이때로 추정한다. 밀은 내한성이 강해 한대(漢代) 이후 황하 유역에서 보리보다 많이 재배되어, 기장과 더불어 주작물이 되었다. 밀은 한대에 매(硏子)가 제작되며, 많은 종류의 식품이 개발되고, 일상적으로 먹게 되었다. 대소맥의 경작, 특히 화북(華北)의 밀 경작은 화남(華南)의 도작(稻作) 문화와 대조를 이루었다.

숙(菽 · 콩)은 두(豆)를 가리킨다. 상고에는 숙(菽)이라 하였고, 한 대(漢代) 이후 두(豆)가 일반화 하였다. 콩은 양사오문화나 룽산문화 유적에는 보이지 않는다. 기록에 의하면 B.C. 7세기 초 제(齊) 환공(桓公)이 산융(山戎)을 정복하며 들여와 융숙(戎菽)이라 하였다고 한다. 콩의 원산지는 만주와 한반도로 추정된다. 기록으로는 예기(禮記)에 소두(小豆), '범승지서(氾勝之書)'에 대두(大豆)와 소두(小豆)가 나온다. 한대(漢代)의 마왕퇴(馬王堆) 묘의 명기(明器)에는 대두와 소두라는 기록이 보이고, 이들의 실물이 출토되기도 하였다.

마(麻)·삼)는 대마자(大麻子)를 가리킨다. 고대에는 열씨를 식용하였다. 시경(詩經)의 빈풍(豳風)에 보이는 '구월숙저(九月叔苴)'의 '저(苴)'가 곧 삼씨로, '숙저(叔苴)'는 열씨를 주워 먹는다는 뜻으로 쓰인 것이다. 후세의 기록으로 송사(宋史) 점성국전(占城國傳)에 "오곡무맥(五穀無麥) 유갱미속두마자(有秔米粟豆麻子)"라고 마자(麻子)가 곡물로 언급되고 있음도 볼 수 있다. 마(麻)는 들깨로 보기도 한다. 정자통(正字通)의 "마(麻), 소문(素問), 마맥직서두위오곡(麻麥稷黍豆爲五穀), 마즉금유마(麻卽金油麻), 우왈호마(又曰胡麻)"가 그 예의 하나다.

도(稻)·벼)는 오곡에 비해 중원(中原)에 뒤늦게 들어와 육곡(六穀)에 속하게 된 곡물이다. 벼의 원산지에 대해서는 여러 가지 설이 있다. 1997～1998년 한국의 충북 청원군 옥산면 소로리에서는 고대벼 18톨, 유사벼 41톨이 발견되었는데 이는 15,000년 전의 볍씨로, 세계에서 가장 오래된 볍씨로 판명되었다. 그러나 이와는 달리 벼의 원산지는 중국의 양자강 중류에서 하류에 걸친 지역이라 보기도 한다(阿辻, 1994). 지금으로부터 7,000년 이상 된 신석기 시대의 유적인, 절강성(浙江省) 余姚(위야오)의 허무두 문화(河姆渡文化) 유적에서 벼와 짚의 퇴적층이 발견된 것이다. 약 400 평방미터의 넓이에 걸쳐, 그것도 수 10센티의 두께로 쌓인 것이다. 이는 지금까지 발견된 세계 최고의 도작문화 유적으로 알려진다. 그러나 십년구한(十年九旱)이라 일러지는 중국 문화의 중심지인 황하 유역에는 이 벼가 일찍이 전래되지 않았다. 벼의 유적이 이곳에서 발견된 것은 B.C. 20세기경의 양사오문화의 유물에서다. 은대(殷代)의 갑골문에도 도(稻)라는 글자는 보이지 않는다. 주대(周代)의 청동기의 명문과, 시경(詩經)에 비로소 '稻'자가 보인다. 벼(稻)는 진시황 때 육곡에 편입되었고, 한대

(漢代)의 낙양(洛陽) 분묘에서 유물이 출토된다. 이렇게 벼(稻)가 중원에 전파된 것은 다른 곡물에 비해 늦은 편이다. 따라서 쌀은 중국의 정치적 세력이 양자강 이남에 미치게 되면서 한족이 이를 먹게 되었을 것으로 추정한다. 후한(後漢), 및 삼국(三國)시대로부터 남북조(南北朝)에 걸치는 시대에 이르러서다. 남북조 시대는 A.D. 4세기에서 6세기에 걸친 시기다. 이때 동진(東晉)·송(宋)·제(齊)·양(梁)·진(晉) 등의 남조는 남경(南京)을 수도로 하여 강남(江南) 정권을 이루고 있었다. 따라서 남조(南朝)는 음식 문화도 바뀌어 북조와 달리 사인(士人)들은 기장이나 수수 대신, 쌀을 먹게 되었다. 그 뒤 남북조가 통합된 수(隋)·당(唐)·송(宋)·명(明)·청(淸) 등 왕조의 주식도 쌀이 되었다.

출(秫)은 구곡 가운데 하나로, 설문해자에서는 "稷之黏者"라 되어 있다. 湯可敬(1997)은 "秫 有黏性的粟米"라고 풀이하고 있다. 출(秫)을 차조라 본 것이다. 그런데 현대한어사전에서는 이를 '고량(高粱)'으로 보고 있다. "秫: 高粱(多指黏高粱)"이라 한 것이 그것이다. 출(秫)은 고량이며, 흔히 차진 고량을 가리킨다는 것이다. 그리고 秫米는 고량미, 秫秫는 고량이라 하였다. 설문해자와 현대어의 출(秫)은 직(稷)·속(粟)·고량(高粱)과 같이 지시물에 차이를 보인다. 설문해자는 '粱'을 '米也'라 하고 있고, 湯可敬(1997)은 이를 "粱, 粟米名"이라 하고, "卽粟"이라 주석하고 있다. 이는 '출(秫)'과 속(粟)·양(粱)을 동류로 본 것이고, 나아가 출(秫)이 속(粟)의 의미에서 고량의 의미로 바뀐 것이라 보게 한다. 諸橋轍次(1968)는 직(稷)을 고량(高粱)이라 보았다. 그는 설문통훈정성(說文通訓定聲)의 "직위금지고량(稷爲今之高粱)" 등을 그 예로 들고 있다. 이는 직(稷)을 조(粟)로 비정할 때 그 주장의 타당함을 인정하게 된다.

2.3. 한국의 농경생활과 곡물 재배

한반도에는 B.C. 4,000년경에 신석기인이 등장하였고, B.C. 2,000년경에는 전국 각지에서 이들이 활발한 활동을 한 것으로 보인다. 이들은 즐문토기(櫛文土器)를 사용하였다. 즐문토기가 발굴된 황해도 봉산군(鳳山郡) 지탑리(智塔里)의 유적에서는 피나 조로 추정되는 곡물이 출토되었으나 벼는 보이지 않았다.

'위지(魏志) 동이전(東夷傳)'에는 농경과 관련된 여러 가지 기사가 보인다. 그 가운데 몇 가지를 보면 다음과 같다.

> 부여(夫餘): 토지가 오곡 재배에 적당하고(土地宜五穀)
> 동옥저(東沃沮): 그 토지가 걸고 좋으며, 오곡에 알맞고 밭농사를 잘한다.(其土地肥美... 宜五穀善田種)
> 고구려(高句麗): 좋은 전답이 부족하여 비록 힘써 농사를 지어도 배를 채우기에 부족하여(無良田 雖力佃作 不足以實口腹)
> 마한(馬韓): 항상 오월 하종을 마치고, 귀신에 제를 지내고 무리를 지어 노래와 춤을 추고... 시월에 농사를 마친 뒤 또한 이와 같이 하였다.(常以五月下種訖 祭鬼神群聚歌舞... 十月農功畢 亦復如之)

부여 및 삼한 시대에는 이렇게 밭농사와 논농사를 하였다. 삼국시대에는 농업이 장려되었다. 삼국사기(三國史記)에 의하면 신라 시조 박혁거세(朴赫居世)와 백제의 시조 온조(溫祚)는 농업을 권면하였다. 그리고 백제의 다루왕(多婁王) 및 고이왕(古爾王) 때 도전(稻田)을 만들었다는 기록이 보인다. 이는 이때 구체적으로 한반도의 남쪽에서 벼농사가 행해지고 있었음을 말해 주는 것이다. 이에 대해 부여(夫餘)·고구려·옥저(沃沮) 등의 북부지역의 나라들에서는 조, 기장 등을 많이 재배하였다(佐佐木高明, 1971).

우리의 경우도 곡물이라면 오곡(五穀)이 주종을 이룬다. 오곡(五穀)이라면 '쌀, 보리, 콩, 조, 기장'을 가리킨다(국립국어원, 1998). 중국의 경우와는 차이를 보인다. 그러나 고전에서의 오곡(五穀)은 대체로 중국에서와 같은 오곡을 이른다고 할 수 있다.

한반도의 오곡(五穀)에 대한 용례는 앞에서 본 '위지 동이전'의 기록이 있다. 위지 동이전'에는 변진조(弁辰條)와 왜조(倭條)에 "오곡급도(五穀及稻)"라는 말도 보인다. 이들 오곡(五穀), 또는 육곡(六穀)에 대해 살펴보면 다음과 같다.

한어(漢語)의 직(稷)은 우리의 '조(粟)'에 해당한다. 우리의 '조'와 달리 중국에서의 속(粟)은 오곡에 들지 않는다. 이러한 배경은 '설문해자(說文解字)' 등을 통해 알 수 있다. '설문해자(說文解字)'에서 속(粟)은 '가곡지실야(嘉穀之實也)'라 하고, [段注]에서 "곡자(穀者), 백곡지총명(百穀之總名)"이라 하였다. '조(粟)'는 좋은 곡식의 열매로, 백곡 전체를 가리킨다. 속(粟)은 이렇게 단일 곡물이 아니고, 백곡 전체를 가리키는 말이기 때문에 '오곡(五穀)'에 포함되지 않은 것이다. 물론 '속(粟)'은 뒤에 육종(陸種)의 양(梁)의 일종인, 소미(小米)를 가리키게 된다. 명(明)나라 이시진(李時珍)의 본초강목(本草綱目)의 '속(粟)'조에 "금지속재고단호위량(今之粟在古但呼爲梁) 후인내전이 량지세자명속(後人乃專以梁之細者名粟)"이 그것이다. 옛날에는 오늘날의 속(粟)을 양(梁)이라 했는데, 후세 사람은 양(梁) 가운데 잔 것(細者)만을 속(粟)이라 하게 되었다는 것이다. 우리의 조는 바로 이 속(粟)의 '梁之細者'에 해당한 것이다. 조는 일찍부터 오곡의 하나로 가꾸어온 곡물이다. '조'는 한어(漢語)의 직(稷)에 대응된다.

서(黍)는 기장으로, 중원에서 재배되던 것이 전래된 것으로 보인다. 위지(魏志) 동이전(東夷傳)에는 '서(黍)'가 보이지 않고, '산해경(山海經)'에 '불여(不與)에서는 서(黍)를 먹는다.'는 기록이 보인다. 여기 '不與'는 부여(夫餘)를 가리킨다. 부여 사람이 기장을 먹었다는 말이다. 기장은 함북 회령(會寧) 오동(五洞) 청동기시대 유적에서도 피·팥과 함께 탄화된 것이 출토된 바 있다.

맥(麥)은 보리로, 앞에서 언급한 바와 같이 서남아시아와 이집트가 원산지로 전 세계 온대지방에서 재배된다. 삼국유사에는 이 보리에 관한 전설이 보인다. 유화(柳花)가 주몽(朱蒙)과 작별할 때 오곡의 종자를 주었는데 주몽이 이 가운데 보리를 잊어버리고 남하해 비둘기에 이 종자를 가탁해 전했다고 한다. 이 내용은 이규보(李奎報)의 시 '동명왕편(東明王篇)'에도 보인다. 이로 보아 부여 시대에 이미 보리가 한반도에 전래되었음을 알게 한다. 보리의 유물은 B.C. 5~6세기 것으로 보이는 겉보리가 경기도 여주군 흔암리(欣岩里)의 유적에서 출토된 바 있다. 소맥(小麥)은 B.C. 1세기경 화북에 들어왔고, 이것이 한반도에 전래됐으며, 평안남도 대동군 미림리에서 발견된 밀은 B.C. 200년 내지 100년 전의 것으로 추정하고 있다. 고려도경(高麗圖經)에 의하면 고려 때에는 밀이 많이 생산되지 않아 귀했고, 화북지방에서 들여다 먹었으며, 값이 비싸 잔치 때에나 국수를 만들어 먹었다고 한다.

숙(菽)은 콩으로 원산지는 만주와 한반도로 추정하고 있다. 콩은 그 깍지가 제기인 두(豆)의 형상과 비슷해 豆자를 가차해 쓰게 되었다. 두류(豆類)는 대두(大豆)인 콩과 소두(小豆)인 팥이 있으나, 초기에는 이들이 구별되지 않았다. 우리의 경우도 조선조의 기록이긴 하나, '자류주석(字類註釋)'에 '콩팥 두(豆)'라 한 것이 보인다. 삼국사기에는 신라와 고구려의 기록에 숙(菽)에 관한 기사가 보이는가 하면, 도처에서 유물이 출토되기도 하였다. 따라서 콩은 일찍부터 한반도에서 재배된 것으로 추정된다.

마(麻), 곧 삼은 곡물이라기보다 오히려 섬유질을 얻기 위한 작물로 많이 재배되었다. 황해도 송림시(松林市) 석탄리(石灘里) 등에서는 청동기시대의 유물로서 많은 방타차(紡縋車)가 출토되었다. 삼에 관한 기록은 삼국사기에도 보인다. 삼은 일찍부터 한반도에 들어와 재배되었음을 알 수 있다. 씨는 식용 외에 약용, 제유용(製油用)으로 쓰였다.

도(稻), 곧 벼는 구석기말의 유물로 발견된 바 있다. 삼국지 위지 동이전 변진조(弁辰條)에는 "오곡과 벼를 가꾸기 알맞다(宜種五穀及稻)"고 하여 한반도에서 벼농사를 하고 있음을 보여 준다. 그리고 삼한시대에 벽골제(碧骨堤: 김제), 의림지(義林池: 제천), 수산제(守山堤: 밀양)의 삼대 저수지가 있었다는 사실도 삼한시대에 남부 지역에서는 벼농사를 하고 있었음을 말해 주는 것이라 하겠다. 벼는 장립종(長粒種)인 Indica와 원립종(圓粒種)인 Japonica가 있는데, 중국의 화북(華北)과 한국, 그리고 일본의 벼는 원립종(圓粒種)인 Japonica이다.

이상 중국의 육곡(六穀)을 중심하여 우리의 곡물에 대해 살펴보았다. 다음에는 여기에 빠진, 우리의 양식 곡물인 '피(稗)'와 '수수(粱)', '줄(菰)'에 대해 살펴보기로 한다.

피(稗)는 하등 곡물로, 구황작물로 쓰였다. 아시아 특히 동남아가 원산지이다. 피에는 밭에서 나는 돌피와, 논에서 나는 논피가 있다. 밭에서 재배하는 피는 참피라 한다. 중국에는 이아(爾雅)에 '稊(돌피 제)'가 보이며, 범승지서(氾勝之書)에 재배되는 피, '稗(피 패)'가 보인다. 이로 보아 중국에서도 피를 재배하였다는 것을 알 수 있다. 패(稗)는 설문해자에 '禾別也'라 하고, [段注]에 "화류(禾類)이면서 화(禾)와 다르다"고 하였다. 이밖에 피를 나타내는 말로는 '비(粺)'가 있는데, 설문해자는 '서속(黍屬)'이라 하고, 湯可敬(1997)은 '서자일류(黍者一類)'라 하고 있다. 우리나라에서 피는 함북 회령읍(會寧邑) 오동(五洞)에서 탄화된 것이 출토되었고, 부산 동래구(東萊區) 오륜동(五倫洞)에서는 티스푼에 하나 정도가 발굴되었다. 이는 널리 식용되었고, 그 재배 연대는 청동기시대까지 거슬러 올라가는 것으로 보인다. 이성우(1984)에서는 참피가 조선조 때 직(稷)에 잘못 적용되어 이 글자를 '피 직(稷)'자라 하게 되었다고 하고 있다. 그러나 훈민정음 해례본에 이미 '피爲稷'이 나오는 것으로 보아 피와 직(稷)을 동일시한 것은 조선조 이전부터라 하겠다.

수수는 한자어로 촉서(蜀黍), 당서(唐黍), 고량(高粱) 등으로 일러진다. 이는 본래 아프리카 원산으로, 촉서(蜀黍)란 이름에서 알 수 있듯, 촉(蜀), 곧 쓰촨(四川) 지방을 통해 중국에 전래된 곡식이다. 이는 오늘날 화북·만주 일대의 중요한 작물이 되었다. 수수가 중국에 널리 보급되게 된 것은 원(元)대의 '농상집요(農桑輯要)'에 그 재배 방법이 소개된 후라고 본다. 우리나라에서는 함북 회령읍(會寧邑) 오동(五洞)에서 그 유물이 발굴되었다는 보고가 있어 BC. 6~4세기에 재배된 것으로 보려고도 하나, 이는 연대가 맞지 않아 수용되고 있지 않다(이성무, 1984).

줄은 구곡(九穀) 중의 하나로, 한자로는 줄 고(菰)자를 쓴다. 줄풀의 열매는 고미(菰米)라 하며 식용하였다. 이는 후대에는 주로 구황식품으로 활용되었다. '고미'는 예기, 초사 등에도 보이는 것으로, 중국에서는 전국시대 이래 화북 지방에서 널리 식용하였다.

3. 중국과 한국의 식생활 문화

한·중 양국은 곡물을 식재료로 하여 어떤 식생활을 해 왔는가? 다음에는 이에 대해 살펴보기로 한다.

식생활 문화는 여러 가지 면에서 살펴볼 수 있을 것이다. 여기서는 취사기구와 취반 문화, 대표적 부식문화, 식사의 방법과 수저 문화, 곡물의 생산과 식생활 문화의 분화 등에 대해 살펴보기로 한다.

3.1. 취사기구와 취반(炊飯) 문화

상고시대에는 곡물을 날로 먹었고, 불을 사용할 줄 알게 된 뒤에는 소
식(燒食)을 하거나, 낟알을 돌 위에 얹어 익혀 먹는, 입식(粒食)을 하였다.
그리고 죽부(竹釜)라고, 낟알을 대나무 통 속에 넣어 쪄 먹기도 하였다.
이러한 조리법은 상당히 오랜 동안 계속되었다. 그 뒤 조리 기구와 식기
가 마련되며 비로소 밥이나, 죽, 혹은 면과 같은 음식을 만들어 먹게 되
었다. 이른바 취반문화(炊飯文化)가 형성된 것이다.

중국의 전설에 의하면 황제(皇帝)가 처음으로 솥과 시루를 만들고, 화
식을 하게 되었다고 한다. 그는 처음으로 곡물을 쪄서 밥을 만들고, 조
리하여 죽을 만들었다고 한다.

도기의 역사는 대체로 1만년이 넘는 것으로 본다. 초기의 도기는 대부
분이 취사에 사용되는 것이었다. 솥과 시루는 6,000~7,000년 전의 양사
오문화보다 약 1,000년 전에 만들어졌다. 룽산문화 시기에 이들은 보편
적으로 사용된 것으로 보인다.

조리 기구는 신석기시대 말기에 우선 도기로서, 솥(釜)과 시루(甑)가 만
들어졌다. 중원 지역에서는 정(鼎) · 력(陶鬲 · 曲脚鼎), 언(甗)이라는 취사도
구가 사용되었다. 도정(陶鼎)의 제작은 7,000년전까지 거슬러 올라간다.
삼족양이동정(三足兩耳銅鼎)은 은나라 때 유행하기 시작했으며, 이는 끓이
는 기구에서 예기, 권력의 상징으로 변하였다. 동정(銅鼎)은 물론 도정(陶
鼎)까지 평민의 사용이 금지되었다. 이를 대신한 것이 가마(釜)다. 식기로
는 은(殷)나라 때 원형의 궤(簋), 굽이 높은 두(豆)가 개발되었다. 궤(簋)는
밥을 담는 그릇으로 천자는 구정팔궤(九鼎八簋)를 사용하였다. 중원의 두

(豆)의 사용은 동부 연해지역에 비해 약 2,000년쯤 늦은 것으로 알려진다. 물그릇으로는 반(盤)·부(缶)·관(罐)이 있었다.

곡물은 처음에 솥에 물을 붓고 삶아 먹었을 것이다. 이는 뒤에 죽으로 발전하였다. 그리고 시루가 발명되면서 쪄서 먹게 되었다. 중국의 은(殷)이나 주(周)대에는 언(甗)이라는 시루가 있어 보리나 조 같은 곡물을 쪄 먹었다. 그러나 밀은 껍질이 딱딱해 쪄 먹을 수 없었다. 제분(製粉) 기술의 개발을 기다려야 하였다. 한대(漢代)에 손으로 돌리는 매를, 남북조(南北朝) 시대에 역축(役畜)에 의한 연자방아를 사용하게 되며 비로소 제분을 하게 되었다. 그리하여 이때부터 소맥분에 의한 각종 음식이 개발되게 되었다.

청동기시대에는 정(鼎), 력(鬲), 증(甑) 등의 청동기가 만들어졌다. 정은 세 개의 발을 가진 솥으로 이는 주로 갱(羹)을 만드는 데 사용되었다. 력(鬲)은 식기, 또는 솥으로, 증(甑)은 앞에서 언급한 바와 같이 곡물을 찌는 기구로 사용되었다. 밥은 A.D. 530~550년 사이에, 북위(北魏)의 세계적 농서(農書) 제민요술(齊民要術)이 나오기까지는 아직 쪄먹는 단계였다. 취반문화는 금속으로 된 가마인 부(釜)가 개발되며 이루어졌다. 밥(飯)은 예기(禮記) 내칙(內則)에 의하면 서(黍)·직(稷)·도(稻)·량(粱)·백서(白黍)·황량(黃粱) 등을 재료로 지어 먹었다.

한반도에서는 김해(金海) 및 웅천(熊川) 등지에서 A.D. 1~2세기경의 시루가 출토되었고, 안악(安岳) 고분벽화에는 아낙네가 시루에 무엇인가를 찌고 있는 그림이 보인다. 이로 보아 한반도에서는 이때에 곡물을 쪄서 먹었음을 알 수 있다. 또한 낙랑(樂浪)고분에서는 맷돌이 출토되어 이때 이미 한반도에 밀이 들어왔고, 분식을 하였을 것으로 추정된다. 삼국시대에는 삼국사기에 반(飯)과 취(炊)자가 자주 보이는 것으로 보아 밥을 지어먹었을 것으로 보인다. 고구려 본기 대무신왕(大武神王) 4년조애 '只有

鼎使之炊 不待火自熱 因得作食 飽一軍'이란 기록도 보인다. 그리고 밥을 짓자면 무엇보다 가마솥이 필수적인데 이때에는 이미 금속제의 가마가 개발되어 있었다. 안악(安岳) 3호고분에 가마의 벽화가 보이는가 하면, 금령총(金鈴塚)·식이총(飾耳塚) 98호고분·가야고분 등에서는 쇠 가마가 출토된 바 있다.

국수(麵)는 6세기 전반의 '齊民要術'에 수인병(水引餠)이란 이름의 수면(水麵)이 보인다. 면(麵)은 당대(唐代)에 북부 산서(山西) 지역에서 즐기는 풍속이 있었으나, 이는 오히려 남부에서 훨씬 즐겨 먹었다고 한다. 송대에는 탕병(湯餠)이 발전하여 국수는 일가를 이루었고, 이를 면이라 하였다 (이성우, 1978). 우리나라의 경우는 앞에서 언급한 바와 같이 고려도경(高麗圖經)에 의하면 밀이 귀해 잔치음식으로나 국수를 만들어 먹은 것으로 나타난다.

3.2. 대표적인 부식문화

식생활은 밥이나 면류와 같은 주식 외에 반찬인 부식으로 이루어진다. 부식 가운데 대표적인 것에 갱(羹)과, 발효식품인 장(醬)·해(醢)·혜(醯)·저(菹) 같은 것이 있다.

갱(羹)은 국이다. 이는 정(鼎)과 부(釜)가 개발되면서 끓여 먹게 되었을 것이다. 설문해자에 의하면 중국에는 '갱(羹)'에 화갱(和羹)과 대갱(大羹), 혹은 태갱(太羹)이란 두 가지가 있었다. 화갱은 어육(魚肉)을 오미(五味)로 조미하여 끓인 것이고, 대갱 또는 태갱은 육즙(肉汁)을 오미로 조미하지 않은 것이다. 예기 내칙(內則)에 보면 또 국으로는 향(膷)·훈(臐)·효(膮), 곧 소고기 국, 양고기 국, 돼지고기 국을 들고 있고, 이 밖에 줄밥(苽食)에는 치갱(雉羹)을, 보리밥(麥食)에는 포갱(脯羹)·계갱(鷄羹)을, 찹쌀밥(折稌)에는 견갱(犬羹)·토갱(兎羹)을 먹는다고 하였다. 곧 밥에 따라 꿩고기 국, 포의 국, 닭고기 국, 개고기 국, 토끼고기 국을 달리 배합해 먹었다.

한국의 경우는 '반갱(飯羹)'이란 말이 따로 있을 정도로, 주식 밥에 갱(羹)은 따라 나오는 것으로 되어 있다. 고려사 의종(毅宗) 14년조에 "행여(行旅)에 반갱(飯羹)을 하사하였다."고 한 것이 그 한 예다. 한국에서는 제사에 쓰는 국을 특별히 갱(羹)이라 한다. 이에는 소탕(素湯), 어탕(魚湯), 육탕(肉湯), 주저탕(일종의 족탕) 등이 있다. 이밖에 채갱(菜羹)이 있다.

발효식품을 보면 중국의 경우 장(醬)은 우리의 경우와 달리 육장(肉醬)이었다. 주례에는 장이 120가지라 하였다. 이는 해(醢)와 혜(醯)로 각각 60가지다. 주식과 부식의 배합을 중시한 것이다. 공자(孔子)가 논어 향당편(鄕黨篇)에서 "그 장을 얻지 않으면 먹지 않았다(不得其醬不食)"고 한 것은 이러한 주·부식의 배합을 말하고 있는 것이다. 주례에서 장(醬)이란 해혜(醢醯)로, 주재료가 고기이고 부재료가 누룩으로 된 것이다. 따라서 우리의 두장과는 구별된다. 두장(豆醬)이란 말은 후한의 왕충(王充)의 논형(論衡)에 처음 보인다. 한대(漢代)의 두장(豆醬)은 육장에 대한 우리의 장과 마찬가지로 곡장(穀醬)이라 하겠다.

해(醢)는 '젓갈 해, 물고기 절임 해'자로, 주례의 [注]에 의하면 새고기·짐승고기·물고기 따위를 햇볕에 말려 곱게 가루를 낸 다음 여기에 조로 만든 누룩과 소금을 넣어 반죽한 뒤 밀폐하여 어두운 곳에 100일 동안 두어 발효시키는 것으로 되어 있다. 해(醢)는 어란을 쓰기도 하는데 이는 난해(卵醢), 혹은 난장(卵醬)이라 하였다. 해(醢)에는 또 달팽이, 메뚜기 등 곤충류로 만들기도 하였으며, 인육(人肉)의 해(醢)도 있었다 한다.

남방의 생선식해는 '젓 자(鮓)'자를 썼는데, 이는 물고기와 소금과 쌀로 만들었다. 생선 식해는 한민족(漢民族)이 양자강 유역 사람들과 접촉하며 만들어 먹게 되었다. 따라서 이는 삼국시대·남북조 시대에 들어서 만들어 먹게 된 것이라 하겠다(이성우, 1978).

혜(醯)는 '초 혜'자로, 이의 제조방법은 해(醢)와 같으며, 다만 청매(靑梅)의 즙을 넣어 신맛을 내는 것이 달랐다. 이러한 젓갈류인 해(醢)나 혜(醯)는 채소나 고기를 삶아서 찍어 먹는 오늘날의 간장이나 소스 같은 것이었다.

저(菹)는 김치류이다. 시경(詩經)에 외를 따다가 저(菹)를 담가 조상에 바치자는 노래가 전한다. 여씨춘추(呂氏春秋)에 의면 주(周) 문왕(文王)은 저(菹)를 무척 좋아하였고, 공자(孔子)는 시어서 콧등을 찌푸려 가며 이를 먹었고, 3년 후에 그 맛을 알게 되었다고 한다. 설문해자는 저(菹)를 "초채야(酢菜也)"라 풀이하고 있고, 湯可敬(1997)은 이를 "용염엄지적 산채(用鹽腌漬的酸菜)"라 번역하고 있다. 저(菹)는 신 채소(酸菜)로, 소금과 절인 고기를 사용해 담근 것이라는 말이다. 곧 발효식품으로서의 채소다. 주례에 의하면 부추·순무·순채·아욱·미나리·죽순 등의 김치를 종묘제사에 쓴다고 하였다.

한국의 고대 식생활에 있어 발효식품은 대체로 중국의 경우와 비슷하다. 다만 한국의 장(醬)은 육장이 아닌 두장(豆醬)이어 차이가 난다. 조선조의 해동역사(海東繹史)는 신당서(新唐書)를 인용하여 발해의 명산물로 시(豉)를 들고 있다. 이는 '메주 시(豉)'자로, 설문해자에 '배염유숙(配鹽幽菽)'이라고 하여 콩에 소금을 배합하여 숙성시킨 것으로 되어 있다. 따라서 이는 메주를 띄운 오늘날의 장과 크게 다르지 않았을 것이다. 두장(豆醬)은 우리나라에서 처음 개발한 부식으로 보인다. 시(豉)는 고려사의 문종 6년조에 개경(開京)의 굶주린 백성 3만여 명에 내렸다는 기록도 보인다. 장은 거가필용(居家必用)에 의하면 황두·흑두·소두·완두 등으로 만드는가 하면, 누룩과 밀가루로 만드는 국장(麴醬)도 따로 있었던 것으로 알려진다.

중국의 해(醢)나 혜(醯)에 해당하는 것은 생선식해나 어패류의 젓갈이라 할 수 있다. 주례 천관(天官)의 정주(鄭注)에는 산동성(山東省)에는 게장(蟹胥)이 있고, 제민요술에는 한 무제(武帝)가 동이(東夷)를 좇아서 산동성에 갔다가 향기로운 어장장(魚腸醬)을 보고 축이(鮿鮧)라 했다는 기록이 보인다. 이렇듯 동이(東夷)는 게젓, 창난젓을 즐겼음을 볼 수 있다. 삼국사기 신라 본기 신문왕조(神文王條)에는 폐백 품목에 해(醢)가 들어 있다. 이러한 식해나 젓갈은 오늘날에도 전해지고 있다.

저(菹)는 한민족의 대표적인 부식 김치다. 김치는 고려 말 이규보(李奎報)의 '동국이상국집(東國李相國集)'의 시 '가포육영(家圃六詠)'을 통해 저간의 사정을 알 수 있다. 그는 무청(菁)을 읊으며, "득장우의삼하식(得醬尤宜三夏食) 지염감비구동지(漬鹽堪備九冬支)"라고, "무청으로 장아찌를 담가 삼하 동안 먹고, 무청을 소금에 절여 구동을 난다."고 한 것이다. 이 구절은 무청 장아찌와 무청 김치를 노래한 것이다. 김치는 삼국시대부터 있었을 것이나, 이때의 김치는 오늘날과 달리 채소를 소금에 절인 정도의 것이었을 것이다. 중국에서는 김치류를 저(菹)라고 하였으나 청대(淸代) 이후에는 엄채(醃菜), 함채(鹹菜)라 한다. 일본에서는 "쓰케(漬), 쓰케모노(漬物)"라 한다. 우리에게도 '염지(鹽漬)'란 용례가 보인다. '漬,'는 '담글 지' 자로, '담그다, 적시다, 스미다, 물들다'의 뜻을 나타낸다.

3.3. 식사의 방법과 수저 문화

원시시대에 인류는 음식을 손으로 집어먹는 수식(手食)을 하였다. 그것은 명기(明器)에 보이는 문자에서 쉽게 확인된다. 그렇다면 수저는 언제부터 사용되었을까?

주지육림(酒池肉林)으로 잘 알려진 은나라의 마지막 임금 주(紂)는 상아

(象牙)로 젓가락을 만들라고 지시했다고 한다. 그러나 은나라에서는 아직 젓가락이 사용되지 않았다.

1976년 은대 후기의 도성 유적인 은허(殷墟・河南省 安陽市 교외)에서 은 왕 무정(武丁)의 비인 부호(婦好)의 묘가 원형 그대로 발굴되었다. 여기에 서는 지금으로부터 3,000여 년 전의 조형기술(造形技術)이라고는 도저히 믿을 수 없는 뛰어난 유물들이 대량 발굴되었다. 이때 동물의 뼈를 가공 한 구기(勺)와 숟갈(匕) 등도 나왔다(阿辻, 1994). 부호(婦好)의 묘가 아닌, 은 대의 다른 유적에서는 비(匕) 외에 뼈로 만든 포크도 나왔다. 이로써 은 대에는 식사할 때 숟갈(匕)과 포크가 사용되었음을 알 수 있다(王仁湘, 1989). 서양의 포크는 근대에 개발된 것이다.

중국의 숟가락은 젓가락과는 달리 그 역사가 매우 오래되었다. 이는 허무두(河姆渡) 문화와 하북성(河北省) 무안현(武安縣)의 츠산문화(磁山文化)의 유적에서 뼈로 만든 것이 출토된 바 있다. 따라서 숟가락이 사용된 것은 늦추 잡아도 7,500년 전으로 거슬러 올라간다.

저(箸)는 은(殷) 나라에는 물론 갑골문이나, 시경에도 이에 해당한 글자 가 보이지 않는다. 저(箸)가 사용되기 시작한 것은 춘추시대일 것이며, 이 것이 일반화된 것은 한대(漢代)일 것이라 추정한다(阿辻, 1994). 중국에서 발굴된, 가장 오래된 저(箸)는 1964년 운남성(雲南省) 상운현(祥雲縣)의 묘 에서 나온 동제(銅製)의 것이다. 이는 감정 결과 춘추시대 말기인 기원전 495년 전후의 것으로 추정된다. 따라서 이보다 먼저 목제나 골제의 젓가 락이 제작되었을 것이므로, 젓가락은 적어도 춘추시대에 등장하였을 것 으로 추정된다.

그렇다면 수저의 용도는 어떠했겠는가? 전국시대에 편찬된 예기(禮記) 곡례(曲禮)에는 다음과 같은 기록이 보인다.

"기장(黍)을 먹을 때에는 저(箸)를 사용하지 말 것이며(飯黍毋以箸)."

"갱(羹)에 채(菜)가 있는 것은 저(梜)를 사용하고, 채가 없는 것은 저
(梜)를 사용하지 않는다(羹之有菜者用梜 其無菜者不用梜)."

저(箸)는 국(羹)에 채(菜)가 들어 있는 경우에 사용하고, 기장밥을 먹을
때는 저를 사용하지 않는 것이 예절이란 말이다. 이러한 습관은 오늘날
주식은 숟갈, 부식은 젓가락으로 먹는 우리의 식습관과 같은 것이다.

한반도에는 일찍부터 수저 문화가 있었던 것으로 보인다. 수저는 청동
기시대의 유물로 낙랑(樂浪)의 청동 숟가락이 출토된 바 있고, 역시 낙랑
의 고분에서 옻칠한 상자가 출토되었는데, 여기에는 아버지로 보이는 노
인에게 숟가락으로 무엇인가를 먹이는 그림이 보인다. 그리고 1971년
발굴한 백제의 무령왕릉(武寧王陵)에서는 역시 청동으로 만든 숟가락과
젓가락이 출토되었다. 이로 보아 뼈나 나무로 만든 시저(匙箸)는 일찍부
터 만들어 사용했을 것으로 추단된다. 우리의 수저의 용도는 앞에서 언
급한 바와 같이 숟가락으로 밥과 국을, 젓가락으로 반찬을 먹는 데 있었
다.

3.4. 곡물의 생산과 식생활문화의 분화

중국의 경우 화북(華北)지방은 건조하고 밭이 많아 조·기장·콩·밀
등이 많이 재배되었다. 주(周)나라 때 북방의 주식은 조와 콩(菽)이었다.
이에 대해 화남지방은 온난 다습하여 물벼(水稻)가 많이 재배되었다. 그
래서 강소성·절강성에 걸친 허무두 문화(河姆渡文化) 유적지 등에서는 지
금으로부터 7,000여 년 전의 벼가 출토된 바 있다. 이렇게 화북에서 조
와 기장, 밀, 화남에서 벼를 많이 재배하다 보니 남북의 식습관이 달리

형성되었다. 이 점은 후대로 갈수록 분명해지는 것으로 알려진다(王仁湘, 2010). 처음에 낟알을 먹는 식습관에서 남쪽에서는 밥(飯)을, 북쪽에서는 국수(麵)를 먹는 식습관이 형성된 것이다.

한반도의 경우도 남북의 농경생활은 중국의 경우와 같이 대조적인 경향을 보인다. 부여 · 옥저 · 고구려 등 북쪽 지방의 나라들은 주로 조 · 기장 등을 재배하고, 남쪽 지방에 있던 삼한(三韓)과 백제나 신라에서는 보리와 벼를 많이 재배하였다. 삼국사기 고구려조에 보이는 "박숙상맥(雹菽傷麥)"(山上王 25년)이나, "상운맥해(霜隕麥害)"<西川王 3년>와 같은 서리나 우박으로 인한 콩과 보리의 피해 기사는 북쪽에서 전작을 주로 해 그 피해를 기록한 것이라 하겠다. 이에 대해 앞에서 언급한 바와 같이 위지동이전 변진조의 '宜種五穀及稻'의 기록이나, 삼한시대의 삼대 저수지 시설은 삼한 시대에 벼농사가 행해졌음을 말해 주는 것이라 하겠다. 마한(馬韓)에서 추수 때에 귀신에게 제사를 지내고 밤새워 술을 마시고 춤을 추었다고 한 것은 벼를 거둔 뒤의 감사 축제라 할 것이다. 이와 같이 남북은 농경에 주종을 이루는 곡물이 달랐다. 따라서 이들의 식생활도 자연히 북쪽은 밭작물인 조 · 기장과 같은 잡곡이 중심이 되고, 남쪽은 보리와 벼가 중심이 되었다. 이는 오늘날도 "감자바위"라는 말이 있고, 산촌 처녀는 시집가기 전에 쌀 한 말을 제대로 못 먹는다는 말이 있는 것으로 보아 남북의 식생활의 차이는 충분히 짐작하고도 남음이 있다. 이러한 점은 중국의 경우와 비슷하다. 그러나 중국의 경우처럼 한반도에는 면류(麵類)가 주식으로 정착되지는 않았다. 그것은 앞에서 언급한 바와 같이 밀의 생산량이 많지 않아 귀한 곡물인데다가 식생활에 많이 활용되지 않았기 때문이다. 한반도에서는 빵문화도 발달되지 않았다. 이것이 발달된 것은 서양문화다. 따라서 서양문화가 빵 문화에 특성이 있다면, 중국문화는 면 문화, 한반도의 문화는 밥(飯)의 문화에 특성이 있다

하겠다.

4. 식생활과 어휘 문화

식재료와 식생활 문화에 대해 앞에서 살펴보았다. 본장(本章)에서는 이러한 식생활 문화와 관련이 있는 언어문화, 특히 어휘 문화를 살펴보기로 한다. 어휘는 시대와 지역, 나아가서는 나라에 따라. 형식과 의미 내지 지시물이 다를 수 있다. 여기서는 이러한 어휘 문화를 한어(漢語)의 어휘 문화와 한국어의 어휘 문화로 나누어 살펴보기로 한다.

4.1. 한어(漢語)의 어휘 문화

어휘 문화에 대한 논의는 우선 '오곡(五穀)'이란 말과, 곡물을 이르는 범칭부터 살펴보아야 하겠다.

오곡에 대한 설명은 고서에 따라 다른가 하면, 시대의 변화에 따라 지시물이 바뀌기도 하고, 같은 시대라도 지역이나 사람에 따라 달리 나타나기도 한다. 주례 천관(天官) 질의(疾醫)의 [注]에는 '麻黍稷麥豆'를 오곡으로 들고 있고, 맹자 등문공(滕文公) 上의 [注]에는 마(麻) 대신 도(稻)가 들려 있다. 주례의 주는 정현(鄭玄)이, 맹자의 주는 조기(趙岐)가 한 것으로, 이들은 다 같이 후한(後漢) 사람들이다. 그러나 이들이 제시한 '오곡'은 시대적 변화로 보아야 할 것이다. 도(稻)는 후대에 중원에 들어온 것이기 때문이다. 오곡은 '麻黍稷麥菽'으로 보고, 稻는 육곡(六穀)에 포함시키는 것이 바람직 하겠다. 우리는 전통적으로 '麻黍稷麥豆'를 오곡이라 보았고, 오늘날은 '쌀·보리·조·콩·기장'을 오곡으로 본다. 따라서 결과적으로 중국의 시대적 변화와 같다. 일본의 경우는 오늘날 '米·麥·粟·豆·黍, 혹은 稗'(新村出, 1979)를 오곡으로 본다.

곡물의 범칭, 혹은 통칭, 대명(大名)이라 할 것에 곡(穀)·속(粟)·화(禾) 등이 있다. 화(禾)를 제외한 나머지 둘에 대해서는 다소간에 앞에서 논의한 바 있다. 곡(穀)은 설문해자에 '百穀之總名'이라 한 것이 그것이다. 이에 곡물을 '오곡·육곡·백곡'이라 하는가 하면, 현대어에서도 곡자·곡식과 같이 곡물 일반을 이르고 있다. 그런데, 소진함(邵晉涵)의 '이아정의(爾雅正義)'에는 "북방호지위곡자(北方呼稷爲穀子) 기미위소미(其米爲小米)"라 하여 직(稷)을 조(粟)로 보고, 이를 '곡자(穀子)'라 하고 있는 것을 볼 수 있다.

속(粟)은 설문에 '가곡야(嘉穀也)'라 하고 있고, 단주(段注)에서 이를 '가곡지실왈속(嘉穀之實曰粟)'이라 하고 있다. 탕가경(湯可敬)(1997)에서는 이에 대해 좀 더 보충 설명을 해 '속 미호적 백곡적 자실(粟 美好的百穀的籽實)'이라 하고 있다. 속(粟)은 백곡의 열매(籽實)란 것이다. 李時珍의 본초강목(本草綱目)에서 옛날에는 속(粟)이 서·직·양·출의 총칭(古者以粟爲黍稷粱秫之總稱)'이라 한 것이나, 諸橋(1968)에서 속(粟)의 의미의 하나로, '낟알. 속립(粟粒)과 비슷한 곡물의 총칭'이라 한 것도 다 이러한 것이다. 이아익(爾雅翼)의 "속 고이미지유부각자개칭속(粟 古以米之有孚殼者皆稱粟)"은 그 대상을 좀 더 구체적으로 언급한 것이다. 옛날에는 씨앗(仁)의 껍데기가 있는 것은 다 속(粟)이라 했다는 것이다.

화(禾)도 설문에서 '嘉穀也'라 되어 있고, 이를 湯可敬(1997)은 '美好的穀子'라 하고 있다. 그리고 '소(疏)'에서는 '화가화마재언화자(禾稼禾麻再言禾者) 이화시대명야라(以禾是大名也) … 기여도출고량지배(其餘稻秫苽粱之輩) 개명위화(皆名爲禾) 마여숙맥무화칭(麻與菽麥無禾稱) 고어마맥지상(故於麻麥之上) 갱언화자총제화야(更言禾字以總諸禾也)'라 하고 있다. '화(禾)'가 대명(大

名)임을 말하고, 稻秫苽粱之輩는 화가(禾稼)이고, 마맥(麻麥)에는 화(禾)자를 붙여 화속(禾屬)을 모두 나타낸다고 한 것이다. 그리고 段注에는 '가곡지 연고자왈화(嘉穀之連稿者曰禾)'라고, 짚에 붙어 있는 가곡이 화(禾)라 하였다. 그는 나아가 가곡의 '실왈속(實曰粟) 속인왈미(粟人曰米), 미왈양(米曰粱) 양금속운소미시야(粱今俗云小米是也)'라 하여 화실(禾實)은 속(粟)이요, 그 쌀은 량(粱)이요, 소미(小米)라 한다. 이러한 해석은 곡물의 통칭에서 개별 명칭으로 발달하는 과정을 보이는 것이다. 그러나 이와는 달리 소위 위에서 범칭이라 본 것을 오히려 별칭에서 통칭으로 그 의미가 바뀌는 것으로 보기도 한다. 그것은 馬漢麟(2007)과 같은 경우다.

다음에는 오곡 가운데 형식과 지시물 사이에 문제가 있는 것을 살펴 본다.

첫째, '稷'과 서(黍) · 속(粟)과의 관계를 보기로 한다.

'稷'은 흔히 '기장 직, 피 직'이라 한다. 그러나 이미 앞에서 언급한 바와 같이 '직(稷)'은 '조(粟)'라 비정하였다. 본초강목(本草綱目)에서는 서 직(黍稷)을 같은 유로서, 종이 다른 것으로 본다(稷與黍一類二種也). 찰진 것 이 서(黍)이고, 찰지지 않은 것이 직(稷)이란 것이다. 서(黍)는 기장이다. 따 라서 메기장을 직(稷)이라 한 것이다. 이에 대해 湯可敬(1997)은 설문해자 의 '직 오곡지장(稷 五穀之長)'을 번역하여 '稷 粟米. 五穀之首領'이라 하여 직(稷)을 조(粟)로 보았다. 湯可敬(1997)은 또 직(稷)의 주석에서 '기미위소 미(其米爲小米)'라 하고 있다. 현대 한어에서 소미(小米)가 '좁쌀'임은 앞에 서도 언급한 바와 같다. 이렇게 서직(黍稷)의 직(稷)은 광의의 서(黍)로, 메 기장이기도 하나, 이와는 다른 곡물 속(粟), 곧 좁쌀을 가리킨다. 이는 의 미가 변한 것이다. 직(稷)은 또한 '고량, 수수'를 의미하기도 한다. 諸橋 (1968)에서 직(稷)을 'たかきび. 高粱'이라 한 것은 이의 대표적인 예이다.

이는 청(淸)의 주준성(朱駿聲)이 지은 '설문통훈정성(說文通訓定聲)'에서 '직위금지고량(稷爲今之高粱)'이라 한 것과 같다. 서직(黍稷)에 대응되는 일본어는 'きび(稷) あわ(粟)'다. 일본어는 서직(黍稷)을 우리처럼 '기장 · 조 · 수수'로 삼분하지 않고, 'あわ(조) · きび(수수)'로 양분하여, 따로 기장을 나타내는 말이 없다. 湯可敬(1997)에서는 설문의 '梁 米名也'를 번역하여 '粟米名'이라 하고, 주석에서 '梁 卽粟'이라 하고 있다. '梁'을 조(粟)로 본 것이다. 앞에서 본 바와 같이 본초강목에서는 옛날에는 속(粟)을 양(梁)이라 불렀다. 梁을 서속(黍粟)의 한 부류로 본 것이다.

속(粟)은 앞에서 본 바와 같이 본래 개별적 곡물 이름이 아니고, '嘉穀之實'을 의미하는 말이었다. 이러한 뜻의 속(粟)이 '조'만을 지칭하게 된 것은 한 대(漢代) 이후로 보인다. 고대에 이 속(粟)은 직(稷)이 나타내었다. 속량(粟粱)은 동류의 이종이다. 이시진의 본초강목(本草綱目)에서 '이삭이 크고 털이 길며, 알이 큰 것은 양(梁)이라 하고, 이삭이 작고 털이 짧으며, 낟알이 작은 것은 속(粟)이라 한다'고 한 것은 梁과 속(粟)의 차이를 구체적으로 제시한 것이다. '粟'은 백곡의 의미에서 梁(수수), 粟(조)의 의미로 그 의미가 축소된 것이다.

둘째, '米'의 의미를 보기로 한다.

설문해자에는 '米 粟實也'라 하였다. 곡물의 열매라는 말이다. 이를 [段注]에서는 보충 설명하고 있다. 열매는 씨앗이 있는데, 속(粟)은 겉껍질을 가지고 있는 것이고, 미(米)는 곡물의 알맹이(仁)란 것이다(實當作人 粟舉連秠者言之 米則秠中之人). 그리고 이어서 속(粟)은 화서(禾黍)를 이른다고 전제하고, '기거비존인왈미(其去秠存人曰米) 도직맥고역왈미(稻稷麥菰亦曰米)'라고, 껍질을 벗기고 남아 있는 씨앗을 미(米)라 하는데, 벼 · 조 · 보리 · 줄 또한 미(米)라 한다는 것이다. 이렇게 속(粟)이란 겉곡식을, 미(米)란 겉곡식 속에 들어 있는 알곡을 가리킨다. 그것도 모든 곡식의 알곡을 이른다. 속미(粟米)·옥미(玉米)·소미(小米)·황미(黃米)·패자미(稗子米), 직미(稷米), 고미(菰米) 등이 이런 것이다. 따라서 '미(米)'란 오늘날처럼 도미(稻米)만을 의미하는 것이 아니다. '미(米)'가 도미, 볍쌀만을 의미하게 된 것은 볍쌀이 쌀의 대표적인 것이기 때문이며, 이는 그 의미가 축소된 것이다. 볍쌀은 좁쌀 소미(小米)에 대해 따로 대미(大米)라 한다.

셋째, 도(稻)와 조(租)의 의미를 보기로 한다.

설문해자에 의하면 도(稻)는 도(稌)요, 도(稌)는 또 도(稻)를 가리키는 것으로 되어 있다. 그리고 통훈정성에 의하면 옛날에는 차진 벼를 도(稌)라 했다고 한다. 湯可敬(1997)에서는 소인(蘇人)은 탈곡하지 않은 것을 도(稻), 탈곡한 것을 곡(穀), 이미 도정한 것을 미(米)라 하며, 북인(北人)은 도(稻)를 남미(南米), 대미(大米)라 한다고 하고 있다. 그리고 옛날에는 곡미(穀米)는 다 도(稻)라 했다고도 하고 있다. 이는 백곡의 알곡을 미(米)라 하는 것과 같이 모든 겉곡식은 속(粟)이라 하고, 또 도(稻)라고도 했음을 의미한다.

조(租)는 설문해자에 '전부야(田賦也)'라 되어 있고, 湯可敬(1997)은 이를 '안전묘수렴곡세(按田畝收斂穀稅)'라 풀이하고 있다. 전묘를 안배하여 곡세(穀稅)를 거두는 것, 곧 전조(田租)를 의미한다는 것이다. 이렇게 조(租)는 중국이나 일본이 다 같이 조세(租稅)라는 의미로 사용한다. 우리의 경우도 마찬가지다. 그런데 우리 기록에 이와 다른 것이 보인다. 삼국사기의 문무왕(文武王) 2년조와 8년조에 보이는 다음과 같은 기사가 그것이다.

* 王命庾信 興仁問 良圖等九將軍 以車二千餘輛 載米四千石 租二萬二千餘石 赴平壤 <二年條>
* 大幢少監本得蛇川戰功第一..... 並授位一吉湌 賜租一千石 誓幢幢主 金遁山平壤戰功第一 授位沙湌 賜租七百石 軍師南漢山北渠... 賜粟一千石 <八年條>

<二年條>의 기사는 문무왕(文武王)이 김유신(金庾信) 등 장군에게 조(租) 2만 2천여 석을 가지고 가서 당군(唐軍)을 도우라는 것이고, <八年條> 의 기사는 논공행상의 과정에서 왕이 각각 조(租) 1,000석과 700석을 하 사하였다는 것이다. 따라서 여기서의 '조(租)'는 조세가 아닌, 곡물(穀物) 임이 분명하다. 이성우(1978)는 이를 두고 고심 끝에 "통일신라시대의 租 는 적어도 麥을 가리키는 것이라고 보았으면 한다."고 하고 있다. 삼국 사기의 기사는 '米 : 租', '租 : 粟'과 같이 상대적으로 기술한 것이다. 따 라서 '租'가 미(米)나 속(粟)이 아님이 분명하다. 그렇다면 그 대상이 무엇 인가? 이는 벼인 '도(稻)'다. 2년조의 기사는 도정 여부로 구분한 표현이 고, 8년조의 기사는 논곡식 '벼(稻)'와 밭곡식 '조(粟)'를 구분한 것이다. 崔虎가 번역한 삼국사기(1994)의 '벼 2만 2천여 석'과 '벼 1,000석; 벼 700석'이 그것이다. 이렇게 적어도 삼국시대에는 '租'가 稻를 의미하기 도 하였음을 알 수 있다. 諸橋(1968) 등의 자료로 볼 때 중국이나 일본에 는 이런 용례가 따로 없는 것으로 보인다.

넷째, 시저(匙箸)를 나타내는 명칭과 개념을 보기로 한다.

중국에서 숟가락은 허무두(河姆渡) 문화 유적에서 출토될 정도로 일찍 부터 사용되었다. 이를 비(匕)라고 하였다. 설문해자에 의하면 이는 '취반 (取飯)'을 위한 것으로, 일명 사(柶)라고도 하는 것으로 되어 있다. 段注는 이를 오늘날의 반시(飯匙)라 하였다. 비(匕)는 서직(黍稷)과 생체(牲體)를 먹 는데 두루 사용되었다. 비(匕)는 사(柶) 외에 비(朼), 또는 비(枇)라고도 한 다. 이들은 의식용으로 삼척, 혹은 오척씩 되는 것도 사용되었다. 또 숟 가락은 '시(匙)', 또는 '시자(匙子)', 시초(匙抄)라고도 한다. 湯可敬(1997)은 시(匙)란 비작(匕勺)이라 하고, 宋駿聲의 통훈정성에서 "소속소위 다시, 탕 시, 조갱, 반조자야(蘇俗所謂 茶匙, 湯匙, 調羹, 飯操者也)"를 인용하고 있다. 시(匙)는 일반적으로 손잡이가 짧은 사기 숟가락, 또는 작은 숟가락을 가리킨다(이용묵, 1966).

젓가락을 지칭하는 말은 저(箸)·협(梜)·쾌(筷) 등이 있다. 저(箸)에 대해 설문해자는 '반기(飯敧)'라 하고 있다. 이를 湯加敬(1997)은 밥 먹을 때의 공구로 쾌자(筷子)라 하였다. '협(梜)'은 앞에서도 인용한 예기 곡례(曲禮)의 "羹之有菜者用梜 其無菜者不用梜"에 보이는 것이다. 이의 [注]에서 '梜'은 '猶箸也'라 하고 있다. 箸와 梜의 차이는 대(竹)와 나무라는 재질에 있는 것으로 보인다. 이에 대해 쾌(筷)는 금기(taboo)에 의해 새로 만든 글자로, 신어다. 저(箸)는 그 발음이 zhu'다. zhu'는 주(住)와 동음으로, '住'는 '살다, 정주하다, 머물다, 정지하다, 그치다' 등의 의미를 지닌다. 남선북마(南船北馬)의 중국 남방에서는 배를 운항하거나 여행할 때, 여러 날 배를 타야 한다. 바람에 의지하는 범선(帆船)이 운항하지 못하고 서 있는다는 것은 바람직한 일이 못 된다. 따라서 배에서는 순항하지 않고 선다는 zhu'라는 말은 금기어(禁忌語)로 여겼다. 배에서 먹고 자며 이동해야 하는데, 저(箸)는 zhu'(住)라고 정지를 의미하니 이 말을 기피한 것이다. 그래서 '箸' 대신에, 오히려 빨리 달리라는 뜻으로 쾌(快)자에, 저(箸)자의 대 죽(竹)을 얹어 새로 만든 글자가 쾌(筷)다. 이는 접사를 붙여 쾌자(筷子)라고도 한다. 수저를 이르는 말은 사기(史記)에 "천둥이 울어 비저(匕箸)를 잃었다."고 한 '匕箸'가 있다. 이는 한대(漢代)부터 쓰인 것으로 보인다. 수저는 또 비근(匕筋)이라고도 한다. 그러나 한어에는 우리가 흔히 쓰는 '시저(匙箸)'란 말은 보이지 않는다.

4.2. 한국어의 어휘 문화

한국어의 어휘 문화에서는 쌀, 김치, 숟갈, 수수와 관련된 말을 살펴보기로 한다.

첫째, '쌀'과 '입쌀'과의 관계를 보기로 한다.

쌀을 가리키는 말은 고려 때 만들어진 송(宋)나라 손목(孫穆)의 계림유
사(鷄林類事)에 처음 '菩薩'이라 보인다. '白米日 漢菩薩', '粟曰 田菩薩'.
'菩薩'은 'ㅂ 술' 쯤으로 재구된다. 'ㅂ 술'은 '뿔'과 '쑬'을 거쳐 오늘날의
'쌀'이 되었다. '쌀'은 물론 '도미(稻米)'를 의미한다. 그러나 이는 '볍쌀'
외에 다른 뜻으로도 쓰인다. '표준국어대사전(국립국어연구원, 1998)'에서는
'쌀'을 다음과 같이 풀이하고 있다.

① 벼에서 껍질을 벗겨낸 알맹이
② = 입쌀
③ 볏과에 속한 곡식의 껍질을 벗긴 알을 통틀어 이르는 말. 쌀, 보리
   쌀, 좁쌀 따위가 있다.

그렇다면 '쌀'의 어원적 의미는 무엇이었을까? 언어의 발달과정으로
볼 때 한자어 '米'와 마찬가지로, 위의 ③이 본래의 의미였을 것이다.
곧, 본래의 뜻은 볏과의 모든 곡식의 껍질을 벗긴 낟알을 통틀어 이르는
말이었다. 그런데 사람들은 흔히 그런 생각을 하지 않는다. 이는 뒤에
①, ②의 순으로 그 의미가 축소되는가 하면, 한편 확장되어 나갔을 것
이다.

화곡류(禾穀類)로서의 쌀은 사전의 풀이에 보이는 '벼, 보리, 조'의 알
곡 외에, 표준어만 하여도 도곡류의 '볍쌀, 멥쌀, 찹쌀'과, 별종인 '기장
쌀, 수수쌀, 율무쌀, 핍쌀, 생동쌀(靑粱)' 등을 더 나타낸다. 그리고 의미가
'상수리쌀'과 같이 곡물 외의 것에까지 확장되는가 하면, 비유적으로,
'쌀고치(蠶繭), 쌀새우(禾蝦·白蝦)'란 말까지 쓰이고 있다. 후자는 쌀이 '희
다'는 비유적 의미를 나타낸다.

'볍쌀'의 대표적인 것에는 '멥쌀'과 '찹쌀'이 있다. 이는 점성(黏性) 여부에 따른 구분이다. 이밖에 잘 알려진 고유어에 '입쌀'이 있다. '입쌀밥에 고깃국'이라 병칭되는 선망의 음식이다. '입쌀'은 '니쌀(稻米)'이 변한 말로, 이는 사전에서 '멥쌀을 보리쌀 따위 잡곡이나, 찹쌀에 상대하여 이르는 말'(국립국어연구원, 1998)이라 풀이하고 있다. 물론 이러한 뜻으로 풀이할 수도 있다. '이밥'은 흰 쌀밥으로, 밥은 멥쌀로 짓기 때문이다. 그러나 '니쌀(입쌀)'을 '멥쌀'로 한정할 것은 못 된다. '니'는 '쌀'이나 '밥' 외에도 '닛딥, 닛딮, 닛뷔, 닛븨'와 같이 '쌀'이 아닌 '짚(藁), 비(帚)' 등과 합성어를 이루는가 하면, '니'는 '메벼'와 '찰벼'를 구분하지 않는 '도미(稻米)'라 하겠기 때문이다. 설문해자에는 '稻 稌也', '稌 稻也'라 하고 있는가 하면, 湯可敬(1997)에서는 [注釋]에서 '古專謂粘者爲稌 吾蘇所云 糯米也'라 하고 있다. 도(稻)는 도(稌)로, 옛날에는 이들이 찰진 것(粘者)을 나타내는 '찹쌀(糯米)'이라는 것이다. 거기에다 주례 식의조(食醫條)에는 육곡의 하나로 도(稻) 아닌, 도(稌)를 들고 있다. 그뿐이 아니다. 동의보감(東醫寶鑑)에는 '니ᄎ쌀(糯米)'이란 말까지 쓰이고 있다. 여기서의 '니'는 도저히 '메'일 수는 없고, '벼·나락'과 동의어이거나, '밥(飯)'을 의미하는 말로 봄이 좋을 것이다. 더구나 예기 내칙에는 앞에서 보인 바와 같이 '찹쌀밥(折稌)'에는 견갱(犬羹), 토갱(兎羹)'을 먹는다고 식사로서 '찰밥'이 거론되고 있다. 따라서 이러한 자료를 놓고 보면 '니밥'은 '멥쌀밥'이 아닌, 오히려 '찹쌀밥'으로 보아야 한다. 그렇다고 하면 미반(米飯)은 역사적으로 찹쌀밥에서 멥쌀밥으로 바뀐 것이 된다. 그러나 여기서는 언어적 사실만 가지고 분명치 않은 식생활사를 이렇게 단정할 생각은 없다. 다만 '니/ 이'가 '볍쌀'의 '벼'와 마찬가지로 '도미(稻米)'의 통칭이거나, 일본의 경우와 같이 떡쌀(餠米)에 대한 '밥쌀(飯米)'을 의미하는 말이라고 잠정적 결론을 내리기로 한다. '밥쌀-밥'이란 것은 '니ᄎ쌀'이란 말이 결정적 근

거가 된다. 이러한 결론을 내리는 데는 일본어가 참고가 된다. 일본어에서 밥(飯)은 '이히(イヒ)> 이(イ)'라고도 하는데, 이는 우리의 '니/ 이'와 관련이 있는 것으로 봄이 좋을 것이다. '이히'는 '입쌀밥'의 '이-ㅂ-(술)'의 '입'이 변한 것일 가능성이 있다. '이히> 이'는 우리말의 'ㅂ' 소리의 'p> f> h> 0'화와 관련이 있는 것으로 보인다. 또한 벼(稻)를 이르는 일본어 '이네(イネ)'는 '이(稻)-네(根)'로 그 어원을 해석할 수 있다. 이렇게 우리말의 '니/이'는 '벼' 내지 '밥'을 의미하는 것으로 볼 수 있을 것이다.

둘째, 부식 '김치'에 대해 보기로 한다

'김치'는 침채(沈菜)가 변한 말이다. '沈菜'는 한자로 이루어졌으나, 한어(漢語)에는 없는 우리말이다. 침채(沈菜)는 '절인 나물'이란 말로 '절인 김치'를 가리킨다. 중국의 '저(菹)', 곧 '절임 채소'에 해당한다. 이 말은 두 가지 과정을 거쳐 오늘의 형태 '김치'로 발전하였다.

그 하나는 침채(沈菜)가 훈몽자회(訓蒙字會)의 '딤치'를 거쳐 '짐치', '짐척'로, 그리고 역구개음화현상에 의해 '김치'로 발전하는 것이다. 다른 하나는 소학언해(小學諺解)의 '팀치'를 거쳐 '침치', '침채', '김치'로 발전하는 것이다. '팀치' 계통의 말은 김치의 부차적인 것을 가리키는 말로, 이는 제수용(祭需用)의 '절인 무'이다. 이 말의 발달 과정을 보면 전자 '딤치' 계통의 말이 일찍 조어된 것이고, '팀치' 계통의 말은 후대에 발달한 것이라 하겠다.

그리고 여기 덧붙일 것은 '김치'를 이르는 말에는 또 '지'라는 말이 있다는 것이다. 이는 경상·전라지방의 방언으로, 고어에서 '딯이'라 하던 말이다. 이 '딯이'가 '디이', '지이'를 거쳐 '지'가 된 것이다. '딯이'의 용례는 성종 때의 두시언해(杜詩諺解)에 보인다. "長安앳 겨슰디히는 싀오(長安冬菹酸)"가 그 예다. '장안의 겨울 김치가 시고'라는 뜻이다. 여기에서 '디히'는 김치를 이르는 '저(菹)'에 대응되고 있음을 볼 수 있다. 그리고 이 '지'는 장지(醬漬)를 뜻하는 '장아찌'에도 쓰이는 것을 보여 준다. 이는 '장과(醬瓜)-ㅅ-디히'가 '장앗디히'를 거쳐 '장아찌'가 된 것이다. 이는 장에 담근 외란 말로, '딯다'가 '담그다, 절이다'의 뜻을 나타낸다. 이는 '장-애-ㅅ-디히'가 변한 말로 볼 수도 있다.

'지'는 이밖에 '짠지'를 지칭한다. '짠지'는 두어 가지가 있다. 그 하나는 표준어로, '무를 통째로 소금에 짜게 절여서 묵혀 두고 먹는 김치'다. 다른 하나는 지역 방언으로, 물김치(동치미)나 깍두기에 대해 '배추김치'를 가리킨다. 심심한 물김치에 비해 짠 김치란 말이다. 이렇게 '김치'와 '지'는 동의어로, 둘 사이에는 수분의 정도에 따라 차이가 나는 것으로 보인다. 끝으로 여기 덧붙일 것은 삼동(三冬) 내 먹기 위해 한꺼번에 김치를 담그는 것을 '김장'이라 하는데, 이것도 '침채(沈菜)'와 관련이 있는 '침장(沈藏)'이 변한 말이란 것이다.

셋째, '숟갈' 등 수저를 나타내는 말을 보기로 한다.

우리는 시저(匙箸)를 사용하는 대표적인 민족이다. 시(匙)는 '숟가락'이다. 이는 '술-ㅅ-가락'이 변한 말이다. '술'이란 시(匙)의 뜻이고, 여기에 '가늘고 긴 막대'를 뜻하는 '가락'이 붙은 말이다. '숟갈'은 이의 준말이다. '숤가락'이 '숟가락'이 된 것은 '술-가락'이 복합어를 이루며 사이시옷이 붙게 되고, 그러면서 'ㄹ'이 탈락된 것이다. 따라서 원래는 '숫가락'이라 해야 하나, 'ㄷ~ㄹ'이 서로 바뀌는 현상이라 보아 '숟가락'이라 한 것이다. '이틄날, 며틄날'을 '이튿날, 며칟날'이라 하는 것과 같다. 이는 사실은 고어에서 '밠등'을 '밧등', '풄소'를 '풋소'라 하듯, '숫가락'이라 해야 할 말이다. '젓가락'의 형태적 구성은 '저(箸)-ㅅ-가락'의 합성으로 본다. 그러나 이 말도 사실은 방언에 '절-가락'이 쓰이고 있어 '절-ㅅ-가락'이 변한 말로도 볼 수도 있다. 젓가락을 나타내는 말은 저(箸)라는 한자어 외에 '절'이라는 옛말이 있었던 것으로 보이는 것이다. 수저는 앞에서 언급한 바와 같이 한자어는 아니고, 혼종어 '수-箸'라 하겠다. 흔히 '수'에 한자 '壽'를 적용하나 이는 차자한 것이다.

넷째, '수수'를 나타내는 말을 보기로 한다

'수수'는 고유어 아닌, 한어(漢語)에서 들어온 외래어다. 이는 단순한 한자어가 아니다. 한어를 원음차용한 말이다. 이는 '蜀黍, 蜀秫, 蜀萄, 秫秫' 등으로 표기되는 한어(漢語)다. 이에 대해 '노제(蘆穄), 당서(唐黍), 고량(高粱)'은 한자어이다. 물론 '蜀黍, 蜀秫, 蜀萄, 秫秫' 등도 '촉서, 촉출, 촉촉, 출출'이라 하는 경우는 한자어다. '수수'와 같이 곡물 가운데 한어(漢語)가 우리말에 원음차용이 된 것은 보기 드문 예이다. 수수는 중국에 촉(蜀), 곧 사천(四川) 지방을 통해 들어왔기 때문에 '촉서(蜀黍)'나 '촉출(蜀秫)'과 같은 어휘가 조어된 것이다. 그리고 '촉서(蜀黍), 당서(唐黍)'는 수수를 기장과 동류로 파악한 것이다. 노제(蘆穄)도 수수를 제자(穄子), 곧 기장으로 파악한 것이다. '옥수수'는 '玉蜀黍'로 외래어 '수수(蜀黍)'에 난알의 모양이 '옥(玉)' 같다하여 '옥(玉)'자를 말머리에 얹은 것이다. 옥수수의 난알은 옥미(玉米)라 한다. 일본어로 '옥수수'는 'とうもろこし(唐-)', 또는 'とうきび(唐黍)'라 한다. 수수는 또한 고량(高粱)이라 한다. 앞에서 본 바와 같이 옛날 중국에서는 속(粟)을 양(粱)이라 하였고, 粟·粱을 동류로 보았다. 중국에서는 수수를 도량(稻粱)이라 병칭하여 이들을 맛있는 곡물로 인식하였고, 또한 고량(膏粱), 양육(粱肉)이라 병칭하여 아름다운 음식(膳食)으로 생각하였다.

부록

고대 한·중·일 삼국의 연대표

서 기	한국 (남부 / 북부 / 만주)	중 국	일 본	비 고
B.C. 3000				
	단군조선	줄문토기 / 무문토기 / 三皇五帝 / 仰韶→ 龍山→	繩文土器時代	
B.C. 2000		殷		
B.C. 1000	진국 / 기자조선 / 부여 / 청동기시대	周		甲骨文字
900				詩經
800				
700		春秋時代		
600				
500		戰國時代		
400			야요이(彌生) 土器時代	論語 / 周禮
300		秦		楚辭
200	한 / 위만조선 / 철기시대	前漢		爾雅 / 禮紀
100	진한 변한 / 마한 한사군 / 옥저·동예			
0		新		
100	신라 가야 / 백제 대방 낙랑 / 고구려	後漢		說文解字
200		三國	大和	釋名
300		西晉		
400		五胡十六國 東晉		

참고문헌

박갑수(1979), 사라진 말, 살아남는 말, 서래헌.

박갑수(1995), 우리말 바로 써야 한다, 1·2·3, 집문당.

박갑수(2013), 한국어교육과 언어문화 교육, 역락.

박갑수(2015), 언어 문학 문화 그리고 교육 이야기, 역락.

이성우(1978), 고려 이전 한국 식생활사 연구, 향문사.

이성우(1984), 한국 식품사회사, 교문사.

이성우(1984), 한국 식품문화사, 교문사.

이용묵 편(1966), 엣센스 중국어사전, 민중서림.

주봉규(1963), 한국농업사, 부민문화사.

馬漢麟(2007), 中國 古代文化常識, 新世界出版社.

王仁湘(1989), 民以食爲天- 中國飮食文化, 주영하 역(2010), 중국음식문화사, 민음사.

易中天(2006), 閑話中國人, 박경숙 역(2008), 중국인을 말하다, 은행나무.

中國社會科學院語言硏究所 詞典編輯室 編(2010), 現代漢語詞典, 商務印書館.

湯可敬(1997), 說文解字今釋, 商務印書館.

許愼 撰, 段玉裁 注(1988), 說文解字, 上海古籍出版社.

胡平生·陳美蘭 譯註(2015), 禮記·孝經, 中華書局.

阿辻哲次(1994), 漢字 字源, 講談社現代新書.

諸橋轍次(1968), 大漢和辭典, 大修館書店.

湯可敬(1997), 說文解字今釋.

■ 이 글은 2016년 9월 29일 작성된 원고로, 미발표의 신고이다.

제 3 장 '발' 관계 관용구의 발상과 표현

― 한·일·영 관용구의 비교

1. 서론

국어의 관용구의 표현상의 특징의 일단을 살펴보기 위하여 수족(手足) 관계 관용구를 고찰해 보기로 하였다. 그리하여 '손' 관계 관용구의 표현에 대해서는 이미 1999년 "이중언어학" 제16호에 발표한 바 있다. 따라서 여기서는 '발'과 관련된 관용구만을 골라 이의 발상과 표현의 특징을 살펴보기로 한다. 이를 위해서는 '손'에 관한 관용구의 경우와 같이 영어 및 일어의 관용구와 비교 고찰될 것이다. 이러한 국어 관용구의 특징의 파악은 국어의 발상과 표현의 특성을 알게 하며, 나아가 외국어로서의 한국어 교육에 이바지하게 할 것이다.

여기서 관용구란 단어 이상의 통사적 구조의 것을 의미한다. 관용구의 추출은 한국어의 경우는 두산동아의 "표준국어대사전"(1999)을 자료로 하고, 영어의 경우는 시사영어사의 *The New World Comprehensive English-Korean Dictionary*(1978)를, 일본어의 경우는 岩波書店의 『廣辭苑』(1979)을 기본 자료로 하기로 한다. 이 밖에 금성사의 "『국어대사전』(1991), 硏究

社의 "イデイオム英和辭典"(1993), 민중서림의 "엣센스 일본어관용어사전"(1984) 등이 보충 자료로 활용될 것이다.

2. '발' 관계 관용구의 표현

'발' 관계 한국어의 관용구로 추출된 것은 모두 65개이다. 이 가운데 단어 '발'과 함께 조합된 것이 30개, '발등'과 조합된 것이 7개, '발길'과 조합된 것이 6개, '발걸음'과 조합된 것이 4개, '발목'과 조합된 것이 1개, '발바닥'과 조합된 것이 3개, '발그림자'와 조합된 것이 3개, '손발'과 조합된 것이 6개다. 이 밖에 '다리'와 함께 조합된 것이 5개 있다. 이들 가운데 '발걸음'과 '발그림자'는 물론 신체 부위는 아니다. 그러나 여기서는 수족 관계 관용구를 살피는 자리기에 포함시키기로 하였다. 이렇게 볼 때 '발' 관계 관용구는 단어 '발'과 함께 조합된 것이 48.4%나 되어 압도적으로 많은 것으로 나타난다.

이에 대해 추출된 영어 관용구는 113개이다. 조합된 단어는 '발(foot, feet)'과 조합된 것이 82개이고, '다리(leg)'와 조합된 것이 31개다. 한국어 관용구에 비해 '다리'와 조합된 관용구가 많은 편이다. 일어 관용구는 31개이다. 일본어의 '발'과 '다리'는 다 같이 '아시(足, 脚)'라 이르는 동음어이다. 이들은 흔히 구분해 쓰지 않으므로 여기서도 굳이 구분하지 않기로 한다.

한·일·영어 관용구의 수치는 특별한 의미를 지니는 것이 못 된다. 그것은 자료의 규모에 따라, 또는 편찬 태도에 따라 관용구의 출현 빈도가 차이가 날 수 있기 때문이다. 따라서 여기서의 수치는 자체 내의 상대적인 의미만을 지니는 것으로 본다.

다음에는 이러한 관용구의 구조와 개념의 특징에 대해 살펴보기로 한
다.

2.1. '발' 관계 관용구의 구조

(1) 한국어 관용구의 구조

한국어의 관용구는 통사적 구조로 볼 때 주술구조(主述構造)형이 22개,
객술구조(客述構造)형이 24개, 객한술구조(客限述構造)형이 8개로 이들이 주
종을 이룬다. 근간 요소 아닌 부속 성분을 포함한 확대형까지 함께 살펴
보면 객술구조형의 관용구가 가장 많아 총 65개의 과반수인 35개이고,
그 다음이 주술구조형 27개이다. 주술구조형은 서술어가 동사인 것과
형용사인 것이 각각 11개로 나타난다.

① 주술구조(22개)

a. 동사형(11): 발이 닳다, 발이 맞다, 발이 묶이다, 발이 내키지 않다,
발이 떨어지지 않다, 발이 저리다, 발걸음이 떨어지지 않다, 발길이 멀어
지다, 발길이 내키지 않다, 발길이 떨어지지 않다. 손발이 맞다

b. 형용사형(11): 발이 길다, 발이 너르다, 발이 넓다, 발이 뜨다, 발이
뜸하다, 발이 익다, 발이 잦다, 발이 짧다, 발걸음이 가볍다, 발길이 무겁
다, 다리가 길다

② 객술구조(24개)

발을 구르다, 발을 끊다, 발을 달다, 발을 맞추다, 발을 벗다, 발을 빼
다, 발을 뻗다, 발을 씻다, 발을 타다, 발을 펴다, 발걸음을 재촉하다, 발

그림자도 끊다, 발그림자도 들여놓지 않다, 발그림자도 아니하다, 발길
을 끊다, 발바닥을 핥다, 발등을 디디다, 발등을 밟히다, 발등을 찍다, 발
등을 찍히다, 발목을 잡히다, 다리를 들리다, 손발을 걷다, 손발을 치다

③ 보술구조(1개)

손발이 되다

④ 한술구조(2개)

발에 채다, 발길에 채다

⑤ 주보한술구조(1개)

발이 손이 되도록 빌다

⑥ 주한술구조(4개)

발바닥에 불이 나다, 발등에 불이 떨어지다, 발등에 불이 붙다, 손발이
닳도록 빌다

⑦ 객한술구조(8개)

발 벗고 나서다, 발을 벗고 대들다, 발을 뻗고 자다, 발걸음도 안 하
다, 발바닥에 흙 안 묻히고 살다, 다리를 뻗고 자다, 다리를 펴고 자다,
손발 벗고 나서다

⑧ 관객술구조(1개)

발등의 불을 끄다

⑨ 객관주한술구조(1개)

발을 들여놓을 자리 하나 없다

⑩ 독객술구조(1개)

다리야 살려라

한국어 관용구는 '발이 내키지 않다, 발길이 내키지 않다', '발이 떨어지지 않다, 발걸음이 떨어지지 않다, 발길이 떨어지지 않다'와 같이 같은 형식의 구조로 되어, 단어만을 바꾼 동일 형식의 것이 많다.

(2) 영어 관용구의 구조

영어 관용구의 구조는 객술구조형의 것이 가장 많아 총 113개의 55.8%인 63개나 된다. 그 다음의 빈도를 보이는 것이 한술구조(限述構造)로 41.6%인 47개, 부사구(副詞句)가 16.8%인 19개의 순이다. 영어 관용구에는 주술구조형이 보이지 않는다. 다음 보기에서 괄호 안의 '+X'라는 숫자는 변이형의 숫자를 보인 것이다.

① 명사구(4+1개)

feet of clay, long(short) leg, my foot!, leg before wicket

② 부사구(17+2개)

at a foot's pace, at the foot(of), at a person's feet, beside(before) a person's feet, by the foot run, foot by foot, feet first, foot to foot, off one's feet, on foot, on one's feet, on one's last legs, on the wrong foot, under foot, with both feet, with one's feet foremost, as fast as one's legs would carry one

③ 형용구(2개)

swift of foot, sure of foot

④ 객술구조(37+4개)

carry a person off his feet, catch a person's foot, change foot, change one's feet, change the legs, feel(find) one's legs, find the length of a person's foot, find one's feet, get a leg in, get on one's legs, get one's foot in, get the foot of, give a person a leg up, hang a leg, have not a leg to stand on, have a hand like a foot, have foot for, have legs, have the legs of, have leaden(heavy) feet, keep one's foot(feet), keep one's legs, miss one's feet, make a leg, put a foot upon, pull foot, pull one's leg, put one's foot out, put one's best foot foremost, put one's foot down, run off one's legs, set foot in, set one's foot on the neck of, set(put) one's foot at, shake a leg, show a leg, stretch ones legs

⑤ 객술한구조(13+9개)

get one's foot on the ladder, have a good foot on the floor, have one foot in grave, have one's foot on a person's neck, lay something at measure another man's foot by one's own last, put(set) one's best leg foremost(forward), put one's foot in it, raise(bring) a person to his feet, set a person on his legs, set(put, have) one's foot on the neck of, take one's foot(feet) in one's hand(s), try it on the other leg, walk a person off his legs

⑥ 한술구조(18+7개)

come to a person's feet, come on one's feet, drop(fall) on one's feet, go to the foot, get(start, step) off on the wrong foot, go home feet first, have ... under foot, jump to one's feet, land on one's feet, rise to one's feet, sell on the foot, set(put) ... on one's feet, sit at someone's feet, stand on one's feet, stand on one's own legs, stagger(totter, reel) to one's feet, take to one's feet, take to one's legs

(3) 일본어 관용구의 구조

'아시(足, 脚)' 관계의 관용구의 구조는 광의의 객술구조의 것이 총 31개의 58%인 18개로 가장 많고, 그 다음이 주술구조의 것으로 29%인 9개이다.

① 주술구조(6개)

足が上がる, 足が付く, 足が出る, 足が滑る、足が早い, 足が向く

② 객술구조(15개)

足を洗う, 足を痛める、足を入れる, 足を食われる, 足を出す、足を付ける, 足を突つ込む、足止めを食う、足をとられる, 足を抜く, 足を伸ばす, 足を運ぶ、足を引く、足を引張る, 足を揉む

③ 주보술구조(1개)

足が棒になる

④ 주한술구조(2개)

足が地に付く、足もとから鳥が出つ

⑤ 객한술구조(3개)

足をすりこ木にする, 足を重ねて立ち目を仄てて視る, 足をあげて待つ

⑥ 객한구조(3개)

足を限りに, 足をはかりに, 足を空に,

⑦ 한술구조(1개)

足に任す

　이상 한·일·영 관용구의 구조를 보면 삼국어가 다 같이 객술구조형이 가장 높은 빈도를 보인다. 주술구조형은 한·일어의 경우는 높은 빈도를 보이나, 영어의 경우는 전혀 이를 보여 주지 않아 큰 차이를 드러낸다. 영어의 경우는 오히려 한술구조(限述構造), 부사구(副詞句)와 같이 부사어의 두드러진 출현 빈도를 보인다. 한·일어의 경우도 부사어의 출현도가 높이 나타나나(한국어 20% 15개, 일어 29.0% 9개), 영어의 경우와 비교하면 상대적으로 아주 낮은 편이다. 이러한 객술구조의 높은 빈도, 영어의 주술구조형 전무, 한술구조의 높은 빈도 현상 등은 '손' 관계 관용구의 경우에도 마찬가지로 나타나는 경향이다(박갑수, 1999).

2.2. '발' 관계 관용구의 개념

관용구의 형식적 구조가 아닌 개념, 또는 이미지는 어떤 특징을 보이는가? 다음에는 '발' 관계 관용구의 개념상의 특징을 살펴보기로 한다.

(1) 한국어 관용구의 경우

'발'은 사람이나 동물의 지체를 의미한다. 그러나 이는 이러한 구체적인 개념 외에 비유적으로 여러 가지 이미지를 드러낸다. '보행·왕래·이동'을 나타내는 것은 그 대표적인 것이다. 이 밖에 '부정(不淨), 사물의 받침대, 사물의 하위 부분'을 나타낸다.

한국어 '발' 관계 관용구는 이들의 개념 또는 이미지를 중심으로 하여 볼 때, 위에서 언급한 '보행·왕래·이동'의 이미지 외에는 별로 드러내는 것 같지 않다. 오히려 '접촉·관계', '활동·태도', '주저·속박', '안심·평안' 등이 주요 유형으로 나타난다. 이들의 구체적인 예를 보면 다음과 같다.

① 접촉·관계(12개)

대인, 또는 대물 관계를 나타내는 한국어 관용구는 12개이다. 한국어 관용구는 특히 관계를 끊는 '단교·단절'을 나타내는 것이 많아 8개나 된다. '발(을) 끊다(= 발그림자도 끊다, 오가지 않거나 관계를 끊다), 발을 빼다(어떤 일에서 관계를 완전히 끊고 물러나다), 발(을) 씻다(= 발을 빼다, 관계를 끊고 물러나다), 발길을 끊다(= 발을 끊다), 발걸음도 안 하다(전혀 오거나 가지 아니하다)'가 그 예이다. '발그림자도 끊다(= 발을 끊다), 발그림자도 들여놓지 않다(전혀 나타나지 아니하다), 발그림자도 아니하다(전혀 찾아오거나 찾아가거나 하지 아니하다)'도 같은 예의 관용구이다.

'발이 뜨다(이따금씩 다니다), 발이 뜸하다(자주 다니던 것이 한동안 머춤하다), 발길이 멀어지다(서로 찾아오거나 찾아가는 것이 뜸해지다)'는 접촉이 적은, 소원한 관계를 나타내는 것이고, '발이 잦다(어떤 곳에 자주 다니다)'는 자주 왕래하는 것으로 접촉이 많은, 친밀한 관계를 나타내는 관용구이다.

이러한 접촉이나 관계를 나타내는 영어 관용구로 *Dictionary of English Idioms*(研究社, 1993)에는 'have(get) one(a, one's) foot in the door(어떻게 해서 들어가다, 입회하다), start(off) on the right(wrong) foot(손발이 순조(不調)롭다, 남과의 관계를 좋은·좋지 않은 형태로 시작하다), begin on the right(wrong) foot (前同), with a foot in both camps = have a foot in both camps(대립하는 양진영에 속하다, 양다리를 걸치다)'와 같은 것이 보인다.

일본어의 관용구는 관계를 맺는 것과 끊는 것이 거의 반반이다. '足を入れる(어떤 일에 발을 들여놓다, 어떤 사물에 관계를 갖다), 足を付ける(관계를 갖다, 인연을 맺다), 足を突っ込む(발을 들이밀다, 관계하다, 발을 들여놓다), 足掛かりをつくる(상대방과 관련을 맺다, 관계를 갖다)'는 관계를 맺는 것이다. 이에 대해 '足を洗う(발을 씻다, 나쁜 일에서 발을 빼다), 足を拔く(관계를 끊다)、足が杜絶える(발걸음을 통 안 하다, 오거나 가지 아니하다, 왕래가 없다)'는 관계를 끊거나, 안 하는 것이다. 따라서 한·일·영어에 개념과 형태상 공통되는 관용구는 '발을 씻다 : 足を洗う, 발을 빼다 : 足を拔く'의 두 개 뿐이다.

② 활동·태도(8개)

'활동, 태도'를 나타내는 한국어의 관용구는 8개가 보인다. '발 벗고 나서다(적극적으로 나서서 대들다), 발 벗고 대들다(적극적으로 나서서 대들다), 손발 벗고 나서다(몹시 적극적으로 나서다)'는 적극적 활동을 나타내는 것이다. 이에 대해 '발이 너르다(사귀어 아는 사람이 많아 활동하는 범위가 넓다), 발이 넓다(=발이 너르다)'는 활동 범위가 넓음을 나타내는 것이다.

'발이 손이 되도록 빌다(간절히 빌다), 발바닥을 핥다(재력이나 권세가 있는 사람에게 빌붙어 너절하고 더러운 짓을 하다), 발을 구르다(매우 안타까워하거나 다급해하다)'는 태도를 나타내는 것이다.

이러한 영어 관용구도 8개가 보인다. 'with both feet(단호히, 강경히), on the wrong foot(갑자기, 불시에), put one's foot down(발을 굳게 디디고 서다, 단호하게 행동하다, 가속기를 밟다), put(set) one's best foot foremost(forward)(전력을 다하다, 되도록 좋은 인상을 주려고 애쓰다), hang a leg(꾸물거리다, 꽁무니를 빼다),'는 태도를 나타낸다. 이에 대해 'get one's foot on the ladder(일을 시작하다, 착수하다)'는 일의 착수를 나타내는 것이다.

일본어 관용구 '足が地に付く(침착하게 되다, 허황한 짓을 하지 않다), 足が地に付かない(다급한 일이 생겨 발이 땅에 붙지 않고 당황해하다, 생각이 허황하여 착실치 못하다), 足を空に(발이 허공에 떠서, 허겁지겁해서, 정신없는 발걸음으로), 足の裏を掻く(멸시하다, 상대방을 골탕먹이다), 足を重ねて立ち目を仄てて視る(매우 두려워하며 보다)'는 태도를 나타내는 것이다. '足を重ねて…'는 '足を重ね目を仄つ'라고도 한다.

③ 주저·속박(8개)

'미련, 애착, 근심, 걱정' 때문에 행동이나 출발이 주저됨을 나타내는 관용구가 6개 보인다. '발이 내키지 않다(마음에 내키지 아니하거나 서먹서먹하여 선뜻 행동에 옮기지 아니하다), 발이 떨어지지 않다(애착, 미련, 근심, 걱정 따위로 마음이 놓이지 아니하여 선뜻 떠날 수가 없다), 발걸음이 떨어지지 않다(마음이 놓이지 아니하여 선뜻 떠나지 못하다), 발길이 내키지 않다(= 발이 내키지 않다), 발길이 떨어지지 않다(= 발이 떨어지지 않다), 발길이 무겁다(= 발이 내키지 않다)'가 이러한 것이다.

'발이 묶이다(몸을 움직일 수 없거나 활동할 수 없는 형편이 되다), 발목을 잡히다(어떠한 일에 꽉 잡혀서 벗어나지 못하다, 남에게 어떤 약점을 잡히다)'는 행동의 구속, 속박과 관련이 있는 관용구이다. 이러한 뜻의 말로 또 '발목을 잡다'가 쓰인다. 그러나 이는 사전에서 관용구로 보고 있지 않다.

영어 관용구 'find the length of a person's foot(남의 약점을 잡다, 남의 약점을 알다)'는 '발목을 잡다'와 비슷한 뜻의 관용구이다. 일본어 관용구 '足を引張る(남의 성공이나 전진을 숨어서 가로막고 방해하다, 뒷다리를 잡아당기다)'는 같은 뜻을 나타내는 것으로, 형태도 비슷한 것이다. 'have one's foot on a person's neck(남에게 지배력을 갖다, 남을 꼼짝 못하게 누르고 있다), have ... under foot(...을 굴복시키고 있다, 지배하에 두고 있다), set(put, have) one's foot on the neck of(목을 짓밟다, -을 완전히 정복하다)'는 지배, 정복을 나타내는 것으로, 행동의 구속, 속박과 관련된 것이라 하겠다.

일본어 관용구 '足下を見て付き上げる(남의 약점을 이용해서 억지를 쓰다), 足もとを見られる(약점을 잡히다, 허점이 드러나다), 足下を見る(약점을 이용하다), 足を見られる(약점을 보이다, 상대방에게 약점을 잡히다)'는 약점을 이용 속박하거나 당하는 것을 나타내는 관용구다. '足止めを食う, 足止めを食らう'는 '외출을 금지 당하다, 금족령이 내리다, 연금 당하다'를 뜻해 외출을 금지 당하고 속박 받는 것을 나타낸다.

④ 안심·평안(7개)

근심, 걱정에서 벗어나 안심이 되는 평안한 상태를 나타내는 한국어 관용어는 5개가 보인다. '발을 뻗다(걱정되거나 애쓰던 일이 끝나 마음을 놓다), 발을 펴다(=발을 뻗다), 발을 뻗고 자다(곤란한 일에서 벗어나 마음 놓고 편히 자다), 다리를 뻗고 자다(마음을 놓고 편안히 자다), 다리를 펴고 자다(= 다리를 뻗고 자다)'가 그것이다. '발바닥에 흙 안 묻히고 살다(수고함이 없이 가만히 앉아서 편하게 살다'는 수고함이 없이 유족하게 편히 삶을 나타낸다. 이에 대해 '발이 저리다(지은 죄가 있어 마음이 조마조마하거나 편안치 아니하다)'는 불안한 상태를 나타내는 관용구이다.

영어 관용구 'put one's foot out(다리를 뻗고 쉬다)'는 한국어 관용구 '발을 뻗다'나, '발을 펴다'와 같은 뜻을 나타내는 것이다. 이에 대해 'land on one's feet(곤란·위험을 벗어나다)'는 평안을 나타내는 관용구라 하겠다.

일본어 관용구 '足を伸ばす(다리를 뻗다, 마음놓고 쉬다, 더욱 멀리 가다)'는 한국어 관용구 '발을 펴다, 발을 뻗다'와 같은 뜻을 나타내는 것이다. 특히 '발을 펴다'와는 형태면에서도 같은 것이다. '足が地に付く(침착하게 되다, 안정되다, 틀이 잡히다)'는 안정과 관련된 것이고, '足が地に付かない'는 이 안정이 깨진 것을 나타내는 것이다.

⑤ 보행·왕래·이동(6개)

'발'은 사람으로 하여금 서 있게 하며, 보행을 하게 하는 신체 부위이다. 따라서 걸음·보행과 관련된 관용구가 여럿 보이는데 이러한 관용구가 6개이다.

'발이 닳다(매우 분주하게 많이 다니다), 발이 익다(여러 번 다니어서 길에 익숙하다), 발을 타다(강아지 따위가 걷기 시작하다), 발바닥에 불이 일다(부리나케 여기저기 돌아다니다)'는 이의 대표적인 것이다. '발걸음을 재촉하다(길을 서둘러 가다), 발걸음이 가볍다(마음이나 몸이 가벼워 걸음이 날래다)'도 보행과 관련된 것이다.

'보행·왕래·이동'을 나타내는 영어 관용구는 한국어 관용구에 비해 매우 많아 31개나 보인다.

'at a foot's pace(보행 속도로, 보통 걸음으로), have leaden(heavy) feet(걸음걸이가 느리다, 걸음걸이가 굼뜨다), swift of foot(걸음이 빠른), get the foot of(…보

다 걸음이 빠르다), as fast as one's legs would carry one(전속력으로), have legs(빨리 달리다, 참을성이 있다), have the legs of(… 보다 빨리 달릴 수 있다), put(set) one's best leg foremost(forward)(전속력으로 가다), change the legs(말이 보조를 바꾸다)'는 이동 특히 보조(步調) 속도와 관련된 것이다. 이에 대해 'keep one's foot(feet)(똑바로 서다, 똑바로 걷다, 신중히 행동하다), on foot (일어서서, 도보로), set foot in(-에 들어가다, 발을 들여놓다), take to one's feet(걷기 시작하다), get on one's legs(서서 연설하다, 걸을 수 있게 되다), feel one's legs (걸을 수 있게 되다), walk a person off his legs(남을 지치도록 걷게 하다)'는 걸음·보행과 관련된 것이다. 'stretch ones legs(산책하다), pull foot(도망치다, 떠나다), take to one's legs(도망치다), set(put) one's foot at(into on)(-에 가다, 닿다, 상륙하다), take one's foot(feet) in one's hand(s)(나오다, 나가다, 여행하다), get off on the wrong foot(출발을 그르치다, 실수하다)'는 이동과 관련된 것이다.

'보행·왕래·이동'과 관련된 일본어 관용구도 10개나 보인다.

'足が早い(걸음이 빠르다, 물건이 잘 팔리다), 足元が輕い(발이 가볍다, 발걸음이 재다)'는 발걸음의 속도와 관련된 것이다. '足を運ぶ(발을 뻗쳐 움직이다, 걷다, 가다), 足が向く(알지 못하는 사이에 발이 그리 가다), 足に任す(발 가는 대로 가다, 발길 닿는 대로 정처 없이 걷다), 足を引く(다리를 끌다, 다리를 끌고 가듯 걷다), 足をとられる(제대로 걷지 못하다, 서거나 걷는 발을 빼앗다), 足を限りに(갈 수 있는 데까지, 발의 힘이 닿는 데까지)'는 걸음·보행과 관련된 것이다. '足が棒になる(너무 걸어서 다리가 말을 안 듣다), 足をすりこ木にする(=足がすりこ木になる(발이 닳을 정도로 분주하다))'는 많이 걸어서 지치는 것과 관련된 것이다. 이 가운데 '발걸음이 가볍다'와 '足元が輕い'는 형태와 개념이 유사한 것이다.

⑥ 다급 · 절박(4개)

다급하고 절박함을 나타내는 관용구도 4개 보인다. '다리야 날 살려라 (몹시 다급하게 달아나는 모양을 이르는 말), 발등에 불이 떨어지다(어떤 일이 몹시 절박하게 닥치다), 발등에 불이 붙다(上同), 발등의 불을 끄다(눈앞에 닥친 어려운 일을 처리하거나 해결하다)'가 그것이다.

일본어 관용구 '足もとから鳥が出つ(발등에 불이 붙다), 足下から火が付く(上同), 足もとに火が付く(上同)' 등도 절박함을 나타내는 것이다.

⑦ 발 · 신발(1개)

발과 신발에 관련된 관용구도 있다. 한국어 관용구 '발을 벗다(신발 · 양말 따위를 벗거나 아무 것도 신지 아니하다)'가 그 예이다.

'발'을 나타내는 관용구가 영어에는 여러 개 보인다. 'at a person's feet(남의 발 밑에, 남에게 복종하여), come to a person's feet(남의 발아래 꿇어 엎드리다), carry a person off his feet(파도나 바람이 실족하게 하다, 남을 열중시키다), change foot(행진 중 발을 바꿔 디디다), feet first(발부터 먼저), foot to foot(서로 발을 걸고, 접전하여), leg before wicket(크리켓에서 타자가 발로 공 잡기), miss one's feet(발을 헛디디다, 실각하다), beside a person's feet(남의 발치에, 남의 곁에), under foot(발 밑에, 땅바닥에)'는 직접 발과 관련된 것이다. 이에 대해 'change one's feet(신발을 갈아 신다)'는 신발과 관련된 것이다.

일본어 관용구도 직접 신체 부위로서의 발을 나타내는 것이 꽤 있다. '足が滑る(발이 미끄러지다, 발을 헛디디다), 足元にも寄り付けない(발꿈치에도 못 미치다, 그림자도 못 따르다), 足をあげて待つ(기회가 찾아오는 것을 발을 들어 이제나 오나 기다리다), 足を痛める(발을 다치다, 발에 부상을 입다), 足を食われる(개 따위에 발을 물리다, 짚신 따위가 단단해서 발에 찰상이 생기다), 足を出す

(발을 내놓다, 발을 둘레 밖으로 내놓다), 足を揉む(뻣뻣한 다리를 주무르다)'가 그
것이다.

이상은 한국어 관용구가 일·영어와 관련을 갖는 것이다. 그런데 이
와는 달리 한국어 관용구에만 보이는 독자적인 개념을 나타내는 것도
있다. 이러한 것에는 다음과 같은 것이 있다.

① 식복(食福)(3개)

한국어의 관용구에는 일·영어 관용구와는 달리 '먹을 복'과 관련된
것이 몇 개 보인다. '발이 길다(음식 먹는 자리에 우연히 가게 되어 먹을 복이
있다), 발이 짧다(먹는 자리에 남들이 다 먹은 뒤에 나타나다), 다리가 길다(음식
먹는 자리에 우연히 가게 되어 먹을 복이 있다)'가 그것이다. 이 밖에 북한의 관
용구로 '다리가 짧다, 다리가 밭다'가 있는데, 이들도 다 '발이 짧다'를
뜻하는 것이다.

② 선수(先手)(3개)

남보다 먼저 착수하는 것을 나타내는 관용구도 두어 개 보인다. '발등
을 디디다(남이 하려는 일을 앞질러 하다), 발등을 밟히다(제가 하려는 일을 남에
게 앞지름을 당하다)'가 그것이다. '다리를 들리다(미리 손쓸 기회를 빼앗기다)'
는 남에게 선수를 빼앗긴 것을 의미한다.

③ 다수·다량(3개)

흔하게 많은 것을 나타내는 관용구도 2개 보인다. '발에 채다(차이다)
(여기저기 흔하게 널려 있다), 발길에 채다(= 발에 채다)'가 그것이다. '발을 들
여놓을 자리 하나 없다(사람이 너무 많이 들어서거나 들어앉아 있기에 매우 비좁
다, 많은 물건이 질서 없이 놓여 있거나 어지럽고 지저분하다)'는 너무 많아 입추

의 여지가 없음을 나타낸다.

④ 조화(2개)

'조화'를 나타내는 관용구도 2개이다. '발이 맞다(여러 사람이 걸을 때에 같은 쪽의 발이 동시에 떨어지다, 여러 사람의 언행이 같은 방향으로 일치하다), 발을 맞추다(둘 이상의 사람이 걸을 때 걸음걸이를 맞추다, 행동이나 발이 같은 방향으로 나가도록 서로 일치시키다)'가 그것이다.

⑤ 배신(2개)

'배신'을 뜻하는 관용구도 2개 보인다. '발등을 찍다(남의 일을 그르치거나, 해를 주다), 발등을 찍히다(남에게 배신을 당하다)'가 그것이다.

⑥ 기타

이 밖의 관용구도 하나 보인다.

'발을 달다(끝난 말이나 이미 있는 말에 말을 덧붙이다)'가 그것으로 부가의 뜻을 나타낸다.

(2) 일·영어 관용구의 독자적 개념

개념 및 이미지를 중심으로 한국어의 관용구를 살피는 자리에서 일어와 영어의 관련 관용구는 살펴보았다. 따라서 여기서는 개념적인 면에서 한국어 관용구와 관련이 없는 일어와 영어의 독자적 개념의 관용구를 살펴보기로 한다. 먼저 영어 관용구를 보기로 한다.

한국어 관용구와 개념 면에서 차이를 보이는 영어 관용구는 상당히 많다. 이러한 것에는 '기립'을 나타내는 것이 많고, '자립·독립, 하부, 기초·기반, 사망'을 나타내는 것이 많이 보인다.

① 기립(9+4개)

발은 보행의 수단인 동시에 동체의 받침대이다. 따라서 기립, 일어서는 것과 관련된 관용구가 많은 편이다.

'raise a person to his feet(남을 일어서게 하다), rise to one's feet(일어서다), come on one's feet(일어서다), stagger to one's feet(비틀거리며 일어서다), drop(fall) on one's feet(고양이처럼 떨어져도 사뿐 일어서다, 요행히 화를 면하다, 운이 좋다), jump to one's feet(뛰어 일어나다, 벌떡 일어나다), find(feel) one's feet(legs)(홀로 서다, 혼자 행동할 수 있게 되다, 자기 능력을 발휘하다), keep one's legs(쓰러지지 않다, 서서 지탱하다), set ... on one's feet(-을 꼿꼿이 세우다, -을 부흥시키다)'

② 기초·기반(4개)

기초·기반을 나타내는 것에는 다음과 같은 것이 보인다. 'feet of clay (불안정한 기초, 큰 인물의 약점, 사물의 결점), off one's feet(발 디딜 곳을 잃고), get one's foot in(발판을 얻다), sure of foot(발 디딤이 확실한)'

③ 자립·독립(4개)

자립·독립을 의미하는 것이 4개 보인다. 'on one's feet(일어서서, 병후 기운을 차려서, 경제적으로 자립하여), stand on one's feet(독립하다, 제 발로 일어서다), set a person on his legs(남을 독립시키다, 남의 건강을 회복시키다), stand on one's own legs(혼자 힘으로 하다)' 따위가 그것이다.

④ 사망(4개)

죽음과 관련된 것도 여럿 보인다. 'go home feet first(객사하다, 죽다), have one foot in grave(다 죽어가고 있다), with one's feet foremost(발을 앞으

로 하여, 관에 넣어, 시체가 되어), on one's last legs(다 죽어가서, 기진맥진하여)'
가 그것이다.

⑤ 하부(3+1개)

'하부'와 관련된 것으로는 'at the foot(of)(산 따위의 기슭에 다리 부분에, 아
무의 밑에)'는 사물의 하위 부분을 나타내는 관용구이다. 이에 대해 다음
과 같은 관용구는 석차가 제일 낮은 '꼴찌'를 의미한다. 'begin foot(학급
의 꼴찌에서 시작하다), go to the foot(학급의 꼴찌가 되다)'

⑥ 춤(2개)

'have a good foot on the floor(<디스코>춤을 잘추다), shake a leg(춤추다,
서두르다)'.

⑦ 길이(2개)

'foot'는 길이의 단위로도 쓰인다. 'foot by foot(1피드씩 점차로), by the
foot run(길이 몇 피트로)'가 그것이다.

⑧ 기만(2개)

'put a foot upon(-을 속이다, 학대하다), pull one's leg(남을 우롱하다, 속이
다)'는 기만과 관련된 것이다.,

⑨ 기타(16+1개)

유형화하기에는 적당하지 않은 관용구도 많이 보인다.

'have a hand like a foot(솜씨가 없다, 서투르다), show a leg(얼굴을 나타내
다, 일어나다), try it on the other leg(비법을 쓰다, 최후 수단을 쓰다), make a

leg(한쪽 발을 뒤로 빼면서 절하다), long(short) leg(<크리켓> 三柱門에서 먼(가까운) 거리의 野手 또는 수비수), lay something at measure another man's foot by one's own last(자기를 표준으로 남을 추측하다), get a leg in(-의 신용을 얻다, -에게 잘 보이다), give a person a leg up(남을 부축하여 말에 태우다, 지원하다), my foot!(설마! 어림없는 소리!), catch a person's foot(남을 돌뿌리 따위에 채게 하다), sell on the foot(농작물을 줄기가 붙은 채 팔다), run off one's legs(일이 많아서 지쳐빠지다), put one's foot in it(곤경에 빠지다, 실패하다, 실언하다), sit at someone's feet(남의 가르침을 받다, 남을 추어주다), have not a leg to stand on(의논이 성립되지 않다), have foot for(말이 ...에 적응할 수 있다)'

일본어 관용구의 경우는 한국어 관용구와 관계가 적은 독자적인 것이 별로 보이지 않는다. 그것은 앞에서 본 바와 같이 일본어 관용구의 대부분이 한국어 관용구와 개념 면에서 상통해서가 아니고, 관용구의 수가 절대적으로 적기 때문이다. 따라서 한국어 관용구와 관계가 적은 것은 그 경향을 살피기 위해 유형화하기도 어려운 형편이다. 이러한 관용구에는 다음과 같은 것이 보인다.

'足が上がる(의지할 곳이 없어지다), 足が付く(꼬리가 잡히다, 발각되다), 足が出る(손해를 보다, 예정보다 부족액이 생기다, 감춘 것이 드러나다), 足元の明るいうち＝足元のあかいうち(해가 지기 전, 어둡기 전, 초저녁에)'

맨 마지막의 '足元の明るいうち'는 신체 부위로서의 '발'과 관련이 있는 관용구이기도 하다.

3. 결어

언어의 특유한 표현법으로서의 한·일·영어의 '발' 관계 관용구를 살펴보았다. 이는 발상과 표현의 특성을 살피고, 나아가 외국어로서의 한국어 교육을 위함이었다.

관용구의 구조를 보면 삼국의 관용구가 다 같이 객술구조가 가장 높은 빈도를 보인다. 주술구조는 한·일어에서는 높은 빈도를 보이나, 영어에는 전무한 현상을 보여 큰 차이를 나타낸다. 이 밖에 한술 구조가 높은 빈도를 보인다.

관용구를 개념 및 이미지에 따라 유형화해 보면 한국어의 경우 '접촉·관계, 활동·태도, 주저·속박, 안심·평안, 보행·왕래·이동' 등을 나타내는 관용구가 높은 빈도를 보인다. 이러한 유형의 관용구는 일·영어에도 보이는 것이다. 그러나 이와 같이 삼국의 관용구는 상통되는 유형의 것이 있는가 하면 서로 다른 관용구도 있다. 이러한 것의 대표적인 것으로는 영어 관용구의 경우, '기립, 기초·기반, 자립·독립, 사망, 하부'를 나타내는 관용구가 비교적 많다는 것이다. 일본어 관용구는 수적으로 많지 않아 특징적 경향을 보이지 않는다. 그리고 형태 및 개념적인 면에서 볼 때 같거나 유사한 관용구가 드물다는 것이 특징적 경향이다. 따라서 외국어로서의 한국어 교육에서는 이러한 경향이 의식되어야 할 것이다.

'발' 관계 관용구의 이러한 특징은 '손' 관계 관용구와 비교할 때 구조적인 면에서는 비슷한 경향을 보이나, 개념 면에서는 수족의 기능적 차이로 말미암아 큰 차이를 보인다.

참고문헌

김학헌, 『엣센스 일본어관용어사전』, 민중서림, 1984.

박갑수, 『일반국어의 문체와 표현』, 집문당, 1998.

박갑수, 「'손' 관계 관용구의 발상과 표현」, 『이중언어학』 제16호, 二重言語學會, 1999.

박영준·최경봉, 『관용어사전』, 태학사, 1999.

손낙범, 『한일·일한 관용어사전』, 국제대학 인문사회과학 연구소, 1978.

東信行.取訪部仁, 『ロンッグマン イデイオム英和辭典』, 研究社, 1993.

白石大二, 『國語慣用句辭典』, 東京堂出版, 1985.

ノブオ アキヤマ, キヤロル アキヤマ, 『2001 日本語慣用句, 英語イデイオム』, タトル 商會,
　　　　1996.

フランス J. クデイラ, 羽鳥博愛, 『英語發想IMAGE辭典』, 朝日出版社, 1984.

Ad de Vries, Dictionary of Symbols and Imagery, North-Holland Publishing Company, 1974.

■ 이 글은 한국어교육연구 제4호(서울대학교 사범대학 한국어교육 지도자 과정, 2001)에 발
표한 것이다.

제 4 장 한국어 의미변화의 유형과 실제

– 한국어의 전의사(轉義史)

1. 서론

언어는 생물체처럼 생성되고, 변화하고, 소멸한다. 말소리가 변하고, 어휘가 변하며, 문법이 변한다. 이 가운데 가장 잘 변하는 것이 어휘다. 그것도 형태보다 의미가 잘 변화한다. 우리말도 예외가 아니다.

여기에서는 한국어의 의미변화(意味變化)를 살펴보기로 한다. 의미의 창작은 의성(擬聲), 차용(借用), 파생 및 합성, 의미의 전이(轉移)에 의해 이루어진다. 그리고 일단 단어가 창작된 뒤에는 의미가 자발적으로 진화한다. 위의 네 개의 연합 가운데 본래의 연합이 아닌, 세 개의 부차적 연합의 기능이 발전하여 새로운 의미가 기본적 의미에 대체되는 것이다.

어휘(語彙)의 의미는 이와 같이 명명(命名)과 의미에 부수되는 여러 가치의 자발적 진화 과정을 겪어 생성된다. 명명(命名)은 개인적 기원을 지니는 창작적·의식적 작업이고, 의미의 이동은 무의식적이며 진행적인 집단적 전파로서 명명의 유연성(有緣性)은 이 때문에 소실되게 된다. 따라서 의미변화란 개인적 창작이란 장면과 집단적 장면에서의 변이로서 나타나게 된다.

S. Ullman은 의미변화의 궁극적 원인으로 다음과 같은 열 가지를 들고 있다(Ullman, 1957)

> ① 멸칭적(蔑稱的) 경향 ② 지시물의 기술적 진화 ③ 이름을 붙이지 않으면 안 된 것 ④ 예술적으로 즐기는 마음 ⑤ 금기의 힘 ⑥ 완곡어법 ⑦ 언어적 이유 ⑧ 사회집단 ⑨ 추상적 과정을 한층 현실적인 것으로 하는 것 ⑩ 의미론적 모방

이러한 원인은 흔히 언어적 원인과, 역사적 원인, 사회적 원인, 심리적 원인 등으로 간결하게 정리하기도 한다. 그리고 의미변화의 본질은 연상(聯想)에 있다고 본다. 따라서 의미변화는 발상(發想)과 밀접한 관계를 갖는다. 이에 의미변화는 언어학적인 고찰의 대상이나, 발상의 차원에서도 유의해 보아야 할 대상이다.

언어는 생성하고 사멸하는 생명체다. 따라서 오늘의 언어 현상을 바로 알기 위해서는 그 생장(生長)의 역사를 알아야 한다. 형태와 의미의 변화와 역사를 알아야 한다. 물론 일반 언중이 이를 다 알아야 하는 것은 아니다. 국어학과 국어교육 내지 한국어교육을 하는 사람은 이를 알아야 하고, 필요한 경우는 이를 학습하게 하고 교수하여야 한다. 그래야 오늘의 언어현상을 바로 알고 이에 대처하며, 효과적으로 이를 학습·지도할 수 있다.

여기서는 한국어의 의미변화를 개관하고, 의미변화를 거친 한국어의 어휘, 그것도 고유어를 중심으로 유형화하여, 구체적으로 제시함으로 그 실체를 확인하고, 효과적인 한국어의 교육에 활용할 수 있도록 하기로 한다.

2. 의미변화의 성격과 유형

2.1. 의미변화의 성격

의미변화란 중핵적 의미가 편향적으로 사용됨으로 말미암아 의미에 변화가 생기는 것이다. 이는 단어의 주의(主意)가 소실되어 새로운 주의가 발생하거나, 주의는 그대로 있고 부의(副意)가 드러나는 경우 나타난다. 이러한 의미변화는 다음의 네 가지 성격을 지닌다.

① 복의(複意), ② 의식적 및 무의식적, 의도적 및 비의도적 과정, ③ 점진성, ④ 규칙성

의미변화의 원인에 대해서는 여러 가지 이설이 있다. A. Meillet는 언어적 이유, 역사적 이유, 사회계층의 변화의 셋을 들고 있고, S. Ullman은 그의 Semantics(1962)에서 Meillet의 3분설에 세 가지를 더해 여섯 가지를 들고 있다.

① 언어적 원인 ② 역사적 원인 ③ 사회적 원인 ④ 심리적 원인 ⑤ 외국어의 영향 ⑥ 새로운 명칭에 대한 필요성

이에 대해 P. Guiraud는 우선 명명과 의미의 진화란 두 가지 범주로 나누고, 이를 다시 세분하고 있다.(Guiraud, 1964)

분류의 방법은 다양하다. 이들 방법 가운데 현실적으로 의미변화를 고찰하는 데 적절한 분류는 Meillet의 3분설에 하나를 더 추가한 K. Nyrop의 분류가 아닌가 한다. 그는 언어적 원인, 역사적 원인, 사회적 원인, 심리적 원인의 넷으로 나누고 있다.

① 언어적 원인에 의한 의미변화

이는 전염, 통속어원, 동음충돌, 생략, 절단·삭제 등의 현상으로 말미암아 이루어진다. 이들의 예를 한두 가지씩 들어보면 다음과 같다.

전염: 별로 아름답다(특별히 아름답다> 아름답지 않다)
통속어원: 행주치마(帨> 행주산성의 치마, 나락(稻> 羅祿)
동음충돌: 청춘열차(청량리-춘천 운행열차> 靑春列車), 막연한 사이(莫
逆>漠然)
생략: 코< 콧물, 아침< 아침밥
절단·삭제: 중앙(중앙일보·월간중앙), 우생순(우리들의 젊은 날의
생생한 순간), 토토즐(토요일 토요일은 즐거워)

② 역사적 원인에 의한 의미변화

명칭은 변화하지 않고, 사물만이 변화함으로 그 연합관계가 변하는 것이다. 이에는 다음 세 가지가 있다.

* 지시물의 실제적 변화: 배(船)> 발동선·증기선·비행선·우주선,
大監>고관·정이품>巫俗神> 존칭
* 지시물에 대한 지식의 변화: 해가 뜨다(日昇)> 지구 자전, 천지: 하
늘은 둥글고 땅은 모나다(天圓地方)> 비천원지방(非天圓地方)이다.
* 지시물에 대한 정의적(情誼的) 태도의 변화: 교도소(< 형무소< 감
옥소<전옥서), 효도(<身體髮膚受之父母 不敢毁傷 孝之始也, 立身揚
名以顯父母 孝之終也)

③ 사회적 원인에 의한 의미변화

사회적 계층에 의한 의미변화와 사회적 구조의 변천에 의한 의미변화의 두 가지가 있다. 사회적 계층(成層)에 의한 의미변화는 다시 두 가지로 나뉜다.

* 의미의 일반화: 王(제1인자-가요계의 여왕, 크다-왕방울)

* 의미의 특수화: 表裏(궁중에서 의복의 안감과 겉감), 출혈(기업에서
  적자 운영)

사회적 구조의 변천에 의한 의미변화는 역사적 원인에 의한 의미 변
화와 표리관계를 지니는 것으로, 사회적 사실을 반영하는 단어의 의미변
화가 여기 해당한다.

* 양반(고려 이래의 제도)> 문벌 좋은 사람
* 마슬(署・曹・局・衙・府・司・寺)> 촌(村)
* 장가가다(모계중심사회의 혼인)・시집가다(부계중심사회의 혼인)>
  결혼하다

④ 심리적 원인에 의한 의미변화

감정적 원인, 금기 대상에 대한 재명명(再命名)에 의한 의미변화의 두
가지가 있다.

* 감정적 원인: 5. 16. 이후 국가재건을 강조하므로, "재건"이 확장(擴
  張)의 중심이 되어 "재건복, 재건 데이트, 재건체조"란 말이 생겨났
  고, 또한 오늘날 문화의 핵심인 IT가 견인(牽引)의 중심이 되어 IT
  에 "까페, 대화방" 등이 생겨났다.
* 금기어: 성・생리 관계, 죽음, 배설 관계 등(陽莖, 천당가다, 解憂所)

언어는 이러한 여러 가지 원인이 작용하여 의미변화를 빚어낸다.

2.2. 의미변화의 본질과 형태

의미변화의 본질은 연상(聯想)에 있다. 의미변화의 배후에는 연상이 가
로 놓여 있다. 연상은 인접(隣接)에 의한 연상과 유사(類似)에 의한 연상의
두 가지가 있다. 이러한 유사와 인접을 두 개의 축으로 하여 S. Ullman

은 의미변화를 설명하고 있다(Ullman, 1957).

(1) 의미의 유사(類似)

이는 은유(隱喩)에 의한 의미변화로, 이 유형에는 의인법적 은유와 동물의 은유, 구상의 추상화, 공감각적 은유 등이 있다.

의인법적 은유는 사람 아닌 사물을 의인화한 것으로, 예를 들면 "그물눈, 잣눈, 저울눈"과 같이 망목(網目) 척목(刻度), 칭성(秤星)을 "눈"이라 하는 것이 그것이다. 동물의 은유는 "노루발(기구 명)"과 같이 무생물에 동물을 빗대거나, 사람에게 "돼지(탐욕스러운 사람), 여우(간교한 사람)"와 같이 전이하는 것이다. 이에 대해 구상의 추상화는 "거울(鏡>귀감, 모범), 총칼(銃劍>武力)"과 같이 전용하는 것이고, 공감각적 은유는 "샛노란 소리, 어두운 향료"와 같이 감각 간에 전용함으로 의미가 변하는 것이다.

(2) 의미의 인접(隣接)

의미의 인접은 넓은 의미의 환유(換喩)로, 시간적, 공간적, 인과적 인접의 세 가지가 있다. 이는 인접된 다른 사물에 명칭을 전이함으로 의미변화가 발생하는 것이다.

시간상의 인접은 "팔일오(해방), 첫날밤(결혼 초야)"과 같은 경우를 말한다. 공간상의 인접은 제유(提喩)와 환유에 의한 의미변화로, 전체와 부분, 유와 종, 보통명사와 고유명사, 형식과 내용, 생산자와 생산품, 표지와 사물, 추상명사와 구상명사 등을 서로 바꾸어 쳐들음으로 의미가 변하는 경우다. 인과상의 인접은 "몽진(피란), 목도리(頸帶)"와 같이 원인과 결과를 섞바꾸어 제시함으로 의미변화가 생기게 되는 경우를 말한다.

(3) 명칭의 유사

이는 동음견인(attraction homonymique)에 의한 어원설을 말한다. "소나기"를 소를 두고 내기한 것이라거나, "행주치마"를 행주산성(幸州山城)의 치마와 관련시켜 어원 해석을 함으로 의미가 바뀌는 것이다.

(4) 명칭의 인접

같은 문맥 가운데 쓰인 두 개의 명칭이 서로 영향을 끼쳐 그 중 하나를 생략하거나, 통사적으로 전염이 발생하며 의미가 바뀌는 경우다. "저녁밥> 저녁"에서 "저녁"이 석반·석식을, "별로 좋지 않다"에서 "별로"가 부정의 의미를 지니게 되는 것이 그것이다.

의미변화의 형태는 흔히 의미의 확대·축소·전이의 세 가지로 나눈다. 그러나 이와는 달리 전통적 분류, 발생적 분류, 절충적 분류, 경험적 분류의 네 가지로 구분하기도 한다. 형태상의 분류인 연쇄법(連鎖法)과 방사법(放射法)은 전통적 분류 방식 가운데 대표적인 것의 하나다. 의미변화의 대표적 분류방법 가운데 하나인 Ullman의 분류는 발생적 분류에 속하는 것이다. 이의 분류 골조는 다음과 같다.

A. 언어적 보수주의에 의한 의미변화
B. 언어의 개신에 의한 의미변화
  I. 명칭의 전이
    (a) 의미간의 유사
    (b) 의미간의 인접
  II. 의미의 전이
    (a) 명칭간의 유사
    (b) 명칭간의 인접
  III. 복합변화

경험적 분류는 G. Stern(1968)에서 일곱 가지로 나눈 분류방법을 제시하고 있다. 置換(substitution), 유추(analogy), 단축(shortning), 명명(nomination), 전이(trans- fer), 교체(permutation), 적응(adequation)이 그것이다.

의미변화의 결과는 의미 영역의 변화와 평가의 변화란 두 가지로 나뉜다. 의미영역의 변화는 확대(擴大)와 축소(縮小)로 나타난다. "복음"이 그리스토의 가르침, "고양이", "도야지"가 새끼 괴, 새끼 돝의 의미에서 고양이 일반, 돼지 일반을 나타내게 된 것은 의미의 확대이며, "중생"이 사람, "아침"이 조반을 의미하는 것은 의미의 축소에 해당된다.

평가의 변화는 의미의 타락(墮落)과 의미의 향상(向上), 중간항(middle term)으로 나뉜다. 의미의 타락은 천당가다(죽다), 화장실(변소), 마누라(아내)가 그 예이며, 의미의 향상은 "좋아 죽겠다, 우스워 죽겠다"의 "죽겠다"가 이러한 예이다. 중간항은 본질적으로 중립적이며, 문맥에 따라 좋은 의미로도 나쁜 의미로도 쓰이는 말을 의미한다. "변명"은 본래 중간항에 속하는 것이나 꾸미어 해명할 때는 의미의 타락, 사실을 밝힌다고 할 때는 의미의 향상을 나타낸다고 할 수 있다.

3. 한국어의 의미변화 유형과 실제

앞에서 의미변화의 여러 가지 분류방법에 대해 살펴보았다. 다음에는 한국어의 의미변화의 유형과 실상을 살펴보기로 한다. 이 글에서는 의미변화의 발생적 분류에 속하는 S. Ullman의 분류체계를 중심으로 한국어 어휘의 의미변화를 구체적으로 유형화하여 살펴보기로 한다.

Ullman, S.(1957)은 앞에 제시한 바와 같이 의미변화를 크게 언어적 보수주의에 의한 의미변화와 언어의 개신에 의한 의미변화의 둘로 나누고 있다. 전자는 역사적 원인에 의한 의미변화 같은 것으로, 이는 앞에서 언급한 바와 같이 명칭은 변하지 않고, 사물만이 변해 그 연합관계가 달라지는 것이다. 그러니 이에 대해서는 자세한 논의가 필요 없을 것이다. 따라서 이 글에서의 논의는 주로 언어의 개신에 의한 의미변화에 초점이 맞추어지게 될 것이다.

3.1. 의미간의 유사

이 유형의 의미변화는 주로 은유(隱喩)에 의해 빚어지는 것이다. 이는 의인법적 은유, 동물의 은유, 구상의 추상화, 공간적 은유 등으로 나눌 수 있다. 이와 달리 실제적 유사, 공감각적 유사, 정의적 유사로 나누는 방법도 있다. 여기서는 전자의 분류 방식에 따라 살펴보기로 한다. 의미 간의 유사는 구상의 추상화 이외의 나머지 세 가지 은유는 일상 언어생활에서 흔히 접하는 것이다. 동물의 은유도 일상어에서 실제로 다양하게 쓰인다.

3.1.1. 의인법적 은유

이 유형의 의미변화는 많이 보이는데, 신체계(身體系) 어휘에 의한 비유가 많다. 구(口), 귀, 눈, 다리, 목, 발 등의 신체 부위 명칭이 많이 유의(喩義)로 활용되어 의미가 변하는 것이 이러한 예이다.

* 고·코(鼻)> 돌출부(突出部) 등
  고(그물이나 뜨개질의 매듭), 갈퀴코, 그물코, 신코
* 구(口)> 출입구 등
  개찰구(改札口), 동구(洞口), 입구, 출구, 하구(河口), 항구(港口)

* 귀(耳)> 측면

　논귀, 미역귀, 바늘귀·밭귀, 솥귀, 햇귀
* 눈(目)> 눈의 모양(目型)

　그물눈(網目)·꽃눈, 손톱눈, 씨눈, 잣눈(尺目), 저울눈
* 다리(脚)> 지지대 등

　가위다리, 방아다리, 베틀다리, 상다리, 안경다리, 지겟다리, 책상다리, 쳇다리,
* 며느리(婦)> 동식물명

　며느리발톱, 며느리고금, 며느리밥풀, 며느리배꼽, 며느리주머니, 쥐며느리
* 목(頸)> 關口, 莖 등

　건널목, 골목, 길목, 발목, 버선목, 손목, 수수목
* 몰다(迂)> 운전하다

　소를 몰고 말을 끈다. 자동차를 몬다.
* 발(足·脚)> 사물의 부품 명 등

　갈큇발, 까치발, 눈발, 노루발, 동발(=지겟다리), 빗발, 솥발, 집게발
* 손님(客)> 마마(媽媽)

　손님굿, 손님마마, 손님자국, 손님탈
* 아재비(叔)> 동물명

　개아재비(물將軍), 물꽈리아재비, 미나리아재비, 버마재비, 벼룩아재비
* 할미(老嫗)> 동·식물명

　할미고딩이(달팽이이의 방언), 할미꽃, 할미새, 할미새사촌, 할미질빵

3.1.2. 동물의 은유

　동물의 은유는 일상생활에서 사람의 모습이나 행동을 동물에 비유함으로 사람이 개나 돼지 등의 유의(喩義)가 되는 의미변화다. 이 밖에 구체

적인 변화로 명명(命名) 과정에서 사물의 특성을 동물에 빗댐으로 의미변
화가 발생하는 경우도 많다.

* 각다귀(모기의 일종)> 남의 것을 뜯어먹고 사는 사람
* 개(犬)> 비열(卑劣)
  개망나니, 개백장, 개불상놈, 개소리, 개죽음, 개잡놈, 개차반,
  오뉴월 개 팔자(> 상팔자)
* 개다리(犬足)> 굽은 다리(曲足)
  개다리소반: 상다리가 개의 다리처럼 휜 막치 소반
  개다리상제: 예절에 어긋나는 행동을 하는 상제(喪祭)
* 괴발개발(猫足犬足)> 어지러운 글씨
  괴발개발 써 놓은 글씨
* 까마귀발(烏足)> 흑족(黑足)
  까마귀발: 때가 덕지덕지 낀 시커먼 발. cf. 까마귀손
* 꺼병이(雉子)> 꺼벙이
  꺼병이: 꿩의 어린 새끼
  꺼벙이: 모양이나 차림새가 엉성한 사람
* 노루발(獐足)> 노루발장도리·재봉틀의 부속
  노루발로 못을 뽑다.
* 늑대(狼)> 음흉한 남자
  그는 인두겁을 쓴 늑대였다.
* 능구렁이(赤虫連)> 음흉하고 능청스러운 사람
  능구렁이가 다 된 포교놈들 <홍명희, 林巨正>
* 돼지(豚)> 욕심쟁이
  돼지 겨 탐하듯.
* 매부리코(鷹嘴鼻)> 매부리와 같은 코를 가진 사람
  새 원장은 매부리코를 하고 있었다.<이청준, 당신들의 천국>
* 뱁새눈(뱁새의 눈)> 작고 가늘게 째진 눈

정나미가 떨어지는 뱁새눈이었다.<김정한, 인간단지>
* 벽창우(평북 碧潼 昌成의 소)> 고집 세고 무뚝뚝한 사람
  벽창우: 평안북도 벽성 창성 지방에서 나는 크고 억센 소
  벽창호(<벽창우): 우둔하고 고집이 센 사람
* 부리(嘴)> 돌출부
  꽃부리, 돌부리, 멧부리, 물부리, 발부리, 소맷부리
* 새오잠(새우잠)> 등을 구부리고 자는 잠
  곱송그려 시오좀 자고<가곡원류> cf. 시위잠
* 여우(狐)> 간교한 사람
  남자는 늑대, 여자는 여우.
* 용(龍)> 왕(王)
  용상(龍床), 용안(龍顔), 용포(龍袍)
* 원숭이(猿)> 남의 흉내를 잘 내는 사람
  원숭 흉내 내듯.
* 쥐뿔(쥐의 陰囊)> 보잘 것 없는 것)
  쥐 불(鼠陰囊)
  쥐뿔도 모른다. 쥐뿔도 없다.
* 쥐방울(馬兜鈴)> 작음
  원씨 집에는 쥐방울만한 강아지나마 먹이지만...<홍명희, 林巨正>
* 철마(鐵馬)> 기차(汽車)
  철마는 달리고 싶다.<표어> cf. 파발마(擺撥馬)
* 튀기(駝騠)> 혈통이 다른 종족 사이의 아이
  튀기는 수탕나귀와 암소 사에서 태어난 동물이다.

3.1.3. 구상의 추상화

추상적 사실은 언어에 의해 시각적 사상(事象)으로 드러내기가 힘들다. 이에 단일어 아닌, 언어의 결합이나, 비유라는 장치를 통해 구상화하게 된다. 이때에 전의현상이 나타난다.

* ᄀ이업다(無邊)> 가련(憐)

　ᄀ이업서(無疆) <小언>

　그 사ᄅᆞᆷ이 나무라면 ᄀ이업서지니 <한중록>

* 같잖다(不同)> 격에 어울리지 않다

　같잖은 투전에 돈만 잃었다. <속담>

* 거울(鏡)> 모범

　충무공은 민족의 거울이다.

* 검정(煤)> 흑색(黑色)

　검듸양(鍋煤) <역보>. 검듸양> 검뎡> 검정

* 곳답다(香)> 꽃(花)

　곳다올 향(香) <자회>

　방년 20세의 꽃다운 아가씨<현대어>

* 나드리(出入)> 출타(出他)

　문이 나드ᄃᆞᆺ 훨씬 <월석>

　일주일 동안 나들이를 하고 오겠다.

* 맛(食物)> 맛(味)

　처ᅀᅥ매 사ᄅᆞᆷ이 ᄧᅡᆺ마ᄉᆞᆯ 먹다가 <석보> cf. ᄧᅡᆺ맛: 흙음식

　맛 아롬과 모매 다홈과 <석보>

* 밑천(本錢)> 자본

　밋쳔(本錢) <역보>

　밑천이 짧다.

* ᄆᆞᅀᆞᆷ(心臟)> 심사(心思)

　비ᄅᆞᆯ ᄠᅳ고 ᄆᆞᅀᆞᄆᆞᆯ ᄲᅢ혀 내야 鬼神을 이바ᄃᆞ며 <월석>

　열희 ᄆᆞᅀᆞᄆᆞᆯ 하ᄂᆞᆯ히 달애시니 <용가>

* ᄆᆞᆯ(馬)> 대(大)·왕(王)

　馬蟻 ᄆᆞᆯ가야미<유물>, ᄆᆞᆯ거머리(馬蛣)<유물>, 말벌(馬蜂)<역어

　보>

　cf. 말다리(다리가 긴 민물새우)

* 번갈아(交番)> 교대(交代)

상번(上番) 하번(下番) 번갈아 경계를 선다.

손과 발을 번갈아 올렸다 내렸다 한다.

* 보릿고개(맥령(麥嶺)> 춘궁기

4월이면 여느 때에도 춘궁이니 보릿고개니 하여 넘기가 어려운 고

비인데… <채만식, 민족의 죄인>

* 비위(脾胃)> 기분·인내력

츤 기운이 脾胃에 들면 <두경>

비위가 노래기 회 먹겠다. <속담>

* 손꼽다(屈指)> 계수(計數)

손곱아 불을 죈다.

萬古英雄을 손곱아 혜여본이 <海東>

* 십팔번(歌舞伎)> 장끼

歌舞伎 十八番

네 십팔번이 있잖니?

* 씩씩ᄒ다(嚴)> 강건(剛健)

위의(威儀)는 거동(擧動)이 싁싁ᄒ고 본바담직 홀씨라. <능엄>

씩씩한 젊은이.

* 양반(兩班)> 상류 지배계층·점잖고 예의 바른 사람

동반(東班) 서반(西班)을 양반(兩班)이라 한다.

선비는 양반이다.

* 이바지(供養)> 연회宴會> 공헌

어믜그에 절ᄒ고 이바디 ᄒ려커늘 <삼강>

이바디에 머리를 좃ᄉᄫᅵ니(當宴敬禮) <용가>

국가와 민족에 이바지해야 한다. <현대어>

* 인정(人定)> 통행금지

인정(人定)은 인경(鐘)이 변한 말이다.

조선 시대에 밤 10시경 인정(人定)을 쳐 통행을 금했다. cf. 바라(罷漏)

* 총칼(銃劍)> 무력(武力)

총칼이 문필(文筆)을 당해 낼 수 없다.
* 치다(打)> 사육(飼育)
붑 텨 사르몰 모도오디 <석보>
소 돼지 개 닭을 치는 일이 곧 농사일이다.
* 한결같이(一刀)> 일률(一律)
이 혼뎔ㄱ툰 셰샹 마세(一切世味) <소언>
국민의 한결 같은 소망은 남북의 통일이다.
* 허믈(痕)> 과오
허믈 흔(痕)<자회>, 허믈 고(辜)<유합> 허믈(瘡疤)<동문>
過도 허믈도 千萬 업소이다. <정과정>. 허믈 죄(罪) <자회>

구상의 추상화와 달리 추상에 의해 구상적인인 것을 나타내기도 한다.
이는 구상의 추상화에 비해 그 예가 많지 않다.

관계(<性交), 달거리(<月經), 뒤(<변(便), 밑(<糞), 산신령(<虎), 지킴
(<구렁이), 하루거리(<瘧疾)

3.1.4. 공감각적 은유

감각 간에 서로 전이되는 경우가 있다. 보들레르의 소네트 "교감(co-rrespondances)"에는 이러한 공감각이 노래 불리고 있다.

향기, 소리, 빛은 서로 화답한다.
향기에는 어린이의 몸과 같이 신선함과 차가움도 있고,
오보에와 같은 풍부하고, 또 들과 같은 녹색의 것도 있다.

따라서 공감각은 전의를 빚어낸다. 그리고 이 공감각적 은유 외에 "구
수한 인품, 달콤한 사랑, 따뜻한 우정, 부드러운 성격, 쟁쟁한 인물, 짭짤

한 재미, 훈훈한 인정"과 같은 정의적 유사에 의한 표현도 전의를 빚는
다. 시에서 공감각의 예를 몇 개 보면 다음과 같다(박갑수, 1998).

* 시각>청각
  은은한 풍경 소리, 아름다운 가락, 짧은 기침 소리, 또렷한 호령 소
  리, 잔잔한 음악 소리, 나직한 발걸음 소리, 연짓빛 고요
* 시각>촉각
  깊은 아픔, 불타는 열기
* 청각>시각
  그 소리는 맑고, 환한 밝은 소리
* 청각>촉각
  벌레 우는 소리는 차고도 고와라.
* 미각>청각
  싱거운 웃음, 찝찔한 海嘯
* 미각>후각
  달콤한 향내, 懊惱의 단 사람 냄새
* 후각>시각
  가시내의 살내음 같은 초록, 향기로운 눈빛
* 촉각>청각
  무거운 침묵, 진통하는 저음, 무거운 함성, 둔중한 첼로의 저음, 부
  드러운 노래
* 촉각>시각
  부드러운 은빛, 무거운 어둠이 깔린 거리

3.2. 의미간의 인접

의미간의 인접은 제유와 환유에 의해 발생하는 것으로, 시간상의 인
접, 공간상의 인접, 인과상의 인접 등에 의해 의미 변화가 일어난다. 이

러한 인접에 의해 의미가 변화하는 어휘는 상당히 많다.

3.2.1. 시간상의 인접

두 사물이 시간상 인접되어 다른 사물의 명칭을 전이함으로 의미에 변화가 생기는 것이다. "구일(重陽節), 삼짇날(重三), 초파일(불탄일), 대보름날(上元), 한가위(秋夕)"가 이런 것이다. 이는 사회가 복잡해지면서 더욱 확산되고 있다. 4. 19.(혁명), 5. 16.(군사혁명), 9. 28.(수복) 같은 것이 그것이다.

* 뻬(時)> 식사(食事)

  이 뻬 부텻 나히 닐흔 하나히러시니 <석보>

  不進饍이 현 뻬신둘 알리 <용가>

* 늦다(晚)> 완(緩)

  늦을 만(晚) <자회>

  늦을 완(緩) <유합>

* 빠르다(急)> 조(早)

  밧긔셔 샌르고(外急) <두시>

  빨리 일어나다(일쯕)

* 3. 15.(날짜)> 부정선거

* 여덟달반(8개월 15일> 팔삭둥이 · 반편이)

* 6. 25.(날짜)> 한국전쟁

* 첫날밤(初夜)> 결혼 초야 · 新房

  혼인한 새서방과 새색시가 처음으로 함께 자는 날의 밤(큰사전)

* 칠석(七夕 · 일시)> 음력 7월 7일

  칠석날 까치 대가리 같다. <속담>

* 칠뜨기(칠삭동이)> 덜떨어진 사람

* 칠푼이(칠삭둥이)> 모자란 사람

* 8.15.(날짜)> 광복절
* 팔푼이(팔삭동)> 어리석은 사람

3.2.2. 공간상의 인접

이는 두 사물의 의미가 공간상 인접되어 의미변화가 일어나는 것으로, 환유(metonymy)가 이에 해당한다. 환유는 제유(synechdoche)와 환유로 다시 나뉘기도 한다. 제유는 부분과 전체의, 환유는 주체와 속성의 관계를 주로 나타낸다는 특성을 지닌다.

(1) 제유(提喩)

① 전체(또는 일반적인 것)를 나타내는 어구와 부분(또는 특수한 것)을 나타 내는 어구를 서로 바꾸어 나타낸다.
  * 가슴(胸)> 유방(乳房)
    그녀는 작은 가슴을 크게 수술했다.<현대어>
  * 보조개(頰)> 소인(笑印)
    보조개 협(頰) <자회>. cf. 보조개우물(笑印) <역보>
    보조개(笑印) <동문>. 그녀는 웃을 때 보조개가 매력적이다. <현 대어>
  * 얼굴(형체)> 낯
    얼구를 밍ᄀᆞ라 모든 呪術로 빌며 <석보>, 몸얼굴(몸뚱이), 문얼굴 (문꼴, 문틀)
    얼굴(容顏) <동문>
  * 지단(계란)> 지단(鷄蛋)
    지단(鷄蛋): 계란의 중국어.
    지단: 달걀의 흰자위와 노른자위를 따로 풀어서 번철에 얇게 부친 것. 알반대기
  * 지아비(집의 남자)> 남편(夫)

지亽아비 부(夫) <유합>. cf. 집(家)-人-아비(父)> 지사비>지ᅀᅡ비>지
아비

겨지비 지아비 업스면 몸이 님재 업다 ᄒᆞᄂᆞ니(婦人無夫 身無主)
<朴중>

② 재료에 의해 제품을 나타낸다.

* 쇠(鐵)> 열쇠(鍵)·수갑·지남침
  쇠를 잠그다: 열쇠·자물쇠, 쇠를 차다: 쇠고랑
  쇠를 보다: 지남침, 쇠가 없다: 돈
* 아이롱(iron·쇠)> 다리미
* 아이젠(Eisen·쇠)> 등산용구
  겨울에는 등산할 때 아이젠을 착용한다.

③ 유(類)와 종(種)을 바꾸어 표현한다.

* 거쉬(지렁이·地龍)> 회충(蛔蟲)
  거쉬 구(蚯) <자회>
  거위: 회충(蛔蟲) <표준국어대사전>
* 겨레(친척)> 단체> 민족
  겨레 권당으로 통간ᄒᆞ면 <경민편>
  너희 니인니 겨레 <계축>
* 딴죽치다(他足打)> 씨름·택견의 재주
  딴죽치다: ①발로 남의 다리를 후리치다 ②동의하였던 일을 딴전을
  부려 어기다
  딴죽(<딴족): 택견·씨름에서 발로 다리를 옆으로 치거나 끌어당겨
  넘어뜨리는 기술.
* 마노라(上典)> 처(妻)
  죵이 닐오디 마노랏 父母ㅣ 늘그시니 <삼강>
  마노라(太太) <譯보>
* 머슴(男子)> 고공(雇工)
  갓 스믈 선 머슴 쩍에 <청구>
  이븟짓 머섬 사괴야 <칠대>. 머슴이 강짜한다(현대어)

* 메조 · 며조(醬)> 메주(醬麴)

  醬曰 密租 <유사>, 미순 醬 <한청> · <동문> cf. 滿 minsun: 醬
  罨(엄) 며조 씌우다 <柳物>, 며주(醬麴) <자회>

* 뿔(곡물)> 쌀(米)

  니뿔(稻米)<두초>, 니뿔(粳米)<한청>, 멥쌀, 보리쌀, 쌀보리,
  조뿔(粟)<두초>, 추뿔 나(糯)<자회>, 찰뿔(粘米)<역보>, 찹쌀,
  죠흔뿔(粳米)<역어>
  닛딥(稻草) <역어>, 이밥(입쌀밥) <현대어>

* 쇠북(鐵鼓)> 종(鐘)

  갓붑 고(鼓)<유합>, 갓붑 소리 쇠붑 소리 <석보>
  쇠북 종 <왜어> 鐘은 쇠부피오 <월석>

* 승(僧)> 여승(女僧)

  스이며 겨집들히 <월석>
  숭 니(尼) <자회>

* 아비(남자)> 父 · 夫

  千金을 주리여 處容아바<처용가>, 기럭아비(雁夫), 함진아비, 허수
  아비
  아비 어미 날 기를 져긔(父母養我時) <杜초>
  겨지비 지아비 업스면 몸이 님재 업다 ᄒᆞᄂᆞ니(婦人無夫身無主) <박
  통>

* 어ᄉᆡ(母)> 양친(兩親)

  우리 어ᄉᆡ아ᄃᆞ리(母子) 외롭고 입게 ᄃᆞ외야 <석보>
  아바님도 어ᄉᆡ어신마ᄅᆞᄂᆞᆫ <사모곡>

* 우티(裳)> 의상(衣裳)

  댜란 뵈우티를 ᄀᆞ라닙고(更著短布裳) <번小>
  우틔: ① '옷'의 방언(강원, 경기, 평안, 함경, 황해), ② '윗도리'의
  방언(충청) <표준국어대사전>

(2) 환유(換喩)

① 형식·용기에 의해 내용·내용물을 나타낸다.

* 가개(棚)> 전방(廛房)

  가개 붕(棚)(자회), 가개 아래(只這棚底下) <老乞>

  구멍가게에서 물건을 산다.<현대어>

* 감튜(小帽)> 관직(官職)

  小帽子 감토 <역어>, 감토 모(帽) <유합>

  그는 새 내각에서 큰 감투를 썼다. <현대어>

* 녹의홍샹(의샹)> 젊은 여자·새색시

  녹의홍상: 연두저고리에 다홍치마라는 뜻으로, 젊은 여자의 고운

  옷치장 <표준국어대사전>

  새색시에 비유하는 말

* 돗바늘(席針)> 대침(大針)

  돗바늘: 돗자리를 꿰매는 바늘. 돗 석(席)-바늘 침(針)

  돗바눌(鈠針)<역어>, 돗바늘(鈠針) <물보> cf. 鈠 대침 피 <옥편>

* 바지저고리(의복)> 주견·능력이 없는 사람, 촌사람

  그는 바지저고리 사장이다.<현대어>

* 반팔(半朊)> 반소매(半袖)

  반팔을 입는다.

  cf. 풀버히옷(半臂) <물보>

* 셰간(세상)> 가재도구

  셰간 ᄇ리고 가리도(下世去的) 여기 잇ᄂ니라 <박초>

  ᄌ식둘히 셰간 ᄂ화 둘 사라지라 求ᄒ거눌 <小언>

* 안힁(內部者)> 부인

  적도(赤島) 안힛 움흘 지금(至今)에 보ᅀ부니(赤島陶穴) <용가>

* 약사발(藥器)> 사약(賜藥·死藥)

  김 샹궁 죠히 잇는가, 약사발을 붓들 날 이시리 <계츅>

* 인간(世間)> 사람

인간 셰(世) <유합>

인간: 사람 <현대어>

* 짓물(灰水)> 세탁액

ᄯ 가다가 ᄒᆞᆫ 짓믈 ᄀ름 地獄올 보니 <월석>

ᄯ 짓믈로 시스라 <救方>

* 중대가리(僧頭)> 삭발한 사람

눈동자가 파란 중대가리 병사가 히죽이 웃고 있다.<전광용, 꺼삐딴
리>

* 중전(中宮殿)> 왕비

중전은 중궁전으로 왕비가 있는 곳이다.

cf. 대전(大殿), 동궁(東宮), 북당(北堂), 사랑(바깥주인)

* 즛(貌)> 행동

즛 모(貌) <자회>

션왕이 아니 계시다고 이 즈슬 ᄒᆞ며(한중록). cf. 즛> 짓.

* 청상(靑裳)> 기녀(妓女)

청상(靑裳)은 기녀의 옷차림이다.

* 팔자(八字・사주팔자)> 운명(運命)

팔자(八字): 생년월일시를 간지로 나타낸 여덟 글자.

잘되고 못 되는 건 팔자소관이다.

* 펴랑이(平涼子)> 패랭이꽃

오래 쓰던 펴랑이(敗天公) <동의탕액>

瞿麥 펴량이꼿 <유물>

* 핫바지(綿袴)> 촌사람(村漢), 무식자

핫바디(縣袴兒) <역어>

② 생산지・생산자에 의해 생산물을 나타낸다.

* 안성맞춤(安城에 유기 注文> 안성맞춤유기

안성 유기점에 맞춘 유기

* 이광수(인명)> 그의 작품

이광수를 읽고 있는 중이다.

  * 임연수어(인명)> 생선 이름

    임연수어(林延壽魚): 쥐노래밋과의 바닷물고기. 임연수가 처음 잡았

    다 함.

③ 표지에 의해 사물을 나타낸다.

  * 십자가(十字架)> 기독교

  * 학대(鶴帶)> 문관(文班・文官)

    학대: 조선시대에 문관이 띠던, 학을 수놓은 허리띠

  * 호대(虎帶)> 무관(武班・武官)

    호관은 호대(虎帶)를, 문관은 학반(鶴帶)를 띠었다.

④ 구상명사에 의해 추상명사를 나타낸다.

  * 곁(겨드랑・掖)> 곁(側)

    왼 녁 곁트로 잡고 올흔 녁 곁트로 <小언> cf. 겨드랑이 익(腋)

    <왜어>

    히 둜 겨틔 사느니라 <석보>

  * 곡뒤(뒤통수의 가운데)> 꼭대기(頂点)

    곡뒤(腦後) <역어>

    뫼ㅅ곡디<한청> cf. 곡디>꼭대> 꼭대기

  * 날(태양)> 日字

    날 일(日) <자회>, 거츤 뫼해 낤비츤 悠揚ᄒ고(悠揚荒山日) <杜중>

    날이 가고 달이 가다 <현대어>

  * 녑(옆구리・脅)> 옆(側)

    右脅은 올흔 녑이라 <월석>

  * 바탕(場)> 판

    바탕 댱(場) <유합>

    ᄒᆞᆫ 바탕 말만호미(只作一場說話) <번소>

  * 총칼(銃劍)> 무력(武力)

    평화는 총칼로 쟁취되는 게 아니다. <현대어>

  * 혀(舌)> 언변(言辯)

    그는 세 치 혀로 군중을 제압했다. <현대어>

⑤ 주체와 속성을 교체하여 표현한다.

이는 고유명사와 관련된 것이 많다. "강태공(釣土), 건달(난봉꾼), 김선달(허풍쟁이), 놀부(심술쟁이·욕심쟁이), 온달(바보)" 등이 것이 그것이다. "간수(看守), 감사(監事), 교수(敎授), 대통령(大統領), 시종(侍從), 총통(總統), 판사(判事), 서기(書記)" 등은 행동이 그 행동의 주체를 나타내는 경우다.

그리고 여기 덧붙일 것은 명사에 "-(이)다"를 붙여 용언화(用言化) 함으로 의미변화를 초래하는 특수한 언어현상이다. "긋(劃)-긋다, 깃(巢)-깃다, 나리(川)-나리다, 동(束)-동이다, 띠(帶)-띠다, 매(束)-매다, 미끼(餌)-미끼다, 배(腹)-배다, 빗(梳)-빗다, 새(東)- 새다, 신(靴)-신다, 안(內)- 안다, 입(口)-입다(詠), 잦(尺)-자히다(>재다), 품(懷)-품다" 등이 이러한 것이다(박갑수, 2014).

> * 건달(樂神·배우)> 난봉꾼
> 乾達婆이 아들이 놀애롤 블라 <월석>, 건달(<건달바(乾達婆): 음악의 신)
> 건달: 돈도 없이 난봉을 부리고 돌아다니는 사람 <현대어>
> * 걸귀(乞鬼)> 식탐이 많은 사람
> ① 새끼를 낳은 뒤의 암돼지 =걸귀돼지.
> ② 식욕이 왕성하고, 음식을 지나치게 탐내는 사람
> * 교수(敎授)> 敎授者
> 그는 한국어를 교수하는 외국인 교수다. <현대어>
> * 망나니(사형집행인)> 행실이 불량한 사람
> 자네 망나니 노릇해서 내 속 썩인 건 말도 말게나. <박완서, 미망>
> * 오랑캐(兀良哈)> 야만인
> 兀良哈 오랑캐 <용가>
> 財物의 논호묜 오랑캐 道ㅣ라호니 <家언>
> * 용골대(龍骨大)(인명)> 심술쟁이

　　　용골대: 중국 청(淸) 나라의 장군

　　　指人之心術不正曰 용골더者 龍骨大也 <동언>. cf. 용골때질

　* 정종(正宗・일본 청주 이름)> 청주(淸酒)

　　　正宗은 일본 술의 이름이다. 이는 正宗의 주종이 청주이어, 청주를
　　　이르는 말로 쓰이게 되어 그 의미가 바뀌게 되었다.

　* 춘향(春香)이(인명)> 정녀(貞女)

　　　그녀는 현대판 춘향이다. <현대어>

　* 홍길동(洪吉童)(인명)> 신출귀몰하는 사람

　　　너는 해인사 털어먹은 홍길동이냐? <현대어>

　* 화냥년(巫・환향녀)> 창녀(娼)

　　　화랑이 격(覡) <자회>

　　　白髮에 환양 노는 년이 져믄 書房ᄒ랴 ᄒ고 <청구영언>

⑥ 도구에 의해 활동 및 사람을 표현한다.

　* 고주망태(고조網橐)> 大醉・고주

　　　고조망탁: 술을 짜는 틀과 망태기. 고조 조(槽), 고조 자(榨) <자
　　　회>.

　　　고주망태기: 술이 몹시 취하여 정신을 가누지 못하는 상태, 또는 그
　　　런 사람. 고주

　* 인정(鐘聲)> 통행금지

　　　인정(人定)< 인경(鐘)

　　　인뎡(晩鐘) <역보>

　　　人定: 조선 시대에, 밤에 통행을 금지하기 위하여 종을 치던 일.<표
　　　준국어대사전>

3.2.3. 시간과 공간의 상호 인접

　* 뒤(공간의 後・北)> 시간의 미래

　　　아바닚 뒤헤 셔사(立在父後) <용가>

　　　뒤 북(北) <자회>, 뒷칠셩(北斗七星)) <박통사>. cf. 앎 남(南) <유

합>

뒷일을 부탁한다. <현대어>

* 스싀(공간적 간격)> 시간적 간격

도즈기 스실 디나샤 <용가>

向온 아니 오란 요스싀라 <월석>

* 앒(공간의 앞)> 시간의 과거

도즈기 알폴 디나샤 <용가>, 앏 남(南) <자회>

알핏 허므를 마고리라(塞前愆) <杜초> cf. 愆: 허물 건

 * 즈슴(공간상의 간격)> 시간상의 간격

온 이럼 즈슴이로다(百頃間) <杜초>

요즈슴 아즈비 마순 사르몰 보니(比看伯叔四十人) <杜초>

* 참(站)> 時間·食事

참마다 비에 느리시기<신어>, 역참(驛站)

기다리던 사람은 한참 뒤에 나타났다. <현대어>

신실텽 야춤 흐오신 불기 <불긔> cf. 낮참(점심), 밤참(야식), 새참
(간식)

* 흔쁴(一時)> 함께(共)

어루 흔 쁴 불고미라 닐을 디니라(可謂一時明) <금삼>

흔쁴 소리 내야 슯오디 <석보>

손과 흔쁴 밥 먹거늘 <번小>

3.2.4. 인과상의 인접

원인과 결과상의 인접으로 의미가 변하는 것이나, 이 밖에 논리적인 인접, 혹은 심리적인 인접에 의해 연쇄(連鎖) 내지 방사적(放射的)으로 의미가 변화하는 것도 있다. 이것도 여기에서 다루기로 한다. 한국어에는 이러한 의미변화의 예가 매우 많다.

(1) 논리적인 인접

* 갸륵ᄒ다(驕・傲> 壯)

  갸륵 오(傲) <유합>/ 갸록 교(驕) <유합>

  갸륵ᄒ다: 착하고 장하다 <현대어>

* 고단ᄒ다(孤獨> 疲困)

  군ᄉ의 힘이 피폐ᄒ즉 쟝쉬 고단ᄒ고(士力疲敝則將孤) <삼략>

* 고디식ᄒ다(實直・眞實> 無 融通性)

  淳은 고디시글 씨라 <월석>, 고디식ᄒ니ᄂ 덛덛이 잇고(老實常在)

  <朴중>

  고지식하다: 성질이 곧아서 변통이 없다 <현대어>

* 고맙다(恭敬・존귀하다> 감사하다)

  고마 경(敬) <유합>

  고마온 바를 보고(見所尊者) <小언>

  고마와ᄒ시도록 말을 음흉히 ᄒ니 <한중록>

* 니키다(熟)> 익히다(習)

  니글 슉(熟) <자회>・<유합>

  글 닉이다(溫習) <동문>

* 대수롭다(大事> 중요)

  魚價米ᄂ 대ᄉ롭지 아니ᄒ니 <인어>

* 돌보다(回見> 護愛)

  앏뒤ᄒ 돌보디 아니ᄒ고(不顧) <小언>

  돌보다(看顧) <한청>

* 몹쓰다(不用> 악독・고약하다)

  그것은 어디에도 못쓸 물건이다.

  못쁠놈(派癩的) <譯語>, 천하에 몹쓸 녀석. <현대어>

* 분별(思> 憂)

  ᄂᄆ란 분별아니코 제몸 쑨 됴히 츄미라 <석보>

  분별 려(慮) <유합>

* 섭섭ᄒ다(不實> 불만스럽다)

ᄆᆞᅀᆞᆷ 섭섭ᄒᆞ야 眞實티 몯거니와 <월석>

섭섭ᄒᆞ여 보고 가시니 <계축>

* 셩가시다(수척> 귀찮다)

만히 머그닌 양지 셩가시더니(월석)

셩가시다: 귀찮다(현대어)

* 스승(巫> 師)

녯 님금이 스승 ᄉᆞ로몰 삼가시고(前聖愼焚巫) <杜초>

뛰어난 사람 뒤에 훌륭한 스승이 있다. 사부(師傅)

* 쇠여디다(漏> 死滅하다)

믈 실 루(漏) <유합>, 쇠여딜 민(泯) <유합>

고대셔 쇠어딜 내 모미 <이상곡>

* 싁싁ᄒᆞ다(嚴> 剛健)

千相이 빗내 싁싁ᄒᆞᄂᆞ니(千相光嚴) <법화>

씩씩한 기상 <현대어>

* 시치미(信標> 氣色)

시치미: 매의 주인을 나타내는 신표

시치미 떼다(> 시침 떼다): 자기가 하고 안 한 체하거나 모르는 체

하다. <현대어>

* ᄉᆞ랑(思> 愛)

어즈러운 ᄉᆞ랑올 닐오디 想이오(亂思曰想) <능엄>

ᄉᆞ랑홀 통(寵) <자회>

* 아니꼽다(不美>厭症)

노는 꼴이 아니 곱다. <현대어>

하는 꼴이 아니꼽다. <현대어>

* 아름답다(私> 美)

그윗 문엔 아ᄅᆞ몰 容納 몯거니와(公門不容私) <금강>

美ᄂᆞᆫ 아롬ᄃᆞᄫᆞᆯ씨니 <석보>

* 없다(無·死> 無)

님금이 예서 업스시니(終于是) <삼강>

* 여위다(枯・瘦> 瘦)

　여윈 밥과 고깃국으로(乾飯肉湯) <박초>

　술히 지도 여위도 아니 ᄒ니라 <월석>

* 예쁘다(善・好/ 憐> 美)

　이든 工巧를 貪ᄒ야(善巧) <능엄>, 읻-브-다.

　cf. 어엳블 련(憐)<왜어>, 여래 닐오디 어엿브니라 ᄒᄂ니(哀憐)
　<능엄>

* 움딸(딸> 사위의 재취)

　움 묘(苗) <유합>

　움딸: 시집 간 딸이 죽은 뒤에 다시 장가 든 사위의 후실 <현대
　어>

* 인정(人情> 賂物)

　네 만히 뎌롤 인정을 주고(你多與他些物) <박통>

* 일없다(無事> 無關)

　뫼해 드러 일업시 이셔 <월석>

　아무리 발버둥쳐 봐야 나한테는 일없다.

* 자내(自> 汝)

　舍利佛이 자내 毘沙門王 ᄃ외니 <석보>

　자내 집 술 닉거든 부듸 날 부르시소. <김육, 시조>

* 저(自 > 我)

　저는 ᄠᅳᆮ 願 업수미(自無志願) <법화>

　저: 나의 낮춤말 <현대어>

* 졈다(幼> 若)

　져믄 아희 어느 들ᄌ보리잇고 <석보>

　졀므니(年靑者) <譯보>

* 쥬변(自由> 변통성)

　펴며 거도믈 쥬변ᄒ야(舒卷自由) <금삼>

　주변: 주선력과 변통성(현대어), cf. 주변이 없다.

* 톱(鋸> 손톱・手爪)

톱爲鉅 <해례>

톱과 엄쾌 놀캅고<석보> cf. 톱 조(爪) <유합>. 손톱, 발톱

* 틀리다(違> 다르다·異)

일 틀유미 업게 호라. <월석>

나는 너와 틀리다. <현대어·誤用>

* 풋내(草氣> 未熟)

풋내(草氣) <역보>

그는 덩치는 크지만 아직 풋내가 난다. cf.. 풋고추, 풋과일, 풋줌

* 한글(문자 이름> 한국어)

한글은 세종대왕이 만드신 훈민정음(訓民正音)이다.

재외동포이면서 한글도 모른다.(한글=한국어, 誤用)

* 흐욤없다(無爲> 愁心)

흐욤업슨 겨르르왼 道人은(無爲閑道人) <남명>

하욤없다: 시름에 싸여 멍하니 아무 생각이 없다 <현대어>

(2) 원인과 결과상의 인접

* 간난하다(艱難> 貧寒)

國步ㅣ 오히려 가난ㅎ니(國步猶艱難) <杜초> cf. 國步: 나라의 운명

내 진실로 가난코 미천ㅎ더라 <小언>

* 결혼(양가 결합> 남녀 결합)

解慕漱: 我是天帝之子 今欲與河伯結婚

婚姻: 사위의 아버지를 婚, 며느리의 아버지를 姻이라하고, 사위 쪽
에서 며느리네 집을 婚, 며느리 쪽에서 사위네 집을 姻이라 한다.

* 구실(관리> 세금> 역할)

구실에 참여티 아니홈이라. <소언>

구실 티답ㅎ더니(以供租賦) <속삼강>

시계의 구실은 시간을 알려 주는 것이다. <현대어>

* 과메기(貫目魚> 꽁치)

貫目: 건청어(乾靑魚), 과메기: (方) 꽁치를 차게 말린 것 <경북>

과메기는 포항의 명물이다. <현대어>

* 귀향(歸鄕)> 귀양)

귀향 왯는 선인이라(謫仙人) <두초>. 귀향 덕(謫) <유합>

* 그믐(黑> 그믐날·晦日)

그믈 뉘롤 모른다 <(松江>, 그믈음>그믐

그믐나레 쪼 시르믈 더으리랏다(晦日更添愁) <杜초>

* 냥반(兩班> 관직> 상류계층)

동반(東班)과 서반(西班)이 양반이다.

냥반의 쑬이 나 츠니 잇거든 <번小>

* 녀름(夏> 곡식·농사)

ㅂ롬비 時節에 마초ㅎ야 녀르미 드외야 <석보>

녀름 됴홀 풍(豊) <자회>

뒷 시냇 구븨에서 녀름지시ㅎ고(爲農山澗曲) <杜초>

* 두루마기(周防> 周衣)

갑오개혁(甲午改革) 이전에는 도포가 겉옷이고, 두루마기는 겉옷이

아니었다. 두루(周)-막이(防)

* 마술(官署> 마을·村)

곳다온 힌 칠흔 마ㅅ론 고앳나니라(馨香粉署姸) <杜초>

마술 셔(署)<자회>/ 마술 아(衙), 마술 시(寺) <유해>

믈읫 번딘 마ㅇ롤 다슬임애 <小언>

* 마지기(斗落> 전답 넓이의 단위)

마지기는 "말 딯이(斗落)"가 변한 말이다.

한 말의 씨를 뿌릴 만한 크기의 땅이 한 마지기(斗落)다.

* 물맴이(水廻> 水蟲)

'물 맴'이란 물에서 맴을 도는 것이다. 물(水)-맴(廻)-이(접사)

물맴이가 물웅덩이에서 맴을 돈다. cf. =무당선두리. 물맴돌이(方言)

* 미닫이(開閉> 미닫이창)

미닫이를 드르륵 열고 냅다 호령을 했다.<현대어>

* 밑천(본전> 자본)

밋천(本錢) <역보>

밑천이 없어 장사를 크게 못한다.

* 빼다지(引閉> 설합)

문갑의 빼닫이를 열고 서류를 꺼낸다. 빼-닫-이 > 빼다지

cf. 빼다지: 빼닫이가 변한 말로 방언이며, 빼고 닫는 것을 의미한다.

* 술래(巡邏軍> 술래)

巡邏軍: 도둑 화재 등을 경계하기 위하여 밤에 사람의 통행을 감시

하던 군졸

술래: 술래잡기 놀이에서 숨은 아리들을 찾아내는 사람. <현대어>

* 열없다(無膽> 膽小・小心)

곰열: 웅담(熊膽)의 북한어.

열없는 색시 달밤에 삿갓 쓴다.<속담> cf. 열적다(방언)

* 작은집(小家> 小室)

작은집: 첩 또는 첩의 집. 소실, 별실

* 장가(丈家들다> 결혼하다)

입장가(入丈家); 장가들다(= 남신들이다)

시집가다: 새집 가다(= 겨집들이다)

* 코도리(鼻廻> 鼻穿・鼻環)

코ㅅ도리(鼻鉤) <역보>

코뚜레< 코-뚫-에 <현대어>

* 혼나다(魂出> 야단맞다)

실수를 하고 부장한테 혼났다.

* 혼인(婚家와 姻家> 결혼)

혼(婚)은 며느리네 집을, 인(姻)은 사위네 집을 말한다.

혼인은 양가의 결합에서 남녀의 결합으로 바뀌었다.

* 힘(筋肉> 力)

힘爲筋 <해례>, 쇠힘(牛筋)<동문>, 쇠심(牛筋) <몽어>

힘 녁(力) <유합>, 뱃심, 입심, 안심, 등심 <현대어>

3.3. 명칭의 유사

어원적으로 관계가 없는 형태들이 형태상 비슷하여 서로 관계가 지어
지는 것이 있다. 이를 흔히 민간어원(folk etymology), 또는 통속어원(false
etymology)이라 한다. "나락(羅祿), 얼(魂), 행주치마(幸州山城)"가 이런 것이
다. 이는 잘못 관계를 지어 의미가 바뀐 것이다.

* 곳답다(香> 花)

  곳다올 향(香) <자회>, 제요곰 곳다오니라(自馨香) <金삼>

  꽃답다: 꽃과 같이 아름답다(현대어)
* 귀먹다(耳塞> 食)

  입 버우며 귀 머그며 <월석>, 귀머글 롱(聾) <자회>·<유합>
* 껍질(皮質> 殼)

  나무 겁질조쳐 먹다가 <삼강>

  내 귀는 소라 껍질 <동요>
* 나누다(분할> 분배)

  品은 난호아 제여곰 낼씨라 <석보>

  선물을 여럿이 나누어(노나) 가진다. <현대어>

  노느다(<논호다): 여러 몫으로 나누다.(分配)
* 노리개(佩物)> 완구)

  노리개 풔(佩) <자회>

  보비 노리개옛 거슬<珍琓之具) <법화>
* 닛므윰(齒齦> 잇몸(體))

  아랫닛므유메 다ᄯ니라 <훈언>

  잇몸을 드러내고 환히 웃는다. <현대어>
* 맞추다(附合> 的中)

  藥든 가슴 맛초ᄋᆸ사이다, 맛초ᄋᆸ사이다.<만전춘>

  과녁을 맞추다(맞히다) <현대어>

* 명태(明太< 明川의 太씨가 잡은 고기)

  송남잡지(松南雜志)에 명천의 태씨가 명태를 처음 잡아 그 이름을 명태(明太)라 했다하나, 이는 통속어원이다.

* 뫼(山> 墓)

  ᄀ룸과 뫼콰ᄂᆞᆫ 됴코(江山好) <杜초>

  뫼: 무덤(현대어)

* 볕(陽 > 光)

  벼틀 當ᄒᆞ야 빗보미 곧ᄒᆞ니(當陽見色) <金삼>

  따사한 햇빛이(<햇볕이) 비친다. <현대어>

* 빈대떡(餠䭔> 貧者餠・빈대떡)

  빙자(餠䭔) <譯語>

  빈대떡을 부치다. <현대어>

* 산힝(사냥・수렵> 山行)

  낙수에 산힝 가 이셔 하나빌 미드니잇가(洛表遊畋) <용가>

  산행은 거기 산이 있어 가는 것이다. <현대어>

* 샌님(生員님> 노인 존칭)

  샌님은 '생원님'의 준말이다.

  남산골샌님은 고집이 세다.

* 설렁탕(湯> 先農湯)

  그녀는 설렁탕 국물이 먹고 싶다고 했다. cf. 설룬(sulen), 실루: 몽고어 湯

  조선조 성종 때 先農壇에서 耤田之禮를 할 때 술과 국밥을 내렸다 한다.

* 손돌이추위(細梁項寒> 孫乭寒)(10월 20일경의 심한 추위)

  손돌은 강화도 근처에 있는 목이 좁은 돌(細梁項)이다.

  손돌(이)바람(孫乭風)이나 손석풍(孫石風)은 어원속해(語源俗解)한 것이다.

* 솟젹다싀(소쩍새> 鼎小鳥)

  소쩍 소쩍, 소쩍새 울기만 기다립니다. <가요>

　杜鵑名 俗名 솟젹다시 <동한>
* 양(胃> 量)
　양 위(胃) <자회>
　그는 양이 크다/작다.
* 어리다(愚> 幼)
　어린 百姓이 니르고져 홇 비 이셔도(愚民有所欲言) <훈민정음>
　어린 아히 노릇술 ᄒᆞ야 <小언>
* 얼(愚 > 魂·精神)
　어류ᄆᆞ로 어디니 ᄭᅴ며(以愚嫉賢) <법화>
　얼: 정신의 줏대 <큰사전>, 얼 빠진 놈.
* 잊어버리다(妄覺 >분실)
　실물(失物)은 잊어버리는 게 아니고, 잃어버리는 것이다. <현대어>
* 지새다(曙> 철야)
　지새다: 달이 지면서 밤이 새다
　밤을 하얗게 지새었다(<지새웠다). '지새우다'는 별개 단어임.
* 홀몸(獨身> 홑몸·單身)
　나는 의지가지없는 홀몸이다.
　그녀는 아이를 가져 홀몸(<홑몸)이 아니다. <현대어·誤用>
* 힝쥬치마(裙> 행주산성 치마)
　帉巾 힝ᄌᆞ쵸마 〈사성통해〉
　힝ᄌᆞ쵸마 호(帉) <자회> cf. 힝ᄌᆞ치마(물보)〉 행주치마.
　행주산성(幸州山城)에서 돌을 날랐다는 치마.

3.4. 명칭의 인접

　두 개의 단어가 복합어나, 일정한 구절 속에 나란히 쓰임으로 한 쪽의
단어가 생략된 뒤에도 나머지가 전체의 의미를 나타내는 경우가 있다.
이를 명칭의 인접에 의한 의미변화라 한다. "아침(아침밥), 새(새참), 코(콧

물)"가 이런 경우다. 현대사회에서는 신속한 정보전달을 위해 이러한 생략 및 절단(切斷)이 점점 많아지고 있고, 이로 인해 명칭의 인접에 의한 의미변화가 많이 빚어지고 있다. 명칭의 인접에 의한 의미변화는 "안녕 (안녕히 가십시오/ 안녕히 계시시오)"와 같이 통사 면에서도 나타난다. "별로" 는 "별로 아름답다"와 같이 긍정적 의미로 쓰이던 말이나, 이 말이 흔히 부정어를 동반하여 사용됨으로 말미암아 오늘날은 부정적 의미가 전염되었다. "전혀, 절대로"도 부정적 의미가 전염된 경우다.("절대감속"은 "하지 말라"가 아닌 "하라"의 긍정적 의미로 쓰여 예외적인 경우다.)

(1) 생략

* 경실련(經實聯)< 경제정의실천시민연합)
* 담생이 < 담임 선생
* 머리(髮) < 머리카락)
　머리 좀 깎아라.
* 민변(民辯)< 민주사회를 위한 변호사 모임)
* 받개 < 흙받기·니탁(泥托))
　받개(泥杚) <자회> cf. 흙받기
* 방폐장< 방사물폐기처리장
* 북(北)< 북한·조선민주주의인민공화국
　"北-이라크-시리아 등이 美 7대 문제지역" <동아일보>
　"북 휴대전화는 '환치기' 돕는 은행" <동아일보>
* 서울< 서울고등학교, 서울신문 등
* 손(手)< 손잡이
　대팻손(당길손), 뜸손, 씨아손, 탁잣손, 톱손, 흙손
* 숨(息)< 목숨
　수미 나며 드르매 <석보>
　수믜 길고 뎌로몰 아라 <원각>, 숨을 거두다. <현대어>

* 안성맞춤< 안성맞춤유기
  안성맞춤유기라 안성맞춤이다.<현대어>
* 전교조(全敎組)< 전국교원노동자조합
* 코(鼻< 콧물
  코가 흐른다.
* 통지표(通知表)< 성적통지표
* 파리약(蠅藥)< 파리잡는약(除蠅劑))
  파리약은 파리를 살리는 약이 아니라, 죽이는 구충제다.
* 현대< 현대자동차주식회사
  현대차를 타고 다닌다, 내 차는 현대다.

(2) 통사적 전염

* 건즐(巾櫛)을 받들다(수건과 빗> 妻妾)
  수건과 빗(巾櫛)
  건즐을 받들다- 처첩이 되다. cf. =형식과 내용의 교체 사용
* 골로 가다(棺> 死亡)
  잘못 걸렸다간 골로 간다.
* 기추(箕箒)를 받들다(키와 비> 처첩)
  키와 비(帚·箒)
  기추를 받들다- 처첩이 되다. cf. =형식과 내용의 교체 사용
* 너무(過度> 太甚)
  그는 너무 아름다워 비명에 갔다.
  기분이 너무(< 매우) 좋다.
* 발자국 소리(足跡> 步行)
  발자곡(脚印) <역보>
  그리로 들리는 병사의 발자국 소리들. <어머니의 기도>
* 뿔 풀다(賣> 사다·買)
  뿔 내여 푸다(糶米)(역어) cf. 뿔 내다
  뿔 푸라 드리다(糶米) <역어>, 뿔풀 됴(糶) <자회>

    * 별로(특별히> 부정적 의미)

      별로 아름다운 여인(특별히)

      별로 좋지 않다.

    * 싼다(高價> 安價)

      갑시 千萬 쏘니와(價値千萬) <법화>

      뵛갑시 쏘던가 디던가(布價高低麽) <노걸>

    * 안녕(安寧> 인사)

      안녕!(안녕히 가십시오/ 안녕히 계십시오.)

    * 엉터리(윤곽> 부조리)

      엉터리없는 소리

    * 전혀(온전히> 부정의 의미)

      전혀 새로운 이야기가 아니다.

    * 절대(絕對> 부정의 의미)

      절대 하지 않는다. 절대금주

    * 종아리를 걷어붙이다(>바지를 걷어 올리다).

      종아리를 걷어붙이고 바다로 들어섰다.

    * 쳐다보다(上望> 望見)

      얼굴을 들고 치어다보다.

      서서 앉은 사람을 빤히 쳐다본다.

    * 팔을 걷어붙이다(>소매를 걷다).

      위기에 처해 팔을 걷어붙이고 달려든다.

    의미변화는 이상의 어느 유형 하나에 의해서 이루어지는 단순한 것만이 있는 것은 아니다. 여러 유형이 중복되어 이루어지는 경우도 있다. 의미의 유사와 인접 및 명칭의 유사와 인접이 복합되어 이루어지는 것이다. 이러한 변화를 "복합변화(複合變化)"라 한다. 이는 흔히 단어에서보다 구절에서 많이 나타난다.

한 잔 했다: 한 잔(내용과 형식 · 내용 생략), 했다(마셨다)> 취했다(구
　　　　체와 추상)
OB 하나: OB(동양맥주주식회사)의 맥주 한 병(생산자와 제품, 내용과
　　　　형식)
스마트: 삼성전자주식회사의 스마트폰(생산자와 생산품, 생략)

4. 의미 변화의 결과

　의미변화는 그 결과에 따라서도 유형화 할 수 있다. 그 하나는 의미
영역(領域)의 변화에 따라 의미의 축소와 확대로 나누는 것이고, 다른 하
나는 평가(評價)의 변화에 따라 의미의 향상과 하락으로 나누는 것이다.

(1) 의미 영역의 변화

　의미영역의 변화는 축소와 확대로 나뉜다. 의미의 축소(縮小)는 일반사
회의 용어가 특수사회에서 사용되거나, 일반적 용법이 특정한 문맥 가운
데서 계속 사용됨으로 의미가 특수화하는 것이다. "중생"이 "생물 일
반>동물>사람"의 뜻으로 의미가 바뀐 것은 이의 대표적인 예다. 이러
한 의미 축소의 예로는 다음과 같은 것을 들 수 있다.

　　* 궁중사회: 표리(의복의 겉감과 안감), 처분(지휘 · 명령)
　　* 경제사회: 출혈(손해), 적자(결손)
　　* 종교사회: 복음(예수의 말씀), 성서(기독교의 경전), 해탈(열반 · 度脫)

　이밖에 "ᄀᆞᄅ치다(敎 · 指> 敎), 거위(地龍> 蛔蟲), 머슴(남자> 雇工), 뫼
(山> 墓), 방송(놓아줌> 죄인 釋放), 보조개(頰> 笑印), 셰간(세상> 가재도구),

스랑(思> 愛), 뿔(곡물> 米), 약사발(藥器> 賜藥·死藥), 얼굴(형체> 낯), 없다 (無·死> 無), 여위다(枯·瘦> 瘦瘠), 인간(世間> 사람), 지단(계란> 鷄蛋)" 등 도 이러한 예다.

의미의 확대(擴大)는 논리적인 관점에서 볼 때 외연(外延)이 증대되고 내포(內包)가 축소되는 현상이다. 이 현상도 사회적 요인이 중요한 원인 가운데 하나다. 특수사회 용어의 일반화, 고유명사의 일반화, 신체용어 의 일반화, 구상어의 추상화 등이 그 원인이 된다.

> * 특수사회 용어의 일반화: 왕(군주사회 최고 책임자> 왕 회장·광산 왕·가요왕(제일인자), 왕거미·왕대포(큰 것)/ 공주(왕녀> 딸·젊 은 여인)/ 박사(학계의 학위)> 재치박사 등(관련 사회의 권위자)/ 사 장·회장(기업체의 장)> 일반인의 경칭/ 영감(令監·종3품~정3품 의 당상관> 나이 든 노인·남편
> * 고유명사의 일반화: 김삿갓(방랑시인), 춘향이(貞女), 홍길동(출몰 무 상인), 김선달(허풍쟁이)
> * 신체 용어의 일반화: 바늘귀, 밭머리, 신코, 길목, 덩굴손, 상다리
> * 구상의 추상화: 머리(지능), 허리(중간), 먹물(지식), 입(구변), 총칼(무 력), 피(투쟁)

이 밖에 "겨레(친척> 민족), 돗바늘(席針> 大針), 밑천(본전> 자본), 산힝(사 냥> 山行), 우티(裳> 衣裳), 움딸(딸> 사위의 재취), 이바지(供養> 宴會> 공헌), 정종(正宗)(일본 술 이름> 淸酒)" 등도 이러한 예다.

(2) 의미 평가의 변화

의미 평가의 변화란 문체론적 가치, 곧 정의적 가치에 따라 의미가 하 락(下落)하거나 상승(上昇)하는 것이다. 대부분의 경우에는 상승도 하락도

아닌 중간항(middle term)으로 남는다. 의미의 하락(下落), 혹은 타락(deter-
ioration)은 완곡어법이 중요한 변화 요인이 되며, 이 밖에 연상(聯想), 인간
의 편견 등이 작용한다. "천당 가다, 화장실"은 완곡어법에, "까마귀발(烏
足)> 黑足), 개씨바리(眼疾)"는 연상에, "중대가리, 며느리발톱"은 사람들의
편견에 따른 의미변화라 할 수 있다. 이 밖에 "갓나희(> 욕칭), 건달(樂神
·배우> 난봉꾼), 고문관(顧問官> 바보), 귀향(歸鄕)> 귀양), 마누라(上典> 내
자), 빈대떡(餠䭞> 貧者餠·빈대떡), 약사발(藥器> 賜藥·死藥), 엽전(葉錢>한국
인 비하), 풋내(草氣> 未熟), 핫바지(綿袴> 村漢·무식자)" 등도 이러한 예라
하겠다.

의미의 상승(上昇), 혹은 향상(amelioration)은 의미의 하락과는 달리 주의
도 끌지 못하고, 그 예 또한 많지 않다. S. Ullman은 이를 소극적인 경우
와 적극적인 경우의 두 가지로 나누고 있다. 소극적인 경우는 불쾌감이
약화되는 경우로, "좋아 죽겠다, 우스워 죽겠다"의 "죽겠다"가 이에 해
당된다. 적극적인 경우는 의미간의 연상이나, 사회적 요인이 원인이 되
는 것으로, "몽진(> 왕의 피난)" 등이 이에 해당된다. 이러한 의미 상승의
예로는 "냥반(兩班> 관직> 상류계층), 물(馬> 대(大)·왕(王)), 졈다(幼> 若), 어
리다(愚> 幼), 얼(愚> 魂·精神), 춘향(春香)(인명> 貞女)" 등을 들 수 있다. 이
밖에 특수사회의 은어나 속어가 일반사회에서 쓰이거나, 금기에 의해 자
기 아이를 "못난이, 똥개, (내) 새끼"와 같이 부르는 경우 의미의 상승을
보이기도 한다.

5. 결어

한국어 의미변화의 성격과 유형을 살피고, 이에 대한 한국어 어휘의

구체적 실례를 제시함으로 한국어 의미변화의 경향을 살펴보았다.

의미변화의 대표적인 유형으로는 S. Ullman의 발생적 분류가 있다. 이는 언어개신에 의한 의미변화에 중심이 놓인 것으로 연상을 그 바탕에 깔고 있다. 의미와 명칭의 유사와 인접이 근간을 이룬다. 의미의 유사는 은유에 의해, 의미의 인접은 환유, 말을 바꾸면 제유와 환유에 의해 의미변화가 빚어진다. 명칭의 유사는 형태상의 유사, 곧 동음어의 통속어원에 의해, 명칭의 인접은 생략과 통사적 전염에 의해 의미변화가 주로 빚어진다. 이들의 의미변화에서 주류를 이루는 것은 의미의 유사와 인접이며, 이 가운데도 인접이다. 한국어의 많은 의미변화는 이 의미의 인접에 의해 이루어진다.

의미변화는 그 결과에 따라서 의미의 축소와 확대, 및 타락과 상승의 경향을 보인다. 의미영역이 변하는 축소와 확대는 주로 사회적 원인이 작용한다. 의미의 타락과 상승은 정의적 가치에 따라 드러난다. 이들 의미변화는 그 빈도로 볼 때 그리 큰 변화현상은 못된다.

이 글에서는 이러한 의미변화를 한국어의 어휘, 그 가운데도 주로 고유어를 그 유형에 따라 구체적으로 분류 제시함으로 한국어의 의미변화유형과 실제를 제시하였다. 따라서 이를 통해 한국어의 의미변화 유형과실상을 쉽게 확인할 수 있을 것이다.

오늘의 현상을 바로 알기 위해서는 그 역사를 알아야 한다. 한국어의실상도 제대로 파악하기 위해서는 그 형태 및 의미의 변화와 역사를 제대로 알아야 한다. 한국어의 이해와 한국어교육을 제대로 수행하기 위해한국어의 의미변화에 대해 좀 더 깊은 관심과 이해가 있게 되길 바란다.

참고문헌

김민수 편(1997), 우리말 어원사전, 태학사.

박갑수(1973), 의미론, 이을환 외, 국어학 신강, 개문사.

박갑수(1995), 우리말 바로 써야 한다 1, 2, 3, 집문당.

박갑수(1998), 현대문학의 문체와 표현, 집문당.

박갑수(2013), 언어문화와 한국어교육, 역락.

유창돈(1964), 이조어사전, 연세대학교 출판부.

유창돈(1973), 어휘사연구, 선명문화사.

이용주(1972), 의미론개설, 서울대학교 출판부 .

이을환·이용주(1964), 국어의미론, 수도출판사.

이을환(1985), 국어학연구, 숙명여대 출판부.

Guiraud, P.(1955), Semantique, presses universitaires de france, 佐藤信夫 譯(1958), 意味論, 白水社.

Stern, G.(1968), Meaning and Change of Meaning, Indiana University Press.

Ullman, S.(1957), The Principles of Semantics, Glasow-Oxford, 山口秀夫 譯(1964), 意味論, 紀伊國屋.

Ullman, S.(1962), Semantics. An Introduction to the Science of Meaning. 池上嘉彦 譯(1969), 言語と意味, 大修館書店.

■ 이 글은 강의 노트를 정리한 것이다. 따라서 구고를 새로 편집하고 집필한 것에 해당한다.
2014. 9. 14. 미발표

제 3 부

한국어교육과
비언어 행동

제1장 발상 혹은 표현과 한국어교육

– 한·일어의 대조분석을 중심으로

1. 서언

세계가 일일 생활권(一日生活圈)이 되면서 서로가 이웃하여 살게 되었다. 언어와 문화를 서로 교류하며 산다. 하나의 문화가 절대적인 것이 아니요, 상대적인 것이라 인식되면서 이러한 추세는 강화되고 있다. 이에 각 언어권에서는 의사소통의 수단으로 자국어 외에 제2언어를 많이 교수·학습한다.

외국어를 학습할 때는 오류(誤謬)가 발생하게 마련이다. 그러기에 중간언어(中間言語)라는 말까지 생겨났다. 학습상의 오류는 흔히 제1언어와 제2언어가 다르기 때문에 발생한다. 대조언어학의 초창기와 전성기에는 제1언어와 제2언어의 구조가 다를 경우 제1언어가 제2언어 습득에 간섭하여(interfere) 장애를 일으키게 되는 것으로 보았다. 이러한 것이 소위 대조분석가설(contrastive analysis hypothesis)이다. 그리하여 제1언어의 간섭을 제거함으로 오류가 발생하지 않게 하고자 하였다. 그러나 이러한 기대는 예상을 빗나갔다. 대조분석의 기술–선택–대조–예측만으로 오류의 문제는 해결되지 않았다. 그리하여 학습상의 오류의 원인이 어디 있는지 언어의 구조를 비롯하여 언어심리학, 사회언어학 등 다방면에서 고찰을 하게 되었다. 오류의 원인은 제1언어가 아닌, 학습자의 커뮤니케이션 전략에 말미암는바 컸다. 제2언어의 많은 오류가 제1언어 습득자가 범하는 오류라는 것도 지적되었다. 제2언어의 문법성에 관한 학습자의 판단 기준은 제2언어의 문장과 좀 더 밀접한 관련을 가졌다. 이와는 달리 음성의 오류는 제1언어의 영향을 더 많이 받는 것으로 밝혀졌다. 그 결과 오류분석(error analysis)은 언어교육에서 대조분석(contrastive analysis)의 자리를 대신하게까지 되었다.

언어교육에서 제1언어와 제2언어의 특성에 대한 이해는 이렇게 중요한 의미를 갖는다. 따라서 한국어교육에 있어서도 이러한 목표언어인 한국어와 학습자의 자국어에 대한 차이를 잘 인식하고 이를 교수·학습에 활용함이 바람직하다. 특히 학습자가 어린이가 아니요, 청년이나 성인일 경우 더욱 그러하다. 여기서는 이러한 점을 감안하여 고급 학습자를 위해 대조분석(對照分析) 및 오류분석(誤謬分析)의 차원에서 한국어교육의 문제를 살펴보기로 한다. 그것도 단순한 언어적 차원이 아닌, 발상(發想)과 표현(表現)의 차원에서 보기로 한다. 따라서 두 언어 사이에 차이를 보이는 발상, 혹은 표현을 언어(言語)와 문화(文化)의 양면에서 살펴보고, 바람직한 한국어 교육이란 차원에서 이들에 대한 문제를 결론짓기로 한다. 언어의 대조는 한·일어(韓日語)를 주로 하고, 영어(英語)도 아울러 대조하게 될 것이다.

2. 언어적 발상과 표현

한국어와 일본어는 흔히 대부분의 어휘가 같고, 문법 구조가 같다고 한다. 그래서 일본 사람이 한국어를 배우기 쉽고, 한국 사람이 일본어를 배우기 쉽다고 본다. 상대적으로 비교할 때 이는 옳은 말이다. 그러나 한·일어는 표면적 유사와는 달리 내면적으로 많은 차이를 보인다. 이러한 표현이 허용된다면 통사적으로 비슷하면서 형태적으로 많은 차이를 보인다. 따라서 한·일어 학습자는 큰 틀은 별문제가 없으나, 지엽적인 면, 다시 말하면 세부적 형태면에서 많은 문제를 드러낸다.

2.1. 원인·이유 표현의 문제

"추우니까 창을 닫아 다오."
"寒いから窓をしめてくれ."

한국어에 원인이나 이유를 나타내는 연결어미는 여러 가지가 있다. "-니(-니까), -(으)므로, -아/-어서" 등이 그것이다. 일본어에는 "から, ので" 따위가 있다. 이들은 사전에서 별다른 구별 없이 유의어로 다루어진다. 그러나 이들은 발상의 면에서 차이를 보인다.

날씨가 추워지면 창을 닫는다. 이런 때 흔히 "날씨가 추워서 창을 닫는다"고 한다. "날씨가 추우니까 창을 닫는다"고도 한다. "날씨가 추우므로 창을 닫는다"고도 하나 잘 쓰이지 않는다. "날씨가 추워서 창을 닫는다"는 일본어로는 "お天氣が寒くて窓を閉める"가 된다. 우리는 "추워서"라고 연결어미를 사용하는데, 일본어에서는 부사형에 조사 "て"를 붙여 표현함으로 형태적으로 차이를 보인다.

일본어 "寒いから"와 "寒いので"는 다소간에 다르다고 본다. 우선 사전에서 "から"는 사물이 연속되는 상태를 나타내는데, "이유·원인을 나타낸다"고 한다. 그리고 "ので"는 "어떤 사항(事柄)에 대한 前件을, 거기에서 자연스런 결과로 後件이 나온다는 기분으로 나타내는 데 사용한다"고 하고 있다(岩波 1977). 이에 대해 森田(1981)는 이들 둘은 어느 경우에는 같은 문맥에서 교체가 가능하고, 어떤 경우에는 교체가 안 된다고 전제하고, 이들은 아주 다른 말로, 때로 어떤 문맥에서 교체가 가능한 공통 요소를 지닌다고 보는 것이 합리적이라 본다. 그리고 "から"는 주관적 해석, 이유 부회(付會)를, "ので"는 객관적 조망을 하는 태도를 나타내는 것이라 구별한다. 따라서 "窓をしめよう", "窓をしめてくれ"와 같은 의지가 반영된 표현은, 인과관계를 표현하는 "ので"와는 달리, "から"가 어울리는 것으로 본다.

한국어의 "-니(-니까)"와 "-(으)므로"는 이런 점에서 각각 일본어의 "から" 및 "ので"와 어느 정도 대응된다. 따라서 "-니(-니까)"는 後件이 미정의 사항, 불확실한 사항일 때에도 화자의 주관으로서 이를 주장할 수 있다. 이에 대해 "-(으)므로"는 "원인-결과"의 인과관계로서 서술한다. "-니(-니까)"처럼 前件이 이유 설명이 아니고, 두 사태를 연결하는 것이다. 이들 사태를 다루는 태도는 前件과 後件을 다 화자의 영역 바깥의 것으로 객관적으로 조망하는 것이다. 그래서 명령문, 청유문, 추량, 예정 등의 사항은 "-(으)므로"가 아닌, "-니(-니까)"로 표현하게 된다. 이는 일본어 "から"가 미연형(未然形)에 쓰이는 것과 같다. 따라서 이들 표현은 다음과 같이 된다.

추우니까 창을 닫자./ 寒いから窓をしめよう
추울 테니까 창을 닫읍시다./ 寒いでしようから窓をしめましよう.

추우니까 창을 닫아 다오./ 寒いから窓をしめてくれ.
추우므로 창을 닫았다./ 寒いので窓をしめた.
추웠으므로 창을 닫았다./ 寒かつたので窓をしめた.

이렇게 되면 "–니까"와 "–(으)므로"는 유의어이긴 하나, 차별화되는 유의어로 그 구별이 가능해진다.

2.2. 수급표현의 문제

"네가 가 주었으면 좋겠다."
"お前に行つてもらおう."

중대한 일이니 다른 사람 아닌 "네가 가야겠다"는 뜻을 조금 완곡하게 표현하려면 "네가 가 주었으면 좋겠다."고 한다. 일본어로는 이러한 표현을 "お前に行つてもらおう."라 한다. 우리말 "...아/어 주다"에 쓰인 조동사 "주다"에 대해 일본어는 조사 "–て"를 붙여 "–てもらう"라 한다.

일본어 "– てもらう"는 "分てもらう/ 나누어 받다"에서처럼 "...아/어 받다"를 나타내는 말이다. 그러나 위의 예문에서처럼 한 · 일어는 "もらう/ 주다"처럼 수수(授受)가 바뀌는 발상의 차이를 보인다. 거기에다 "네가"에 대해 "お前に"와 같이 격조사의 차이도 보인다. 따라서 제1언어가 간섭을 하게 되면 제2언어는 오류를 범하게 된다.

"– てもらう"는 은혜부여(恩惠賦與)가 성립되는 상황에 따라 다음과 같은 네 가지 경우를 상정할 수 있다(森田, 1981)

① 상대방의 발의, 또는 이쪽에서 부탁해 수수행위를 하는 경우.

金を返してもらう./ 韓國語を教えてもらう.

한국어에서는 "돈을 되돌려 받다"와 같이 "-아/-어 받다"가 물질적 이행이 있을 경우에는 가능하나, 그렇지 않은 경우는 자연스럽지 못하다. "한국어를 가르쳐 받다"는 논리적으로는 가능하나, 이러한 표현은 자연스러운 표현이 아니다. 흔히는 행위자를 바꾸어 "(가르쳐) 주다"라 한다. 이렇게 되면 한·일어의 수수(授受) 관계가 바뀐다. 일본어에서는 가르침을 받고, 한국어에서는 주는 것이 된다. 그리고 한국어의 경우 "반환(을) 받다/교육(을) 받다"와 같이 "명사-을/를 받다"로 표현할 때 오히려 자연스런 말이 된다.

② 상대방에게 어떤 행동을 재촉하여 하게 하는 경우. 사물의 이행은 동반하지 않는다.

邪魔だから外へ出てもらう./ 醫者に來てもらう.

화자의 입장에서는 "-해 달라다"가 어울린다. 이에 대해 행위자의 입장에서는 "-해 주다"가 어울린다. 일본어의 심층적 의미는 "-해 주어야 하겠다"라 할 것이므로, "-해 달라다"만 가지고는 자연스런 표현이 못 된다. 사무라이 영화에 많이 나오는 "死んてもらおう"라면 "죽어 주어야(하)겠다" 쯤 되어야 할 것이다.

③ 이쪽에서 다른 사람에게 넘길 사물을, 상대방의 발의 또는 이쪽에서 부탁해 상대방 대신 행하는 행위. 상대방의 사물이나 정보가 남에게 이행한다.

細かいのがないので 友だちに拂つてもらう./ 私ではよくわかりませんので 課長に說明してもらいます.

이 경우도 의미상 "해 받다"가 아닌, 화자가 부탁하여 행위자가 "해 주다/ 해 드리다"의 형식으로 표현하는 것이 자연스럽다.

④ 이쪽에서 해야 할 행동을, 어떤 이유로 상대방이 대행하는 경우.
暗いので電氣をつけてもらう. / 煙草を買つて來てもらう.

문법적으로 가장 어울리는 표현은 "-아/-어 달라다"로, "전기를 켜 다오", "담배를 사와(사다) 다오"가 된다. 따라서 이것도 수수(授受) 관계가 뒤바뀌는 발상의 표현이다.

일본어 "-てもらう"에 1대1로 대응되는 한국어의 용법은 보이지 않는다. 부분적으로 "-아/-어 주다(-아/-어 주어야겠다)"와 "명사-을/를 받다"가 대치 가능할 뿐이다. 그렇지 않으면 "妹と遊んでもらつた"를 "누이와 놀았다"와 같이 은혜부여동사를 생략하고 직접 행위 표현을 해야 한다. 여기서 볼 수 있는 큰 특징의 하나는 일본어의 은혜부여 동사 "もらう"가 한국어에서는 봉사(奉仕)의 조동사 "주다"로 바뀐다는 것이다. 이는 한국어에서는 일본어 "もらう"에 상대적인 말 "上げる, やる"를 쓴다는 말로, 한·일어의 발상의 차이를 보여 주는 것이다. 화자 중심의 표현을 하느냐, 대상자 중심의 표현을 하느냐 하는 발상의 차이다.

2.3. 현상인식표현의 문제

"창이 열려 있다./*창이 열어 있다."
"窓があいている./ 窓があけてある."

창이 열려 있다고 할 때 일본어에서는 한국어와는 달리 위의 보기와 같이 두 가지로 쓰인다. 일본어 "ある, 聳える, 見える" 등 상태성(狀態性)을 나타내는 동사는 종지형으로 현재와 미래를 나타내나, "あける, あく, 立てる, 立つ" 등 동작성을 나타내는 동사는 원칙적으로 미래의 동작을 나타내는 것으로 생각한다. 그리하여 이러한 동작동사의 현재 표현의 결함을 보충하기 위해 "ーている/ ーてある"를 빌려 쓴다. "ーている./ ーてある"의 대표적 형식은 다음의 3종 5형식이 있다.

> (1) "...が+他動詞てある" ... 窓があけてある./ *창이 열어 있다.
> (2) "...が+自動詞ている" ... a. 窓があいている./ 창이 열려 있다.
> ... b. 山が聳えている./ 산이 솟아 있다.
> ... c. 雨が降っている./ 비가 내리고 있다.
> (3) "...を+他動詞ている" ... 窓をあけている./ 창을 열고 있다.

(1)은 상황변화가 현재까지 계속하여 남아 있는, "결과의 현존(現存)"을 나타낸다. (2)a.도 상황변화가 현존하는 "결과의 현존"이다. 이때 동사는 순간작용, 순간동작을 나타내는 자동사가 쓰인다. (2)b.는 상태성 자동사가 오는 경우다. (2)c.는 계속성의 동작동사가 오는 경우로 "계속진행"을 나타낸다. (2)a.와 (2)c.는 순간 동작이냐, 계속 동작이냐 하는 동작성의 차이로 의미가 구분된다. (3)은 대상에 대한 타동행위가 진행되고 있다는 "의사적(意思的) 진행"을 나타내는, 계속적 행위의 현재진행형이다. 이상의 "계속 진행"과 "결과의 현존"의 관계를 森田(1981)는 다음과 같은 도표로 나타내고 있다.

	계속진행	결과의 현존
자동사		(2) 窓があいている.
타동사	(3) 窓をあけている	(1) 窓があけてある.

그리고 그는 순간성 자동사의 계속진행 형식은 일본의 발상(發想)에는

존재하지 않았다고 결론을 내리고 있다(森田, 1981).

이러한 일본어와 대조할 때 한국어는 소위 현재를 나타내기 위한 "계속진행"과 "결과의 현존"을 나타내는 형식이 일본어 "-てある(いる)"처럼 하나가 아닌 두 가지이다. "-고 있다"와 "-아/-어 있다"의 두 형식이 그것이다. "-고 있다"는 동작의 진행을 나타내고, "-아/-어 있다"는 상태 진행을 나타낸다. 이는 한・일어의 차이를 빚어낸다. 한국어에는 일본어에 없는 자동사의 계속진행형이 존재한다. "창이 열리고 있다"가 그것이다. 이는 계속진행을 나타내는 "(3) 窓をあけている"를 "창을 열고 있다"고 할 때의 "-고 있다"와 같은 것이다. 이 "-고 있다"는 동작의 진행을 나타내는 것이다. 이에 대해 "(2) 山が聳えている"를 "산이 솟아 있다"라고 할 때의 "-아/-어 있다"는 상태 진행을 나타내는 경우다. 그런데 한국어에는 일본어 "(1) 窓があけてある"라는 "결과의 현존" 표현을 결하고 있다. 결과에 대한 상태진행을 나타낼 때 일본어처럼 타동사와 자동사의 두 가지 형식을 취하는 것이 아니라, "자동사 + -아/-어 있다"로만 표현한다. 따라서 2.3.의 서두에서 보인 예처럼 "창이 열려 있다"라고만 한다. "*창이 열어 있다(窓があけてある)"라고는 하지 않는다. 한국어에서는 타동사의 "결과의 현존"을 원칙적으로 결하고 있다 하겠다. 타동사의 경우는 오히려 "-를 타동사 + -어 두다/-어 놓다"라 한다. 이들 자・타동사와 한・일어의 관계를 좀 더 예시해 보면 다음과 같다.

鍵が掛かつている(열쇠가 채워져 있다)/ 鍵が掛けてある(*채워 있다)
電灯がついている(전등이 켜져 있다)/ 電灯がつけてある(*켜 있다)
死體がぶらさがつている(시체가 매달려 있다)/ 死體がぶらさげてある(*매달아 있다)

일본어는 "결과의 현존"을 이렇게 자·타동사에 의해 다 나타낼 수 있다. 자연적 사실과 인위적 결과라는 차이가 날 뿐이다. 이에 대해 한국어는 자연적 사실에 대한 "결과의 현존"을 "자물쇠가 잠겨 있다/ 전등이 켜져 있다/ 시체가 매달려 있다"라고 자동사에 의해서만 표현한다. 타동사에 의한 인위적 결과, 또는 의도적 결과라고 해석되는, "결과의 현존" 표현은 결(缺)하고 있다. 이들의 "결과의 현존"은 자·타동사 다같이 외재적 객관적 사실을 표현하는 것이다. 화자의 행위나 심중, 의도를 나타내려 할 경우에는 (3)의 "-을 + -고 타동사 있다"를 사용한다. 이는 한·일어에 다 같이 보이는 형식이다. 다만 일어에서는 한국어의 "-아/-어 있다"와 "-고 있다"가 구별되지 않고 "-ている/ある" 하나만이 사용되어, 제1언어가 간섭하는 경우 오류가 빚어질 가능성이 크다.

2.4. 수동표현의 문제

"비를 만나다."
"雨に降られる."

일본 사람들은 자기들을 주변에 지배되고 있는 존재라고 생각하는, 수동적 심리가 농후하다고 생각한다. 그래서 일본어에는 수동적 표현이 발달된 것으로 본다(森田, 2002). 일본어에는 受身的(受動的) 발상과, 이것이 발달한 수동형의 속담, 관용구 등이 많다. 이에 대해 한국어에는 상대적으로 수동형이 발달되어 있지 않다. 따라서 한·일어는 상당한 차이를 보인다. 이러한 수동형 가운데도 차이를 보이는 대표적인 것이 소위 일본어의 "간접수동"이라는 것이다. 위의 보기 "雨が降られる"처럼 자동사에 의한 수동이라는 일본 특유의 이 수동형은 흔히 "미혹의 수신(迷惑

の受身)"이라 하는 것으로, 피해의식의 수동이라 할 성질의 것이다. 수동형이 쓰이기 쉬운 경우는 다음과 같은 네 가지가 있다(庵, 2001).

① 대응하는 능동문의 동작주(動作主)를 불문에 붙이고 싶은 경우
② 영향을 받는 쪽이 영향을 주는 쪽보다 가까운 사이인 경우
③ 종속절의 주어를 주절의 주어와 통일하고 싶은 경우
④ 피해의식(迷惑な氣持ち)을 나타내고 싶은 경우

④에 해당하는 "귀찮다는 기분"을 나타내는 피해의식의 수동은 자동사에 "-られる"를 붙여 나타낸다. 앞의 보기 "雨に降られる."의 경우처럼 능동형 "降る"에 대한 수동형 "降られる"가 쓰인다. 그러나 이는 직접수동처럼 대응되는 능동문이 없다. "雨に降られる."의 경우 기상현상을 현재의 자기(혹은 당사자)에게 불편을 가져다주는 원인으로 보고, 자기와의 사이에 심리적인 인과관계를 설정한다. 타자의 행위 내지 현상의 영향을 간접적으로 받는 수동자(受動者)의 입장에 서는 것이다. 자동사의 수동은 이러한 심리과정을 지니기 때문에 피해자의식·성가시다는 의식이 자연히 생겨나게 된다. 따라서 "雨に降られる."는 "비가 내린다> 비를 맞는다> 그것이 귀찮다"는 의식을 나타내게 된다. 그런데 이러한 "피해의식의 수동(迷惑の受身)"이라 하는, 간접수동이 한국어에는 없다. 일본 학습자들이 이러한 표현을 해야 할 경우에 놓이게 되면 제1언어의 간섭으로 오류를 범하거나, 아니면 어떻게 표현해야 할지 몰라 망설이게 될 것이다. 따라서 이런 경우는 한국어에는 없는 표현법이니 동의, 또는 유의의 다른 표현을 하지 않으면 안 된다. 이러한 "피해의식의 수동"과 이에 대응될 한국어의 예를 몇 개 들어보면 다음과 같다.

‣ 兄は雨に降られた./ 형은 비를 맞았다-곤란하다.

‣ 太郎は花子に死なれてしまつた./ 太郎는 花子를 여의고 말았다- 어쩔 방도가 없어 난처하다.

‣ お母樣は赤ん坊に泣かれた./ 아린애가 울어댄다- 성가시다.

‣ 出掛けようとしたとき客に來られる./ 출타하려 할 때 손님이 오신다- 난처하다.

‣ 彼は妻に逃げられた./ 아내가 도망쳤다- 난처하다.

‣ 電車で橫の人に席に座られる./ 전차에서 옆 사람이 자리에 앉는다- 난처하다.

‣ 忙しいとき從業員に休まれる./ 바쁜 때 종업원이 쉰다- 어쩔 도리가 없어 난처하다.

‣ 隣にビルを建てられてしまつた./ 이웃에 빌딩을 세워버렸다- 도리가 없어 난처하다.

이렇게 피해의식의 수동은 한국어에서는 능동으로 표현해야 한다. 이는 발상의 전환이 언어학습의 중요한 방법의 하나임을 시사해 준다.

2.5. 격조사 표현의 문제

"나의 팔을 물어뜯기 시작했습니다."
"私の腕にかみついてきました" (井伏鱒, 本日休診)

"물다"나 "물어뜯다"는 타동사다. 따라서 한국어에서는 당연히 목적격 조사 "-을/-를"을 취한다. 이에 대해 일본어는 위의 보기에서처럼 "-を" 아닌, 조사 "-に"를 취한다. 동사는 격지배(格支配)를 한다. 이 격지배(格支配)가 한·일어에 차이를 보여 격조사가 달리 쓰인 것이다. 따라서 지배하는 격이 달라 격조사에 차이가 날 경우 학습자는 쉽게 오류를 범

할 수 있다. 보기의 경우 "팔을"에 일본어 학습자가 제1언어 "腕に"를 전이(transfer)하여 "나의 팔에 물어뜯기 시작했습니다."라 하게 되면 오류를 범하게 되는 것이 그것이다.

격조사 "-に"는 한국어에서 무정물에 "-에", 유정물에 "-에게"에 주로 대응되어 부사격으로 쓰이는 말이다. 일본어 "-に"는 앞의 예에서도 보듯 다양하게 쓰여 처소격, 여격, 원인격, 비교격, 변성격 등에 두루 쓰인다. 거기에다 여기에 대응되는 한국어가 형태적으로 차이가 난다. 따라서 이는 제2언어 학습에 간섭할 소지가 많다. 한·일어에 차이를 보이는 "-に"의 용례를 보면 다음과 같다.

- 作用·變化의 결과: 醫者になる/ 의사가 되다, 晝ご飯の時間になった/ 점심시간이 되었다, 修學旅行は學生時代の追憶になる/ 수학여행은 학생시절의 추억이 된다, 信號が赤に變わった/ 신호가 빨강으로 바뀌었다.
- 동작의 目的: 遊びに行く/ 놀러 가다, 本を買に行く/ 책을 사러 가다.
- 동작의 귀착점·對象: 父に手紙を出す/ 아버지에게 편지를 부치다, 地下鐵に乘る/ 지하철을 타다, 友だちに會った./ 친구를 만났다, 苦しみや悲しさにうちたえていかねばなりません/ 괴로움이나 슬픔을 견디어 나가지 않으면 안 됩니다, 韓國が日本に追い付けるか?/ 한국이 일본을 따라잡을까?, 道に迷つたのだといつた/ 길을 잃은 것이라고 말했다, 日本は中國に勝つだろう/ 일본은 중국을 이길 것이다.
- 動作·作用의 근원: 先生にほめられる/ 선생한테 칭찬받다, 母親が子に泣かれた/ 어머니가 아들에게 졸렸다. 雨に降られた./ 비를 맞았다
- 列擧·添加: 本に雜誌に新聞などがある/ 책이며 잡지며 신문 등이

있다, ビルにサイダに/ 맥주며 사이다며.

‣ 原因・理由: 病氣に苦しむ/ 병으로 고생하다, あまりうれしさに泣きたした/ 너무 기뻐서 울음을 터뜨렸다.

‣ 比較의 基準: 甲は乙にひとしい/ 갑과 을은 동등하다, 家は海に近い/ 집은 바다와 가깝다. 猿ににている/ 원숭이를 닮았다, 師にまさる腕まえだ/ 스승보다 나은 솜씨다.

‣ 反覆・强調: 待ちに待つた旅行/ 기다리고 기다리던 여행, 考えに考えた末/ 생각하고 생각한 끝에

이렇게 한・일어는 많은 차이를 보인다. 이러한 격조사의 사용은 1대 1로 익힐 것이 아니다. 동사의 격조사 지배를 익혀 유형화하여 어절로 익히는 것이 바람직하다. 다음에 한・일어의 차이를 보이는 대표적인 격조사(格助詞)를 몇 개 더 보기로 한다.

[が]의 용법:

이는 한국어의 받침 없는 말에 "-가", 받침 있는 말에 "-이"로 대응되는 주격조사의 기능이 주기능이나, 이 밖의 용법으로도 쓰인다.

‣ 희망・호불호・교졸의 대상: わたしは時計がほ(欲)しい/ 시계를 갖고 싶다, 彼は登山が好きだ/ 그는 등산을 좋아한다, あの方は韓國語が上手です/ 저분은 한국어를 잘 합니다.

‣ 가능동사의 대상: 彼は本が讀める/ 그는 책을 읽을 수 있다, 佛蘭西語がはなせる/ 불어를 말할 줄 안다, 運轉ができる/ 운전을 할 수 있다, 水泳が出來る/ 수영을 할 수 있다.

‣ 소유・소속・소재: わが國/ 우리(의) 나라, 愛するがゆえに / 사랑하기 때문에

‣ 수식격: 眠るがことく死んでいつた/ 자는 듯이 죽어갔다.

[の]의 용법

한국어의 관형격(연체격) "-의"에 대응되나 다른 용법으로도 쓰인다.

- 의미상 주어: 背の高い人が來た/ 키가 큰 사람이 왔다, 櫻のさく春になる/ 벚꽃이 피는 봄이 된다, 映畵の好きな人/ 영화가 좋은 사람 (영화를 좋아하는 사람).
- 앞말의 내용: 雪のようなはだ(肌)/ 눈과 같은 피부, 火のような赤/ 불과 같은 빨강, 私が市議員の上田でございま/ 제가 시의원인 우에 다올시다, 彼は文化の發展の爲に獻身した/ 그는 문화 발전을 위해 헌신하였다.
- 준체조사: きれいなのを下さい/ 깨끗한 것을 주세요, わたしは星の流れるのを見た/ 나는 별이 흐르는 것을 보았다.

[と]의 용법

열거격 조사로 한국어 "-와/-과"에 주로 대응된다.

- 引用: "ではまたあした"といつて別れた/ "그럼 또 내일"이라 말하고 헤어졌다, "ぼくはあす 必ず行きます"と答えた/ "나는 내일 꼭 갑니다"라고 대답했다, "その本を讀んだか"と問いた/ "그 책을 읽었느냐"고 물었다.
- 限定: こんなことは二度としまい/ 이런 일은 두 번 다시 하지 않겠다, 一時間とはかからなかつた/ 한 시간도 채 걸리지 않았다.
- 동작 작용의 상태: 堂堂と步く/ 당당하게 걷는다.
- 比較의 대상: 私のわあなだのに同じた / 내 것은 당신 것과 같다, 彼のわ比べ物にならない/ 그의 것은 비교대상이 안 된다.
- 比喩: 花と(として)散る/ 꽃처럼 지다, 柱と賴る父が病氣だ/ 기둥처럼 의지하는 아버지가 병이 났다.

[より]의 용법

주로 "보다"에 대응되는 비교격, "-에서, -부터"에 대응되는 시발격

조사로도 쓰인다.

> ‣ 限定: こうするより方法がない/ 이렇게 하는 수밖에 방법이 없다,
> 讀書よりほかに趣味はない/ 독서 외에 달리 취미가 없다/ これを
> 買うよりしかたがない/ 이것을 살 수밖에 도리가 없다.
>
> ‣ 문어적 始發·起點: これより試合を開始いたします/ 이제부터 시
> 합을 시작하겠습니다, 紙は木材よりつくる/ 종이는 목재로 만든다,
> 東京驛より出發/ 동경역에서 출발.

[で]의 용법

“-(으)로”에 대응되는 기구격·사용격으로 쓰이는 조사이나 그 밖의
기능도 지닌다.

> ‣ 事情 狀態: 練習なしで試合に出る/ 연습 없이 시합에 나가다, ひと
> りで住んでいる/ 혼자서 살고 있다, 二人で行く/ 둘이서 간다.
>
> ‣ 話題·論題: 學制改革で激論する/ 학제개혁에 대해 격론한다.
>
> ‣ 起點: 私からのはいけませんか?/ 저부터 하면 안 되겠습니까?
>
> ‣ 補格: 今日は日曜日でない/ 오늘은 일요일이 아니다.

[から]의 용법

시발격 조사로 “-부터”는 “-에서, -에서부터, -으로부터” 등 대상 시
점 등에 따라 여러 가지로 구분되어 사용된다. 그런데 이런 한국어에 일
본어는 “から”, 영어는 “from” 하나로 대응되어 오류가 많이 발생한다.

> ‣ 資料: 石油は石炭からできる/ 석유는 석탄으로 만든다, 酒は米から
> つくる/ 술은 쌀로 빚는다.
>
> ‣ 시발: あなたの學校は家から遠いですか?/ 당신의 학교는 집에서
> 멉니까?
>
> ‣ 경유점: 玄關からお入り下さい/ 현관으로 들어오십시오, お前から
> そう傳えろ/네가 그렇게 전하라.

‣ 원인·이유·근거: 不注意から大事をおこす/ 부주의로 큰일을 저
  지른다.
‣ 정도 이상의 수량: 百人よりの人/ 백명 이상의 사람/ 1千萬圓よりの
  借金/ 1천만원 이상의 빚.
‣ 셈의 시초: 100圓より150圓ほどの値段/ 100원 내지 150원 정도의
  값.

3. 문화적 발상과 표현

언어와 문화의 관계는 Sapir-Whorf의 가설처럼 반드시 언어선행설(言
語先行説)에 동조할 것은 못 된다. 오히려 언어와 문화가 상호작용하는 것
으로 보는 것이 옳다. 언어상대성(linguistic relativity)과 함께 문화상대성
(cultural relativity)을 지니는 것으로 보는 것이다.

언어는 문화의 영향을 많이 받는다. langue도 langage도 다 그러하다.
언어는 자문화를 반영하는 것으로, 자문화중심으로 운용된다. 어용
(pragmatic), 화행(speech act)이 자문화중심으로 이루어진다. 따라서 여기서
는 미시적인 언어의 형태적 입장이기보다는 거시적인 면에서 언어의 운
용을 문화적 발상이란 차원에서 살펴보기로 한다. 이러한 관점에서 볼
때 한·일어는 매우 유사한 경향을 보인다. 따라서 여기서는 이들의 특
성을 살피기 위해 차이를 보이는 영어의 예가 상대적으로 많이 들려질
것이다.

3.1. 신언(愼言)의 문화와 면언(勉言)의 문화

언어사회를 "말하는 사회"와 "말하지 않는 사회"의 둘로 나누기도 한다. 이들 사회는 각각 말을 삼가는 신언(愼言) 문화와, 이와는 달리 적극적으로 말하는 것을 권면하는, 가칭 면언(勉言) 문화의 산물이다. 한국이나 일본은 이 가운데 愼言文化의 사회라 하겠고, 이에 대해 미국은 勉言文化의 사회라 할 수 있을 것이다.

우리의 신언문화는 중국의 유교사상에 영향을 받은 것이다. 우리 선인들의 언어생활에 대한 관념은 주로 사서(四書)를 모태로 하여 형성된 것이다. 논어(論語) 학이편(學而篇)의 "敏於事而愼於言"이나, 소학(小學) 권오(卷五)의 "戒爾勿多言 多言衆所忌 苟不愼樞機 災厄從此始"가 이러한 것이다. "혀 밑에 죽을 말 있다"는 이런 생각이 굳어진 우리의 속담이다. 그래서 말은 "忠信"(논어 衛靈公篇)하고, 간약(예기의 學記: 其言也約而達)해야 하는 것으로 보았다.

일본의 경우는 신언의 배경으로 유교의 영향을 인정하면서, 아일랜드 폼(island form)(外山, 1976), 또는 정보량이 적어도 의사소통이 되는 정기형 사회(將棋形社會)의 영향으로 보기도 한다(板坂, 1976). 한·일의 신언문화는 그 원인이 어디 있든 비슷한 경향을 보인다.

이에 대해 영어권인 미국의 경우를 보면 모든 것이 언어를 매개로 이루어지는 적극적 언어수행의 문화다. 샌드위치 하나를 주문해서 얻어 먹재도 "어떤 빵이 좋으냐? 속은 무엇을 넣느냐? 마요네즈를 바르느냐?.." 이렇게 10여 가지 질문과 답이 교환되어야 한다. 자기주장을 하지 않으면 무능한 사람이 된다. 미국인은 자기의 의견 묻는 것을 좋아하고, 과정이나 이유 설명하기를 좋아하는 국민이다. 그래서 이유를 묻지 않아도 설명하기를 즐긴다. 미국인은 유아시절만이 아니고 일생 동안 "왜?"가 따라다니는 국민이라는 말까지 듣는다. 면언문화의 국민이다.

이렇게 신언문화와 면언문화는 언어를 운용하는 태도가 180도 다르다. 이러한 언어생활은 외국어 학습을 하는 경우 그 성취도에 큰 영향을 미친다. 면언문화는 성취도가 빠르게 나타나고, 신언문화는 성취도가 더디게 나타나게 마련이다. 그러나 일본과 한국은 일본과 미국과의 관계와 달리 다 같은 신언문화이어 언어생활에 충돌 아닌 조화를 이루게 할 것이다.

3.2. 고맥락 문화와 저맥락 문화

Hall(1976)은 문화의 커뮤니케이션의 양식을 고맥락문화(high-context culture)와 저맥락문화(low-context culture)로 나누고, 이들의 커뮤니케이션을 다음과 같이 설명한다.

> "고맥락 커뮤니케이션 또는 메시지는 대부분이 이미 당사자들이 가지고 있는 것이다. 메시지는 약간만이 언어화된다(coded). 저맥락 커뮤니케이션은 이와 반대다. 대부분의 정보는 분명한 언어(code)로 바뀐다."

고맥락 문화에서 사람들의 경험과 정보는 거의 동질적이다. 따라서 많은 상세한 배경 정보를 요구하지도 기대하지도 않는다. 커뮤니케이션은 문화배경에 나타나는 정보를 중시하여 비언어나, 한정된 언어 표현에 의지한다. 상황 의존적이다. 이에 대해 저맥락 문화의 사람들은 거의 동질성이 없다. 따라서 자세한 배후 정보를 필요로 하며, 대부분의 메시지는 언어에 의하여 전달한다. 커뮤니케이션은 직접적이고 명시적인 경향을 지닌다. 비상황 의존적이다. 이들의 특징을 비교 제시하면 다음과 같다

(西田, 1986).

고맥락 커뮤니케이션	저맥락 커뮤니케이션
① 말의 수나 설명이 적다.	말의 수나 설명이 많다.
② 주로 동아시아 어족.	주로 구미어족.
③ 폐쇄적 커뮤니케이션.	개방적 커뮤니케이션.
④ 배려하고 사양함.	솔직히 자기주장을 함.
⑤ 모호하고 간접적인 표현이 많음.	명료하고 직접적인 표현이 많음.
⑥ 조화, 협조, 타율적, 온건.	대립, 독립, 자율적, 마찰.

E. 번스타인이 언어의 표현 양식을 약술 타이프와 상술 타이프의 두 유형으로 나누고 있는 것도 이런 것이다. 약술(略述) 타이프는 말과 말 이외의 억양 및 얼굴 표정, 몸짓 등으로 나타내므로, 말은 한정된 범위에서만 사용된다. 따라서 내부사람 사이에는 이심전심으로 이해되나, 외부사람은 이해하기가 힘들다. 부부나 친한 친구 사이의 대화가 이에 속한다. 이에 대해 상술(詳述) 타이프는 언어를 충분히 사용하여 표현하는 것이다. 청자는 들은 말의 의미를 그대로 받아들이기 때문에 생략하지 않고, 자세히 서술해야 하는 것으로 본다.

Halls(1990)는 이러한 고맥락과 저맥락 언어의 차원을 도시하고, 다음과 같은 내용을 보여 준다.

High-context culture- Japanese- Chinese- Korean- African American- Native American- Arab- Greek- Latin- Itarian- English- French- American- Scandinavian- German- German-Swiss- Lower-context Culture

대체로 동양문화가 고맥락문화이며, 서양문화가 저맥락문화이다. 이 가운데 일본은 제1위의 고맥락 문화이고, 한국은 제3위의 고맥락 문화다. 고맥락 언어의 사용자는 사고방식이 통합적이고, 거시적이며, 의미 지향적이며, 이에 대해 저맥락 언어의 사용자는 사고방식이 분석적이고, 미시적이며, 형식 지향적 특징을 지니는 것으로 본다.

한·일문화는 이렇게 고맥락 문화다. 따라서 언어표현이 장면 의존적이며, 함축적인 표현을 지향한다. 이러한 경향은 시문(詩文)에서 강조되고 많이 나타난다. 이는 은근의 문화이며, 여백의 문화이고, 유현(幽玄)의 문화다. 이러한 문화적 특성은 물론 예술 분야에 한정되는 것이 아니다. 일상생활도 마찬가지다. Halls는 한국어의 "눈치"라는 말로 이를 설명하고 있다. 한·일 양국에서는 말수가 많은 사람을 경박한 사람으로, 그리고 과묵한 사람을 점잖은 사람으로 평가한다. 한국어의 "점잖다"나 일본어의 "おとなしい"가 다 같이 "어른"과 관련이 있는 말이고, 여기서 나아가 "과묵하고 의젓한 태도"를 의미한다는 것은 우연이 아니라 할 것이다. 한·일어의 모호한 표현의 정도는 일본어가 훨씬 심하다. 일본의 언어생활은 "どうも"와 "すみません"의 두 마디 말로 충분하다고 일러지기까지 한다. 한·일어의 이러한 고맥락은 외국어 학습에 장애 요소가 될 것이다. 그러나 서구어와는 달리 한·일어의 고맥락의 일치는 언어생활에 충돌 아닌 조화를 초래한다.

3.3. 논리적 문화와 정의적(情意的) 문화

한국 사람은 "I love you."를 "사랑해"라 한다. 일본 사람은 "愛するよ"라 한다. 이들은 영어 "I love you."와는 달리 누가 누구를 사랑하는지 주어와 목적어가 분명치 않다. 분명한 논리적인 표현이 되자면 주어와 서술어, 또는 목적어를 갖추어야 한다. 이런 점에서 흔히 영어에 비

해 한·일어는 비논리적이며, 정의적이라 한다. 물론 서구어 가운데서 영어는 상대적으로 비논리적인 언어라 본다.

논리적 표현을 하기 위해서는 삼단논법적(三段論法的) 표현을 해야 한다. "A면 B, B면 C, 그러므로 A면 C다"라 하게 된다. 그렇지 않으면 적어도 어떤 주장에 근거(根據)를 대야 한다. 미국사람들은 이유를 묻지도 않는데 이유를 들어 말하는 경우가 많다고 한다. 저녁 식사에서부터 놀러가는 것, 세금 내는 것, 나아가서 정치 경제 이야기에 이르기까지 과정과 이유를 자세히 설명한다. 그래서 미국 사람들은 "무엇 무엇은 무엇 무엇이다. 왜냐하면 그것은 무엇 무엇이기 때문에"란 문형(文型)이 입에 배어 있다고 한다. 이는 그런 문화를 지녔기 때문이다. 저들은 이유를 알고 싶어 하고, 논리적으로 납득하고자 하는 문화를 지녔다.

이에 대해 한국이나 일본 사람은 논리 아닌 정의로 이해하고자 한다. 정보량을 최소한도로 줄이고, 최대의 정보를 전하려 한다. 이미지를 중시하고, 이심전심의 표현을 한다. 그래서 "나는 너를 사랑한다"는 서술적인 표현이 아니라, "사랑해"라고 시적이고 정의적인 표현을 한다. 형식적인 군더더기 말은 가능한 한 줄인다. 가까운 사이일수록 더욱 그러하다. 그래서 가까워지면 격식을 차리는 것을 꺼리고, 경어도 생략하고, 비격식적인 말로 속을 터 놓고 이야기함으로 정의를 공유하고자 한다.

이러한 생략적 표현, 과묵의 언어생활은 과언(寡言)의 미학으로 발전하여 여백과 유현의 문학을 산출해 낸다. 논리는 서양의 경우처럼 현재화(顯在化)하는 것이 아니라, 잠재화(潛在化)하여 그으윽한 정서만이 겉으로 드러난다. 김상용의 시 "왜 사냐건 웃지요"나, 김소월의 시 "죽어도 아니 눈물 흘리오리다"가 이런 정서의 표현이다. 과묵의 미학은 함축미를 지니게 한다. 감상할 묘미를 갖게 하는 것이다. 이는 동양의 표현의 미학이기도 하다. 일본어의 "夜目遠目傘の內"는 이러한 미학을 잘 반영하는 말이다. 영어권에서는 이러한 미학이 겨우 20세기에 와서 William Emp-son의 "모호성의 일곱 가지 유형(Seven types of ambiguity)"에 이르러 비로소 발견되었다.

그리고 여기 부기할 것은 언어의 구조적 특성과 논리와의 관계다. 구조적으로 영어의 경우는 논리적으로 서술되는 문형을 이루었고, 한국어나 일본어의 경우는 그렇지 못하다. 영어의 경우는 "A는 B다. 왜냐하면..."이나, 관계대명사를 활용하는 구조로 되어 논리적 판단을 하고, 여기에 부수적인 것이 뒤따르게 되어 있다. 그런데 한·일어의 경우는 "A는 B다"란 판단문 안에 부수적 사실이 모두 삽입되어 분명한 논리적 판단을 가로막는다는 것이다. 그리고 가장 중요한 서술어가 맨 뒤에 놓여 논리적 판단을 흐리게 한다.

이상의 한국어와 일본어의 문화적·언어적 상사는 한국어교육에 크게 기여할 것이다. 그러나 영어권과 같은 서구어권(西歐語圈)에는 한국어의 정의적 문화가 한국어교육에 커다란 장애요소가 될 것이다.

3.4. 평등사회의 문화와 서열사회의 문화

한·일어에 다 같이 발달된 중요한 특징 가운데 하나가 대우법(待遇法)이 있다는 것이다. 대우법은 물론 문장 가운데 등장하는 인물에 대한 대우를 어떻게 하느냐 하는 장치다. 이는 평등사회 아닌 계급적 서열사회이기 때문에 형성된 하나의 차별적 표현 형식이다. 대우법은 한국어의 경우 조선조에 와서, 일본어의 경우는 근세에 사농공상(士農工商)의 계급제도 확립과 더불어 엄격해진 것으로 보인다.

대우법은 한국어의 경우 문장의 주체를 높이는 주체존대법과, 청자를 높이는 상대존대법 및 동작의 대상, 곧 객체를 높이는 객체존대법이 있다. 주체존대는 선어말 어미 "-시-"에 의해 직접 주체를 높이기도 하고, 간접으로 주체를 높이기도 한다. 이 밖에 한·일어에는 어른에 대한 존대를 더 높은 어른 앞에서는 하지 않는 압존법(壓尊法)이 있다. 이는 일본어에서 좀 더 철저히 지켜지고 있는 것으로 보인다. 일본어에서는 미우치(身內)의 경우 우선적으로 압존법이 사용된다. 일어에서는 청자의 자녀의 행위 및 상태에 대해서도 공대 표현을 한다. 공손(politeness)을 중시하는 사회심리에 말미암은 것이다.

객체존대법은 중세 이래 "-옵-, -삽-, -잡-" 등의 선어말어미를 사용하여 객체(인물이나, 그와 관련된 사물)에 대해 공손한 뜻을 나타내는 표현법이다. 그런데 이러한 높임법은 현대어에서는 주로 문어체에서 사용되고 구어체에는 별로 쓰이지 않는다. 객체존대는 이 밖에 "드리다, 모시다" 등의 특수 어휘에 의해 나타내지는 것을 볼 수 있다. 이는 일본어에서 대자경어(對者敬語)라고 하는 정녕어(丁寧語)에 대응될 것이다. 정녕어(丁寧語)는 "동사+ -ます", "동사 이외+ -です"체와 이들보다 좀 더 정중한 "ございます", "あります"체가 있다. 이들은 청자의 존재가 필요하므로 일기나, 독백과 같이 청자가 상정되지 않는 경우에는 사용되지 않는다.

상대존대법에는 화계(話階)가 있는데 중세어와 달리 현대어에서는 이것이 여럿으로 나뉜다. 대체로 격식체에 "해라체, 하게체, 하오체, 합쇼체"가 있고, 비격식체에 "해체(반말체)"와 "해요체"가 있는 것으로 본다. 일본어의 경우는 상대(上待)에 쓰이는 "です"체와 평대(平待) 및 하대(下待)에 쓰이는 "だ"체가 있다. 따라서 한국어에 비해 일본어의 화계가 단순하다.

대우법에는 또한 통사적인 방법 외에 특수한 어휘에 의한 방법이 있다. 이러한 말에는 "진지(밥), 치아(이), 약주(술), 저(나), 말씀(말/ 계시다(있다), 드리다(주다), 여쭙다(말하다), 잡수시다(먹다), 주무시다(자다)"와 같이

형태상 다른 말과, "아버님, 선생님, 영손(令孫), 옥고(玉稿), 졸고(拙稿), 비견(鄙見)"과 같이 접사를 붙여서 존대나 겸양을 나타내는 것이 있다. 이는 일본어에서 겸양어(謙讓語)라 일러지는 것으로, "めしあがる(食う), なさる(する), おっしやる(言う), いらっしやる(いる)"와 같은 것이 이러한 예다.

한·일어의 대우표현은 발상에서 볼 때 동일한 것으로, 형식면에서는 한국어의 화계가 세분되어 있고, 압존법은 일본어에서 좀 더 철저하게 지켜지고 있다. 이 밖에 일본어는 공대 표현이 발달되었고, 그 기본형식이 따로 있다. ①お-V-になる, ②V-られる, ③お-V-くださる, ④お-V-です, ⑤お-V-なさる가 그것으로, 이에 대응하는 한국어는 "V-시-다" 하나로 단조하다. 그리고 일본어의 겸양의 형식 "お-V-する, お-V-いたす, V(さ)せていただく"에 대해 한국의 현대어에는 이에 대응되는 형식이 따로 없고, 앞에서 본바와 같이 일부 낱말에 의해서만 나타내지는 것으로 보인다. 이런 면에서 일본어를 제1언어로 하는 학습자는 한국어를 학습하기 용이하다 할 것이다.

이 밖에 일본어에는 정중어(丁重語: 鄭重語)라는 것이 있다. 이는 화자의 동작을 낮추는 것으로, 동작의 대상이 존재하지 않는 경어이다. "参る(來る), いただく(飮む, 食べる), 申す(言う), いたす(する), おる(いる)" 등이 그 예다. 그리고 일본어에는 말 자체를 품위 있고 듣기 좋게 하는 미화어(美化語)가 있다는 것이 또 하나의 특징이다. 이는 명사에 "お/ご"를 붙이는 것으로 "お茶, お菓子, ご飯, ご祝儀" 같은 것이 그 예다.

이상 대우법에 대해 살펴보았거니와 일상생활에서 화자가 자기를 낮추고, 상대방을 높이며, 정중하고 공손한 표현을 하고자 하는 심성은 한·일어가 공통된다. 다만 이러한 사교적인 언어생활은 상대적으로 일본어가 한국어보다 더 많이 하고 있다. 대우법은 종적 서열을 중시하는 한

· 일 문화가 형성해 낸 것이다. 미국과 같이 횡적 서열, 대등한 관계를 추구하는 사회에서는 이러한 대우법이 발달될 수 없다. 게다가 존비의 선택은 나이, 사회적 지위, 성별, 개인적인 친분 등 복잡한 요인이 적용한다. 따라서 한국어의 대우법은 서구어권뿐만 아니라, 유사성을 보이는 일본어 학습자에게도 적잖은 부담이 되는 장애 요소라 하겠다. 다만 일본어권 학습자는 발상에 있어 큰 도움을 받을 것이다. 대우법은 문말어미, 주체존대 "시", 호칭(呼稱)이 삼박자를 이룬다. 따라서 대우법을 바로 알고 사용하기 위해서는 호칭에 대한 배려도 많이 하여야 한다.

3.5. 적극적 문화와 소극적 문화

사람은 누구나 자기중심적이다. 개인 아닌 국가나 민족의 경우도 마찬가지다. 자기네 민족문화를 중심으로 평가하고 비판한다. 이것이 소위 자문화중심주의(ethnocentrism)요, 자기민족 중심주의다. 언어운용의 경향도 마찬가지다.

松本(1994)는 일본과 미국이 대립되는 문화변용규칙(文化變容規則) 여덟 가지를 들고 있다. "겸손지향 대 대등지향, 집단지향 대 개인지향, 의존지향 대 자립지향, 형식지향 대 자유지향, 조화지향 대 주장지향, 자연지향 대 인위지향, 비관지향 대 낙관지향, 긴장지향 대 이완지향"이 그것이다. 이들 가운데 전자를 일본의 문화변용규칙이라 보고, 후자를 미국의 문화변용규칙이라 보았다. 그러나 일본의 문화변용규칙이라 본 전자는 일본의 변용규칙인 동시에, 한국의 문화변용규칙이요, 동양의 문화변용규칙이라 하여 좋을 것이다. 이러한 문화변용규칙에 따라 일-미, 한-미, 동양-서양의 언어행동은 대립적 양상을 띠게 된다. 이는 크게 볼 때 적극적 문화와 소극적 문화에 의한 대립이다. 각각 청교도(淸敎徒)의 프런

티어 정신과 농경(農耕) 민족의 안정지향의 정신이 반영된 것이다.

동양문화를 반영하는 소극적 문화는 겸손지향, 의존지향, 형식지향, 조화지향, 자연지향이 그 대표적인 것이며, 이 가운데도 겸손지향(謙遜志向)이 가장 핵심을 이룬다고 할 것이다. 한국 사람이나 일본 사람은 자기를 낮추고 양보하는 것을 미덕으로 여긴다. 그래서 자기 자랑(自慢)을 하지 않고, 남의 칭찬에는 오히려 부끄러워한다. 겸손을 미덕으로 알고 이를 지향한다. 이는 칭찬받기를 좋아하고, 칭찬에 덩달아 춤추는 미국문화와 다른 점이다.

한국 사람이나 일본 사람과 같은 동양인은 자기를 내세워야 할 자리에서도 "천학비재(淺學菲才)"라고 자신을 낮춘다. 진수성찬을 차려 놓고도 변변치 않은 음식이라 하고, 제 자식이나 딸을 아무것도 모르는 어리석은 것들이라 평가 절하한다. 딸을 시집보내면서는 사돈에게 딸을 자랑하는 것이 아니라, "미거(未擧)한 자식"이라거나, "철도 없고 아무것도 모르는 어리석은 것이니 잘 가르쳐 달라"고 한다. 이런 말을 들은 한국 사돈은 "천만에 말씀을요, 얼마나 잘 키우셨을라고요."라 응수한다. 그러나 미국인 사돈이라면 어머니의 말을 액면 그대로 받아들이고 실망할 것이라 본다. 그 말이 다른 사람이 아닌, 딸을 가장 잘 아는 어머니의 입에서 나온 말이기 때문에 더욱 그러하다. 미국사회에서 겸손은 결코 미덕이 아니다. 이 밖의 다른 소극적 문화도 마찬가지다. 예를 들어 한국 사람은 조화(調和)를 지향하여 이견(異見)을 내기를 꺼린다. 그런데 적극적 문화의 사회에서는 오히려 자기 의견을 내지 않으면 무능력의 증거로 본다. 이렇게 동양의 미덕인 소극적 문화는 서양의 적극적 문화와 부딪칠 때 문화적 충돌을 이르키게 된다. 언어 운용이나 언어학습에 이러한 현상은 충분히 고려되어야 한다.

3.6. 타인배려 문화와 자기본위 문화

사회생활은 남에 대한 배려를 어느 정도 하느냐에 따라 그 문화의 평가가 달라진다. 문화민족일수록 남에 대한 배려를 많이 한다. 따라서 예의작법(禮儀作法)이 발달되어 있고, 언어절차가 까다롭다. 그리고 인사 닦기, 수인사(修人事)를 중시한다.

남을 배려하는 문화에서는 완곡한 표현을 많이 한다. 상대방의 기분을 상하게 하지 않기 위해 직설적 표현을 피하는 것이다. 이에 대해 자기본위(自己本位)의 문화에서는 상대방에 구애하지 않고 직접적인 표현을 한다. 일본 사람들은 상대방이 번거로워 할 정도로 예의작법을 깍듯이 갖춘다. 한국인은 종래 동방예의지국(東方禮義之國)을 자처했던 민족이나, 근자에 이러한 예의작법이 많이 소실된 것으로 보게 한다. 인사성이 많이 사라졌다. 실수를 하고도 거의 사과하는 것을 볼 수 없다. 남과 부딪치거나, 발을 밟거나, 이렇게 실례를 하고도 여간해서 "미안하다"는 말을 하지 않는다. 혼잡한 가운데 길을 비켜 주어도 감사하다는 말을 들을 수 없다. 대중교통 기관에서 친구와 같이 앉겠다고 미안하다는 말도 없이 "저쪽으로 좀 가세요라"라 말하는 무례한 언행을 곧잘 목격한다. 음식점에서 아이들이 난장판을 벌리고 있는데도 손님들에게 미안하다는 인사를 챙기는 부모를 보기 어렵다. 타인을 배려하는 문화가 아니라, 자기본위의 문화다.

이러한 자기본위의 문화는 발어사(發語辭)를 생략하는 데서도 볼 수 있다. 영어의 "Excuse me"나, 일본어의 "すみません"은 입에 배어 있는데, 우리는 발어사를 생략하고 바로 본론으로 들어가 상대방을 깜짝깜짝 놀라게 한다. "미안합니다. 서울역이 어디지요?"라 하지 않고, 불쑥 "서울역이 어디예요?"라 한다. "저 말씀 좀 묻겠는데요. 서울대학엘 가려면

어디서 내리지요?"라 하지 않고, 빚진 사람에게 채근이나 하듯 "서울대학 가려면 어디서 내려요?"라 한다.

이러한 타인배려의 문화와 자기본위의 문화도 문화의 충돌을 빚을 소지가 큰 언어 행동이다. 따라서 언어학습에 배려해야 할 중요한 학습 요소라 할 것이다. 한국어교육에서 이러한 자기본위의 문화는 문화적 충돌이란 차원에서 이해하게 할 것으로 권면할 것은 못 된다. 오히려 타인배려 문화의 상대적 가치를 이해하게 하고, 한국의 옛 미풍을 되살리도록하는 것이 바람직할 것이다.

4. 한국어 교육의 한 방안

발상을 중심으로 언어와 문화의 두 측면에서 한·일어를 대조해 보았다. 한·일어는 다 아는 바와 같이 같은 동양문화권의 언어로, 같은 계통의 언어이기 때문에 이동(異同)을 따질 때 차이점보다는 동질성이 많다고 할 것이다. 그러나 대조분석을 통해 드러난 바와 같이 언어적 측면에서는 적잖은 차이를 보인다. 그리고 문화적인 측면에서는 대부분이 동질성을 보여 운용에 큰 차이를 보이지 않는다고 하겠다. 그러면 일본어를 모어로 하는 학습자를 위해 이러한 특질을 지니는 한국어 교육을 어떻게 하면 좋을까? 이에 대한 방안을 몇 가지 제시해 보기로 한다.

첫째, 어절, 또는 성분 단위로 분절하여 교육을 한다.
언어교육, 특히 문법교육은 흔히 최소 단위로 분석, 수행한다. 음성교육이라면 음소를 분석하고 이들의 결합인 단어의 발음을 익힌다. 그렇게 하면 각 단어의 발음을 잘 학습할 수 있을 것이다. 그러나 호흡단락에

따른 발음을 할 때 제대로 발음하지 못할 뿐 아니라, 상대방의 발음을
제대로 듣고 이해하지 못할 것이다. 문법의 경우도 마찬가지다. 지나친
형태적인 분석에 집착하게 되면 문법적 지식은 확장되겠지만, 성분이나
문장의 구조를 이해하고 의사소통을 하는 데에는 어려움이 따르게 된다.
외국어교육은 학습 아닌 습득에 의해 주로 이루어진다고 한다. 이렇게
볼 때 어절 또는 성분을 단위로 하여 교육을 함이 좀 더 바람직할 것이
다. 더구나 한·일어의 경우는 문형보다 형태적인 면에서 많은 차이를
보이므로 더욱 그러하다. 어절 또는 성분 단위로 분절 교육을 하게 되면
한국어 교육에 있어서 많은 오류를 범하고 있는 격조사의 문제도 해결
될 것이다. 이런 면에서 볼 때는 고전적인 교수법 모방–기억법(mim-mem
approach)도 좋은 교수 방법의 하나다. 일본어를 제1언어로 하는 학습자를
위한 한국어 교육은 특히 단어·형태 위주의 교육을 지양하고 어절, 또
는 성분 단위의 교수·학습을 지향하도록 함이 바람직하다. 이렇게 함으
로 문법적 지식 아닌, 말하는 교육이 수행되도록 하여야 한다.

둘째, 목표 언어(target language)의 발상에 따른 교육을 한다.

종래에 어순이 다른 한문이나 영어 교육에는 어순을 바꾸어 가며 해
석하는 교육을 하였다. 일본의 경우는 숫자를 붙이는 방법까지 도입하였
다. 이것도 하나의 방법임에 틀림없다. 그러나 이렇게 되면 교수·학습
이 목표언어의 사고방식이나 발상에 따른 표현을 익히는 것이 아니라,
학습자의 제1언어로 전환하는 번역법을 익히는 것이 된다. 목표언어의
사고방식, 또는 발상에 따른 표현을 익혀야 진정한 의미의 제2언어 학습
이 된다. 한·일어를 제1언어로 하는 학습자의 경우 예를 들어 영어의
관계대명사, 오른쪽 가지뻗기(right-branching), 가주어 설정, 저맥락 문화의
커뮤니케이션 등은 대표적 이질적인 표현요소다. 이들을 제1언어로 어
순을 바꾸는 작업은 힘든 작업일 뿐 아니라, 참다운 언어교육이라 할 수

없다. 이렇게 하면 영원히 목표언어에 미치지 못하는, 중간언어에 머물 게 할 뿐이다. 제1언어에서 해방되어 가능한 한 목표언어의 사고방식, 발상에 맞추도록 해야 한다. 번역이 아니라, 개념으로 받아들이도록 하 여야 한다. 이런 의미에서 일본어를 제1언어로 하는 한국어 학습자는 행 운아다. 왜냐하면 양 언어의 구조가 비슷하고, 고맥락 커뮤니케이션, 종 적 서열문화 등 언어문화가 서로 비슷하기 때문이다. 그러나 세부적인 면에서 차이가 나지 않는 것은 아니다. 따라서 한국어 학습자는 가능한 한 모국어의 틀에서 벗어나 한국어의 발상에 맞추도록 하여야 한다. 그 래야 바람직한 한국어를 익히게 된다. 앞에서 살펴본 수급(受給) 표현에 있어 수급의 뒤바뀜, 수동표현에 있어 "迷惑の受身"를 능동 표현으로 바 꾸는 것이 이러한 예다.

셋째, 대조분석적(對照分析的) 자료를 활용한다.

대조언어학적 가설은 기대를 벗어났다. 대조분석의 기술-선택-대조- 예측만으로 오류의 문제는 해결되지 않는다. 그러나 대조분석에 의한 두 언어 사이의 이동(異同)은 언어교육의 중요한 자료가 된다. 두 언어 사이 의 같은 점은 교육에서 같기 때문에 그만큼 가볍게 다루고 넘어갈 수 있 을 것이며, 다른 점은 그만큼 신경을 써서 분석적으로 집중적 교수 학습 을 함으로 학습자로 하여금 좀 더 잘 이해하게 할 수 있을 것이다. 이렇 게 되면 학습자의 부담도 덜게 될 것이며, 제1언어에 의한 간섭으로 오 류가 빚어지는 것도 줄일 수 있을 것이다. 이런 면에서 한국어교육에도 한·일어의 대조분석적 자료를 많이 활용하는 것이 바람직하다. 따라서 여기 부언할 것은 현대 외국어 교수·학습에 있어서 직접법(direct methode) 이 강조된다고 하여 교사가 학습자의 언어를 몰라도 된다는 것은 아니 라는 사실이다. 알고는 있되 교육 현장에서 남용해서는 안 된다는 것으 로 이해해야 할 것이다.

넷째, 문화적 배경을 이해한다.

Poter와 Samovar(1991)은 원활한 의사소통을 하기 위해서는 상대방 문화의 이해가 반드시 필요하다고 하였다. 이렇듯 언어와 문화는 밀접한 관계를 지니기 때문에 외국어 학습의 첫째시간부터 문화의 학습이 시작된다. 언어는 단순한 의사소통의 수단이 아니라, 그 언어사회의 문화로서 포장된 것이다. 그리고 사람들은 외재적 사물세계에 따라 반응하는 것이 아니라, 이 문화로 포장된 언어에 의해 자극을 받고 반응한다. 다같이 "工夫"라는 말을 해도 한국과 일본, 중국의 "工夫"가 다르고, 같은 영어권이라 해도 영국의 "the third floor"와 미국의 "the third floor"는 층이 다르다. 문화적 배경이 다르기 때문이다. 이런 문화적 배경을 모르고 이문화간 커뮤니케이션이 되길 바라는 것은 어불성설이다. 언어 학습에는 필연적으로 문화적 배경에 대한 학습이 수반되어야 한다.

문화적 배경은 협의의 언어의 배경을 이루는 언어문화와, 언어의 운용과 관련되는 광의의 사회문화로 나눌 수 있을 것이다. 이들은 각각 언어교육으로써, 또는 사회교육으로써 교육할 수 있을 것이다. 그리고 협의의 언어문화도 사회적으로 수용할 수 있는 표현을 하기 위해 사회문화적 내용 지식과 사회문화적 형식 지식에 대한 교육을 해야 한다. 한국어교육에서도 이러한 광의와 협의의 문화 교육이 필요하다. 좀 더 한국어다운 한국어를 하기 위해 문화적 배경을 이해하도록 해야 한다.

그리고 여기 덧붙일 것은 비언어 행동의 이해다. 커뮤니케이션은 언어행동보다 비언어행동에 의해 보다 많이 수행된다. 이런 의미에서 광의의 비언어행동과 비언어기호에 관해서도 이해의 폭을 넓혀야 한다.

다섯째, 언어지식 교육을 지나치게 강조하지 않는다.

전문적인 특수한 언어교육이 아닌 한, 언어교육의 목표는 원활한 의사소통에 있다고 하겠다. 다시 말하면 linguistic competence가 아니라, communicative competence를 기르는 데 목표를 둔다. 그런데 경우에 따라서는, 혹은 고급 학습자를 대상으로 하는 경우에는 언어 지식 교육에 지나치게 기울어지는 경우가 있을 수 있다. 이렇게 되면 언어 지식의 소유자를 기를 수는 있으나, 목표언어의 유능한 화자를 기를 수는 없을 것이다. 또한 습득-학습 가설(the acquisition/learning hypothesis)에 의하면 제2언어의 실제적 전달 능력은 학습 아닌 습득에 의해 달성되며, 커뮤니케이션의 중요한 요소인 유창성도 이에 의해 길러지는 것으로 본다. 학습은 보족적인 역할을 하는 것으로 본다. 그리고 모니터 가설(the monitor hypothesis)에 의하면 습득된 능력은 발화를 하게하고, 유창하게 말하게 하는 데 반해, 학습에 의해 얻어진 능력은 발화 형식을 수정하는 구실을 한다고 본다. 의식적인 학습에 의해 얻어진 지식이 발화 전후의 모니터로서 활동하여 발화시 학습한 규칙에 벗어나지 않게 감독한다는 것이다. 제2언어의 발달에는 이렇게 학습보다 습득이 중요하게 작용하는 것으로 보인다. 따라서 한국어 교육에서는 지나치게 언어 지식 교육을 꾀함으로 모니터가 정도 이상으로 작동하여 유창성을 가로막는 일이 없도록 할 것이다. 교사는 본능적으로 학습자에게 많은 지식을 주입하고자 하는 심리가 발동하기 때문에 주의를 요한다.

참고문헌

金仁炫(2001), 韓日語の對照言語學的硏究, 제이앤씨.

박갑수(2005), 국어교육과 한국어교육의 성찰, 서울대학교 출판부.

황찬호 외(1988), 한일어 대조분석, 명지출판사.

Hall E. T., M. R. Hall(1990), Understanding Cultural Difference: Germans, French and Americans, Intercultural Press.

Kramsch C. (1993), Context and Culture in Language Teaching, Oxford Univ. Press

Larry A. Samovar etal(1998), Communication Between Cultures, Wadsworth Publishing Company.

秋澤公二(1992), 英語の發想法 日本語の發想法, ごま書房.

庵功雄(2001), 新しい日本語學入門, スリエーネテュトワーク.

國廣鐵彌 編(1993), 日英比較講座 第5卷, 文化と社會, 大修館.

多賀敏行(1992), 文化としての英語, 丸善株式會社.

外山滋比古(1996), 英語の發想 日本語の發想, 日本放送出版協會.

西田司 (1986), 異文化適應行動論, 高文堂出版社.

松本靑也(1994), 日美文化の特質, 硏究社.

森田良行(1981), 日本語の發想, 冬樹社.

森田良行(2002), 日本語の文法發想, ひつじ書房.

劉德有(2006), 日本と中國, 講談社.

박갑수(2003), 한국어・일본어의 대조론, 한국어교육연구, 서울대학교 언어교육원.

박갑수(2005), 언어문화, 그리고 한국어교육, 중국에서의 한국어교육 VII, 태학사.

박갑수(2005), 대조분석과 오류분석, 한국어교육연구, 서울대학교 언어교육원.

박갑수(2007), 한국어교육과 언어문화교육, 외국인을 위한 한국어교육 제10호, 서울대학교 사범대학 외국인을 위한 한국어교육 지도자과정.

박갑수(2007), 한국어문법교육의 바람직한 방향, 언어와 문화 제3권3호, 한국언어문화교육학회.

박갑수(2008), 이문화간 커뮤니케이션과 교육, 중국 한국(조선)어 교육연구학회 2008년도 학술논문발표대회 논문집, 중국 한국(조선)어 교육연구학회.

板坂元(1976), 表現からみた日本文化, 日本語講座 第4卷 日本語の語彙と表現, 大修館書店.

外山滋比古(1976), 文化と言語觀, 日本語講座 第3卷, 社會の中の日本語, 大修館書店.

■ 이 글은 일본 麗澤大學과 한국 培材大學 한국어교육연구소 공동주최의 학회에서 발표되었고 (於麗澤大學), 한국어 교육연구, 제4호(배재대 한국어교육연구소, 2009)에 수록된 논문이다.

제 2 장 한국어의 세계화 방안

1. 서언

이 세상에는 약 3000개의 언어가 있다. 그 가운데 한국어는 그 사용 인구로 볼 때 15위 이내에 드는 큰 언어다. 흔히 이르는 약소민족의 언어가 아니다. 더구나 우리는 재외동포의 대국으로, 170여개 나라에 700만 동포가 나가 살고 있다. 따라서 한국어는 국제적인 언어가 되어 손색이 없는 언어이다.

한국어는 일찍이 신라 경덕왕(景德王) 때(AD. 761) 일본에서 "신라를 정벌하기 위해(爲征新羅)" 가르쳤다는 기록이 보인다(續日本紀). 그러나 우리말을 외국어로서 본격적으로 교수·학습하게 된 것은 근대, 그것도 1970년대에 들어와서라고 할 수 있다. 우리의 국력이 신장되며, 통과의례로 교수·학습되던 한국어 한국문화가 학구적 대상으로 교육되기 시작한 것이다. 이는 종전에는 감히 엄두조차 낼 수 없었던 일이다. 외국에서의 언어·문화의 교육은 이렇게 국력을 배경으로 한다.

본고에서는 이러한 한국어의 외국에의 보급, 세계화 방안에 대해 살펴보기로 한다. 한국어교육은 스스로 시작했다기보다 외부의 자극에 의해 수동적으로 이루어진 흠이 없지 않다. 그것은 국력이 받쳐 주어야 하는데 그 동안 그렇지 못했기 때문이다. 한국어 세계화 정책이 논의되기 시작한 것은 겨우 문민정부에 들어서부터라고 할 수 있다. 따라서 서구열강의 경우와는 달리 우리는 이렇다 할 정책의 입안이 제대로 되어 있지 않은 것이 현실이다. 오늘날 세계적으로 한류(韓流)가 일어나고 있다. 늦었다고 생각되는 때가 적기라는 말이 있다. 우리의 주체성을 드러내고, 다문화사회에 기여하기 위해 적극적인 정책 개발과 함께 한국어를 세계에 보급·전파하도록 하여야 하겠다. 여기서는 한국어 세계화 실상을 살펴보고 한국어의 세계화 방안을 몇 가지 제시함으로 시대적인 사명에 다소나마 부응하게 하기로 한다.

2. 한국어 세계화의 실상

2.1. 한국어의 세계화 정책

한국어의 세계화 정책을 살피기 위해서는 우선 "세계화"의 개념부터 살펴보아야 한다. 그것은 "세계화"라는 말이 다양한 개념으로 쓰여 혼란을 빚고 있기 때문이다.

오늘날 "세계화(globalization)"란 말은 새로운 세기의 문화와 문명의 기준으로 활발하게 각계에서 논의되고 있다. 이 가운데 몇 가지 주요 개념을 보면 다음과 같다.

첫째, 국제화(internationalization)와 같은 개념으로 쓰인다.

둘째, 어떤 사실의 지리적 공간 확대로서의 지구화(地球化)를 의미한다.

셋째, 19세기 중반에 추진하던 근대문명의 기준인 부국강병의 추구를 의미한다.

넷째, 자본주의 체제 중심 세력들이 주변 세력을 종속화하는 과정을 의미한다.

다섯째, 신문명의 기준으로서 "복합화"를 의미한다. 21세기의 세계화는 단순히 지구화, 국제화, 종속화를 의미하는 것이 아니고, 행위주체의 차원에서 지구화, 지역화, 국가화, 지방화, 개인화가 복합적으로 이루어지는 것이며, 활동 목표의 차원에서 부국강병을 넘어서서 안보화, 번영화, 기술정보화, 복합문화화, 생태균형화, 인력고급화, 민주적 관리화를 복합적으로 추진하는 것이라 본다(하영선 외, 2000).

하영선 외(2000)의 정의는 세계화를 종합적·거시적 차원에서 본 것이다. 세계화는 그 대상이 무엇이 되느냐에 따라 다소간에 그 개념을 달리한다. 예를 들어 "한국어의 세계화", "한국문화의 세계화"라고 할 때는 이상의 복합적 기준이 필요·충분조건이 되지 못한다. 오히려 이는 전세계에 보급한다는 지구화의 의미를 강력하게 드러낸다. 다시 말하면 문화의 공통화(共通化)를 의미한다. 다문화에 의한 상승작용을 추구한다. 따라서 어휘 의미가 다 그러하듯, 세계화의 의미는 문맥적 의미를 인정해야 한다.

한국어를 세계화한다고 할 때, 그것은 자칫 오해를 부를 수도 있다. 그것이 문화제국주의, 언어제국주의를 지향하는 것으로 받아들여질 수 있기 때문이다. 그러나 우리의 세계화는 그런 것이 아니다. 문화를 상호 교류함으로 서로 이해하고, 문화의 접촉으로 상승효과를 드러내 상호 문화를 고양하고, 심화 발전시키자는 것이다. 우리의 언어문화를 세계에 소개, 광역화함으로 친한 관계(親韓關係)를 수립하고, 다문화 사회에 기여하자는 것이다.

"한류(韓流)"라는 말이 매스컴에 자주 오르내리고 있으나, 그간 한국어의 세계화를 위한 정책은 이렇다 한 것이 세워지지 못했다. 설령 세워졌다 해도 그것은 미미한 것이었다. 그도 그럴 것이 정책이나, 법령에 "세계화"라는 말이 그간 별로 쓰이지 않았다. 문민정부 때의 "세계화추진위원회"와, 언어에 대한 것으로 "한국어의 세계화"란 말이 좀 쓰였을 뿐이다. 문화예술진흥법 시행령 제11조의 "한국어의 세계적 보급", 1998년에 활동을 시작한 "한국어세계화추진위원회", 그리고 이어서 2001년 설립된 "한국어세계화재단"의 "세계화"란 용어가 고작일 정도이다. 다행스러운 것은 2005년에 국어기본법이 제정 공포되며, 세계화라는 용어는 쓰이지 않았으나 국어발전 기본계획 속에 "국어의 국외보급에 관한 사항"을 담게 되어 있고(제62조 6항), 동법 제19조에서 국가는 국어를 배우고자 하는 외국인이나, 재외동포를 위하여 국어의 보급에 필요한 사업을 시행하도록 한다는 것을 명문화한 것이다. 이는 우리 언어문화 보급에 대한 법령으로 대표적인 세계화정책이라 할 수 있다. 그리고 여기 덧붙일 것은 언어문화는 아니나, 2006년 정부에서는 재외문화원을 확대 개편하여 코리아센터를 설립 운영하는 방향으로 정책 기조를 잡고, "민족문화의 세계화 실현"이란 용어를 쓰고 있다는 것이다.

한국어의 해외 보급 사업은 현재 문화관광부, 교육인적자원부, 외교통상부 등이 관장하게 되어 있다. 이들 기관과 주요 업무를 도시해 보면 다음과 같다.

소관부처	기관명	언어문화관련 업무
문화관광부	국립국어원	한국어교사 현지 연수 및 초청 연수
	한국어세계화재단	한국어 국외보급, 외국인 대상 한국어교육, 한국어 능력시험, 고용허가제 능력시험, 100대 한글문화 유산정비 사업
교육인적 자원부	국제교육진흥원	초청연수, 해외 한국학과 대학생 초청연수, 재외동포 교재보급 및 교육정보 제공
	한국교육과정평가원	한국학교 교재개발 및 지원, 한국어능력시험, 재외 동포 한국어 교육과정 개발
외교통상부	재외동포재단	재외동포 모국연수, 민족교육자 초청연수, 한글학교 지원, 한국어교사 초청연수, 한국어교육 사이트 운영

이상과 같이 언어문화의 보급 사업은 정부기관 및 그 산하기관에서 수립·집행하고, 교육은 주로 현지의 한국학교, 한국교육원, 한글학교 등이 담당하게 되어 있다.

한국어세계화재단은 한국어 보급 사업으로 다양한 교재와 사전류를 발행하고 있으며, 외국인 노동자 및 이주 여성들에게 한국어를 가르치고 있다. 교육능력시험도 주관한다.

국제교육원은 주로 재외동포에 대한 언어문화 보급 사업을 담당한다.

교육과정평가원은 한국어 능력을 평가하는 한국어능력시험을 관장하고 있다.

재외동포재단은 NGO로 명칭 그대로 재외동포를 대상으로 한 민족의 언어문화를 보급하고 지원하는 사업을 한다.

이 밖에 학술진흥재단이 국내외 한국학 관계 학자를 지원할 뿐 아니라, 한국학 관계 교수의 해외 파견과 한국학의 해외보급을 지원하고 있다. 국제교류재단도 펠로우십(fellowship) 제도를 통해 한국학 학자를 초청 연구하게 하는가 하면, 한국학 교수를 초청 연수하는 사업을 하고 있고,

해외에 한국어 교사 파견도 지원하고 있다. 따라서 이들 두 기관이야말로 한국의 언어문화를 지식층에 보급하며, 문자 그대로 세계화 사업을 추진하고 있다고 할 수 있다.

이러한 기관의 지원을 받아 현지에서 교육을 담당하고 있는 교육기관은 다음과 같다.

지역	일본	중국	아주	북미	중남미	CIS	유럽	아중동	계
한국학교	4	6	6	1	3	1	–	4	15국 25교
한국교육원	14	–	1	7	3	7	3	–	14국 35원
한국문화원	2	2	1	2	1	1	3	–	9국 12원
한글학교	91	31	45	1372	67	724	103	30	84국 2,554교
교육관실	3	2	–	2	–	1	2	–	10기관

한글학교를 제외한 정부 기구는 아주 미미한 편이다. 그리고 이들은 모두 재외동포를 위한 기관이다. 한국학교와 한국교육원, 한글학교는 주로 한국어(국어) 교육을 중심으로 한 교육을 담당한다. 한국학교는 한국의 교육과정에 현지 특성을 반영한 교육을 하고 있다. 한국교육원은 교육인적자원부 산하 기관으로, 재외동포의 민족교육을 실시하고 지원한다. 여기서는 주로 한국어교육에 관한 일을 한다. 한글학교는 자생적 재외동포의 주말학교로 한국어 수업과, 한국문화와 관련된 특별활동을 병행한다. 교육관실(敎育官室)은 한국학교 등을 지원하는 업무를 담당하고 있다.

정부의 교육기관은 이와 같이 변변찮다. 거기다 주로 재외동포를 대상으로 해 진정한 의미의 한국어 세계화 사업과는 거리가 있다.

이 밖에 현지 정규학교에서 재외동포를 대상으로 한 한국의 언어문화

교육이 행해지고 있다. 이는 나라에 따라 성격이 다르다. 중국의 경우 조선족 자치주의 조선족학교는 민족교육을 한다. 언어도 평등원칙에 따라 민족어를 가르치고 있다. 조선족 학교는 1,000여 개에 이른다. 미국의 경우는 미국 중·고등학교 교육과정에 한국어가 과외로 추가되는 형식이다. 일본의 총련계(總聯系) 조선학교는 특수한 경우로 북한의 교육과정에 따른 민족교육을 하고 있다. 일본의 공립학교에 부설되어 있는 민족학급은 과외로 "조선어, 조선의 역사, 문학, 문화" 등을 가르친다. 이는 한신교육투쟁(阪神敎育鬪爭)의 결과 설치·운영되고 있는 기관이다.

그리고 여기 민간기구인 재외동포교육진흥재단과 한글학회의 활동을 부기하기로 한다. 그것은 이들도 재외동포 교육과 관련이 있기 때문이다. 재외동포교육진흥재단은 명칭 그대로 재외동포, 그 가운데도 한글학교의 교육을 대상으로 활동하고 있다. 여기서는 매년 국제학술대회를 개최하여 재외동포 교사들에게 한국의 언어문화를 보급 소개하고 있다. 그리고 재외동포 학생용 교재를 개발하고, 1년에 4-5개국씩 현지를 방문해 한글학교 교사들에게 한국어와 한국문화에 대한 연수를 하고 있다. 한글학회에서도 한국어교사를 초청, 연수하고 있고, 정부의 능력시험과는 다른 한국어능력시험을 보이고 있다.

2.2. 한국어 세계화의 실제

언어는 문화의 한 요소인 동시에 그 자체가 하나의 문화이다. 따라서 언어는 언어문화(言語文化)라고도 한다. 언어문화라고 할 때는 문화로서의 언어와 언어를 수단으로 한 문화, 문학작품을 아울러 가리키게 된다.

한국어는 세계에 보급하겠다는 생각을 제대로 가지기도 전에 국제정세의 흐름에 따라 각국의 현장에서 한국어에 대한 관심과 학습의 열의를 보여 국제적 보급이 꾀해지게 되었다. 그리하여 교육과정도 없이 부족한 교사를 가지고, 교재도 제대로 갖추지 못한 가운데 교육을 실시하였다. 이러한 사정은 지금도 종전과 크게 다를 바 없다.

한국어교육이 관심의 대상이 된 것은 물론 국력의 신장으로 말미암은 것이다. 국력이 신장되며, 언어와 국력의 배후인 문화를 알고자 하게 된 것이다. 이는 순수한 외국인은 말할 것도 없고, 재외동포들까지 그러하였다. 한 예로 재소(在蘇) 동포의 대부분은 1988년 서울 올림픽 때까지만 하여도, 조국을 몰랐고, 이들 대부분이 한국어를 하지 못했다. 서울 올림픽 때 조국의 발전상을 보고, 비로소 조국에 대해 관심을 가지게 되고, 한국어와 한국 문화를 배우고자 하게 된 것이다.

현재 국내에서는 약 60개 대학의 언어교육원과, 10여 개의 사설학원, 8개의 정부 산하 교육기관 등에서 한국어교육이 행해지고 있다. 또한 국내에는 한국어교육 인력을 양성하는 기관으로 대학의 학부가 5개, 대학원이 10개 설치되어 있다. 해외에는 55개국 658개의 대학과, 8개국 1,525개 이상의 초·중·고교에 한국어 강좌가 개설되고 있다(조항록, 2005). 이 밖에 재외동포 교육기관으로 중국과 일본 등에 초·중·고등학교가 약 1,350개, 한글학교가 2,550여 개가 있고, 일본에는 또 상당수의 민족학급이 있다. 이 밖에 한국어 교사 연수기관도 서울대학교를 비롯하여 많은 대학에 부설되어 있다.

그러면 이러한 한국어 교육기관(敎育機關)의 실태에 대하여 좀 더 자세히 살펴보기로 한다. 국내의 경우 한국어 교육기관은 서울대, 연세대, 고려대 등의 부설 언어교육원에서 주로 외국인에게 한국어를 가르치고 있다. 외국의 경우는 특히 중국, 일본 등의 대학에서 한국어교육이 활발히 수행되고 있다. 대학의 경우 미국의 한국어 과정은 본래 중국어 또는 일본어의 부수과정으로 개설되었었으나, 오늘날 학구적 대상이 되어 확산

되고 있다. 한국어강좌를 개설한 대학은 100개교를 훨씬 넘는다. 일본의
경우는 한일수교(韓日修交) 이전 한국어 강좌를 개설한 대학이 5개에 불
과했는데 수교 이후 부쩍 늘어 300여 개 대학에 이르고 있다. 일본에는
공립 고등학교에도 한국어 강좌가 많이 개설되고 있다. 중국의 경우는
수교(修交) 이전에는 한국학과를 개설한 대학이 5개밖에 안 되었는데, 지
금은 4년제 대학만 하여도 50개를 넘는다. 전문대학을 합치면 그 수를
알 수 없을 정도라 한다. 독립국가연합도 구소련과 수교 이후 많은 대학
에 한국어강좌가 개설되고 있다.

동남아에는 앞의 나라들과는 다른 이유에서 한국어교육의 열풍이 불
고 있다. 여기서는 취업을 위해 한국어를 배우고자 하는 사람이 많은 것
이다. 고용허가제 한국어능력시험도 실시되고 있으니 이런 경향은 앞으
로 더 증가될 것으로 보인다(박갑수, 2005a).

이상 외국인을 대상으로 한 한국어 교육의 실상을 간단히 살펴보았거
니와 이와는 달리 재외동포의 한국어교육도 활발히 꾀해지고 있다. 이에
대해서는 앞에서 다소간에 언급한 바 있다. 따라서 여기서는 더 이상 자
세한 논의를 하지 않기로 한다.

이 밖에 국내의 각 대학 부설 언어교육원에서 유학생을 대상으로 한
국의 언어문화가 교육되고 있다. 그리고 각종 국내외 사설 교육기관 및
외국의 방송, 저술 등을 통해 한국어가 강의·소개되며 한국의 언어문화
가 적잖이 보급 소개되고 있다.

지금까지 언어문화가 국제화 세계화하는 과정으로서의 한국어교육을
살펴보았다. 이 세상에는 약 3천의 민족이 있고, 언어도 약 3천개쯤 되
는 것으로 본다. 이들 언어를 사용 인구수로 볼 때 한국어는 14위쯤 된
다. Larousse(1973)의 통계를 바탕으로 할 때 상위 15위 안에 드는 언어는
다음과 같다.

①중국어 8억 ②영어 3억 ③대러시아어 1억 7천만 ④힌디어 1억 7천만 ⑤스페인어 1억 5천만 ⑥일본어 1억1천만 ⑦독일어 9천5백만 ⑧말레어 8천6백만 ⑨아라비아어 8천만 ⑩벵갈어 7천6백만 ⑪포르투갈어 7천6백만 ⑫판자비어 6천5백만 ⑬프랑스어 5천8백만 ⑭한국어 5천만 ⑮서슬라브어 4천9백만

한국어가 UN의 공식 용어가 되진 못하더라도, 이의 사용 인구수로 볼 때 한국어는 세계적인 통용어가 될 가능성을 어느 정도 지녔다고 할 수 있다. 거기다가 우리의 재외동포가 170여 개 나라에 나가 살고 있어 그 가능성은 더욱 높다. 그러나 우리는 한국어의 세계화를 위한 노력을 별로 기울이지 않았다. 프랑스를 비롯한 유수한 나라들은 자국어를 세계 공통어(共通語)로 하려는 노력을 게을리 하고 있지 않았음에도 말이다. 곧 영국의 British council(110개국 220개소), 미국의 American center, 독일의 Goethe institute(80개국 142개소), 프랑스의 Allience Francaise(283개소), 일본의 국제교류기금(18개국 22개소), 중국의 공자학당과 같은 국제문화 교류조직의 활동이 그것이다.

2.3. 한국어 문화의 교육

한국어로 된 문화, 곧 문학작품에 의한 한국어의 세계화에 대해서도 살펴보아야 하겠다. 문학작품에는 한 민족의 가치관과 생활 및 정서가 반영되어 있다. 따라서 한국문학을 통해 한국인, 한국문화를 이해하게 된다. 영화나 드라마에 의한 "한류"가 바로 이러한 것이다.

한국의 언어문화를 통한 세계화는 우선 학교교육에 의해서 수행된다. 외국인을 대상으로 하는 각급 학교나, 재외동포의 교육기관에서 한국문

학을 강의하는 것이 그것이다. 특별히 대학의 한국어 · 한국문학을 전공하는 과정에서는 깊이 있게 한국 문학 작품을 다룬다. 많은 한국문학 작품을 대학 도서관 등에 기증함으로 이를 읽어 한국문학이 해외에 널리 보급 전파되게 하기도 한다. 또 다른 방법으로는 영상화된 문학작품을 감상하게도 한다. 이 방법은 시청각을 동원하게 되므로 가장 이해하기 쉽고, 감동도 주는 방법이다. 앞에서 언급했듯, "한류"는 주로 이에 의해 형성되었다고 할 수 있다.

이와는 달리 고전을 비롯하여 현대의 작품이 외국어로 번역(飜譯) 출간되기도 한다. 이는 번역물을 통해 한국인의 생활과 정서, 문화를 알리고자 하는 것이다. 그리고 여기서 나아가 한국 언어문화, 언어에까지 관심을 돌리고자 한다. 한국문학번역원의 통계에 의하면 2323종의 문학작품이 26개 국어로 번역된 것으로 나타난다(www.kliti.or.kr). 이들에 대한 구체적 수치는 다음과 같다.

합계	전집/ 선집	시	희곡	소설	수필	평론	동화/ 동요	신화/ 전설/ 민담	장르 혼합	기타	문학사	연속 간행물
2323	392	385	89	921	29	9	88	110	72	91	16	121

이들 번역을 언어권별로 보면 다음과 같다.

네덜란드	노르웨이	독일	러시아	루마니아	리투아니아	말레-인도네시아	몽골	베트남	불가리아
6	1	232	147	8	3	5	6	16	7

세르보크 로아티아	스웨덴	스페인	슬로 바키아	아랍	영어	이태리	일본	중국	체코	터키	포르투갈
5	21	107	7	6	630	26	386	359	61	10	6

폴란드	프랑스	헝가리	힌디
19	236	4	9

문학작품(文學作品)은 각국어로 상당한 양이 번역되고 있다. 번역은 한국어를 모르더라도 자기 모국어로 감상할 수 있으므로 한국의 언어문화를 보급 전파하는 지름길이 된다. 한국 문학작품의 번역은 한국번역원 등의 지원에 의해 이루어지기도 하고, 개인적으로 수행하기도 한다. 다만 문제는 이렇게 번역이 되어도 읽는 독자가 없으면 아무 소용이 없다. 많은 사람이 관심과 읽고자 하는 욕구를 갖게 한국문화를 적극적으로 소개·선전하는 작업이 우선해야 한다.

3. 한국어의 세계화 방안

한국어의 세계화는 앞에서 언급한 바와 같이 문화제국주의(文化帝國主義)를 추구하자는 것이 아니다. 좀 더 작게는 부분문화권(部分文化圈), 혹은 부분 문명권을 형성하자는 것도 아니다. 한국 언어문화를 널리 보급하여 우리 문화를 이해함으로 상호 교류, 협력을 도모하자는 것이다. 지역적으로 언어문화를 광범위화 하자는 것으로, 한국문화를 지구화, 국제화하자는 것이다. 그리하여 다문화 접촉에 의해 서로 이해하고, 나아가 상호간에 문화를 발전시키자는 것이다.

한국문화의 국제화, 세계화의 정책은 앞에서 살펴본 바와 같이 아직 미미하다. 오히려 고유문화 진흥과, 우리 문화의 보급 아닌 외래문화의 수용에 역점을 두고 있다고 할 수 있다. 문화부의 커다란 프로젝트 "21세기 세종계획"만 하여도 그렇다. 이는 "목적 및 필요성"에서 제일 먼저 "외국어로 된 정보를 우리말로 쉽게 변환하여 정보처리의 선진화 및 우리문화의 독자성을 지켜 고유한 지적 창조활동 지원"을 들고 있다. 아직은 고유문화 발전의 초석 다지기에 바쁜 것이다. 그러나 이미 한국어 세계화가 발걸음을 내디뎠고, 문화관광부에서 "코리아센터 설립 운영 계획"을 세우며 "민족문화의 세계화 실현"의 적극적 의욕을 보이고 있는 오늘이고 보면 한국어 세계화 방안을 적극적으로 검토할 시점에 와 있다 하겠다.

다음에는 이러한 현실을 감안하며 한국(韓國) 언어문화(言語文化)의 보급 전파 방안(方案), 곧 국제화(國際化), 세계화(世界化) 방안을 모색해 보기로 한다.

첫째, 한국어 세계화의 통괄기구(統括機構)를 설립한다.

한국어교육, 또는 재외동포의 교육이 흔히 중복되는가 하면 혼란을 빚고 있다고 한다. 실제로 한국어교육은 이미 앞에서 본 바와 같이 교육부, 문화부, 외교통상부가 다 관여하고 있다. 이는 부처의 기능으로 보아 어쩔 수 없는 면이 있을 것이다. 그러나 적어도 현재 관용적으로 인정하고 있는 재외동포의 한국어 교육은 교육부, 외국인의 한국어교육은 문화부와 같이 책임부서를 분명히 해야 한다. 더구나 한국어의 세계화와 같은 정책을 펼 때는 더욱 그러하다. 이런 의미에서 한국어를 세계화하기 위해서는 한국어교육을 통괄하고 정책을 개발할 기구가 필요하다. 이는 영국의 British council, 미국의 American center, 독일의 Goethe Institute, 프랑스의 Allience francaise, 일본의 국제교류기금 같은 기구가 설립되어야 함을 의미한다. 통괄기구로는 가칭 "한국 언어문화 국제교류재단"의 설립을 생각할 수 있을 것이다. 그리고 그 산하에는 많은 전진 기지를 두어야 한다. 정부에서는 한국문화원을 확대하고, 코리아센터를 설립하고 있다. 코리아센터의 기능을 확대해 이러한 한국어 세계화의 전진기지 역할을 하게 하는 방법도 생각할 수 있다.

둘째, 정책적 배려(政策的配慮)와 물심양면의 지원(支援)이 필요하다.

외국의 언어문화 교육은 현지 국가의 언어정책이 결정적 영향을 미친다. 미국의 경우는 "21세기를 대비한 외국어 습득의 기준(Standards for foreign language learning: Preparing for the 21st century) 1966"을 제정, 모든 학생이 외국어와 외국문화를 필수적으로 습득하도록 하고 있다. 따라서 미국 같은 나라에는 각급 학교에 한국어 강좌가 개설되도록 외교적 노력을 기울여야 한다. 일본의 경우는 동화정책(同化政策)을 펴 민족학급의 한국 언어문화 교육이 정규 이수과목으로 인정되지 않는다. 이런 경우에도 역시 외교적 노력을 필요로 한다. 그리고 미국의 SAT II, 호주의 HSC, 일본의 센터시험의 한국어와 같이 다른 나라의 대학입학시험에도 한국어가 선택과목으로 채택될 수 있도록 하여야 한다. 이러한 것도 외교적 노력 여하에 따라 상황이 달라질 것이다. 이 밖에 SAT II의 지원 및 한국학과가 설치되어 있는 대학과 한국어 강좌가 개설된 중·고교에 대한 물심양면의 지원이 필요하다. 이러한 선의의 지원은 한국 언어문화의 교육 및 보급의 활성화로 되돌아올 것이다.

셋째, 한국 언어문화 학습에 대한 유인책(誘引策)을 마련한다.

학습은 필요할 때 하게 된다. 선진 강대국의 언어문화를 학습하는 것은 그것이 국가나, 개인이 필요하다고 보기 때문이다. 따라서 강대국의 언어는 권면을 하지 않아도 스스로 선택해 학습한다. 그러나 한국어의 경우는 그렇지 못하다. 예비 학습자로 하여금 그 필요성을 지각하게 해야 한다. 그것이 유인책이다. 이러한 유인책으로는 한국어 능력이 우수한 사람을 한국 기업에서 채용하거나, 장학금을 주어 한국 유학을 시키는 등 실리적인 정책이 있을 수 있다. 지난날, 대우가 폴란드에서 한국어 구사자를 스카웃하여 한국어 교육이 열기를 띠었던 것은 이의 좋은 예이다. 이 밖에 일본의 경우 센터시험에 한국어를 선택하는 경우 유리하다는 것을 내세울 수도 있고, 우리의 훌륭한 문화 예술 작품을 소개하거나 문화 행사를 함으로 정신적으로 매료돼 한국어 학습을 하게 할 수도 있을 것이다. 한류(韓流)를 통한 한국어 학습을 유도하는 방법도 있을 수 있다.

넷째, 문화교류(文化交流)를 활성화한다.

한국의 문화교류는 그간 적극적이라기보다는 오히려 소극적이었다. 인적·물적 상호교류를 강화해야 한다. 이웃사촌이라는 말도 있듯, 우선 상대를 알아야 친근해지고 언어에도 관심을 가지게 된다. 이런 의미에서 우선 문화교류부터 해야 한다. 때마침 "한류"의 바람도 불고 있으니, 이를 활용하도록 할 일이다. 문화교류는 우선 각종 문물의 전시, 공연, 축제, 영상물 배포 등을 통해 할 수 있다. 인적 교류는 각종 한국문화 관계자를 초청하여 문화체험을 하게 하는가 하면, 각종 강연회나, 연수회 등 한국문화 학습의 장을 마련할 수 있다. 특히 한국 언어문화 교육에 종사하는 교원의 초청 연수가 필요하다. 이러한 인적 교류의 장은 초청만이 아니고, 현지에서도 행해져야 한다. 이때엔 현지 인사도 동원하여 현지 공동체가 형성되도록 할 것이다. 특히 "한국주간(韓國週間)" 등의 행사를 개최하여 일반 대중의 관심과 이해도를 높이도록 할 일이다. 이 밖에 각종 문화관광 상품을 개발하는 것도 한 방법이다. 문화유산 탐방, 영화의 현장 탐방, 김치문화 체험, 생산현장 견학 등이 이런 예에 속할 것이다.

다섯째, 한국어교육(韓國語敎育)의 장(場)을 가깝게 한다.

한국어 학습에 대한 동기가 유발되었다 하더라도 교육의 장이 지리적, 심리적으로 멀면 이를 실행에 옮기기 힘들다. 따라서 학습의 장이 가까이 있어야 한다. 이는 한국어 교육 기관이 많이 개설되고, 연수회 등 교육의 기회가 많아야 함을 의미한다. 이러기 위해서는 한국 언어문화 보급 기관을 증설하고, 지원해 교수·학습의 기회를 자주 만들도록 해야 한다.

또 하나 지리적, 시간적으로 불편한 사람들을 위하여 원격교육(遠隔敎育) 방법을 최대한 개발 활용하도록 해야 한다. 그러기 위해서는 CD ROM 개발이나, 인터넷, 웹에 의한 교육 등이 확충되도록 하여야 한다. 이 밖에 교재도 학습 목표나 학습단계에 따라 좋은 것을 쉽게 골라 입수할 수 있도록 하여야 한다.

여섯째, 현지의 매스컴을 활용한다.

문화의 국제화, 세계화는 지식인이 싹을 틔워 대중에 의해 꽃피우게 된다. 이러한 사실은 "한류"를 통해 우리가 잘 아는 사실이다. 대중에의 문화 홍보는 역시 매스컴이 효과적이다. 한 예로 일본의 한류가 바로 NHK의 전파를 타고 이루어졌음이 이를 증명한다. 따라서 한국의 언어문화를 세계화하기 위해서는 우선 매스컴을 통해 문학·예술 작품을 홍보하는 것이 필요하다. 그리고 나아가 일본 NHK의 "한글강좌"처럼 구체적으로 한국어에 대한 방송강의를 하는 것이다. 방송강의는 현장에 가야 하는 번거로움에서 벗어날 수 있어 좋은 방법이다. 이는 또한 녹음이나 녹화를 하여 필요할 때 시청할 수 있어 시간적으로도 구애받지 않는 장점도 지닌다. 대중매체의 활용은 언어문화의 세계화를 위해 아주 좋은 교육 방법이라 할 수 있다.

일곱째, 언어규범(言語規範)을 통일한다.

언어는 의사소통을 위한 사회적 계약이다. 이러한 계약은 한 가지로 되어 있어야 한다. 여러 가지가 있게 되면 혼란이 빚어져 좋지 않다. 그런데 우리의 언어규범은 불행히도 이것이 몇 가지나 된다. 그것은 남북한의 언어규범이 달리 제정되어 있고, 여기에 중국 조선족의 언어규범까지 따로 마련되어 있다. 이렇게 되면 어떤 언어규범에 따른 한국어를 학습해야 하느냐가 문제가 된다. 그리고 학습한 뒤에도 혼란이 빚어진다. 따라서 한국어의 세계화를 하기 위해서는 언어규범을 하루 속히 통일해야 한다. 사실 언어규범의 차이는 그리 심각한 것은 아니다. 남북이 통일하겠다는 의지만 있으면 사실은 그리 어려울 것도 없다.

여덟째, 산학협동(産學協同)을 하게 한다.

기업은 취업의 대상으로서 매력만 있는 것이 아니다. 기업이 세계적인 제품을 만들어 출시하게 되면 관심과 존경의 대상이 된다. 그리고 이 제품은 그 이면의 문화에 대한 동경을 낳게 한다. "샤넬", "벤츠", "소니"는 프랑스의 향수문화, 독일의 자동차문화, 일본의 가전문화를 떠올린다. 따라서 기업이 문화를 소개하고 안내하는 것은 일석이조의 효과를 거둘 수 있다. 기업문화와 배경으로서 소개되는 문화에 의한 광고의 상승효과를 거둘 수 있기 때문이다. 곧 한국기업이 한국문화를 소개하는 언어활동은 한국문화의 세계화와 더불어 제품의 인지도를 높여 판매고(販賣高)로 이어지게 한다. 이런 점에서 기업들로 하여금 현대적 생산품과 함께 한국문화 전파의 장을 만들게 하면 한국 언어문화에 대한 학습의 계기를 마련하게 되어 한국어 세계화에도 기여하게 할 것이다.

4. 결어

한국어의 세계화 실상과 그 방안에 대해 살펴보았다. 한국어교육은 국력의 신장과 더불어 활성화되었다. 국력과 언어의 세계화는 비례한다. 따라서 한국어 세계화를 부르짖기에 앞서 국력 신장부터 게을리 하지 말아야 한다.

한국어의 세계화는 언어제국주의(言語帝國主義)를 지향하자는 것이 아니다. 실제로 우리에게는 그럴 힘도 없다. 언어문화의 보급 전파로 상호 이해의 폭을 넓히며, 다문화사회(多文化社會)에서 문화발전의 상승효과를 거두자는 것이다. 우리의 입장에서는 우선 한국어를 보급함으로 우리를 이해하는 우방, 친구를 만드는 것이다. 그리고 우리 언어문화가 세계문화 창조에 기여하게 하는 것이다. 우리도 남의 문화 혜택을 받은바 적지 않으니 환원도 해야 한다. 이것이 다문화사회가 지향해 나아가야 할 방향이다.

"한류"의 바람이 분다고 한다. 이러한 때 한국 언어문화(言語文化)의 세계화(世界化)를 자연스럽게 추진하는 것이 바람직하다. 역풍이 불수도 있다. 사실 불기도 한다. 그렇게 되면 곤란하다. 언어문화는 상호 교류되어야 한다. 일방적이 되어서는 효과를 거둘 수 없다. 쌍방 교류(雙方交流)함으로 상호이해의 폭을 넓히고, 다문화 세계를 하나의 가족으로 품어 다채로운 문화의 꽃을 피워 내야 한다. 세계화는 서로 공유(共有)하는 것이다. 한국어의 세계화, 한국 언어문화의 세계화가 잘 추진되기를 바라 마지않는다.

참고문헌

국제한국어교육학회 편(2005), 한국어교육론 1, 한국문화사.
국제한국어교육학회 편(2005), 한국어교육론 2, 한국문화사.
박갑수(1994), 우리말 사랑 이야기, 한샘출판사.
박갑수(1999), 아름다운 우리말 가꾸기, 집문당.
박갑수(2005a), 국어교육과 한국어교육의 성찰, 서울대학교 출판부.
하영선 외(2000), 국제화와 세계화, 한국·중국·일본, 집문당.
Hinkel, E.(1999), Culture in Second Language Teaching and Learning, Cambridge University Press.
Kramsch, C.(1993), Context and Culture in Language Teaching, Oxford University Press.
Porter, R.E., L.A. Samovar(1991), Basic Principles of Intercultural Communication, Wadsworth Publishing Company.
石剛(1993), 植民地支配と日本語, 三元社.
松本靑也(1994(1994), 日米文化 特質, 硏究社.
山內進 編(2003), 言語敎育學入門, 大修館書店.
J. デュボワ 外(1980), ラルース 言語學 用語辭典, 大修館書店.
박갑수(2005b), 언어와 문화, 그리고 한국어교육, 제9회 조선-한국 언어문학교육 학술회의, 연변대학.
박갑수(2006), 한국문화의 세계화와 그 방안, 자국문화의 세계화 전략과 과제, 충남대학교 인문과학연구소.
박갑수(2006), 한국어와 한국문화 교육, 韓國專家學術講座, 烟台大學 外國語學院.
박갑수(2006), 재외동포 한국어 교육의 오늘과 내일, 한국어교육의 오늘과 내일, 이중언어학회.
조항록(2005), 정책의 연구사와 변천사, 국제한국어교육학회(2005), 한국어교육론 1, 한국문화사.

■ 이 글은 2006년 10월 27일 충남대학교 인문과학연구소에서 발표한 "한국문화의 세계화와 그 방안"(2006)을 토대로, 문화 아닌 언어에 초점을 맞추어 개고한 구고이다. 미발표.

제 3 장 환경언어와 한국어권 커뮤니케이션

- 공간언어를 중심으로

1. 서언

사람들은 커뮤니케이션을 하며 살아간다. 이는 언어행동에 의한 것과 비언어행동에 의한 것이 있다. 그리고 흔히 생각하듯 이는 언어행동에 의한 것이 주를 이루는 것이 아니라, 비언어행동이 주가 된다. 학자에 따라서는 메시지의 93%가 비언어행동에 의해 전달된다고까지 본다.

비언어 커뮤니케이션은 1950년대에 접어들어 Ruesh and Kees와 Bird-whistell, Hall, Trager 등에 의해 체계화되었다. 그래서 오늘날은 비언어 커뮤니케이션에 관한 연구가 활발히 수행되고 있다.

비언어행동 연구는 다양한 방면에서 수행되었다. 필자는 이를 신체동작학(kinesics), 시선접촉학(oculesics), 신체접촉학(haptics), 근접공간학(proxemics), 시간개념학(chronemics), 향취접촉학(olfactics), 부차언어학(para-linguistics) 등 일곱 가지로 구분한 바 있다(박갑수, 2013). 우리나라에서는 이러한 연구 영역 가운데 주로 신체동작학의 연구만이 다소 진행되었을 뿐, 다른 영역의 연구는 거의 이루어져 있지 않다. 따라서 이 글의 주제인 환경언어(environmental language)에 대한 논의는 전무한 형편이라 할 수 있다.

환경언어는 근접공간학의 대상이라 할 수 있다. Knapp(1972)은 근접공간학의 대상을 환경과 공간으로 나누고, 환경을 다시 지리(geography) · 기후(climate)와, 건축(architecture) · 물체(object)로 나누고 있다. 이에 대해 畢繼万(1999)은 근접공간학의 대상을 客體語(object language)와 環境語(environmental language)의 둘로 나누고, 환경어를 다시 다음과 같이 세분하고 있다.

1. 공간신식, 2. 혼잡에 대한 태도, 3. 근체거리, 4.영지관념, 5. 공간 및 취향, 6. 좌위(座位) 안배, 7. 시간신식, 8. 건축설계 및 실내장식, 9. 성음(聲音), 10. 등광(燈光), 11. 색채, 12. 표지 · 부호

이밖에 Hall의 대표적 저서 Silent language(1959), The hidden dimension(1966), Beyond culture(1976) 등의 곳곳에서 이 '환경의 언어'의 문제로서 '공간언어'를 다루고 있다. Leger Brosnahan(1998), Allan Pease(2004), Tonya Reiman(2007) 등도 이 공간언어의 문제를 다루고 있다.

환경언어에 대한 연구는 앞에서 언급한 바와 같이 우리나라에서는 거의 이루어지고 있지 않다. 따라서 환경언어와 커뮤니케이션에 대한 논의는 부득이 주로 외국의 연구에 의존하게 된다. 이에 이 글에서도 앞에서 논의한 Hall, Knapp, Brosnahan, 畢繼万 등의 연구를 주로 원용하며, 한국어권 커뮤니케이션에 있어서의 환경언어 문제를 논의하게 될 것이다. 이 글의 궁극적 목적이 한국어교육에 있으므로, 그렇지 않아도 외국의 환경언어에 대한 연구가 필수적 고찰의 대상이 되는데, 외국의 연구에 의지한다는 것은 역설적으로 불행 중 다행한 사실이라 하겠다.

2. 환경언어의 개념과 영역

환경언어는 비언어 커뮤니케이션의 중요한 형식의 하나다. 이는 일종의 객체언어(object language)로서, 비언어적 면에서 보면 조성된 생리와 심리 환경인 문화의 본체라 할 수 있는 것이다. 따라서 이는 사람들이 거주하는 지리적 환경과는 구별된다. 畢繼万(1999)에서는 다음과 같이 언급하고 있다.

이로 말미암아 우리가 연구하는 바는 사람들이 자기를 위해 창조한 환경이 이 문화 커뮤니케이션에 어떤 영향을 미치는가 하는 것이다. 그래서 이는 자연 환경적 작용이 아니다. 환경언어는 시간, 공간, 색채, 성음, 신호와 건축 등을 포괄한다. 이 환경 인소(因素)는 모두 커뮤니케이션의 메시지를 제공할 수 있고, 환경언어로써 문화적 특성의 전시가 가능하다.

이는 Knapp(1972)이 근접공간학의 대상을 환경과 공간의 둘로 나누고, 환경을 다시 지리(geography)·기후(climate)와, 건축(architecture)·물체(object)로 구분한 것과 다소 차이를 보인다. Knapp은 인간의 커뮤니케이션에 있어서 광의의 환경과 공간이 어떤 영향을 미치는가를 살폈음에 대해, 畢繼万은 환경을 '사람들이 자기를 위해 창조한 환경', 곧 문화적 환경을 그 대상으로 본다. 따라서 Knapp은 畢繼万에 비해 환경을 '광의의 환경'으로 본다고 할 수 있다.

환경언어의 영역은 畢繼万(1999)에서와 같이 '문화적 환경'으로 보기로 한다. 이렇게 볼 때에 여기 한두 가지 추가할 것이 있다. 畢繼万(1999)의 세목에 객체(objects), 향취(ordour)를 추가하는 것이다. 그리고 여기 부언할 것은 畢繼万(1999)의 환경언어의 세목 가운데 '혼잡에 대한 태도, 근체거리, 영토관념, 공간 및 취향, 좌위(座位) 안배'는 모두 '공간의 메시지'에 해당한다는 것이다. 이들은 다만 설명의 편의를 위해 세분한 것뿐이다.

이 글은 환경 일반을 고찰하자는 것이 아니고, 비언어 커뮤니케이션으로서의 환경을 살피고자 하는 것이다. 따라서 여기서는 자연 '문화적 환경'이 좀 더 비중이 높다. 그리고 여기서는 위에 제시한 환경의 세부 항목 가운데 대표적인 환경언어라 할 '공간의 메시지(영토권, 근체거리, 혼잡에 대한 태도, 공간 취향, 좌석 안배)'와 커뮤니케이션의 관계를 살피기로 한다. 특히 대표적인 환경언어의 하나인 '객체언어(object language)'는 그 대상이 '피부색, 체모, 신체향기, 복식·화장, 개인 용품, 가구·차량' 등 광범위하므로 별도의 글에서 논의하기로 하고 이 글에서는 제외하기로 한다.

3. 환경언어와 커뮤니케이션

'공간은 말한다(Space says.).'고 한다. 사람들의 공간관념(空間觀念)은 후천적으로 습득되는 것이다. 이러한 공간관념은 사람들로 하여금 일정한 영역을 요구하게 하고, 일정한 공간 관계를 갖도록 한다. 이는 모든 문화에 작용하며, 특유한 규칙과 정도와 차례를 형성해 낸다. 따라서 문화가 다르면 관련된 공간과 거리 이용의 가치 관념이 달라진다. 사람들은 공간적 요구를 달리하며, 공간과 관련된 커뮤니케이션의 규칙을 달리하고, 근접거리(proximity)를 달리 한다. 비언어 커뮤니케이션과 관련하여 볼 때 공간은 영토(territory), 또는 영토권(territoriality)과 근접거리가 중요한 의미를 지닌다.

공간 범위는 몇 가지로 구분된다. Hall은 이를 세 가지 유형으로 구분한 것을 볼 수 있다(Hall, 1966).

1. 고정 공간(fixed-feature space): 움직일 수 없는 경계에 의해 구성된 것. 방 같은 것.
2. 준고정 공간(semifixed-feature space): 탁자나 의자와 같이 유동적인 물체의 배치에 의한 것.
3. 비공식적 공간(informal space): 개체가 습관적으로 유지 보호하는 개인 공간 기포(bubble of personal space). 친밀(intimate), 일상인(casual person), 성격(personality), 기타 요인(many other factors)에 의한 것.

3.1. 영토권(territoriality)

3.1.1. 영토권의 개념과 성격

영토권이란 생물체가 행사하는 영토의 소유, 사용, 방어를 설명하는 동물행동학의 전문용어의 하나다. 새들은 둥지를 틀고 새끼를 부양하는 영역이 있고, 육식동물은 각기 자기네들 먹이사슬의 영역이 있고, 꿀벌들도 꿀을 채취하는 일정한 영역이 있다. 이들은 금수(禽獸)와 곤충의 생존공간으로, 그들의 영역이고, 영토(territory)라 할 수 있다. 인간도 이들 동물과 마찬가지로 생활하고, 활동하는 일정한 공간영역이 있다. 공간 관념의 핵심은 이 영토를 소유하는 것이고, 인간의 역사는 이 영토전쟁이라 할 수 있다. 사람들은 각종 영역, 혹은 영토를 소유하고, 이를 침입자로부터 방어하려 한다. 여기에서 다양한 영역방어 행위가 나타나게 되고, 영역권 혹은 영토권(territoriality)이란 말이 사용되게 되었다. 이러한 영역은 '독립, 자유, 독거(獨居), 사고, 안전'을 위한 공간과, 신체 및 심리

등의 안전 공간을 의미한다.

영역 혹은 영토는 서너 가지 종류로 나눌 수 있다. Altman(1975)은 세 가지로 나누고 있는데, 그것은 기본영토(primary territories), 이차영토(secondary territories), 공공영토(public territories)라는 것이다. 기본영토는 개인 자기만이 향유하는 영역과 일상생활의 활동의 중심을 이루는 공간으로, 정신적 보호와 방어를 받는 곳이다. 주택 침실 등이 여기에 속한다. 옷가지나 일용품 등 개인소유의 물품도 여기에 속한다. 이차영토는 개인의 사적 소유가 아닌, 임시로 향유하는 물품이다. 잡지, TV, 식기(食器) 따위가 그것이다. 공공영토는 공중이 향유하는 임시적 영역으로 공원, 해변, 길거리, 극장의 좌석, 공중전화의 부스 등이 여기에 속한다. 정렬할 때 개인의 위치, 관광할 때의 시선의 범위 등도 이에 해당한다.

영역 내지 영토의 침범은 다양한 형식으로 나타난다. Layman and Scott(1969)는 이를 세 가지로 분류하였다. 침해(violation), 침점(invasion), 오염(contamination)이 그것이다. 침해(侵害)는 무리하게 타인의 영역을 이용하는 것으로, 무례한 시선, 외부의 소음, 두 좌석에 걸터앉는 자세 따위가 이러한 예다. 침점(侵占)은 남의 영역을 침범 점유하는 것으로, 크게는 남의 국토 침점으로부터 남의 자리를 빼앗는 것에 이른다. 오염(汚染)은 어떤 영역을 이용한 뒤 그 환경을 더럽히는 것을 말한다. 호텔의 시트, 식당의 식탁, 공원 및 집회 장소 등의 오손 따위가 이에 속한다.

영토의 유지 보호를 하기 위해서는 영토 표시를 하거나, 방어를 하게 된다. 이때 흔히 취하는 방법이 몇 가지 있다. 그것은 첫째, 표지(markers)를 사용하는 것이다. 자기 영토의 표시로 우산이나, 책과 같은 물건을 놓아두는 것이다. 둘째, 상당한 시간 그 자리에 앉아 있거나 보유하는 것이다. 셋째는 주변 사람에게 자기 영역을 좀 보아 달라고 부탁하는 것이다. '잠시 이 자리 좀 봐 주세요.'라고 하는 경우가 그것이다. 남이 자

기 영역에 침범해 들어오면 막고 쫓아낸다. 만일 여의치 않은 경우는 각
종 반응을 보이게 된다. 남이 지나치게 다가올 때 외면을 하가나, 팔짱
을 끼거나, 피하는 따위가 그것이다. 대중교통 수단에서 노인이 앞으로
오게 되면 앉아서 조는 체하는 것도 이런 것이다.

3.1.2. 민족과 국가에 따른 영토권의 차이

영역 혹은 영토에 관한 개념 내지 범위는 개인, 민족, 및 문화에 따라
차이를 보인다. 영토와 밀접한 관계를 갖는 근접거리만 하여도 민족과
문화에 따라 다르다. 영역 및 영토권의 침범에 대한 반응에 차이를 보인
다. 따라서 외국인에게 한국어를 교수·학습할 때에는 특히 주의하여야
한다. 다음에는 이러한 민족·국가에 따른 주요한 개인적 영토권의 차이
를 살펴보기로 한다.

영어권 사람들은 극도로 개인적 영토 범위를 중시한다. 가정생활에서
부터 작업장, 공공장소에 이르기까지 모두 명확히 구분하고, 단호히 영
토범위를 유지 보호하고자 한다. 이는 가정에서도 강력하게 나타나는 것
으로 본다. 주방과 침실은 일반적으로 부녀자들의 영역이다. 이에 대해
서재, 작업실, 지하실, 차고, 정원 등은 남자들의 영역이다. 가정주부는
주방에 대해 영토권을 가지고 비록 자기 딸이나, 어머니까지도 마음대로
드나드는 것을 허락하지 않는다. 아버지의 자리는 신성불가침의 영역이
다. 우리도 전통적 사회에서 이 가정에서의 영토권이 엄격했다. 안채와
사랑채의 구별은 그 대표적인 것이다. 안방마님은 열쇠 꾸러미를 차고
다녔다. 그러나 오늘날은 사회구조와 가옥 구조의 변화로 이것이 많이
느슨해졌다.

한·일간의 영토권에 대한 의식은 일본이 강하고 한국이 상대적으로
약한 것으로 나타난다. 한 예로 한국 사람은 이차영토인, 남의 앞에 놓

인 조미료를 가져올 때 양해를 구하는 빈도가 일본인에 비해 20% 이상
낮다. 친구의 지우개를 빌리는 경우에 양해를 구하는 경우는 더 심해 한
국 18.6%, 일본 74.1%로, 50% 이상 차이를 보인다(홍민표, 2007).

영어권 사람들은 여유 있는 공간을 향유한다. 이에 비해 한국 사람은
상대적으로 제한적 좁은 공간을 사용하는 편이다. 이는 줄서기, 대화 공
간, 차간 거리 등에서 쉽게 확인된다. 영어권 사람들은 줄을 설 때 충분
한 공간을 확보하고 띄엄띄엄 선다. 이에 비해 한국 사람은 거의 틈을
비우지 않고 다닥다닥 붙어 선다. 대화할 때도 한국 사람은 영어권 사람
에 비해 붙어서 한다. 차는 한국에서 제동 거리를 두지 않고, 남의 영역
을 침범하여 바짝 붙어 달리는 경향을 보인다. 이러한 경향을 Bros-
nahan(1998)은 개인주의와 집단주의, 분리성(apartness)과 집체성(togetherness)
으로 나누어 설명한다.

공공장소에서 활동할 때에는 '임시 영토'가 형성되고, 타인은 이에 마
음대로 침입할 수 없다. 예를 들어 음식점에서 어떤 식탁에 한 사람이
앉게 되면 그것은 그의 '임시 영토'가 된다. 따라서 빈자리가 없다 하더
라도 제3자가 원칙적으로 그 자리에 합석할 수는 없다. 우리는 이런 경
우 한 자리만의 영역권을 인정하고, 상대방의 양해도 구하지 않고 당연
히 그 빈자리에 앉을 수 있는 것으로 생각하고 있다. 요사이는 이러한
경향이 많이 달라지긴 했으나 대중식당에서는 아직도 여전하다. 공원의
긴 의자의 경우 이 '영토권'의 침범은 더 심하다. 이러한 경향은 중국의
경우도 우리와 마찬가지인 것 같다(畢繼万, 1999).

영어권에서 식당의 자리는 고객이 임의로 가서 앉는 자리가 아니다.
웨이터의 안내를 받아야 한다. 그런데 우리는 전통적으로 고객이 임의로
아무데나 가서 앉는다. 그래서 때로 예약석이라 하여 쫓겨나기도 한다.
우리는 남의 집에 가는 경우에도 특히 시골에서 흔히 주인의 허락 없이

사립 안으로 들어선다. 이는 영어권이라면 가택침입에 해당한 행위다. 더구나 남의 집이나 직장엘 사전에 예고 없이 방문하는 것도 영역 침해 (violation)다. 영어권에서는 사전에 예약을 한다. 한국에서는 불쑥 가는 경우가 많다. 미국에서는 교수가 약속이 없이 연구실로 찾아오는 지도학생도 만나지 않는다. 중국에서는 불청객(不請客)으로 간다는 말도 있듯, 우리와 비슷하게 남의 집을 무단 침범한다.

영어권의 주택구조는 개인적 공간이 마련되어 있는가 하면, 사생활을 보호하도록 잠금장치가 마련되어 있으나, 한국의 경우는 가족 구성원을 분리해 주는 개인 공간이 상대적으로 없는 편이다. 더구나 전통적으로는 잠그고 홀로 있을 수 있는 가옥구조나 문화가 아니다. 영어권의 주택구조는 분리기능형이고, 한국의 경우는 복합기능형으로 되어 있다.

영어권 사람들은 개인의 소유권을 극도로 존중한다. 그들은 상대적으로 옷차림, 책, 우산, 신문, 잡지에 이르기까지 우리에 비해 이들은 사유물이라는 인식이 강하다. 우리는 영어권 사람이 쉽게 허락하지 않는 남의 가공품들을 만지고 다루고 관찰하기를 잘 한다. 한 예로 남이 좋은 옷을 입었을 때 이를 만지고 쓸고, 어디서 샀느냐, 가격은 얼마냐 하고 묻는다. 이는 영어권에서는 상상할 수 없는 일이다. 이러한 현상은 중국에서도 일반적으로 나타나는 현상으로 보인다(畢繼万, 1999).

영어권 사람들은 사적 공간과 공적 공간의 침범에 대해 큰 차이를 보이지 않다. 그런데 한국 사람은 공적 공간에 비해 사적 공간을 중시한다. 특히 '오손(汚損)'이란 차원에서 차이를 보인다. 한국 사람은 사적공간에는 매우 신경을 쓰는데, 공적공간에 대해서는 비교적 무신경하다. 그래서 사적공간에서는 쓰레기를 버린다든가, 더럽히지 않고, 기물을 함부로 다루지 않는데, 공적공간에서는 그렇게 하지 않는 경향이 있다.

보도(步道) 공간에 대한 영토권도 영어권과 한국의 경우는 크게 다르다. 보도는 공적공간으로 사람의 통행을 위한 공간이다. 그런데 영어권과는 달리 한국에는 각종 상인이 보도를 점거하고 있는가 하면, 심한 경우 자전거, 오토바이 등 교통수단까지 침범한다. 그런데 한국 사람은 이에 관대하다. 이는 영어권 사람에게는 이해가 되지 않는 것이다.

영토권의 가장 대표적인 차이는 프라이버시를 침범하는 것이다. 중국에서는 호텔에서의 '임시 영토권'이 보장되지 않는다. 영어권에서는 숙박하는 손님의 허락 없이 객실에 제3자의 출입이 허락되지 않는데, 중국에서는 병원의 입원실처럼, 종업원이 수시로 드나들어 프라이버시가 보장되지 않는다. 이는 저자도 여러 번 경험한 사실이다. 한국에서도 다소간에 이런 경향이 있다.

이 밖에 담장 문화도 차이를 보인다. 담장은 단순히 영역 구분에 그치는 것이 아니고, 비밀 유지와 관련된다. 이는 영어권에서는 개인적 프라이버시를 보장 받으려는 것인데 대해, 한국이나 중국서는 집단의 프라이버시를 유지 방어하려는 장치라 하겠다. 이는 중국의 담장문화가 특히 심하다. 중국에서는 집을 짓기 전에 담부터 치는가 하면(박옥남, 2006), 중국의 대표적 가옥구조인 입 구(口)자형의 폐쇄 구조가 그러하다.

한국, 중국, 일본과 같은 동양어권에서는 나와 남, 나와 남의 집단을 분리 구분한다. 담을 치듯 울타리를 친다. 그리고 가족·사회·국가·민족과 같은 집단에서 내외, 자타를 구별하여 영토권을 행사한다. 자기 조직 외의 사람들에게는 배타적 태도를 보인다. 이는 집단주의 문화의 산물로 영어권과 같은 개인주의 문화에서는 별로 나타나지 않는 현상이다.

옆 사람의 책이나 신문을 곁눈질하여 보는 것도 일종의 공간 침범으로, 침해(violation)에 해당한다. 영어권에서는 이것도 금기사항이다. 한국에서는 흔히 볼 수 있는 광경이다. 영토권의 침범이라 생각하지 않는다. 영토권의 침범은 동서양을 가리지 않고 아랫사람의 영토는 무단히 침범한다. 그러나 윗사람의 영토는 허락을 받지 않고는 그렇게 하지 못한다.

3.2. 근접거리(proxemics)

3.2.1. 근접거리의 개념과 성격

커뮤니케이션을 할 때 공간 거리의 변화는 커뮤니케이션에 지대한 영향을 미친다. 이는 심한 경우 언어행동보다 강력하다. 따라서 커뮤니케이션을 하는 경우 화자는 상호간의 거리 및 이의 변화에 주의를 기울여야 한다. 그리하여 일찍이 Hall은 '근접공간학(proxemics)'이란 술어를 창안하였고, '근접거리'에 대해 다음과 같이 말하고 있다(Hall, 1959).

공간의 변화는 의사소통에 하나의 어조(語調)를 부여하고 그것을 강조하며, 때로는 말을 압도하기까지 한다. 사람들이 서로 교제할 때 그들 사이의 거리를 이동하거나 변경하는 것은 의사소통 과정에서 중요한 부분을 이루고 있다. 낯선 사람끼리 대화할 때의 일반적 거리를 보면 공간적 상호작용의 역학이 얼마나 중요한 가를 알 수 있다. 한 사람이 너무 가까이 다가서면 뒤로 물러서는 상대방의 반응은 즉각적이고 자동적이다. 그리고 다시 다가서면 또 물러선다.

Hall은 그의 'Silent language(1959)'에서 공간의 거리를 '매우 밀접한 거리(very close), 밀접한 거리(close), 가까운 거리(near)' 등 여덟 가지를 제시하였다. 그리고 그는 'The hidden dimension(1966)'에서 이를 너무 세분하였다고 보고, 거리를 선택하는 교류 상황을 바탕으로, 이를 네 가지 단계로 수정하였다. 이는 밀접한 거리, 개인적 거리, 사교적 거리, 공적 거리로, 각각 가까운 단계와 먼 단계가 있다. 이후 학계에서는 거리의 구분을 일반적으로 이와 같이 4단계로 종합, 수용하고 있다. 이들 네 가지 거리, 혹은 구역(zone)을 간단히 살펴보면 다음과 같다.

(1) 친밀거리(intimate distance): 0~46cm

이는 사랑을 하거나, 싸우는 등 신체접촉이 가능하거나, 손을 뻗치면 상대방의 손발을 잡을 수 있는 거리다. 이 구역에 친밀하지 않은 사람이 들어오면 위협을 느낀다. 약 15cm 이상의 거리인 경우에는 목소리가 사용되나 이는 아주 낮은 소리거나, 소곤소곤 사담을 하는 정도의 수준이다. 이는 혼잡한 공공장소나, 극장, 엘리베이터, 대중교통 수단 등에서는 남의 침범을 피할 수 없게 된다. 이런 경우에는 가능한 한 몸을 움직이지 않거나, 시선을 마주치지 않는 등 기본적 방책을 쓴다. 친밀 거리에 대한 반응은 민족이나 문화에 따라 차이가 난다. 미국인은 민감한 편이고, 중동에서는 그리 유난스러운 반응을 보이지 않는다. 우리도 비교적 관대한 편이다.

(2) 개인적 거리(personal distance): 46cm~1.2m

상대방의 손발이 닿을 수 있는 거리에서 두 사람이 팔을 뻗어야 손가락이 닿을 수 있는 거리다. 이 거리는 현실적 의미에서 신체적 지배의 한계에 해당된다. 따라서 이 거리는 한 유기체가 자신과 다른 존재들 사이에 유지하는 작은 보호영역, 또는 보호기포(保護氣泡)라 생각해도 좋다 (Hall, 1966). 이 거리는 친구 사이에 흉금을 터놓고 이야기하는 거리이고, 개인의 사적인 이야기를 나눌 수 있는 공간이다. 음성은 높지 않고 적당한 수준이며, 부드럽고 친절하다. 물론 호외에서는 음량이 실내보다는 높아진다. 이 거리에서는 향수를 사용하는 다른 민족에게서는 후각적 기포가 일어난다.

(3) 사교적 거리(social distance): 1.2m~3.6

이는 신체의 '지배의 한계'를 벗어나는 거리다. 사교의 정상 거리로, 담론의 내용은 일반적으로 비개인적인 것이 적당하다. 함께 일하는 사람들은 가까운 사교적 거리를 취하는 편이다. 사교적 거리의 먼 단계에서 행해지는 업무나 사교는 좀 더 형식적인 성격을 띤다. 음성은 보통 수준이다.

(4) 공적거리(public distance): 3.6m 이상

공적인 인물만이 아니라, 누구나 공적인 경우 사용할 수 있는 거리다. 이 종류의 담화는 개인적인 것이 아닌, 공적인 것이며, 이 거리는 일반적으로 강의, 연설, 의식 등에서 취해진다. 강화할 때 음성은 매우 높으며, 템포는 느리고, 어휘는 보다 분명히 발음한다. 문체에도 변화를 보이는데 '형식적인 문체'가 많이 사용된다. 비언어적 부분은 대개 몸짓이나 자세로 행한다. 우리나라 사람은 대화할 때 영어권 사람에 비해 이 근접거리를 가까이 취하는 편이다. 중국도 마찬가지다. 그래서 영어권 사람들은 입에서 냄새가 나고, 침이 튈까 보아 걱정한다. 이에 대해 한·중의 화자는 영어권의 근접거리가 너무 멀어 친애의 감정을 느낄 수 없다고 한다.

Hall의 근접거리는 미국의 중산층을 기준으로 설정한 것이다. 따라서 이를 일반화하기에는 문제가 있다. 이는 상대적인 근접거리의 기준이 될 수 있다. 그것은 문화와 민족에 따라 근접거리를 달리 하기 때문이다.

대화에서 두 사람이 거리를 두는 주된 원인은 목소리의 크기에 있다. 따라서 앞에서 근접거리를 언급하면서 음성에 대해 논의를 한 것도 이 때문이다. 이 밖에 거리를 선택하는 기준은 활동, 관계, 감정이라 본다

(Hall, 1966). '활동'이란 상호작용하는 개별자들이 무엇을 하고 있는가, '관계'란 교류자가 어떤 관계의 사람인가, '감정'이란 상호작용하는 개별자에 대해 어떻게 느끼는가 하는 것이다. 이에 따라 근접거리가 선택된다. Knapp(1972)은 Hall과 달리 거리를 조정하는 일곱 가지 요인(forces)을 들고 있다. 이는 다음과 같은 것이다.

(1) 인구통계학적 특성(demographic characteristics)

화자는 남자보다 여자에게 좀 더 가까이 다가선다, 동배(同輩) 끼리 가까이 선다, 집단 속의 소수민족은 거리 관계에 별 차이를 드러내지 않는다.

(2) 대인관계의 특성(characteristics of the interpersonal relationship)

낯선 사람은 아는 사람보다 멀리서 대화한다: 남자들보다 여자들이 친한 친구들끼리 더 가까이 선다, 양친은 낯선 사람처럼 거리를 둔다. 또한 이런 문화에서는 계층이 공간 또는 거리와 크게 관련을 갖는다.

(3) 상호작용을 위한 배경(setting for the interaction)

사회적 배경은 대화(conversation)에 크게 영향을 미친다. 혼잡한 칵테일 파티와 집안의 편안한 방에서의 거리는 다르며, 방이 커지면 함께 가까이 앉으려는 경향이 있다.

(4) 토의의 주제(topic or subject matter under discussion)

Little은 유쾌한 토픽은 분명히 외관상 매우 밀접한 자리를 형성해 내고, 중립적이거나, 불쾌한 토픽은 의미 있는 차이를 드러내지 않는다고 한다. 이는 흥미 있는 이야기를 할 때 가까이 둘러앉는 것에서 확인된다.

(5) 육체적 특성(physical characteristics)

신체불구자와 상호작용하는 사람은 불구자가 아니거나 정상인과 대화

할 때보다 처음 말하는 거리가 매우 멀다. 이 거리는 상호작용이 증가함에 따라 감소된다. 간질병 환자의 경우도 마찬가지다.

(6) 태도와 개성적 특성(attitudinal and personality characteristics)

화자와 청자의 거리는 부정적 태도와 연관되어 있다. 지나치게 가까운 거리는, 화자와 청자의 관계가 친밀하지 않을 때 부정적 태도를 유발할 수 있다. 그리고 원거리에 있을 때 낮은 평가를 받는다. 다른 사람의 찬성을 받고자 한다면 찬성을 하지 않으려고 할 때에 비하여 대화의 거리를 축소하는 것이 좋다. 외향성과 내향성의 공간 관계에 대한 영향은 분명치 않다. 지금까지의 연구는 상반된 결론을 보이고 있다.

(7) 행동 요인(behavioral factors)

정서와 많은 관련을 가진 것으로 알려진 Galvanic skin은 사람이 앞으로 접근할 때 가장 크게 반응하고, 그 다음이 옆으로, 그 다음이 뒤로 접근하는 것이다. 사람들은 무엇을 잘 보려 할 때 눈을 뜨고 접근하는 것보다 눈을 감고 좀 더 가까이 접근한다.

이는 Hall의 '활동, 관계, 감정'을 좀더 구체적으로 세분하여 제시한 것이라 하겠다. 근접거리의 좁힘은 개인공간의 침범으로, 이는 상대방에게 스트레스를 주게 된다. 그래서 심문할 때는 용의자에게 이 방법을 활용하여 단시간에 자백을 받아내기도 한다.

3.2.2. 민족과 국가에 따른 근접거리의 차이

근접거리는 선의 문제다. 그러나 이는 신체접촉과 연계되어 있으며, 공간(장소)과는 표리관계를 지닌다. 따라서 여기서는 공간상의 거리를 중심으로 살피되, 신체접촉과 장소의 문제도 다소간에 언급하기로 한다.

문화에는 접촉문화와 비접촉문화가 있다. 조류문화와 물개문화라는 것이 그것이다. 이는 상호 접촉의 정도에 따른 구분이요, 명명이다. 영어권은 상당한 공간을 유지하는 조류문화이고, 한국과 중국 등은 상대적으로 접촉이 잦고, 제한적인 공간을 유지하는 물개문화다. 이는 각각 분리형과 밀착형, 개체와 연대의 문화라 할 수도 있다.

영어권 사람은 근접거리를 여유 있게 두어 몸이 닿거나 부딪치는 것을 피한다. 그런데 한국 사람은 항상 부딪치며 산다. 그러면서도 이에 무심하다. 공공장소에서 거리를 두는 것도 영어권 사람과 한국 사람은 다르다. 한국 사람은 최소한의 거리를 두는 데 대해 영어권 사람은 넓은 공간에 익숙해 먼 거리를 두려 한다. 전자가 '신체공간'를 유지하려 한다면, 후자는 '유기체 공간'을 취하려 한다고 할 수 있다. 이는 줄을 설 때의 근접 거리만 보아도 쉽게 확인된다. 영어권 사람은 줄을 선 것인지 아닌지 모를 정도로 줄을 느슨하게 서는데 반해, 한국 사람은 거의 사이를 두지 않고 촘촘히 다가서서 줄을 선다. 이런 문화적인 차이는 상호작용에 커다란 영향을 미친다. 이는 커뮤니케이션에도 크게 다른 모습으로 나타난다. 영국 사람은 말을 할 때도 남에게 들리도록 말하는 것은 남을 침범하는 것이고, 예의에 어긋나는 저급한 행동이라 생각한다. 그런데 같은 영어권인 미국사람은 남들이 듣건 말건 서슴지 않고 큰 소리로 말한다. 프랑스의 남부나 동부사람은 북구나 영·미인들과 달리 지중해식 문화를 지녀 가까이 모인다(Hall, 1966). 이러한 밀접성은 말을 할 때에도 나타난다. 이들은 어김없이 상대방을 진지하게 바라본다. 이는 미국식 습관과 다르다.

일상 대화의 표준거리를 田中 外(1996)는 일본에서는 약 1m, 미국에서는 45~50cm, 라틴아메리카와 중동에서는 좀 더 접근하고, 쿠바에서는 조용한 장소인 경우 45cm 이내라고 한다. 한·일의 회화 거리는 한국인이 훨씬 가까운 것으로 본다. 關川(1984)는 일본의 안정적 회화 거리를

90cm라 한다면 한국인은 이의 2/3인 60cm라 본다.

중국인은 영미인에 비해 근접거리가 가깝다. 영어권 사람은 어깨를 나란히 하고 걷는 경우 일반적으로 약 7~9cm의 거리를 둔다. 이는 중국인이 이성과 같이 걸을 때의 거리다. 동성의 중국인은 서로 매우 가까운 거리를 취하고, 어깨를 부딪치거나 팔꿈치를 부딪치기도 한다(畢繼万, 1999). 한국인의 근접거리와 비슷하다. 한국의 젊은 여성, 특히 여학생의 경우는 거리를 둔다기보다 오히려 손을 잡고 다닌다. 이는 영어권 사람들에게 동성애자로 오해하게 한다.

한국인과 영어권 사람들과의 근접거리의 차이는 친밀한 개인 거리(personal distance)에서 보다 잘 나타나는 것으로 본다. 그것은 한국 사람이 영어권 사람의 거리에 비해 가깝다는 것이다. 한국인의 친밀 거리는 통상 영어권의 1피트의 절반쯤 되는 것으로 본다(Brosanahan, 1998). 따라서 약 15cm쯤 된다. 이는 당연한 사실이라 하겠다. 그것은 영어권은 비접촉형 문화이고, 한국은 접촉형 문화이기 때문이다(박갑수, 2013). 그리고 한국인은 개인 거리와 사교적 거리가 같다고 본다. 당연한 결과로 한국인의 사교적 거리는 영어권 사람들의 거리에 비해 가깝다. 이러한 한국인과 영어권 사람들과의 차이는 대화거리나, 악수할 때 잘 드러난다. 이러한 근접거리의 차이는 한국인의 집단주의와 협력, 영어권의 개인주의와 경쟁, 나아가 연대(連帶) 혹은 분리와 관련되는 것으로 본다. 이는 중국인의 경우도 한국인과 비슷하다. 易中天(2008)은 이를 집체주의와 개인주의로 설명하고 있다.

3.3. 지향(orientation of space)

공간의 주요 조성성분의 하나는 지향(orientation)이다. Orientation은 방향, 취향, 경향, 지향 등 여러 가지 의미로 쓰인다. 여기서는 이러한 여러 가지 의미를 포괄하는 개념으로 '지향'이란 용어를 쓰기로 한다.

공간은 수평 거리와 지향(指向), 고저 지향과 거리의 문제를 지닌다. 지향(指向)은 사람과 사회와 세계가 취하는 태도에 기초한 것으로, 지위(地位)의 고저와 선후차서(先後次序)의 문제까지 포괄한다.

Hall(1959)은 공식적 공간 양식(formal space pattern's)에 대해 언급하면서 미국에는 기술적이거나 실용적인 의미를 지닌 경우를 제외하고는 특별히 어떤 방향(方向)을 선호하는 일이 없다고 한다. 그것은 전문가에 의해 공간이 구획되기 때문이라는 것이다. 그러나 다른 문화에서는 특정 방향이 신성시되고 선호되는 경우를 쉽게 볼 수 있다.

미국인이 공식적으로나 비공식적으로 선호하는 방향이 없는 것과는 달리 우리는 남향집에 동향 대문을 선호한다. 그래서 남산은 앞산이고, 뒷동산은 북쪽에 있다. 마을은 배산임수(背山臨水)의 땅을 선택한다. 이러한 방향에 대한 선호는 중국도 마찬가지다. 중국의 북방에서는 모두 '좌북조남(坐北朝南)'을 선호한다.

이러한 지향은 군신간의 좌위(座位)에도 나타난다. 임금은 남향을 하고, 신하는 북향을 한다. 그리고 도읍지인 서울에는 '내려간다'고 하지 않고, '올라간다'고 한다. '상경(上京)'이란 말도 마찬가지다. 오늘날 사람들은 문화사회, 상류계층(upper class)을 지향한다. 지향은 공간과 지위 관계에서도 나타난다. 곧 공간 설계, 혹은 공간 구성에서 이러한 경향을 볼 수 있다. 영어권의 기관장의 방은 가장 높은 층, 혹은 복도 끝에 있으며, 낮은 사무원의 방은 엘리베이터나 에스컬레이터를 끼고 있다.

영어권, 특히 미국 사회에서는 첫 번째가 우선순위다. 순서(順序)는 미국 양식의 중요한 요소다. 서비스와 관련된 경우는 선착순으로 줄을 서야 한다. 그래서 줄을 서는 경향이 강하다. 이에 대해 한국에는 이 줄을

서는 문화가 없다. 따라서 질서가 없고 혼란스럽다. 영어권에서는 숙녀
우선(lady first)을 강구한다. 동양권에서는 이러한 배려를 하지 않는다. 한
국에서는 오히려 연장자 우선이고, 봉건적 유교사상에 의해 남존여비의
삼종지도(三從之道)를 좇는다. 그래서 부인은 길을 걸을 때도 남편의 뒤를
따른다. 영어권에서는 여자를 위해 문을 열어주고, 의자를 당겨 주고, 코
트를 들어 준다. 한국에는 이런 풍습이 없다. 오히려 여자가 옷가지를
받아준다. 사진을 찍을 때도 영어권에서는 여성을 앞줄에 서게 한다. 동
양권에서는 이러한 배려를 하지 않고, 오히려 주요 인물이 앞줄에 앉는
다. 영어권에서는 좁은 길에서 이성과 마주 스쳐 지날 때 여성은 등을
돌리고, 남성은 여성을 향한다. 한국에서는 일정한 지향이 없다. 중국에
서는 남자와 여자가 다 등을 돌린다. 남자가 등을 돌리지 않으면 무례하
다고 여긴다. 여자는 외모를 꾸민다. 화장은 원칙적으로 개인적 공간에
서 하는 것이다. 그런데 한국에서는 식당의 식탁이나 지하철과 같은 공
공장소에서 많이 한다. 이는 공간 침해(violation)에 해당한다.

작은 기구(器具)에 대한 지향도 같지 않다. 예를 들면 전등을 켜고 끄
는 것도 다르다. 영어권에서는 위로 올려서 켜고, 아래로 내려서 끈다.
한국은 서양식을 따르는 것 같다. 이에 대해 중국에서는 아래로 내려서
켜고, 위로 올려서 끄는 경향이 있다. 수도도 마찬가지다. 영어권에서는
아파트의 문이 안으로 열리고, 한국에서는 밖으로 열린다. 이는 전통적
으로 가옥의 문이 바깥으로 열리는 구조였기 때문으로 보인다. 이에 대
해 사립이나 대문은 안으로 열린다. 가도(賈島)의 시 '승퇴월하문(僧推月下
門)'에 보이듯 중국의 경우도 우리와 같다. 아파트 문은 내재적 문화가
건축술에 반영된 것이라 할 것이다. 또한 한국의 문은 밖에서 볼 때 왼
쪽 문이 열린다. 영어권은 오른 쪽이 열린다. 아마도 이는 한국에서는
그간 좌측통행을 했기 때문일 것으로 추정된다. 선풍기의 풍속 표시도

영어권이나 한국의 경우는 버튼이 미풍·약풍·강풍의 순으로 배열되어 있는데, 중국의 경우는 강풍·약풍·미풍의 순으로 되어 있어 차이를 보인다. 한국에서는 남녀 성의 차별을 많이 한다. 학교도 남녀를 분리 수용하고, 기숙사는 더 말할 것 없다. 영어권에서는 차별하지 않는다. 그리고 여기 덧붙일 것은 연공서열의 문제다. 한국이나 중국, 일본과 같은 동양권에서는 나이를 중시한다. 이에 대해 영어권에서는 능력을 우선시한다. 차에서 내리고 타는 것도 영어권은 먼저 내리고 타는 것을 지향한다. 떠나는 사람을 위해 자리를 배려하는 것이다. 한국에서는 차에서 내리기도 전에 먼저 타려한다. 좌석을 선점하겠다는 생각에서 빚어지는 행동이다. 또한 영어권에서는 운전과 보행의 방향이 같은 데 한국은 다르다. 캐나다에서 괌에 이르는 영어권의 절반은 오른쪽으로 운전하고 걷는다. 그리고 아일랜드에서 홍콩에 이르는 나머지 절반은 왼쪽으로 운전하고 걷는다. 이에 대해 한국에서는 차량은 우측통행을 하고, 사람은 좌측통행을 해 방향을 달리 하였다. 근자에는 한국에서도 우측으로 걷는 문화로 바뀌어 한국에서도 차량과 보행이 같은 방향을 지향하게 되었다.

한국인과 일본인은 앉는 자세의 경향도 다르다. 한국인은 책상다리를 하고, 일본인은 무릎을 꿇는 정좌(正坐)를 하는 경향이 짙다. 한국 남자의 책상다리가 약 80%, 일본의 남자의 정좌가 역시 80%를 보인다. 여자의 경우 한국에서는 양 다리를 옆으로 누이는 자세가 65%로 가장 많고, 일본의 경우는 정좌가 압도적으로 많아 94%를 차지한다(홍민표, 2007). 책상다리는 세계적으로 유례가 없는 한국 유일의 앉는 자세가 아닌가 한다. 한족(漢族)도 지난날에는 입식(立式) 아닌 좌식(坐食)을 하고 책상다리를 하고 앉았었다.

3.4. 밀집 대처(attitudes towards crowding)

미국 메릴랜드 해변에 있는 제임스섬(james island) 사슴의 집단 사망에 대한 흥미 있는 보고가 있다. 이들의 사망은 개체수가 폭발적으로 증가함으로 말미암아 극심한 스트레스를 받아 부신(adrenal glands)의 과도한 작용으로 죽었다고 한다. 부신은 성장조절, 생식, 신체방어의 중요한 기능을 하는 기관이다. 이보다 앞서 과학자들은 과밀도의 나그네쥐와 토끼, 쥐의 자살에 대해 실험한 바 있다. 이때 이들은 먹을 것이 풍부하고, 약탈자도 없고, 전염병도 돌지 않았는데 죽었다. 인종학자는 과밀도에 의한 스트레스로 인한 내분비물의 반응으로 말미암아 자살을 한 것이라 하였다.

과밀도에 대한 사람의 스트레스는 이렇게 심각한 것은 아니다. 그러나 과밀도에 의해 개인공간이 줄어들면서 스트레스를 받는 것만은 사실이다. 넓은 공간, 인구밀도가 낮은 영국이나 미국사람이 고밀도의 한국이나 중국에 오면 '사람들은 갇히고 억제되고 붐비고 짓밟히는 느낌을 갖는 경향이 있고', 반대로 한국인이나 중국인이 영국이나 미국에 가게 되면 '느슨하고 매이지 않고 고립되고 외롭다'고 느끼게 되는 것이 이런 것이다. 이는 Brosnahan이 중국문화를 집체성(togetherness), 영어권 국가의 문화를 분리성(apartness)이라 한 대조적 공간개념으로 설명된다.

이런 과밀도만이 아니라, 사람은 밀집 혹은 혼잡에 의해서도 많은 스트레스를 받는다. '혼잡(crowding)'이란 사람들이 공간에 제한을 받을 때 발생하는 일종의 심리적 감수성으로, 이는 개인공간의 침범을 받아 빚어지는 현상이다. 이때 개인행동은 방해를 받는다.

영어권 사람은 중국의 여관과 주택이 혼잡한 것을 참을 수 없으며, 사람들이 서로 방해하고 영정(寧靜)과 평화와 혼자 있는 것을 가만히 두지 않는다고 느낀다. 영어권에서는 혼잡(붐빔)할 때 즉시 피한다. 이에 대해 한국 사람이나 중국 사람은 참는 편이다. 영어권에서는 밟거나 밀 때에 강렬한 반응을 보인다. 한국이나 중국 사람은 불쾌감을 느끼나 그러한 상황을 관용으로 참는다. 다만 영어권 사람은 피할 수 없는 경우 사죄하고, 상대방도 같은 반응을 보인다. 중국이나 우리는 이런 반응을 잘 보이지 않는다(畢繼万, 1999). 한국 사람은 일본 사람에 비해 침해에 대한 사과에 인색한 편이다.

한국 사람은 가족이나 친지 동학 등이 공공장소에서 모임을 가질 때 함께 앉기를 원한다. 중국 사람의 경우도 마찬가지다. 영어권의 경우는 그렇지 않다. 이는 비록 한 집안 사람이라도 예외가 아니다. 우리나라 사람이나 중국 사람은 불편하더라도 같이 앉고자 한다. 나뉘는 것을 원치 않는다. 영어권은 그렇지 않다. 나뉘어 앉고, 심하면 교대하여 식사하기도 한다. 차의 좌석이 부족한 경우에도 마찬가지다. 장거리 여행의 경우 영어권 사람은 교대로 앉고, 중국이나 한국인은 좁은 공간에 불편함에도 비집고 같이 앉는다.

혼잡한 무리에 대한 반응은 남구인, 아라비아인, 중국인, 일본인, 한국인이 비슷하다. 자신의 범위를 신체로 한정하고, 몸을 보호하려 한다. 붐빌 때에는 마음속으로 회피할 뿐이다. 영어권 사람은 북구인과 마찬가지로 개인 자신의 범위를 신체 밖으로 확장하고, 적어도 자기 신체 주위의 몇 인치 범위를 자기 자유 활동 공간으로 정하고, 이 범위 안에 남이 들어올 때 이를 자신에 대한 침범으로 생각한다.

중동에서는 공공장소에서 밀고 제치고 한다. 집체성 문화다. 이런 혼잡에 미국인은 위축되고 압도되는 것으로 일러진다. 아랍인은 혼자 있기를 꺼려 칸막이를 하지 않는다. 저들은 "사람들이 없는 천국은 지옥이니 들어가지 말라."라는 오래된 격언이 있을 정도다. 아랍인은 붐비는 것은 개의치 않으나 벽에 둘러싸이는 것을 싫어한다고 한다. 그래서 건축 상의 혼잡에 대해서는 미국인 이상으로 민감하다. 이들은 활동하기에 충분한 공간, 시각 상에 장애가 없고, 천장이 높은 것을 원하는 것으로 알려진다.

3.5. 좌석 안배(seating arrangement)

밀집 상황이 아닌 작은 그룹에서의 공간언어 문제로 좌석배치가 있다. 이는 소집단 생태학(small group ecology)의 문제로 잘 알려진 것이다. 좌석배치는 우연하거나, 드물게 벌어지는 일이 아니다. 대인관계에 따른 특별한 좌석 배치를 우리는 '배치'라는 말 대신, '안배'라는 말을 써 신경을 쓴다. 이는 우선 과제에 따라, 그리고 상호 관련자 간의 계층, 활용 공간의 크기와 종류에 따라 달리 하게 된다. Knapp(1972)은 통솔력, 지배, 과제, 성, 친지도, 동기, 내향성과 외향성 등에 따라 좌석 선호의 경향을 달리한다고 보고 있다. 좌석안배는 행동 기능에 따른 연회장, 회담장, 사무실 등 장소를 중심으로 나누어 보기도 한다. 이 글에서는 Knapp(1972)을 중심으로 좌석 선호의 경향을 우선 살펴보고, 이어서 행동기능에 따른 장소에 따라 좌석안배의 문제를 보기로 한다.

3.5.1. 좌석 선호의 경향

(1) 통솔력(leadership)

이는 통솔력·지도력이 있는 사람을 상좌에 배치하는 것이다. 곧 수장의 자리 <도표 1>를 테이블의 머리 부분에 배치한다. 가정이나 기관의 어른을 테이블의 머리 부분에 모시는 것이 그것이다. 이러한 관례는 문화적 규범으로 계층에 따른 자리 배치라 할 수 있다. 직사각형 탁자의 경우 머리 부분 우측이 상석이다.

〈도표 1〉

(2) 지배(dominance)

직사각형 탁자의 머리 부분은 지위나 지배적 요인(factor)임을 나타낸다 <도표 2>. 이는 나란히 앉아 평등함을 나타내는 것과 다르다. 작은 집단의 경우 발언의 빈도를 보면, <도표 2>의 ①③⑤의 좌석에 앉은 사람의 빈도가 높다. ①③⑤ 좌석의 사람은 흔히 유력자임을 드러낸다.

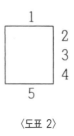

〈도표 2〉

(3) 과제(task)

Knapp(1972)은 Sommer와 Cook의 대화, 협동, 공동작업, 경쟁을 할 때의 미국 대학생과, 영국의 대학생, 그리고 비대학생 등 세 그룹의 좌석 선호도 실험을 소개하고 있다. 이에 의하면 과제에 따른 좌석 선호도가 분명히 달리 나타난다. 여기서 위의 세 가지 실험 결과를 종합하여 먼저 직사각형 테이블에서의 1·2위의 좌석 선호 경향을 보면 다음과 같다.

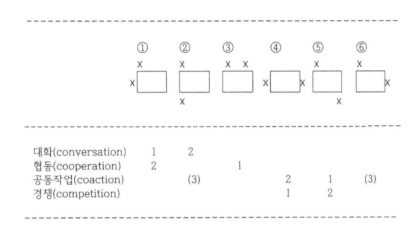

	①	②	③		④	⑤	⑥
대화(conversation)	1	2					
협동(cooperation)	2		1				
공동작업(coaction)		(3)			2	1	(3)
경쟁(competition)					1	2	

<도표 3>의 좌석 유형에 대해 우선 그 특징을 간단히 언급해 두는 것이 좋겠다. ①유형은 우호적이고 적당한 거리감을 주는 좌석 배치이고, ②유형은 방어적이면서 경쟁적 좌석 배치이다. ③유형은 대등하고 협조적인 좌석 배치이고, ④유형은 경쟁적이고 대립적 좌석 배치다. ⑤유형은 독립적이고 반대 입장을 보이는 좌석 배치이고, ⑥유형은 무관심하고 독립적인 관계를 보이는 사람들의 좌석 배치다.

이 실험 결과에 의하면 과제에 따라 좌석 선호도가 다름을 알 수 있다. 대화는 ①형을 제일 선호하고, 그 다음 선호하는 것이 ②형이며, 협동은 ③형을 선호하고 그 다음이 ①형이다. 공동작업은 ⑤형을 가장 선호하고, 그 다음이 ④형이며, ⑥형도 ④형과 근사한 빈도로 선호한다.

경쟁은 ④형이 압도적 선호도를 보이고, ⑤형과 ②형이 그 다음 빈도를
보인다. 이는 과제에 따라 좌석 배치를 달리해야 함을 보여 준다.
둥근 탁자에서의 선호도는 <도표 4>와 같다.

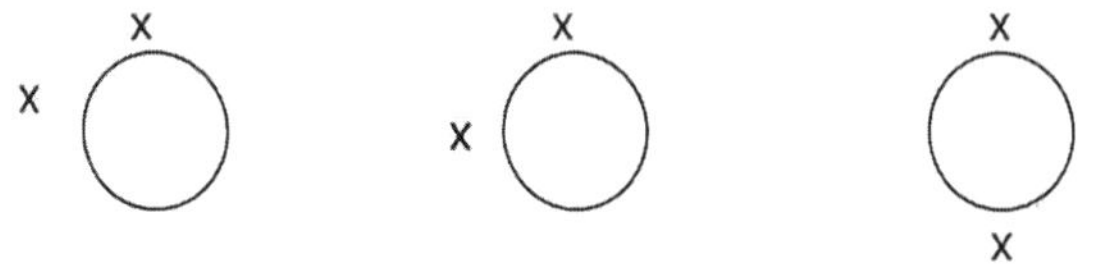

대화(conversation)	1	2	
협동(cooperation)	1		2
공동작업(coaction)		2	1
경쟁(competition)		2	1

〈도표 4〉 원탁에서의 좌석 선호도

원탁의 경우는 좌석 취향이 비교적 단순하며, 과제에 따라 그 선호도
가 다르며, 가장 선호하는 것의 빈도가 압도적인 경향을 보여 그 다음
순위와 큰 차이를 보이는 것으로 나타난다.

(4) 성별과 친지도(sex and acquaintance)

Knapp(1972)은 Cook이 조사한 (1)동성의 일상 친구와, (2)이성의 일상
친구와 (3)남자친구와 여자친구의 좌석 선호도를 소개하고 있다. 주보
(bar)와 선술집(public house)에서의 좌석 선호도를 보면 <도표 5>와 같다.

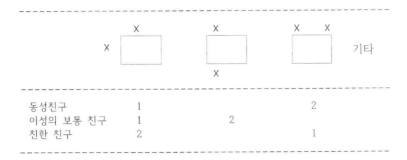

동성친구	1		2	
이성의 보통 친구	1	2		
친한 친구	2			1

〈도표 5〉 주보와 선술집에서의 좌석 선호도

도표에 나타나듯 동성 친구와 이성의 평범한(casual) 친구는 테이블 모서리를 사이에 두고 앉는 것을 좋아하고, 친밀한 친구는 나란히 앉는 것을 좋아한다는 것을 볼 수 있다. 레스토랑에서의 선호도는 이와 다르다. <도표 5>와 같은 피험자의 경우 모두 테이블의 모서리 끝에 마주 앉는 것을 좋아하는 것으로 나타난다. 이는 남과 눈을 마주치고 싶지 않기 때문이다. 이러한 경향은 실제 상황과 일치한다.

(5) 동기(motivation)

Cook은 동기가 증가할 때 사람들은 더 다가앉고, 눈을 맞춘다는 것을 발견하였다. 동기가 친밀한 경우 가까이 앉는 것을 선택한다. 그리고 동기가 경쟁적일 때 좀 더 눈을 맞춘다. 눈 맞추기나 근접거리는 상호작용하는 짝에 대한 동기에 의존한다. 고도로 친밀한 동기가 작용하는 경우 가까이 앉는다는 것은 분명하다. 고도의 친밀하지 않은 동기가 작용하는 경우에는 근접할 수 없을 것이고, 그래서 눈만을 맞추게 된다.

(6) 내향성과 외향성(introversion-extroversion)

많은 외향성자는 다른 사람과 밀접한 육체적 근접거리를 취한다. 이에 대해 내향성자는 흔히 시각적으로나 육체적으로 좀 더 먼 자리를 취하는 경향을 보인다.

이상 Knapp(1972)을 바탕으로 좌석 선호도의 문제를 살펴보았다. 이는 영·미인을 대상으로 한 조사 결과이나, 특정한 민족이나 문화를 반영하는 좌석 선택이라기보다, 일반적 성격을 지닌 것이라 하겠다. 따라서 한국인의 경우도 대체로 이러한 선호도를 보이는 것으로 보인다. 우리의 문화는 본래 탁자를 중심으로 둘러앉는 문화가 아니었다. 그냥 둘러앉는 문화다. 따라서 좌석 선택 내지 안배의 문화는 서양의 문화를 수용하고 있다 하겠다. 다음에 언급하는 바와 같이 연회문화에서도 큰 상에 둘러앉는 것이 아니고, 독상을 받는 문화였다. 따라서 좌석배치란 상에서의 배치가 아니고, 상이 어디 놓이느냐의 문제가 된다.

3.5.2. 좌석 안배

좌석 선호도를 앞에서 살펴보았다. 좌위(座位)는 거기에 앉는 사람의 지위와 대인간의 관계를 나타내는 중요한 하나의 형식이다. 특히 좌석의 차례인 좌차(座次)는 개인에서부터 가정·사회·국가에 이르기까지 특별한 의미를 부여하여 꽤 신경 쓰는 것이다. 회담에서는 이 좌차의 문제로 회담이 결렬되기까지 한다. 좌석안배의 문제는 연회, 회담, 사무실 등에서의 배치를 보기로 한다.

(1) 연회에서의 좌석 안배

한국에서는 전통적으로 독상을 받았기 때문에 앞에서 언급한 바와 같이 식탁을 중심한 좌석 안배는 있을 수 없다. 상이 놓이는 자리가 문제가 된다. 이는 중국의 영향을 받아 고대에는 좌측이 우위에 속했을 것이나, 적어도 조선조 이전에 우측이 상석이 되었을 것이다. 중국에서는 漢나라 때 우측이 우위에 속했고, 좌천(左遷)이란 한 나라 제도였다. 우리의 조선시대는 좌의정이 우의정보다 품계가 높았다.(박갑수, 2015)

영어권에서는 우선 입구의 맞은 편, 우측이 상석이다. 중국에서는 남향을 하거나 문을 향한 쪽이 상석이다. 한국에서는 아랫목이 상석이다. 영어권에서는 식탁 양쪽 끝이 상석으로, 여기에 주인 부부가 앉고, 주빈 부부는 각각 이들의 오른 쪽에 앉는다. 이때 남자 주인과 여자 주빈, 여주인과 남자 주빈과 같이 이성이 나란히 앉도록 안배한다. 중국에서는 동성의 주객이 나란히 앉는다. 영어권에서는 주가 되는 주객 외에도 동성이 나란히 앉는 것을 피한다. 한국의 경우는 대체로 국제관례에 따르나, 연회의 성격에 따라 남녀의 안배는 중국형을 취하는 편이라 하겠다.

영어권에서는 음식을 차릴 때 나이프와 티스푼은 냅킨과 함께 오른 쪽에 놓고, 포크는 왼쪽에 놓는다. 한국에서는 수저를 오른 쪽에 가로 놓는다. 일본에서는 젓가락을 세로로 놓는다. 한국에서 국은 밥의 오른 쪽에 놓는다. 좌우를 바꾸면 제사상이 되어 큰 실례가 된다.

(2) 회담에서의 좌석 안배

우리는 회담이나 접견 등에서 대체로 국제적 관례를 따르는 편이다. 문을 향한 방향, 우측이 상석이고, 직사각형의 탁자인 경우 탁자의 양끝이 상석이 된다. 외교 의례의 경우에는 주빈 및 손님은 주인의 우측에 앉고, 주인 측은 좌측에 앉는다. 개회할 때 가장 고위층의 인사는 직사각형 탁자의 끝에 앉는다. 한국의 경우는 이러한 관례와는 달리 최고위층이 탁자의 한 가운데 앉는 경향이 있다.

개별 회담의 경우 탁자의 모서리를 사이에 두고 두 사람이 나뉘어 앉는 것을 선호한다. 그렇게 함으로 가까이 앉아 우호적 관계를 드러내고,

회담의 원만한 진행과 만족스러운 성과를 기대한다. 회담을 할 때 쌍방이 마주보고 앉는 것은 대립·경쟁의 성격을 띨 수 있다. 한국에서는 모서리를 사이에 두고 앉는 경우 대체로 장방형의 짧은 쪽에 윗사람이 앉는 경향이 있고, 흔히 서로 탁자의 중간에 마주보고 앉는다.

(3) 사무실의 좌석 안배

한국에서는 전통적으로 교실과 같은 넓은 방에 많은 탁자를 벌여놓았다. 이에 대해 영어권에서는 분리된 사무실이나, 부스를 사용한다. 한국에서는 흔히 좌석을 죽 배치하고, 관리자는 뒤에 앉는 경향이 있다. 이와 반대로 관리자가 앞에 앉아 중앙집권식 배치를 하기도 한다. 한국에서는 또한 탁자를 서로 마주 보게 붙여 놓는다. 이는 영어권에서는 상상할 수 없는 것이다. 영어권에서는 같은 방향을 보거나, 서로 등을 돌려 앉는 배치를 한다. 특히 영어권에서 관리자는 별도의 방을 사용한다. 영어권과 한국의 사무실 좌석 안배는 예의 연대와 분리라는 문화적 형태를 반영한다. 한국에서도 요사이 사무실 풍속도가 많이 바뀌고 있다. 개인 부스형이 많아졌다.

4. 결어-한국어권의 커뮤니케이션

'공간은 말한다.'고 한다. 그래서 이 글에서도 환경을 커뮤니케이션으로서 살펴본 것이다.

그러나 환경, 내지 공간은 같은 메시지를 전달하는 것이 아니다. 사람은 같은 사람이 아니며, 나라와 민족에 따라 문화가 다르고, 공간이 다르고, 공간언어가 전하는 메시지가 다르다는 것을 알아야 한다.

산골에서 태어나서 자란 사람은 도량이 좁고 옹졸하다고 한다. 이에 대해 넓은 평원에서 태어나고 자란 사람은 국량이 넓고 대범하다고 한다. 공간이 내재적 문화로 작용한 것이다. 좁은 공간에 고밀도의 인구 속에 사는 우리는 부딪치며 사는 것에 익숙해 있다. 그러나 광활한 대지, 최소한의 인구 밀도 속에 사는 사람은 좁은 공간을 답답해서 감내하지 못한다.

사람들은 살아 있는 한 언어행동을 하여야 하고, 또 비언어행동을 하여야 한다. 비언어행동은 의도적으로 사용하기도 하나, 일반적으로 비의도적으로 많이 사용된다. 그리하여 흔히 이를 의식하지 못한다. 더구나 신체 동작이 아닌, 공간, 물체 등의 환경언어는 일반적으로 비의도적인 작용을 하기 때문에 거의 의식을 하지 못하는 것이 사실이다. 그러나 이의 영향은 언어 이상으로 엄청나게 작용하기도 한다. 따라서 이의 교육이 필요하다. 더구나 외국어로서 언어문화를 가르치고 배울 때는 더 말할 나위 없다. 이에 이 글에서는 한국어교육을 위해 환경언어, 그 가운데도 공간언어를 살펴본 것이다.

한국의 공간언어는 다른 언어권과 비교할 때 많은 차이점과 공통점을 아울러 지닌다. 특히 영어권과 같은 서양 문화권과 비교하면 많은 차이점을 보이고, 중국·일본과 같은 동양 문화권과 비교하면 서로 많은 공통요소를 보인다.

공간언어의 한 특성인 영역권의 한국적 특성은 영역권의 의식이 약하고, 영토범위가 좁고 제한적이며, 영토침범을 잘하고, 특히 프라이버시 침범과 공적공간의 침점(侵占)이 심하다. 그리고 같은 집단 영역 내외는 친밀과 배타적 관계를 보인다. 근접거리의 특성은 부딪치며 사는 밀착형 물개문화로, 근접거리가 가까우며, 특히 개인거리에서 좀 더 접근하는 경향을 지닌다. 지향의 특성은 남향선호, 남존여비, 연장자 우선, 앉는 자세로 책상다리를 선호한다는 것 등이다. 기구(器具) 사용방법은 서구적 경향을 보인다. 밀집 대처는 집체성 문화로 이를 관용·인내, 나아가 선호하는 경향을 보이며, 영역 침해를 하고서도 사과하는데 인색하다는 특성을 지닌다. 좌석 배치는 서양문화를 수용해 서구화의 경향을 보이나, 남녀·계층 간의 구별을 한다든가, 탁자 중간에 마주 앉기를 선호하는 특성을 보인다.

한국의 공간언어는 이상과 같은 특성을 지닌다. 따라서 우리와 다른 문화적 특성을 지닌 민족과 상호작용을 할 때는 이러한 차이를 분명히 알고 대처하도록 해야 한다. 그렇지 않으면 문화적 충돌, 나아가 커뮤니케이션을 하지 못하게 된다. 따라서 우리가 외국어권과 커뮤니케이션을 제대로 하기 위해서는 우리의 공간언어의 특징과 상대방의 공간언어의 특징을 잘 파악하여 마찰과 충돌이 일어나지 않고 잘 조화되도록 하여야 한다. 그래서 원만한 커뮤니케이션을 할 수 있도록 하여야 한다.

오늘날 세계는 일일생활권이 되었고, 국제화·세계화의 추세를 띠고 있다. 거기다가 한국은 지정학적 위치와 경제 및 문화적 부상(浮上)으로 세계의 주목을 받고 있다. 인간은 협동을 하면서 사는 동물이고, 협동은 커뮤니케이션에 의해 이루어진다. 따라서 우리는 세계인으로 조화롭게 살고, 세계 문화 발전의 일익을 담당하기 위해 언어와 비언어 커뮤니케이션을 제대로 할 수 있는 능력을 길러야 한다. 그리고 이런 후대들을 잘 육성하여야 한다.

참고문헌

박갑수(2013), 한국어교육과 언어문화교육, 역락.

박갑수(2015), 언어·문학·문화, 그리고 교육 이야기, 역락.

최영자(본명 박옥남)(2006), 마이허, 재외동포재단 문화사업부(2006), 재외동포작가 단편선집, 집문당.

洪珉杓(2007), 日韓の言語文化の理解, 風間書房.

飛田良文 編(2001), 日本語行動論, おうふう.

易中天(2006), 閑話中國人, 박경숙 역(2008), 중국인을 말하다, 은행나무.

畢繼万(1999), 跨文化非言語交際, 外語敎學與硏究出版社.

Brosnahan, Leger(1998), Korean and English gesture: Contrastive nonverbal communication, 신예나 외 역(2009), 우리말과 영어의 제스처, 예영커뮤니케이션.

Hall, Edward T.(1959), Silent language(1959), 최효선 역(2000), 침묵의 언어, 한길사.

------(1966), Hidden culture(1966), 최효선 역(2002), 숨겨진 차원, 한길사.

------(1976), Beyond culture(1976), 최효선 역(2000), 문화를 넘어서, 한길사.

Knapp, Mark L.(1972), Nonverbal Communication in Human Interaction, Holt Rinehart and Winston, INC.

Pease, Allen(2004), The Definitive Book of Body Language, 황혜숙 역(2012), 당신은 이미 읽혔다, 흐름출판.

Reiman, Tonya(2007), The Power of Body Language, 박지숙 역(2009), 왜 그녀는 다리를 꼬았을까, 21세기북스.

■ 이 글은 2015년 10월 27일 새로 집필한 원고로 미발표의 논문이다.

제 4 장 객체언어와 한국어교육

1. 서언

커뮤니케이션은 언어행동(言語行動)과 더불어 비언어행동(非言語行動)에 의해 이루어진다. 그리고 이 커뮤니케이션은 생각하는 것과는 달리 언어행동이 아닌, 비언어행동에 의해 보다 많이 수행된다.

비언어행동은 신체동작, 시선접촉, 신체접촉, 근접 공간, 시간 개념, 향취 접촉 등의 비음성적 행동과, 언어 아닌 음성적 행동에 의해 이루어진다(박갑수, 2013). 그래서 이들 대상을 중심으로 하여 비언어행동을 연구하는 것을 신체동작학, 시선접촉학, 신체접촉학, 근접공간학, 시간개념학, 향취접촉학, 부차언어학이라 한다. 비언어행동은 이와는 달리 신체언어, 부차언어, 객체언어, 환경언어로 나누어 연구하기도 한다. 여기서 객체언어(object language)라고 하는 것은 객체(object) 곧 사물(事物)에 의해 의도적, 혹은 비의도적으로 전달되는 메시지를 의미한다. 그리고 환경언어(environment language)라고 하는 것은 일종의 객체언어라 할 수 있는데, 이는 자연환경이 아닌, 시간, 공간, 색채, 성음, 신호, 건축 등 인공적 환경에 의해 전달되는 메시지를 말한다.

Ruesch & Kess(1956)는 객체언어를 물질적인 일체의 유의(有意) 및 무의 (無意)의 표현을 포괄하는 것으로 인식하였다. 그는 이에 공구, 기기(器機), 예술품, 건축 구조, 인체, 의복 및 문자까지를 포괄하였다. 그러나 일반 적으로는 인공 용품(artifacts), 일반 화장품, 수식물, 복장, 장신구, 가구 및 기타 물품을 가리킨다(畢繼萬, 2006).

객체, 곧 사물은 사물로서의 실용성과 커뮤니케이션의 관점에서 볼 때 메시지 전달이라는 기능을 아울러 지닌다. 더구나 객체는 이를 사용하는 사람의 문화적 특성과 개인적 특징을 드러낼 수 있다. 그리고 수용자는 이에 의해 의도적, 또는 비의도적 메시지를 전달 받게 된다. 따라서 이 문화간 커뮤니케이션에 있어서 중요한 연구, 및 학습의 대상이 된다.

이 글에서는 한국의 객체언어를 중심으로 영어권 및 관련 언어권의 객체언어를 살펴 비언어행동에 의한 한국어권의 메시지 전달을 살펴보 기로 한다. 객체언어는 인체(人體), 복식(服飾), 음식물, 주택, 개인 용구(用 具)를 그 대상이라 보기로 한다.

그리고 부언할 것은 비언어행동에 관한 양서가 귀한 판에 畢繼萬의 '跨文化非言語交際'(外國語敎學與硏究出版社, 2006)를 접해 많은 참고가 되었 다는 것이다. 서두에 감사의 뜻을 밝힌다.

2. 인체(人體)가 전달하는 객체언어

2.1. 신체(身體)가 전달하는 메시지

사람의 몸을 신체(身體)라 한다. 그러나 '신체(身體)'는 각각 다른 부위를 가리키는 말이다. 신(身)은 궁(躬)으로, 머리(頭)와 몸(軀)을, 체(體)는 사지(四肢)를 가리킨다.

우리는 지난날 인물을 선택할 때 신수, 말씨, 문필, 판단력을 기준으로 삼았다. 이는 중국의 신언서판(身言書判)에 연유하는 것이다. 신언서판은 당대(唐代)에 관리를 등용할 때의 검증 방식이다. 당서선거지(唐書選擧志)에는 다음과 같이 기록되어 있다.

> 범택인지법유(凡擇人之法有) 일왈신(一曰身) 언체모풍위(言體貌豊偉), 이왈언(二曰言) 언사변정(言思辯正), 삼왈서(三曰書) 언해법준미(言楷法遵美), 사왈판(四曰判) 언문리우장(言文理優長) 사사가취(四事可取) 즉선덕행(則先德行) 덕균이재(德均以才) 재균이로(才均以勞)

신은 체모의 풍위, 언은 언사의 변정, 서는 해법(楷法)의 준미, 판은 문리의 우장을 말한다. 이렇게 남자의 신(身)은 체모가 풍부하고 위대함을 높이 평가했다. 이것이 또한 우리의 객체언어(客體言語)의 메시지다. 우리는 전통적으로 '헌헌장부(軒軒丈夫)'와 '풍채준수(風采俊秀)'를 칭송하고, '팔척장신(八尺長身)'을 선망하였다. 그러나 여자의 경우는 이와 달랐다. '천연작약(天然綽約)', '옥모영풍', '세류기질', '나의를 이기지 못하는구나!'와 같이 연약함을 미의 기준으로 삼았다.

이에 대해 영어권 국가의 사람들은 남자의 경우 몸이 크고(高大), 외모가 영준(長相英俊)한 사람을 미남으로 본다. 그리고 여자의 경우 체태(體態)가 풍만한 사람을 아름답다고 한다. 소위 글래머 한 여성이 미인이다.

머리에는 머리와 얼굴이 있고, 또한 머리에는 머리칼이 있고, 얼굴에는 이목구비(耳目口鼻)가 있다. 우리는 종래에 유교사상을 숭배해 효경(孝經)에 따라 '신체발부(身體髮膚)는 수지부모(受之父母)라 불감훼상(不敢毁傷)이

효지시야(孝之始也)'라 하여 머리(頭髮)를 깎지 않았다. 그래서 머리를 길렀고, 성례를 하기 전에는 변발을 하였으며, 관례(冠禮)를 한 뒤에는 머리를 올려 상투를 틀었다. 여자의 경우는 계례(笄禮)를 하고 쪽을 쪘다. 그래서 단발령이 내렸을 때 '두가단(頭可斷)이나 발불단(髮不斷)이라'하여 죽음으로 항거하였다. '총각(總角)'이란 이 변발에 연유하는 말이다. 얼굴은 '달덩이 같이 둥근 얼굴'을 미인이라 하였다. 오늘날 계란형은 한국이나 일본 및 영어권에서 다 아름답다고 본다. 이에 대해 '말상', 특히 여자 말상은 꺼린다. 이목구비(耳目口鼻)도 많은 메시지를 전한다. 이들에 대한 대표적인 어휘나, 속담 등에는 다음과 같은 것이 있다.

* 부처님 귀, 귀 빠진 날, 귀 작으면 앙큼하고 담대하다 // Wide ears and short tongue.
* 고리눈, 실눈·뱁새눈, 도끼눈, 사팔눈, 움펑눈, 얼음에 자빠진 쇠눈깔, 호랑이 같이 부리부리한 눈 // eyes like a slits, eagle-eyed
* 메기입, 잔입, 앵두 같은 입술, 언청이(兎脣) // lips as red as cherry, a harelip·a split lip·三つくち
* 주먹코, 딸기코·주독(酒毒)코, 들창코, 양코, 개발코, 귀 좋은 거지 있어도 코 좋은 거지 없다 // a bulbous ·團子鼻(日)
* 볼가심, 보조개, 복사꽃 같은 뺨, // rosy cheek·りんごのような頬

　　신체에는 피부색이 있다. 우리는 소위 황인종이다. 그래서 피부가 검누르다. 우리 속담에는 '얼굴이 희면 모든 흉이 감추어진다.'고 한다. 그만큼 살결이 희기를 바란다. 지난날에는 여자만이 아니고, 남자도 그랬다. '설부화용(雪膚花容)', '옥골선풍(玉骨仙風)'은 미남 미녀를 이르는 대표적인 성어다. 오늘날 이러한 인식은 남자들의 경우는 바뀌었으나, 여자들의 경우는 여전하다. 아니 백인을 인식해 그 정도가 더 심해진 것으로 보인다.

이에 대해 영어권 사람들은 일광욕을 즐겨, 피부를 검게 태움으로 이를 건강의 상징으로 삼는다. 한국을 비롯한 중국이나 일본에서는 일광을 두려워하고, 피부가 검게 타는 것을 기피한다. 특히 여성들의 경우는 파라솔을 써 타는 것을 막고, 화장을 해서라도 희게 하려한다. 미국에서는 백인종을 1등 국민, 흑인종을 2등, 황인종을 그 다음이라 생각한다.

2.2. 체모(體毛)

우리는 앞에서 언급하였듯, 신체발부를 훼상하지 않는 것을 효도라 인식하여 우선 머리(頭髮)를 깎지 않았다. 그래서 변발을 하고 상투를 쪼았다. 그러던 것이 개화가 되면서 단발을 하게 되었다. 현대에도 머리를 기르기도 한다. 이의 대표적인 경우가 히피족이 머리를 기르는 경우다. 이러한 경향에 대해서는 포폄(褒貶)이 갈린다. 이 밖에 모발을 기르는 사람으로는 특수계층에 종사하는 사람이 많다. 예를 들면 예술계에 종사하는 예술가 같은 사람들이다.

우리는 전통적으로 수염과 털도 깎지 않았다. 풍성한 수염은 권위의 상징이었다. 김시습(金時習)은 머리는 깎고 출가하였으면서도 수염은 자르지 않았다. 그는 그 이유를 남자임을 증명하기 위해서라 했다 한다. 빈약한 짧은 수염은 흔히 간신의 수염이라 한다.

영어권 사람들은 수염과 가슴의 털이 남자의 특성을 드러내는 것으로 인식한다. 그래서 수염을 기르는 사람이 많다. 수염을 기르는 것이 아니면 면도를 해야 한다. 이들은 두발·수염·코털 등을 다듬는 것을 문화인의 책무라 생각한다. 영어권 여성들은 겨드랑이·정강이 등에 난 솜털을 꺼려 이를 밀어 제거한다.

2.3. 수족(手足)

우리는 행동거지(行動擧止)를 진중하게 해야 한다고 생각한다. 경망스러운 수족의 놀림을 꺼린다. 여인의 유한정정(幽閑貞靜)을 높이 평가함은 이러한 거조를 평가한 것이다. '점잖다'는 말도 '젊지 않다'는 말로, 행동거지를 신중하게 함을 의미한다. 수족의 대소도 메시지를 전한다. 발이 크면 도둑놈 발이라 한다. '지어미 손 큰 것'이나, '봄비가 잦으면 마을집 지어미 손이 큰다'는 속담은 활수(滑手)한 것을 무용지사(無用之事)로 본 것이다.

전통적으로 우리는 여인의 손은 '뱅어 같은 손가락'이라 하여 이를 아름답다고 보았다. 여인들은 봉숭아꽃으로 손톱에 물을 들였다. 이는 화장이라기보다 하나의 민속이었다. 그러나 요사이는 매니큐어, 페디큐어를 발라 치장한다. 네일 아트까지 등장하여 성업을 이루고 있다. 이는 한가하고 여유 있는 삶을 하고 있다는 메시지다. 이는 서양 습속으로 교유(嬌柔)와 유혹을 나타낸다. 여인들은 또한 손톱을 기른다. 이것도 역시 유한함의 표시다. 우리의 경우는 지난날 노인들이 새끼손가락의 손톱을 길렀다. 이는 귀를 후비기 위한 것으로, 젊은 여인들이 손톱을 기르는 것과는 근본적으로 그 성격을 달리 한다.

2.4. 체취(體臭)

사람들은 감정의 표시로서 외면적 화학 메시지(external chemical message)를 발산한다고 한다. 체취(體臭)는 커뮤니케이션의 중요한 조성성분이다.

체취는 문화에 따라 그 수용에 차이가 있다. 따라서 이문화 커뮤니케이션에서는 주의해야 한다. 체취에 영향을 미치는 요소로는 음식물·음료수·심정·생활습관·종족·성별·연령·신체·생식상황·신체단련 및 건강 상황·위생·정서 등이 들려진다. 이밖에 담배 냄새·의복에 밴 사물의 냄새 등도 있다(畢繼萬, 2006).

체취와 식성은 밀접한 관계를 지닌다. 에스키모인의 물고기, 지중해인의 마늘·양파, 북구인의 우유·황유가 이런 것이다. 한국인도 마늘, 파, 김치를 먹기 때문에 이런 냄새가 난다. 그래서 지난날 일본인의 기피 대상이 되기도 했다. 더 옛날에는 '고려취(高麗臭)'라 하여 '고린내'가 난다 하였다.

문화가 같은 사람들끼리는 그 체취를 별반 인식하지 못한다. 그러나 문화가 다르면 다르다. 우리가 구미인에게 노랑내가 난다고 하는 것이 그것이다.

영어권 사람들은 구취·액취·방구·불결한 옷·세신 불찰로 인한 냄새를 매우 꺼린다. 이에 대해 아랍권에서는 체취가 호감을 줄 뿐 아니라, 서로의 관계를 맺게 한다. 일본인들도 액취(腋臭)를 꺼린다. 심지어는 군복무에서 제외하기도 하였다 한다. 우리도 액취를 꺼리는 편이다.

영어권에서는 좋지 않은 체취를 방지하려 화장품, 특히 향수를 사용한다. 문화에 따라서는 이런 행위에 대해 반감을 가지기도 한다. 미얀마나 말레시아 및 에스키모 인은 코를 대어 상대방의 냄새를 맡는 인사법이 있다. 이들은 체취 제거를 좋다고 하지 않을 것이다.

3. 복식(服飾)이 전달하는 객체언어

3.1. 복식의 양식과 성격

복식(服飾)이란 복장과 장식을 의미한다. 의복과 장식, 곧 두발의 형태,

머리장식, 귀 장식, 손 장식, 가슴 장식, 모자, 안경, 의복, 버선, 신발 등이 여기에 포함된다.

사람들은 옷을 입는다. 의복은 몸을 가리고, 보호하며, 문화를 현시하는 기능을 한다. 복식은 개인의 성별·연령·민족·사회적 지위·단체·직업·개성·기호·가치관 등을 반영한다.

우리의 옷은 북방 알타이계의 호복(胡服)에서 비롯된 것이라 한다. 이 옷은 많이 변했다. 형태와 종류도 많이 변했거니와, 전통적 복식은 민속 명절(名節)에나 볼 수 있는, 역사적 유물이 되었다. 양복을 입고 양장을 하는 것으로 바뀌었다. 우리의 전통적 복장의 기본은 바지, 저고리, 치마와 포(袍)다. 이는 오늘날 바지, 저고리, 치마와 두루마기로 전승되고 있다. 고대에 이들은 가죽이나 베, 명주로 만들었고, 조선조에 들어와 주로 무명으로 만들어 입게 되었다.

남자의 겉옷은 시대에 따라 다양하게 발달하였으며, 신분 계층에 따라 모양과 종류가 달랐다. 조선시대의 대표적인 겉옷은 두루마기와 창옷, 도포(道袍) 등이다. 두루마기(周衣)는 갑오개혁(甲午改革) 이전에는 도포 안에 입는 속옷이었다. 이는 도포와 창옷이 옆이 터져 있어 방한(防寒)을 할 수 없기 때문에 두루 막은 내복이었다. 도포는 모시로 만들어 사철 입었으며, 띠의 색깔로 신분을 구별하였다. 당상관(堂上官)은 붉은색 계통의 띠를, 당하관(堂下官)은 남색 계통의 띠를, 서민은 회색이나 흰 띠를 띠었다. 도포는 양반이나 입는 옷으로, 한량(閑良)도 입을 수 없었다. 조선조의 소설 '삼선기(三仙記)'에는 한량들의, 도포를 못 입게 한, 이런 불만이 그려져 있는 것을 볼 수 있다. 창옷은 주로 신분이 낮은 남자의 겉옷이었다. 이밖에 마고자·배자 등의 상의가 있었는데, 주로 양반들이 입었다. 마고자는 겉옷이라 하나, 나들이를 할 때 입는 겉옷은 아니었다. '조끼'는 재킷이 변한 말로, 양복이 한복화한 것이다.

여자의 하의인 바지는 여러 가지가 있었다. 이는 특수한 경우가 아니면 그 위에 치마를 입었다. 기본적인 의상 외에 신분이 높은 부녀자들은 원삼·활옷·나삼·당의·장삼·몽두(蒙頭) 등의 겉옷을 입었다. 외출 시에는 장옷·쓰개치마·처네·너울과 같은 얼굴 가리개를 썼다. 내외를 하기 위해서다.

이밖에 등거리와 잠방이, 큰저고리라는 노동복이 있었다. 등거리는 상의, 잠방이는 하의이며, 큰저고리는 뱃사공이나, 나무꾼들이 겨울에 입는 노동복이었다.

양반은 마땅히 의관을 정제해야 하였다. 머리에 쓰는 것으로는 갓·망건·탕건 등이 있었다. 이밖에 특수계층의 관모(冠帽)로, 복건(巾)·유건(儒巾)·사모(紗帽)·복두(幞頭)·정자관(程子冠) 등도 있었다. 휘양(揮項)·남바위·삼선건 등은 방한을 위해 쓰는 기구였다.

손발에는 토수(吐手)를 끼고 버선을 신었다. 토수는 방한용으로 속에 모피를 넣어 만들거나, 피서용으로 등나무 줄기로 만들었다. 장갑은 없었고, 추울 때는 소매나, 토수 안에 양손을 넣었다. 발에는 버선을 신었는데 폭을 좁게 하여 전족(纏足)의 효과를 거두었다.

신발로는 짚신·갖신이 주종을 이루었고, 조선시대에는 미투리와 나막신이 있었다. 나막신은 주로 비오는 날 신는 진신이었다. 양반가의 여인들은 당혜(唐鞋), 운혜(雲鞋), 수혜(繡鞋)를 신었다. 이들은 1920년 이후 고무신이 나오며 자취를 감추게 되었다(안명숙, 2007).

서양(西洋)의 의상은 한마디로 무어라 말할 수 없다. 다양한 민족에, 시대에 따라 양상이 변하였기 때문이다. 그리스의 대표적인 복식은 천을 양 어깨에 걸친 키튼(chiton)이었고, 로마는 일반적으로 T자형 튜니카(tunica)를 착용하였다. 중세에도 기본적으로 튜닉을 입었다. 17세기에 영어권에 쓰리피스가 소개되었고, 20세기 초에 색코트(sack coat)가 등장하였다. 이것이 영어권을 중심한 복식의 큰 흐름이다. 따라서 양복(洋服)은 최근에 등장한 옷이다.

남자 의복으로는 각종 겉옷과 속옷 및 편복(便服)이 있다. 이밖에 모닝 코트, 턱시도, 연미복 등의 예복(禮服)이 있다. 여성의 경우는 원피스 형, 투피스 형 등 옷의 종류와 양식이 다양하다. 예복은 상례복(常禮服), 소례복, 대례복 등이 있다.

이들 의복은 착용에 일정한 규칙이 있다. 편복의 착용 규칙은 따로 언급하겠기에, 여기서는 남자의 턱시도(tuxedo)와 여자의 대례복에 대해 간단히 언급하기로 한다. 턱시도는 소례복·만찬예복·편례복(便禮服)이라고도 한다. 상의는 전체가 흰색 혹은 검정색으로 되어 있고, 검은 나비 넥타이를 맨다. 검은 바지에 검은 가죽신을 신는다. 일반적으로 만찬 때 입는다. 음악회나 연극을 관람하러 갈 때도 입는다. 여성의 대례복(大禮服)은 상의의 경우 가슴과 등이 드러나는 블라우스 형이며, 하의는 땅에 끌릴 정도의 긴 치마다. 예복과 같은 빛깔의 모자, 긴 비단 장갑, 각종 머리 장식, 귀고리, 목걸이 등의 장식을 한다.

그런데 영어권의 경우 복장은 오늘날 간소한 차림을 하는 추세다. 전통적 예복을 입는 사람은 매우 적으며, 더구나 연미복을 입는 사람은 보기 힘들다.

3.2. 복장이 전달하는 메시지

옷을 입는 데는 일정한 격식과 규칙이 있다. 물론 이는 고정 불변의 것은 아니다. 그러나 일정한 시기에 일정한 격식이 있다. 여기에서 벗어나게 되면 어색하거나, 예절 바르지 않다고 인식하게 된다. 우리의 전통적 복장의 경우 의관을 갖추지 않고 출입을 한다거나, 마고자 바람으로 거리를 누비는 것 따위가 그것이다. 다음에는 우리의 전통적 의상의 특징적 양식과 착용 규칙, 그리고 오늘날 일반화한 양복·양장의 착용 규칙에 대해 알아봄으로 객체언어의 메시지를 살펴보기로 한다.

3.2.1. 한복의 격식과 치장의 규칙

우리는 '의식쥬(衣食住)'라는 말의 순서대로 의(衣)를 가장 중시한다. 그래서 '입은 거지는 얻어먹어도 벗은 거지는 못 얻어먹는다.'는 속담이 있다. 이렇게 우리는 옷에 신경을 쓴다. 다음에 이러한 우리의 옷차림의 규칙을 살펴보기로 한다.

* 양반은 출입할 때 반드시 의관을 정제해야 한다. 맨머리로 출입하여서는 안 된다.
* 두루마기는 갑오개혁 이전에는 외출할 때 겉에 입는 옷이 아니었고, 겉에 도포를 입어야 하였다. 이는 갑오개혁 이후 겉옷(外衣)이 되었다. 색깔은 흰색뿐이었는데, 정부에서 비경제적이라고 흑·감(黑紺) 등 짙은 색깔을 권장하여 색깔이 있는 두루마기를 입게 되었다.
* 도포는 기본적으로 양반의 외출복이었다. 상민은 입을 수 없었다. 허리에 매는 실띠의 빛깔로 당상관·당하관·서민과 같이 신분을 구별하였다.
* 앞섶을 고대에는 오른쪽으로 여미었고(右衽), 조선시대에 와서 좌임(左衽)으로 바뀌었다. 부녀자의 옷은 여전히 우임(右衽)이다. 남녀의 여밈의 방향이 다르다.
* 농경생활 이후 좁던 바지통이 넓어졌고, 버선목은 좁아야 하는 것으로 보았다.
* 탕건은 본래 판임관 이상이 쓰는 것으로, 갓을 받쳐 쓰기 위한 모자이다. 따라서 이것만을 쓰고 출입할 수 없다. 뒷날 서민은 탕건만을 쓰고 나다니기도 하였다.

* 유생(儒生)들은 복건, 또는 면포로 만든 유건(儒巾)을 주로 썼다.
* 모자는 근래에 유행하였으며 중절모(中折帽)는 일진회(一進會) 회원들이 주로 써서 일진회모라고도 하여 이를 쓰기 꺼려하기도 하였다.
* 녹의홍상(綠衣紅裳)은 처녀들의 옷차림이다. 중국에는 녹의홍상 아닌, 녹의황상(綠衣黃裳)이란 말이 있다.
* 친상을 당했을 때 양반은 소복(素服)에 흰 가죽신을 신었고, 상민은 짚신을 신었다.
* 옷을 벗어 횃대에 걸 때에는 남녀의 옷을 함께 걸지 않는다.
* 바지는 앞 중심에서 왼쪽으로 주름이 가도록 접어서 허리둘레를 조절한다. 저고리는 동정니를 맞추어 입는다.
* 저고리는 조끼 밑으로 빠지지 않게 하고, 마고자의 소매 끝이나 도련 밑으로 들어가 보이지 않게 입는다.

3.2.2. 양복·양장을 착용하는 규칙

오늘날 우리의 옷차림은 전통적인 차림이 거의 사라지고 양복과 양장으로 바뀌었다. 따라서 양복차림을 서양의 옷차림이 아닌 우리의 옷차림으로 살펴보아야 하게 되었다. 이러한 옷차림의 매너는 이문화 커뮤니케이션을 위해 매우 중요한 객체언어다. 이에 영어권 사람들의 양복·양장의 착용 규칙을 일반적 규칙, 남장의 규칙, 여장의 규칙으로 나누어 보기로 한다.

1) 일반적 규칙

* 국제적으로 공인된 복장 착용의 원칙은 TPO에 따른다. Time, Place, Object가 그것이다. 옷차림은 시대와 계절의 요구에 순응해야 한다. 사회규범을 고려하여 지나친 개성을 강조하거나, 신기함을 추구해서는 안 된다. 또한 지역과 장소의 요구 및 습관에 부합해야 한다.

일터와 놀이터, 침실을 가리지 않고 옷을 입을 수는 없는 일이다. 옷은 또한 추구하는 목적에 부합하도록 입어야 하고, 좋은 인상을 받도록 해야 한다.

* 영어권 사람들은 편의에 따라 옷을 입지 않는다. 일정한 형식을 강구한다. 사회가 이러한 요구를 한다고 생각하기 때문이다.

* 남자 복장은 위엄이 있고 정중하고, 보수적인 것이 하나의 특징이다. 여성의 복장은 체형적 매력과, 이성에 대한 흡인력을 중시한다. 이로 말미암아 노출을 많이 한다. decollete robe가 그 한 예다.

* 경제가 상승하면 여성의 치마 길이는 짧아지고, 경제가 침체되면 치마가 길어지는 경향이 있다.

* 정장은 아름다운 외양과 내심세계를 표현하며, 각자의 사회적 특색을 드러내고, 주변 세계에 그 특성을 발휘한다.

* 유행하는 복식은 사회적 패션을 반영한다. 복식의 문화적 차이 및 그것이 제공하는 메시지는 이문화 커뮤니케이션에 있어 주의하여야 할 대상이다.

* 영어권에서는 극장이나 음식점에 갈 때에는 일반적으로 예복을 입는다. 어떤 음식점은 남자 고객의 경우 반드시 정장을 하도록 요구한다.

* 초청인은 초청 시 의상을 정식(formal), 비정식(informal), 수의식(casual)으로 구분하여 제의한다.

* 남자가 실내에서 모자를 쓰는 것은 격식에 맞지 않는다. 그러나 여성은 실내에서 모자를 쓰고 있어도 실례가 되지 않는다.

* 영어권 사람들은 복식을 통해 지위와 신분 및 직업을 드러낸다. 호텔 종업원의 복장은 이러한 차이를 드러내는 대표적인 경우다. 객실의 종업원과 식당 종업원의 복장 양식은 프론트, 매니저, 지배인의 복장 양식과 다르다. 빛깔 또한 구별된다. 종업원의 복장은 일반적으로 흰색, 붉은 색, 녹색이고, 프론트·매니저·지배인의 복장은 검정색이거나 감색이다.

* 복식은 자기 신분에 맞고, 격식에 맞게 입는다는 것이 공통 준칙이

다. 군인, 경찰 및 봉사업에 근무하는 사람은 모두 그 집단을 나타
내는 통일된 제복을 입는다.

* 교사나 공무원의 옷차림은 비교적 점잖으며, 유행을 마구 따르지
않는다. 이에 대해 배우나 기타 예술계에 종사하는 사람의 복장은
유행을 중시한다.

* 많은 상사는 자기네 특장과 신망을 드러내기 위해 사원의 복장에
대해 비교적 엄격한 주문을 한다. 검은 양복에 흰 셔츠를 입고 넥
타이를 매야 한다는 따위다. 한 예로 Tiffany company의 여직원 복
장은 엄격한 것으로 알려져 있다(畢繼萬, 2006).

2) 남장(男裝)의 규칙

* 남성의 싱글 상의는 위의 단추 하나를 잠그는 것이 원칙이다. 잠그
지 않으면 자연스러워 보이고, 두 개를 다 잠그면 촌스럽다. 만일
아래 단추를 채우거나, 위 단추를 잠그지 않으면 불량기가 있는 것
으로 보인다.

* 더블 상의는 반드시 아래 단추 하나를 잠근다. 앉을 때는 구겨지는
것을 막기 위해 풀 수 있다.

* 내의 색깔은 양복과 배합이 되게 입는다. 셔츠는 반드시 바지 속에
넣는다. 소맷부리는 겉옷보다 반 인치 나오게 입는다. 소매의 단추
는 채운다.

* 정장을 할 때 넥타이(혹은 나비넥타이)는 반드시 매야 한다. 겉옷을
입지 않고 넥타이를 매는 경우에도 소매 단추는 채우고, 내의는 바
지 속에 넣는다. 소매를 걷어 올리고 넥타이를 매지 않아서는 안
된다. 내의의 칼라는 풀어도 좋다.

* 무늬가 있는 넥타이는 무늬가 없는 흰색 셔츠에, 무늬가 없는 넥타
이는 무늬가 있는 셔츠에 맨다. 넥타이가 가슴에 헐렁하게 매달려
있게 해서는 안 된다. 넥타이는 끝의 각 진 부분이 혁대 버클 위에
오도록, 지나치게 길거나 짧게 매지 않는다.

* 양복을 입는 경우 신은 반드시 가죽신을 신어야 한다. 회색 혹은 암

청색 양복일 때엔 검은 가죽신을, 다갈색 양복일 때는 다갈색 가죽
신을 신어야 한다. 양말은 일반적으로 짙은 빛깔의 것을 신는다.

3) 여장(女裝)의 규칙

* 여성의 복장은 명확한 규정이 따로 없으나, 공식적 회합의 경우에
  는 엄격한 규칙이 있다. 옷은 미관과, 자기 신분과 연령에 맞도록
  입는다.
* 겉옷과 치마 안의 옷 빛깔은 배합이 되어야 한다. 겉옷이 투명하여
  내의가 드러나서는 안 된다.
* 조끼와 속치마는 겉옷 밖으로 드러낼 수 없다. 치마를 입는 경우 짧
  은 양말을 신을 수 없으며, 긴 양말, 또는 팬티스타킹을 신는다.
* 예복의 장갑 길이는 소매와 배합되도록 한다. 일반적으로 짧은 소
  매 옷이나 소매 없는 옷에는 긴 장갑이나 짧은 장갑을 낀다. 소매
  가 3/4 길이의 옷인 경우에는 장갑의 길이가 소매까지 와야 하고,
  소매 속에 가볍게 덮여야 한다.
* 공무에 종사하는 여성은 가슴을 드러내거나, 혹 투명한 셔츠, 미니
  스커트, 옆이 터진 치마는 삼간다. 부딪쳐 소리가 나는 구슬 장식도
  하지 않는 것이 원칙이다.
* 서방 상사에서는 털옷, 특히 부드럽고 화려한 양털로 짠 몸에 붙는
  옷은 남성을 자극하는 면이 있다고 보아 사무실에서의 착용을 꺼린
  다.
* 여성 복장에 대한 금기는 근자에 많이 개방적이고, 관대한 방향으
  로 바뀌고 있다.

3.3. 장신구가 전달하는 메시지

일찍부터 우리는 장신구로 몸을 예쁘게 꾸몄다. 삼한시대에 이미 귀고
리·목걸이를 하였다. 삼국시대에는 장식품의 제작 기술이 놀라울 정도

로 발달하였으며, 귀고리는 세환식(細鐶式)과 태환식(太鐶式)이 있었고, 목걸이, 팔찌, 반지 등으로 몸을 꾸몄다. 띠(帶)에도 식판(飾板)을 붙여 장식하였다. 조선시대 여인들은 비녀, 첩지, 떨잠, 뒤꽂이, 댕기 등으로 머리를 장식하였다. 댕기는 삼국시대부터 미혼녀들이 사용하였으나, 조선조에는 기혼 부인들도 머리를 가다듬기 위해 이를 사용하였는데, 그 종류가 다양하였다. 노리개는 재료와 형태가 다양하였다. 재료로는 금·은·등의 금속류, 비취·홍옥 등의 옥석류, 밀화·산호·진주 등의 보패류(寶貝類) 등이 쓰였고, 형태는 동물형, 식물형, 생활 용품형 등이 있었다. 향낭노리개, 향갑노리개, 침낭노리개, 장도노리개 등 단작노리개와 삼작노리개 등이 그것이다. 귀고리는 조선조에 와 호풍(胡風)이라는 인식과, 신체에 구멍을 뚫는 것이 효에 벗어난다 하여 쇠퇴하게 되었고, 그 대신 귀걸이를 하게 되었다. 개화기에 접어들어서는 향낭, 침낭, 장도 등이 필요 없게 되어 이러한 노리개가 사라졌으며, 성장(盛裝)을 위한 노리개만이 사용되었다. 이 밖에 주머니가 있었다. 그러나 이것은 1930년대에 핸드백이 나오며 젊은 층은 사용하지 않게 되었다. 현대에 접어들며 전통적 노리개는 자꾸만 사라지고, 그 대신 서양식 귀고리, 목걸이, 브로치 등이 애용되고 있다.

* 고대에 우리는 귀고리(귀걸이) 장식을 남녀가 다 같이 하였다. 그러던 것이 뒤에 여성들만의 전유물이 되었다. 영어권에서는 소수의 젊은 남자들도 하고 있다. 한 개의 귀고리는 대장부의 기질을 표시하고, 한 쌍의 귀고리는 동성애를 나타내는 것으로 본다.
* 고대에 우리의 지환(指環)은 다양하였다. 그러나 조선시대에 와서 단순하게 되었다. 가락지는 금은 비취 등으로 쌍으로 만들어 기혼 여성이 끼었다. 이에 대해 반지는 한 개로 되어 기·미혼에 관계없이 끼었다. 조선시대에는 계절에 따라 구별하여 끼었는데 겨울에는

금지환, 여름에는 옥지환, 봄·가을에는 파란(琺瑯) 지환 등을 끼었다.

　* 영어권도 반지를 끼는 풍속이 있다. 결혼 여부(결혼반지, 약혼반지)를 나타내고, 남녀 간의 말썽을 피하기 위해 미혼 여성도 결혼반지를 끼는 것이다.

　* 남자는 왼손 무명지에 반지를 낀다. 영어권에서는 한 쌍의 남녀를 반지와 성씨로 보아 부부 여부를 판단한다.

4. 음식물(飲食物)이 전달하는 객체언어

4.1. 음식물이 전하는 메시지

우리 민족은 일찍부터 농경생활을 하였다. 부여·한 시대에 이미 오곡을 재배하였다. 이러한 기록은 위지(魏志) 동이전(東夷傳)에 보인다.

　부여(夫餘): 토지의오곡(土地宜五穀)
　동옥저(東沃沮): 기토지비미 의오곡선전종(其土地肥美… 宜五穀善田種)

중국에서의 오곡(五穀)은 주례·예기 등에 의하면 '마(麻)·서(黍)·직(稷)·맥(麥)·숙(菽·豆)'으로 되어 있다. 이에 대해 우리는 오곡으로 '쌀, 보리, 콩 조, 기장'을 든다(국립국어연구원, 1999). 중국과 우리가 차이가 난다. 중국에서 육곡의 하나로 드는 '벼(稻)'를 우리는 오곡에 포함시키고 있다. 이는 문화적인 차이를 드러내는 것이다. 중국에서는 '벼'가 다른 곡물에 비해 중원(中原)에 늦게 전래되었기 때문이다.

오곡 가운데 중국의 '직(稷)'과 우리의 '조(粟)'도 차이를 보이는 것이

다. '직(稷)'은 우리가 '기장 직, 피 직'자라 하나, 이는 '조(粟)'로 비정된
다. '기장'은 '서(黍)'이고, '직(稷)'은 '오곡지수령(五穀之首領)'으로 조(粟米)
인 것이다(湯可敬, 1997). '粟'은 '좋은 백곡(百穀)의 열매'를 총칭하는 말이
기 때문에 오곡에 포함되지 않았다. 속(粟)은 한대(漢代)에 개별적 곡물인
'조'를 지칭하게 되었다. '직(稷)'을 '기장'이라 하는 것은 근거가 있다.
직(稷)은 서(黍)와 동류로, 그 종이 다른 것으로 보기도 하기 때문이다. 본
초강목의 '직여서일류이종야(稷與黍一類二種也). 점자위서 부점자위직(黏者爲
黍不黏者爲稷)'이라 한 것이 그것이다. '직(稷)'을 '피'라 한 것은 잘못 적용
한 것이다. '피'는 한자로 '패(稗)', '비(秕)', '제(穄·돌피)'라 하는 것으로,
일찍부터 기장·조와 더불어 재배되었다. 밭에서 재배되는 것은 '참피'
라 한다. 피는 오곡에는 속하지 않는다. 이 밖의 곡물로는 수수(蜀黍)·밀
(小麥)·메밀(蕎麥) 등이 있다. 이러한 곡물을 재배하여 우리 조선들은 음
식을 만들어 먹고 마셨으며, 영고(迎鼓), 무천(舞天) 등 감사의 제천의식을
행하였다.

음식은 처음에 입식(粒食)을 하였고, 솥과 시루가 만들어지며, 밥을 짓
고 국과 죽을 끓여 먹게 되었다. 밥은 처음에 시루에 쪄서 먹었으며, 밥
을 지어 먹게 된 것은 청동기(靑銅器) 시대 이후 쇠솥이 만들어진 뒤부터
이다. 죽은 밥보다 먼저 만들어 먹었을 것으로 보인다. 삼국유사에는 손
님을 맞아 즉석에서 50여 가지 음식을 차렸다는 기록이 보인다. 그만큼
우리의 음식문화가 발달하였다. 고려시대에는 더욱 음식이 풍부해졌고,
조선조에는 거의 오늘날과 같은 음식문화가 이루어졌다.

기본이 되는 음식으로는 주식인 밥과 부식인 국과 장·김치·젓갈 등
발효식품을 들 수 있다. 밥은 쌀밥과 잡곡밥으로 구별할 수 있는데, 쌀
밥은 주로 지배계층이, 조·보리·수수 등 잡곡밥은 서민층이 주로 먹
었다. 서민층은 또한 죽을 많이 쑤어 먹었다. 국수는 고려도경(高麗圖經)

에 의하면 생산량이 많지 않아 잔치 등에서나 먹는 귀한 음식이었다. 식사의 횟수는 일일삼식(一日三食) 아닌, 이식(二食)이었으며, 조반석죽(朝飯夕粥)은 이러한 시대의 서민층의 생활을 반영하는 말이다. 국은 '반갱(飯羹)'이란 말이 쓰일 정도로 주식에 따라 나오는 것으로, 채탕, 소탕, 어탕, 육탕 등이 있다.

발효식품인 우리의 장(醬)은 두장(豆醬)이다. 이에 대해 중국의 장인 해(醢)·혜(醯)는 육장(肉醬)이다. 조선조의 해동역사(海東繹史)는 신당서를 인용하여 발해의 명산물인 장류 시(豉)를 들고 있다. 이로 보면 일찍부터 우리민족은 장류를 개발하였음을 알 수 있다. 1715년경의 산림경제(山林經濟)와 증보산림경제에는 45종의 장류의 제법이 분류 정리되어 있다. 고추장은 산림경제에 처음 그 제법이 소개되고 있는데 17세기 초부터 만들어 먹은 것으로 보인다. 김치는 본래 채소절임에서 발달한 것으로, 우리의 대표적 음식문화의 하나이다. '김치'는 '沈菜'가 변한 말로, 중국의 저(菹), 일본의 '쓰케(漬)', '쓰케모노(漬物)'에 대응된다. 이는 지방에 따라서 많은 차이를 보인다. 젓갈 또한 우리의 대표적인 저장식품이다.

이 밖의 음식물로는 육류와 어류가 있다. 이들은 고대에 수렵을 통해 많이 잡아먹던 것이다. 그런데 육류는 고려시대에 불교의 영향으로 금기하게 되었고, 여말(麗末) 원(元)의 영향으로 다시 많이 먹게 되었다. 차(茶)는 불교의 영향으로 많이 마셨으나, 숭유억불(崇儒抑佛) 정책을 펴며 차 아닌 숭늉을 마시게 되었다. '나물' 또한 우리의 고유한 음식물이다.

이밖에 특별한 음식으로는 떡이 있다. 떡은 찌는 떡, 치는 떡, 삶는 떡, 지지는 떡 등 다양하다. 우리의 떡은 주로 쌀가루로 만든다. 중국에서는 떡을 이(餌)라 하였으며, 한대(漢代) 이후 밀가루가 보급된 뒤 병(餅)이라 하고 있다. 이밖에 과줄 류에 유밀과, 다식, 정과 등이 있다.

4.2. 음식물을 먹는 예절과 규칙

음식물을 먹는 데도 여러 가지 예절이 있다. 곧 형식과 규칙이 있었다. 이러한 것의 가장 대표적인 것이 상차림이다. 공간 전개형의 식사다. 이는 서양이나 중국의 시간 전개형과 다르다. 그리고 음식을 먹는 방법도 차이를 보인다. 이는 수식형(手食型)이냐, 시저형(匙箸型)이냐, 창도형(槍刀型)이냐로 구별할 수 있다. 우리는 이 가운데 시저형이고, 중국이나 일본은 이 가운데서도 젓가락을 사용하는 형이라 할 수 있다. 인도인은 수식형, 서양인은 포크와 나이프를 사용하는 창도형이라 할 수 있다. 우리의 상차림은 전통적으로 독상차림이다. 공동 상차림이 아니다. 조손은 겸상을 하나, 부자는 겸상하지 않는다. 국이나 죽은 수저로 떠서 먹는다. 중국이나 일본에서와 같이 마시지 않는다. 음식 그릇은 상에 놓아둔 채 먹는다. 일본의 경우처럼 들고 먹지 않는다. 일본에서는 모든 음식을 들고 먹는 것이 원칙이라 한다. 음식을 진설하는 방식에도 일정한 규칙이 있다. 제상에 진설할 때 '홍동백서(紅東白西)', '어동육서(魚東肉西)'라고 하는 따위가 그것이다. 이밖에도 여러 가지 음식 먹을 때의 예절과 규칙이 있다. 이는 잘 지켜야 된다. 이들 매너는 그 나름으로 어떤 형태의 문화와 메시지를 전달한다. 객체언어로서 작용한다. 다음에는 이러한 예절과 규칙을 몇 가지 보기로 한다.

4.2.1. 한국 음식을 먹는 예절

한국의 전통적인 식사 예절로는 다음과 같은 것을 들 수 있다.

> * 식사할 때는 말을 하거나, 홀쩍홀쩍 소리를 내며 마시거나, 쩝쩝 소리를 내며 먹지 않는다. 수저 소리도 내지 않는다. 캄보디아에서는

후루룩 소리를 내거나 쩝쩝 소리를 내며 먹는 것이 예의다. 이는
맛있다는 표시다.

* 어른을 모시고 식사할 때는 어른이 먼저 수저를 드시도록 한다. 어른보다 먼저 식사를 마친 경우에는 수저를 밥그릇이나, 국그릇 등에 놓고 다 드시기를 기다린다. 태국에서는 젓가락을 그릇에 남겨두어서는 안 된다. 죽음을 의미한다.
* 한 손에 시저(匙箸)를 같이 쥐지 않는다.
* 원칙적으로 밥은 숟가락으로, 반찬은 젓가락으로 먹는다.
* 밥이 뜨겁다고 불지 아니하며, 국이나 물에 밥을 말아 먹지 않는다. 미국에서도 불어가며 먹는 것은 무례하다고 본다.
* 동치미나 물김치는 떠서 먹고, 들고 마시지 않는다.
* 주인의 면전에서 국에 간을 맞추거나, 이를 쑤시거나, 젓국을 마시지 않는다.
* 식사 중에 부득이한 경우가 아니면 먼저 일어나지 않는다.
* 밥은 뒤적거리지 않고, 앞에서부터 차근차근 떠서 먹고, 반찬은 이것저것을 집었다 놓았다 하며 먹지 않는다.
* 어른이 주시는 술은 몸을 약간 옆으로 돌리고 마신다.

4.2.2. 서양음식을 먹는 예절

사양 음식은 문화가 다른 음식이므로 그 먹는 방식이나 예절도 우리와 차이가 난다. 따라서 기본 소양을 가지고 예의범절에 벗어나지 않게 먹어야 한다. 그 예절을 몇 가지 살펴보면 다음과 같다.

* 냅킨은 음식이 나오기 시작할 때 펼치며, 식사 후 커피를 마실 때까지 무릎에 얹어 둔 다. 입을 닦을 때는 냅킨의 안쪽을 사용하며, 다 쓴 뒤에는 접어서 접시 왼쪽에 놓는다.
* 안주인이 식사를 시작하면 따라서 먹는다. 멕시코에서는 초대자가 '맛있게 드세요.' 할 때까지 기다린다. 식사는 모든 사람이 끝날 때

까지 속도를 맞춘다.

* 포크와 나이프는 바깥쪽부터 좌우 한 개씩 사용한다. 사용한 것은 접시 위에 가지런히 놓는다. 사용 중인 포크는 아래를 향하게 하고, 나이프는 칼날이 안쪽을 향하게 하여 포크와 팔(八)자가 되게 놓는다. 식사가 끝나면 포크는 위로 향하게 놓고, 나이프는 칼날이 안쪽을 향하게 하여 접시의 오른 쪽에 나란히 놓는다.

* 수프를 먹을 때 스푼은 자기 앞쪽에서 반대 방향으로 사용한다. 먹을 때 소리가 나지 않도록 한다. 다 먹고 조금 남아 있을 때는 접시 앞쪽을 살짝 기울여 떠서 먹는다.

* 빵은 적당한 크기로 떼어 먹는다. 빵은 보통 수프와 함께 먹기 시작하나, 생선이나 고기 요리를 먹는 사이에도 먹는다. 스페인에선 빵을 수프에 찍어 먹으면 상스럽다고 한다.

* 샐러드는 한 입에 들어갈 정도로 적당히 떠서 먹는다. 나이프로 잘라 먹지 않는다.

* 독일에서는 가능한 한 음식을 포크로 잘라서 먹는다. 이는 요리가 잘 되었다는 찬사다.

* 생선은 뒤집어 먹지 않는다. 이는 중국도 마찬가지다. 위의 살을 다 먹은 다음 뼈를 발라내고 아래의 살을 먹는다. 곁들인 레몬은 포크로 누른 다음 나이프의 넓은 면으로 살짝 눌러서 즙을 낸다.

* 백포도주는 생선요리에, 적포도주는 고기 요리에 마신다. 포도주 잔은 제 맛을 잃지 않게 목 부분을 잡는다.

* 후식 전에 핑거볼이 나오는데, 손가락을 서너 개 넣었다가 냅킨으로 닦는다. 양손을 넣고 씻는 것은 결례다.

5. 주택(住宅)과 가구가 전달하는 객체언어

5.1. 주택이 전달하는 메시지

우리의 조상은 신석기 시대 이후 움집(土室)에서 살았다. 이 움집은 원시농경시대에 반움집으로 발전하였다. 고조선시대에는 이 움집 외에 귀틀집(牢獄)과 고상 주거(巢居)가 있었다. 움집은 수혈(竪穴) 초옥(草屋)으로 무덤같이 생긴 것이었다. 그 뒤 삼국시대의 주택은 거의 오늘날과 같이 지상에 초가와 함께 많은 기와집으로 발전하였다.

한옥의 특징은 여러 가지가 있다. 이를 보면 다음과 같다.

첫째, 온돌(溫突)로 되어 있다. 신·구당서(新·舊唐書)에 의하면 일찍이 고구려에는 '장갱(長坑)'이 설치되어, 겨울에 난방을 하고 있다.

기속빈루자다(其俗貧婁者多) 동월개작장갱(冬月皆作長坑) 하연온화이
취난(下煙溫火以取暖) <구당서>
누민성동작장갱(婁民盛冬作長坑) 온화이취난(溫火以取暖) <신당서>

이러한 난방방식은 고려 후기에 방바닥 전체에 구들을 놓는 방식으로 바뀌었을 가능성이 있다(홍형옥, 1992). 그러나 아직 거주용의 모든 방을 온돌방으로 만든 것은 아니고, 필요에 따라 부분적으로 온돌을 설치한 것이다. 온돌이 오늘날과 같이 일반화된 것은 조선조 중기 이후일 것으로 추정한다. 중국에도 부분적으로 난방을 하는 항(炕)이 있다.

둘째, 마루가 놓였다. 고온다습한 지역에서는 물론 일찍부터 고상식(高床式) 판상(板床) 구조의 가옥이 있었다. 그러나 우리의 경우는 이와 달리 한서(寒暑)를 피하기 위해 한 집에 온돌과 마루를 같이 설치하였다. 이러

한 구조의 집은 흔히 볼 수 없는 것이다. 이는 물론 조선조 중기 이후부터라 할 수 있다. 마루는 대청, 쪽마루, 툇마루 등이 있다.

셋째, 건물 양식이 중국과 비슷하다. 특히 기와집이 그러하다. 이는 중국의 당송(唐宋)의 건물 양식에 영향을 받았기 때문이다. 그러나 그것을 복사한 것은 아니다. 중국의 주택은 위압적인 면이 있는 데 대해 우리의 것은 겸손하다. 초가집은 다소곳이 고개를 숙이고 있고, 기와집이라고 해도 추녀가 날아갈듯 솟아 뽐내는 것이 아니다. 일본의 경우처럼 평면으로 되어 있지도 않다. 약간 올라가 예쁜 곡선을 이룰 뿐이다.

넷째, 건물 배치가 자유분방하다. 중국의 건물은 남에서 북으로 관통하는 일직선의 중심축이 있고, 좌우에 부속 건물이 정연한 대칭을 이룬다. 자금성(紫禁城)이 그렇고, 중국 최초의 절 백마사(白馬寺)가 그렇다. 우리가 잘 아는 소림사(少林寺)도 마찬가지다. 우리는 대칭을 이루지 않는다. 비대칭이다. 최준식(2014)은 도산서원 하나가 일직선상의, 대칭을 이루는 건물이라 보고 있다.

다섯째, 한옥은 좌식구조이다. 역사적으로는 고대에 입식 내지, 입식과 좌식의 절충 시대도 있었던 것으로 보인다. 그러나 온돌이 전면적으로 도입되면서 온돌에 적합한 좌식으로 정착하였다. 그래서 방에 들어가기 전에 우선 신을 벗는다. 이는 일본도 마찬가지다. 그리고 매일 이불 요를 깔고 갠다. 이는 침대생활과 다른 점이다.

여섯째, 건물이 개방적이다. 이는 많은 창호로 확인된다. 대청의 분합(分閤)은 우리 주택이 개방적임을 단적으로 보여 준다. 분합문(四分閤)을 들쇠에 들어 걸어놓음으로 막힘없이 트인다. 절간의 강당의 경우엔 자연과 합일된다. 우리의 개방적인 건물의 대표적인 것은 정자다. 이는 사방에 기둥만이 넷 서 있어, 자연과 합일되는, 대표적 개방적 건물이다. 중국의 민가는 폐쇄적이다. 사합원(四合院)은 이의 단적인 예다. 이 집은 사방의 벽이 담이고 밖으로 난 창이 없다. 트인 곳은 가운데 마당뿐이다. 우리에게도 이런 집이 없는 것은 아니다. 내외법을 지키기 위해 태어난 조선조의 입 구(口)자 양반가가 그것이다. 이는 경상도에 많이 분포되어 있다.

이상 우리 민족의 주거의 특징을 살펴보았거니와, 개화의 물결과 더불어 우리의 주택은 오늘날 대부분 양식 건물과 아파트로 변하였고, 생활도 좌식에서 입식으로 많이 바뀌었다.

다음에는 위에 제시한 한옥의 특징 외에 한옥이 전달하는 메시지와 관련된 사항을 몇 가지 살펴보기로 한다.

* 집은 배산임수(背山臨水)의 명당에 짓는다. 이는 작고 아담하게 지었다. 고래 등 같이 큰 기와집이 없는 것은 아니나, 그것은 궁궐이거나 대갓집이었다. 집의 규모는 신분과 계급에 따라 여러 차례 가사(家舍) 제한이 가해졌다. 세종13년의 것을 보면 '대군 60간, 군·공주 50간, 옹주·종친·2품 이상 40간, 2품 이하 30간, 서인(庶人) 10간'으로 규제한 것이 그것이다(세종실록 권 51).
* 한옥은 흔히 초가삼간의 남향집으로, 동향 대문을 달아 지었다.
* 한옥의 양식은 홑집과 겹집이 있고, 一자형집, ㄱ자집, ㄷ자집, ㅁ자집 등이 있다. 이들은 지역적 특성을 보이기도 한다.
* 한옥은 안채와 사랑채로 나누어 남녀의 공간을 구분하였고, 이들의 방은 각각 거기에 기거하는 사람의 신분을 반영한다.
* 한옥의 창문은 창살이 아름답다. 창살 무늬는 띠살문, 정(井)자살문, 빗살문, 꽃살문, 골판문(骨板門) 등이 있다.
* 한옥은 온통 한지와의 배합을 꾀한다. 벽과 창문을 한지로 발랐고, 방바닥도 한지로 여러 겹 바르고, 여기에 콩댐을 하였다. 영어권에서는 벽지와 유리창을 사용한다.
* 궁궐이나 향교 같은 건물은 단청을 하지 않는데, 불사는 이와 달리

단청을 한다.

* 고구려에는 서옥(婿屋)이 있었으며, 서류부가(婿留婦家)의 풍습이 조 선조 명종대(明宗代)에 이르러 반친영(半親迎)으로 바뀌었다. 서류부 가의 관행은 근자까지도 전통혼례(傳統婚禮)에 남아 있었다고 할 수 있다.
* 처가와 화장실은 멀어야 한다고 생각하였다.
* 한옥은 흔히 바닥은 뜨겁고, 외풍(外風)이 세다고 한다.
* 한옥의 담은 중국의 담처럼 높고 위압적이고 폐쇄적이지 않고, 친 근하게 나지막하다. 이를 흔히 반개방적이라 한다.
* 전통적으로는 사내가 부엌에 들어가면 x알이 떨어진다고 남자는 부 엌에 들어가지 않는 것으로 인식하였다.

5.2. 가구가 전달하는 메시지

대표적인 전통적 가구는 장롱과 문갑이라 하겠다. 장롱은 의류를 보관 하는 기구로, 춘향전에는 용장, 봉장, 기쎄수리를 들고 있고, 홍부전에는 화초장이 나온다. 문갑은 문서나 문구 따위를 넣어 두는 사랑방 가구다. 이밖에 일찍부터 병풍이 있었고, 유적의 벽화를 보면 평상(平床), 의자 등 의 기구가 보이며, 방장(房帳), 휘장(揮帳), 앙장(仰帳) 등이 사용되었음을 볼 수 있다. 전통적으로는 장롱 아닌 횃대가 있어 한복은 여기에 걸었다. 횃대는 소헌왕후 한 씨의 '내훈(內訓)'에까지 보인다. 가구는 근대화되며 대부분이 서구화하였다. 침대, 소파, TV를 비롯한 각종 전기제품이 그것 이다.

* 허드레 가구는 벽장에 갈무리고, 옷장 이불장 등을 한쪽 벽에 붙여 세운다.
* 우리는 가구를 방안에 가득 채우는 경향이 있다. 이는 중국도 마찬

가지다, 이에 대해 영어권에서는 매우 느슨하게 진열한다.

* 우리나 중국에서는 가구나 소파를 정세(精細)하게 가공한 것인데, 영어권의 것은 조제(粗製) 남조(濫造)했다는 인상을 준다.

* 우리의 커튼은 일반적으로 정미(精美)하다. 이에 대해 영어권 국가의 커튼은 오히려 색채가 단조하고, 정미한 도안도 없고, 소박하다.

* 혼수에 장롱과 금침·가전제품을 해 갈 정도로 장롱과 금침 가전제품은 중요한 가구다. '원앙금침'은 특수한 메시지를 전달하는 객체다.

이밖에 특수한 가구로 자동차가 있다. 이는 사용자에 대한 다양한 정보를 전달해 준다. 우선 국산차냐, 외제 차냐에서부터 대형차, 소형차, 승용차, 특수차 등이 다른 메시지를 전달한다. 한 예로 객화(客貨) 양용 승용차는 교외 거주, 여행 애호가가 선호한다는 메시지를 전달한다.

6. 개인 용품 및 기타가 전달하는 객체언어

사람들은 각자 필요한 개인 용품과 기호품을 가지고 있다. 개인용품의 대표적인 것으로는 부녀자들의 양산과 핸드백, 그리고 남성들의 서류가방을 들 수 있을 것이다. 이밖에 안경, 파이프, 시계, 만년필, 사진기 등을 들 수 있고, 근자의 것으로는 배낭, 스마트폰 등을 들 수 있다. 이들 개인 용품들은 그들 나름의 메시지를 전달하고, 사용자의 기호와 성향을 반영한다. 기호품의 경우에는 더욱 그러하다. 다음에는 이들에 대해 간단히 살펴보기로 한다.

먼저 양산과 핸드백부터 살펴보기로 한다. 양산은 여인들이 피부가 타는 것을 막기 위해 사용하는 것이다. 성인의 경우 외출 시의 필수품이다.

이는 무엇보다 사용자의 가치관이나 성향, 연령대 등을 반영한다. 형태가 그렇고, 색깔이나 문양이 그렇다. 따라서 양산을 보고 어느 정도 그 사용자에 대한 추리가 가능하다. 핸드백 또한 양산과 함께 여성의 필수품으로 그 사용자를 반영한다. 근자에는 핸드백이 지난날과는 달리 겉으로 드러내어 과시하기보다 좀 더 큰 가죽 가방 속으로 들어가는 경향을 보인다.

남성들의 서류 가방은 전에 비해 작아졌다. 전에는 소위 007가방을 많이 들고 다녔다. 이는 외형뿐 아니라 그 정리 상태가 사용자의 성격을 반영하는 것으로 본다. 가방 안의 자료가 어지러운 경우와 깔끔하게 정리된 경우 사용자의 성격을 달리 파악하게 한다. 이는 사용자의 사무 능력, 나아가서는 대범한 성격, 소심한 성격으로까지 확장·판단하게 한다. 여성의 가방(혹은 핸드백) 취향은 그 사람의 성향을 알게 한다. 명품 취향의 여성은 상류지향의 성격과 함께 허영심이 많을 것이라 인식한다.

안경은 실용적 개인용품인 동시에 사치품이다. 특히 색안경이 그렇다. 사람들은 안경을 통해 내심을 표현하고, 많은 메시지를 전달한다. 안경에는 색안경과 졸보기, 돋보기 등이 있다. 개화기에는 안경을 '개화경(開化鏡)'이라 하여 멋쟁이들이 이를 멋으로 착용하였다.

색안경은 강렬한 햇빛을 차단해 눈동자를 보호한다. 그러나 실내에서 이를 착용하면 무례하며, 불유쾌하다는 인상을 준다. 특히 검은 안경을 끼면 눈동자를 볼 수 없어 진심을 파악하기가 곤란하다. 따라서 남으로 하여금 접근을 어렵게 하고, 소통하기 어렵다는 인상을 준다. 정보·수사기관원이란 인상을 주기도 한다. 근시 안경은 착용자에 대해 총명하고, 부지런하고, 유식하다는 느낌을 줄 수 있다. 안경을 낀 여자는 깐깐하고, 차갑고, 신경질적이라는 인상을 준다.

안경을 낀 사람은 안경을 이용해 메시지를 전달하기 좋아한다. 싫증을 나타내기 위해 안경다리를 접었다 폈다 하거나, 안경을 안경집에 넣으려 함으로 회의나 담판이 끝났음을 나타내기도 한다. 안경을 코끝에 걸고, 안경테 너머로 사람을 보는 것은 성가시다는 표시다. 안경다리를 물거나, 입술에 대고 있는 것은 내심의 긴장을 나타내고, 깊은 생각, 혹은 시간 끌기를 가능하게 한다(畢繼萬, 2006).

담배는 기호품이나, 근자에는 많은 사람의 기피의 대상이 되고 있다. 흡연자는 흡연 기구 등을 통하여 각종 의사전달을 할 수 있다. 전통적으로 우리의 양반은 장죽을, 서민은 곰방대를 사용하였다. 장죽은 사치스러운 치장을 하기도 하여 권위를 드러내기도 한다. 오늘날엔 장죽을 거의 볼 수 없게 되었고, 권련과 파이프를 보게 된다. 담뱃대 사용의 가장 큰 특징은 이를 물고 깊은 생각을 할 수 있고, 자아의 우월을 과시할 수 있다는 것이다. 대담배를 피우는 사람은 커뮤니케이션을 하며 대통을 후비고, 담배를 담고, 불을 붙이고, 연기를 빨고, 재를 떠는 일련의 동작을 빌어 문제를 생각하고, 시간을 연장할 수 있다. 권련도 내심의 긴장된 정서를 전이하고, 시간을 연장하는 작용이 가능하다. 시가는 원래 경하 용품으로 쓰기 위해 만든 것이다. 이는 부상(富商)과 상류계층 인물이 주로 피운다. 이는 우월감을 나타내기 위해 사용할 수 있다.

배낭은 근자에 여행이나 등산이 아닌, 일상용으로 많이 이용하게 된 것이다. 이의 형태나 색깔 등도 그대로 사용자의 취향을 반영한다. 그런 메시지를 전달한다. 컴맹(盲)은 나이가 많거나 시대적으로 뒤떨어진 사람으로 인식되고, 게임에 빠져 정신 없는, 스마트폰의 사용자는 주체성이 부족하거나, 의지가 박약한 사람으로 치부하게 한다. 해커가 될 정도의 유능한 스마트폰 이용자는 지혜롭고 똑똑한 사람으로 인식한다. 항상 이어폰을 귀에 꽂고 사는 사람도 보는 사람에게 음악 마니아 등 다양한 메시지를 전달한다.

이밖에 시계, 만년필, 카메라 등도 각각 사용자의 취향이나 성격을 반영하여 객체언어로서의 다양한 메시지를 전달한다.

7. 결어

한국어권의 객체언어를 인체, 복식, 음식물, 주택, 개인 용품 등을 대상으로 살펴보았다. 이들 객체는 많은 비의도적 메시지를 전달한다. 이는 화자가 이들 객체를 의도적으로 활용할 때는 의도적 메시지의 전달을 하게 한다. 앞에서 살펴본 이들 객체의 문화, 역사 및 사용규칙들이 다 이러한 의도 내지 비의도적 메시지를 전달한다.

객체언어는 다른 비언어행동과 마찬가지로 문화적 환경을 달리할 때 오해와 문화적 충격(衝擊)을 줄 수 있다. 따라서 다문화사회 내지 외국인과 접촉할 때는 이에 유의 내지 주의하여야 한다.

우리는 20세기 이래 많은 국제적인 교류를 하고 있다. 각종 한류(韓流)의 세계적 진출은 그 대표적인 것이다. 따라서 이문화(異文化) 커뮤니케이션에 많은 관심을 가져야 한다. 문화적인 국제교류(國際交流)를 하여야 하겠고, 한국어의 국제화를 위해서도 언어행동만이 아니라 비언어행동에 많은 관심을 가져야 하겠다. 비언어행동이라면 쉽게 신체동작을 떠올리고, 그것만이 전부인 것으로 생각하기 쉽다. 그러나 서언에서 밝힌 바와 같이 비언어행동에는 시선접촉, 신체접촉, 근접공간, 시간개념, 향취접촉, 부차언어 등 다양하고 광범위한 영역이 있다. 이런 영역은 종래에 우리가 그리 신경을 쓰지 못한 영역이다. 그런데 커뮤니케이션은 언어행동보다 이들 비언어행동에 의해 보다 많이 이루어진다. 그러니 바람직한 커뮤니케이션을 하기 위해서는 우리의 의식전환(意識轉換)이 필요하다.

객체언어는 이러한 비언어행동의 한 분야다. 이문화 커뮤니케이션을 위해 많은 관심을 쏟고, 연구를 하여 한국문화의 국제교류가 원만히 전개되고, 한국어 국제화가 제대로 수행될 수 있기를 기대한다. 상호 이해를 해야 비로소 친선과 우호가 싹이 트고 협동이 이루어진다. 인간생활의 대원칙은 협동에 있고, 이에 의해 인생은 영위되는 것이다.

참고문헌

박갑수(2013), 한국어교육과 언어문화교육, 역락.

백영자 외(2011), 한국복식문화, 방송통신대학 출판문화원.

신영훈(1983), 한국의 산림집(한국 전통민가의 원형 연구), 열화당.

안명숙(2007), 한국복식문화사- 우리 옷 이야기, 예학사.

오정란 외(2011), 외국어로서의 한·중 언어문화 비교, 박이정.

윤서석(1970), 한국식품사, 문화사대계 IV, 고대민족문화연구소(1970).

이성우(1984), 한국식품문화사, 교문사.

이성우(1984), 한국식품사회사, 교문사.

이예영 외(2016), 서양복식문화, 방송통신대학교 출판문화원.

임영정(1998), 한국의 전통문화, 아름다운세상.

조영 외(2016), 식생활과 문화, 방송통신대학교 출판문화원.

최준식(2014), 한국문화 오리엔테이션, 소나무.

홍형옥(1992), 한국주거사, 민음사.

畢繼萬(2006), 跨文化非言語交際, 外國語教學與研究出版社.

박갑수(2016), 한·중 식생활문화와 언어문화, 외국인을 위한 한국어교육 연구, 제20집, 서울사대 한국어교육 지도자 과정.

■ 이 글은 본서에 수록하기 위해 2016년 9월 27일 작성된 원고로, "환경언어와 한국어권 커뮤니케이션"(본서 수록)과 짝을 이루는 것이다. 미발표

제 4 부

한국어와
한국 언어문화 교육

제1장 한국어와 한국 언어문화 교육

1. 서언

산자수명(山紫水明)한 烟台의 가을, 젊은 학도들, 그 가운데도 한국학을 전공하거나, 관심을 가진 烟台大學의 영재들과 한국의 언어문화, 그리고 이 언어문화의 교육에 대해 이야기할 기회를 가지게 된 것을 기쁘게 생각한다. 한국의 언어문화에 대한 이야기가 여러분에게 한국에 대한 이해의 폭을 넓히고, 학습에 도움이 되며, 한·중 양국에 우호 관계를 증진하는 계기가 되기를 바라 마지않는다.

언어란 문화의 일부이다. 그러나 언어를 문화와 떼어서 생각할 때 언어와 문화는 상호간에 영향을 미치며 발전한다고 할 수 있다. Lado가 "언어는 문화의 색인"이라 한 것이나, Sapir-Whorf의 가설은 이러한 배경을 바탕으로 한 것이다. 따라서 문화의 이해 없이 언어의 이해는 불가능하다고 할 수 있다.

그러면 문화란 무엇인가? 문화란 일상생활에서 볼 수 있는 생각하는 법, 일을 처리하는 법, 행동하는 양식, 가치관과 같은 것을 의미한다. W.

Goodenough는 "문화, 언어와 사회(Culture, Language and Society)"(1963)에서 문화를 실세계의 경험과 현상세계의 경험 및 과거의 노력을 일정한 목적을 위해 조직하는 방법이라 보고 다음과 같이 요약하였다.

> 문화는 그것이 무엇인가를 결정하는 기준, 무엇이 될 수 있는가를 결정하는 기준, 어떻게 느껴야 하는가를 결정하는 기준, 무엇을 할까를 결정하는 기준, 어떻게 일을 계속하여 해 나갈 것인가를 결정하는 기준으로 이루어진다.

여기서 小說 하나를 예로 들어 보기로 한다. 朱耀燮의 소설 가운데 "사랑손님과 어머니"라는 것이 있다. 이는 옥희 어머니가 사랑손님을 사랑하나 옥희의 장래를 위하여 사랑손님을 떠나보낸다는 줄거리의 이야기다. 나는 이 소설을 모파상의 소설 "시몬의 아빠(Simon's Papa)"의 번안 작품이라 생각한다. 이는 사실이 아닐는지도 모른다. 그러나 적어도 그 구성이나 주제로 볼 때 이렇게 생각할 수 있다. "시몬의 아빠"에서는 시몬의 어머니가 시몬을 위해 대장장이 필립 레미와 결혼을 한다. 그렇다면 번안소설인 한국 소설은 왜 딸을 위해 사랑하는 사람을 떠나보내고, 프랑스 소설은 결혼을 하는 것인가? 한국에서는 "불경이부(不更二夫)"라고 개가를 금기시하고, 프랑스에서는 개가가 자유롭기 때문이다. "사랑손님과 어머니"에서는 이러한 문화(관념)가 개가를 하면 사람들이 모두 "화냥년"이라고 한다는 것으로 압축되어 표현되고 있다. "화냥년"이라고 하는 개가문화(改嫁文化)가 이 결혼을 못하게 한 것이다. 이러한 언어문화를 이해하지 아니하고는 "사랑손님과 어머니"란 소설을 제대로 감상할 수 없다.

언어를 학습하기 위해서는 이렇듯 그 언어의 문화적 배경을 알아야 한다. 이에 한국의 언어문화를 이해하고, 나아가 효과적인 한국어 학습을 하도록 하자는 뜻에서 우선 한국의 언어 문자에 대해 알아보고, 한국의 언어문화와 그 교육에 대해 살펴보기로 한다.

2. 한국어와 한국 문자

2.1. 한국어(韓國語)

이 세상에는 약 3000개쯤의 언어가 있다. 언어는 크게 두 가지 분류 방법에 의해 나누어 볼 수 있다. 계통적 분류와 형태적 분류가 그것이다. 한국어는 그 사용 인구로 볼 때 세계 제15위 안에 드는 언어이다. 한국어의 계통은 아직 확증되지 않았다. 그러나 대체로 퉁그스어, 몽고어, 터키어와 같이 알타이어에 속하는 것으로 본다. 형태적으로는 다른 알타이어와 같이 교착어(膠着語), 달리 말하면 부가어로 분류한다. 이는 인도-지나어나, 고립어(孤立語·單位語)로 보는 중국어와 다른 점이다.

한국어의 음운, 어휘, 구문상의 특징을 간단히 살펴보면 다음과 같다.

첫째, 음운면에서 볼 때, 음소는 31개이다. 單子音 21개, 單母音 10개가 그것이다.

자음 : ㄱㄴㄷㄹㅁㅂㅅㅇㅈㅊㅋㅌㅍㅎ,ㄲㄸㅃㅆㅉ, w, j

모음 : ㅏㅓㅗㅜㅡㅣㅐㅔㅚㅟ

이는 중국어의 23개 자음, 6개의 모음과 대조되는 것이다. 종성의 경우는 한국어의 경우는 7종성이 있고, 중국어의 경우는 비음 두 개가 있다. 그리고 발음면에서 볼 때 한국어는 폐음절어라 할 수 있고, 중국어는 개음절어라 할 수 있다.

둘째, 어휘상의 특징은 다음과 같다.

① 많은 漢字語가 섞여 있다.

② 경어가 발달되어 있다.

③ 감각어가 발달되어 있다.

④ 상징어가 많다.

⑤ 대명사가 발달되어 있다..

⑥ 다음절어(多音節語)가 많다.

중국어에는 1음절의 물질 관계 명사가 많고, 이들을 종합하는 복합어 등 2자, 3자, 4자 등 많은 다음절어가 발달되었다.

셋째, 구문상의 특징으로는 다음과 같은 것을 들 수 있다.

① 부가어적 구문이다.

문장구조가 S-O-V형인 한국어는 정보를 추가하는 경우 V의 왼쪽에 부가하는 왼가지뻗기(left-branching structure)를 한다. 이는 S-V-O형인 영어의 경우와 다른 점이다.

② 도미문(掉尾文)이다.

주요한 부분, 결론을 뒤에 진술한다.

③ 장면 의존적 문장이다.

한국어는 어순이 느슨한 고맥락 언어이다.

④ 대우법이 발달되었다.

사고방식에 엄청난 영향을 미친다. 대인관계를 평등 아닌, 상하 종속 관계로 묶는다.

2.2. 한국의 문자(文字)

이 세상에는 약 400개 정도의 문자가 있다. 이들 가운데는 현재 쓰이고 있지 않은 것도 포함되어 있어 실제 수는 이보다 적다. 따라서 문자가 없는 언어가 대부분이다.

문자는 크게 두 종류로 나뉜다. 표의문자와 표음문자가 그것이다. 표의문자의 대표적인 것은 물론 漢字이다. 표음문자는 다시 音素文字(단음문자)와 音節文字로 나뉜다. 음소문자의 대표적인 것이 알파벳과 한국의 한글이며, 음절문자의 대표적인 것이 일본의 가나(仮名)이다.

1446년 "한글"이 창제되기 이전 한국에서는 漢字를 사용하였다. 이것은 한문의 표기 수단이기도 하였고, 향찰(鄕札), 이두(吏讀), 구결(口訣)과 같이 한국어를 표기하는 수단으로 차용되기도 하였다.

한글은 세종대왕이 친히 만드셨는데 이때의 글자의 이름은 "훈민정음(訓民正音)"이었다. 이는 "백성을 가르치는 바른 소리"란 뜻이다. 한글의 창제 정신은 "훈민정음"의 서문에 잘 나타나 있다. 그것은 나라의 체면상 문자가 있어야 한다는 자주정신(自主精神), 어리석은 백성으로 하여금 문자생활을 하게 한다는 애민정신(愛民精神), 쉽게 배워 일상생활에서 편히 사용하게 하겠다는 실용정신(實用精神)의 삼대 정신이 그것이다. 이러한 창제 정신은 韓民族으로 하여금 한글에 대해 자부심을 가지게 한다. 세계적으로 이러한 대의명분을 내세우고, 독창적으로 창제된 문자는 그 예를 다시 찾아볼 수 없기 때문이다.

한글은 여러 가지 가치를 지닌다. 그 몇 가지를 들어 보면 다음과 같다.

첫째, 과학적으로 창제된 문자이다.

둘째, 발음기관을 상형한 독창적인 것이다.

셋째, 배우기가 쉽다.

넷째, 음성 표기의 폭이 넓다.

한글은 이러한 가치를 지닌다. 따라서 이는 세계적으로 훌륭한 문자로 인정된다. 이는 어떤 언어를 우수하다고 하는 것과는 그 성질을 달리하는 것이다.

"한글"의 창제는 훈민정음의 서문에도 보이듯 漢字文化圈에서 벗어나 독립하려는 의도가 숨어 있다. 한자에 의한 문자생활은 言文 不一致의 불편한 생활을 초래하였다. 따라서 이러한 경향은 한자문화권에서 자연스럽게 표음문자인 민족문자를 제정하는 방향으로 나아가게 하였다. 이의 대표적인 것이 契丹의 거란문자이다. 이는 920년 만들어진 것으로, 936년 遼를 건국한 뒤 이 문자의 사용이 권장되었다. 元 나라에서도 파스파 문자를 만들었고, 淸 나라에서도 몽골 문자를 개량한 만주 문자를 만들었다. 한글 제정도 이러한 세계적인 추세가 작용한 것으로 볼 수 있다. 이러한 표음문자화는 오늘날 중국의 簡字에도 나타나고 있다.

3. 한국의 언어문화

"언어문화"라는 말은 두 가지 의미로 생각할 수 있다. 그 하나는 언어에 의해 형성된 문화로서, 文學을 그 대표적인 것으로 들 수 있다. 다른 하나는 언어의 배경으로서의 문화이다. 이는 언어생활에 투영된 것이거나, 단어와 문법 등에 투영된것이다.

3.1. 언어문화로서의 한국 문학

한국의 언어 문화로서의 문학은 신화, 전설, 설화의 단계를 거쳐 서정
요(抒情謠)의 탄생을 보게 된다. 초기의 서정요는 한문으로 전하는데, "공
후인(箜篌引)", "황조가", "영신가", "정읍사(井邑詞)" 등을 들 수 있다.

신라시대에는 향찰에 의한 향가(鄕歌)가 지어졌다. 향가는 신라시대의
작품이 14수, 고려시대 균여의 작품이 10수, 도합 24수가 전한다. 이 향
가는 한국 고유의 시가로 신라인이 숭상하던 것이었다. 그리하여 "삼국
유사"에는 다음과 같은 구절이 보인다.

羅人嘗鄕歌者尙矣 蓋詩頌之類歟 故往往能感動 天地鬼神者 非一(삼국유
사 권5)

이는 "신라 사람들은 일찍이 향가를 숭상하였다. 이는 시송의 부류에
속하는 것으로, 왕왕 능히 천지와 귀신을 감동시키는 것이 하나둘이 아
니었다"고 신라인이 향가를 숭상하였으며, 그 노래가 주술적 힘을 지니
고 있었음을 말한 것이다. 향가의 주술성은 추상적인 과장된 표현이 아
니었다. 실제로 "도솔가(兜率歌)"는 해를, "혜성가"는 별을, "원가"는 나무
를, "처용가"는 "귀신"을 감동시킨 노래였다.

그 뒤 고려에는 속요(俗謠)가 발달하였고, 별곡체(別曲體) 노래가 등장,
발전하였다. 그리고 이때 한국 시가의 대표적 형식인 時調가 발생·발전
하게 되었다. 시조는 초·중·종 3장으로 되어 있으며, 평시조의 경우
3,4 3,4/ 3,4 3,4/ 3,5 4,3의 음수율(音數律)을 지닌다. 이때에 또 가사(歌辭)
도 싹이 텄다.

조선조에 와서는 악장문학(樂章文學)이 발달하였으며, 소설이 등장하였

다. 김시습은 원말(元末) 구우(瞿祐)의 "전등신화(剪燈新話)"를 번안한 소설 "금오신화(金鰲新話)"를 지었으며, 허균은 최초의 국문소설 "홍길동전(洪吉童傳)"을 썼다. 그리고 이 시대에 들어와 가사가 발달하고, 시조가 난숙기를 맞이하였다. 소설도 후기에 들어 "춘향전", "심청전" 등 많은 작품이 나와 크게 발전하였다.

근대 이후의 문학은 일본을 통해 서양의 문학을 수용하였다. 신소설이나, 신체시는 일본의 영향을 받은 것이다. 이 밖에 근대 문예사조를 수용하며 한국문학은 새로운 발전을 하게 되었다. 오늘날은 일본을 통한 세계문학의 간접 수용이 아니라, 직접 수용에 의해 세계 속의 한국 문학으로 성장하고 있다.

3.2. 언어의 배경으로서의 문화

언어생활에는 그 사회의 문화가 반영된다.

첫째, 시대에 따라 달라지는 사회의 성격이 언어생활에 영향을 미친다. 씨족제도(氏族制度), 봉건제도(封建制度), 민주제도(民主制度) 사회의 언어생활을 비교해 보면 차이가 난다. 이는 각 시대의 사회질서에 의해 말의 용법, 문자의 용법이 제약을 받는 것을 의미한다. 고대에는 사물과 언어를 동일시하여 명칭을 중시하는 습관이 있었다. 그리하여 씨족제도의 시대에는 가문의 이름을 중시하였다. 그리고 봉건 시대에는 신분에 따른 언어의 용법이 달라 특히 경어(敬語)가 발달하였다. 사회의 변동은 또 지방 언어의 세력 변동을 초래하게 하였다.

둘째, 인간의 성격 및 사상이 언어행동을 규제한다. 이것은 사회질서와는 달리 개인의 행동을 밖이 아닌, 안에서 규제하는 것이다. 성격이나 사상은 개인 특유의 것이 있어 일률적으로 규정할 수 없다. 그러나 그 개인에게도 어떤 사회 공통의 기질이 있는가 하면, 그 시대 특유의 사상에 영향을 받는 경우가 많다. 동양 사람은 개성이 약하고, 사회나 풍조에 영향을 쉽게 받는 경향이 있는 것으로 보인다. 이러한 성격이 언어에 반영된 것이 한국어에 많은 한자어를 수용하게 한 것이다. 사상면에서 보면 무언실행(無言實行)을 최고의 덕으로 알고, 다변(多辯)을 악덕으로 아는 중국의 영향을 받아 언어에 대한 윤리감이 강조되고 침묵과 신언을 미덕으로 여기는 것을 볼 수 있다. 이 밖에 서양사상은 사회제도와 사회생활을 변화시키고, 이로 말미암아 언어생활도 변화를 꾀하게 하였다. 한 예로 자유주의 민주주의 사상의 발달은 언론의 자유와 언어의 민주화를 꾀하게 하였다. 상하, 남녀간의 존대법의 쇠퇴도 이러한 예의 하나가 될 것이다.

언어생활 아닌, 언어의 구조면에서 단어의 배경으로서 화석화된 문화도 생각해 볼 수 있다. 이것은 발상의 문제로, 조어법의 문제이고, 어원의 문제라 할 수 있는 것이다. 참고로 몇 개의 단어에 대한 어원 고찰로 문화적 배경을 살펴보면 다음과 같다.

① "사람"이란 말은 "살다"란 동사에서 파생된 말이다. 한국 사람은 "사람"을 살아 있는 대표적 존재로 생각하였다. 영어의 man은 본래 남녀를 포함한 인간을 가리켰으나 그 어원은 알 수 없다. 중국어 "人"은 상형자로, 사람이 몸을 굽혀 서 있는 것을 옆에서 본 형태로 그려 사람의 뜻을 나타낸 것이다. 따라서 문자 아닌 어원은 알 수 없다.

② "목숨"은 명(命)을 뜻하는 말이다. 이는 "목"과 "숨"의 합성어로, 목에 숨이 붙어 있다는 뜻이다. 현대 의학에서도 생사의 구별은 맥박이 뛰느냐, 숨을 쉬느냐 하는 것으로 판단한다. 따라서 "목숨"은 과학적인 조어라 하겠다. 한자어 命은 형성자로, "꿇어앉은 사람에게 분부한다"는

뜻과 함께 음을 나타내는 "令"에, 다시 "口"를 더해 분부한다는 뜻을 분명히 한 글자이다. 이는 하늘이 命하는 일로서 運命, 나아가 인간의 수명도 운명으로 정해져 있다고 하여 목숨의 뜻이 된 것이다. 따라서 "命"은 "운명" 나아가 "목숨"이 된 것이니, 운명론적인 의미를 드러내는 것이다. 영어 life는 독일어 Leib(신체), Old Norse "lif"(생명, 신체)에 소급하는 말이다. 따라서 이는 "신체"에서 의미가 확장된 말이라 하겠다.

③ "어른"은 교합(交合)하다의 뜻을 나타내는 "얼다", 또는 "어르다"에서 파생된 명사이다. 이는 "얼-은", 또는 "어르-ㄴ"과 같이 어간에 "ㄴ" 동명사형이 붙은 것이다. 우리 속언에 "나이만 많이 먹으면 어른이냐, 장가를 가야 어른이지" 하는 말이 이 말 뜻을 잘 설명해 준다. 영어 "adult"는 라틴어 adultus에 소급할 수 있는 말로, 이는 성장하다를 뜻하는 adoll'escere의 과거분사이다. 이는 한자어 "成人"과 같은 의미 부류에 드는 말이라 하겠다. 이에 대해 "長"은 상형자이다. 긴 털의 노인이 지팡이를 짚고 있는 형상으로, 연장의 노인이란 뜻을 나타낸다. 우리의 "어른"보다 "연로한 어른"이다.

④ "장가들다/ 시집가다"는 각각 남녀가 결혼하는 것을 의미한다. "장가들다"는 "入丈家"를 의미하는 말로 사위가 장인 집에 살러 들어가는 것을 의미한다. 이에 대해 "시집가다"는 「出於媤家」를 의미하는 말로 여자가 "媤家에 가다"를 의미한다. 여기 "시가"란 물론 시부모의 집을 의미하나, 본래 "새집(新家)"을 의미하던 말이다. 여인이 새집에 들어간다는 말이다. 따라서 전자는 모계사회의 결혼제도를, 후자는 부계사회의 결혼제도를 반영하는 말이라 할 수 있다.

4. 한국어교육

4.1 한국어교육의 현황

외국어로서 한국어가 언제부터 가르쳐졌는지는 확실치 않다. 그러나 적어도 문헌의 기록에 의하면 신라 景德王 때까지 거슬러 올라가는 것으로 보인다. 일본의 「續日本紀」에는 다음과 같은 기록이 보인다.

乙未 令美濃・武藏二國少年 每國二十人習新羅語 爲征新羅也
(續日本紀, 天平寶字五年正月乙未條)

美濃와 武藏 두 나라의 소년 각 20인으로 하여금 신라를 정벌하기 위해 신라어를 익히게 하였다는 것이다.

그 뒤 일본에서는 1720년 유학자 雨森芳洲가 "通詞"의 부족을 통감하여 "韓語司"의 설립을 쓰시마 번주(對馬藩主)에 건의하였고, 1727년에 "韓語司"의 설립을 보게 되었다. 이때 12세에서 17세 사이의 청소년 30명이 입학하였다. 이것이 아마도 최초의 한국어 교육 기관이 아니었나 생각된다. "교린수지(交隣需知)"와 "인어대방(隣語大方)" 등은 이때 저술된 조선어 학습서이다. 중국에서는 宋나라 손목(孫穆)이 "계림유사(鷄林類事)"를 짓고, 明나라 때 "조선관역어(朝鮮館譯語)"가 간행되어 각각 고려어(高麗語)와 조선어(朝鮮語) 학습의 계기를 마련하였다.

한국어 교육은 근자에 많이 확산되었다. 외국어로서의 한국어교육은 미국, 일본, 중국 독립국가연합 등에서 활발히 꾀해지고 있다. 미국의 경우 한국어교육은 1950년대 초만 하여도 중국어 또는 일본어의 부수과정으로 개설되었었으나, 지금은 110개 대학에서 한국어 강좌가 개설되고 있다. 일본의 경우도 韓日 국교정상화가 되던 1960년대만 하여도 한국어 강좌를 개설한 대학이 5개교에 불과하였는데, 2003년 335개교에 이르게 되었는가 하면, 219개 고등학교에서 한국어교육을 실시하고 있다. 중국의 경우는 1922년까지만 하여도 조선어과가 설치된 대학이 5개밖에 없었는데, 오늘날 4년제 정규대학만 하여도 54개가 되었다. 독립국가연합의 경우도 구소련과 수교를 한 뒤 러시아만 하여도 30여 개 대학에 한국어과가 설치되었다. 이 밖에 호주의 입시제도인 HSC(High School Certificate), 미국의 SAT(Scholastic Assessment Test)II, 일본의 센터시험에 한국어가 채택됨으로 초·중등학교에까지 한국어가 정식 선택과목으로 채택되고 있다. 그리하여 오늘날 해외에는 55개국 658개의 대학과, 8개국 1,525개 이상의 초·중·고등학교에 한국어 강좌가 개설되고 있는 것으로 알려진다(조항록, 2005). 근자에는 이러한 학교교육과는 달리 "韓流"에 따른 한국어 학습과, 취업을 위한 동남아 지역의 한국어 학습도 열기를 띠고 있다.

4.2. 외국어 교수법과 한국어교육

역사적으로 볼 때 외국어 교수법은 많은 것들이 생성 소멸되면서 오늘에 이르고 있다. 이 가운데 큰 흐름을 이루는 것은 전통적 교수법인 문법-번역법(Grammar-transration method)과 청각구두법(Audio-lingual Approach), 그리고 의사소통법(Communicative approach)이다. 한국어교육에도 주로 이러한 교수법이 활용되고 있다. 문법을 습득하고 문장을 번역하는 교수 학습이 중심이 된 문법-번역법은 19세기 중반에 말하는 외국어교육의 필요에 의해 비판을 받게 되어 새로운 교수법을 대두하게 하였다. 이때 개발된 것이 自然法(natural method)이다. 이것이 20세기에 들어와 개발된 直

接法(direct method)의 기초가 되었다. 직접법은 20세기 전반 구미에서 환영을 받았다. 1920년대 후반에는 직접법과 문법 중심의 교수법을 병합한 교수법이 외국어 교육의 주류를 이루었다. 1940-60년대에는 구조주의 언어학 및 행동주의 심리학을 바탕으로 새로운 외국어 교수법이 개발되었다. 이것이 외국어 학습을 새로운 습관의 형성이라 보고, 의미보다 문장의 구조를 중시하고 구두연습과 문형연습을 강조한 이른바 오디오 링갈 어프로치다. 1960-70년대에는 생성문법 이론자들에 의해 이 교수법이 비판을 받게 되었고, 1970년대 이후에는 새로운 교수법과 의사소통법이 제창되었다. 이때의 새로운 교수법(non-conventional)이라 일러지는 것은 전신반응법(Total physical response), 침묵법(Silent way), 공동체언어학습법(Community language learning), 암시법(Suggestopedia), 자연법(The natural approach) 등이다. 이 밖에 의사소통 능력의 육성을 목적으로 하는 협의의 커뮤니커티브 어프로치가 있다. 이들 교수법은 각각 장단점을 지닌다. 따라서 바람직한 한국어 교육을 위해서는 이들의 장단점을 검토하고 활용하도록 하여야 한다. 그리고 학습자의 입장에서는 무엇보다 의사소통 능력(communicative competence)을 기르는 데 중점을 둘 것이고, 형식(문법)에도 유의하도록 하여야 한다.

4.3. 한국어교육과 문화적 배경

외국어로서의 어떤 언어를 교수·학습하기 위해서는 언어항목뿐만이 아니라, 이와 관련이 있는 문화항목도 마땅히 교수·학습하여야 한다. 그래야 올바른 말을 쉽고 흥미롭게 교수·학습할 수 있다. 특히 의사소통 능력(communicative competance)을 육성하려 할 때 그러하다.

언어결정론(linguistic determinism)은 수용하지 않는다고 하더라도 언어와 사회·문화와의 밀접한 관계는 이미 앞에서 언급한 바와 같다. 언어의 문화적인 배경은 언어생활과 어휘 및 문법 등에 나타난다. 이러한 특성은 대조언어학, 대조표현론에 의해 확인된다. 근자에는 사회언어학, 화용론, 화행론, 비평적 언어학 등에서도 이것이 활발히 연구되고 있다. 외국어 교수에는 이러한 연구 성과가 활용되어야 한다. 그것은 언어 표현이란 표현의 문법성 못지않게 사회언어학적 적격성이 문제가 되기 때문이다. 예를 들면 정중한 사과를 할 때 한국에서는 "죄송합니다. 더 이상 드릴 말씀이 없습니다."라 하는데, 이를 직역하여 영어 사회에서 "I'm sorry. I have nothing more to say."라 하게 되면 건방지고 불손한 표현이 되고 만다.

따라서 의사소통 능력을 중시하는 오늘날의 외국어 교육에서는 이러한 사회적인 규칙에 대한 교수·학습을 중시하지 않으면 안 된다. 이는 각종 構文을 구사할 수 있는 능력을 갖춘 뒤에 시간이 남으면 학습할 한가로운 사항이 아니다. 더구나 외국어 교육이 모국어 화자와 같은 언어 능력을 기를 수 없다고 하여 미리 포기하고, 언어의 기계적인 구사로 만족하려 해서는 안 된다.

그러면 구체적으로 외국어 교육에 반영하여야 할 문화적 요소로는 어떤 것이 있는가? 이는 그 구분이 상대적인 것이기는 하나 크게 언어의 구조적(構造的) 요소와 운용적(運用的) 요소로 나누어 살펴볼 수 있을 것이다.

4.3.1. 구조적 요소

구조적인 요소로는 특정한 형태를 지니는 어휘와 문법을 들 수 있다. 어휘는 사회, 문화, 제도 등 광의의 문화를 반영하는 단어가 이에 해당된다. 이는 강보유(2004)에서 비대응 어휘체계라고 하는 것이 여기 해당할 것이고, 일부 불완전체계에 속하는 것이 여기에 해당할 것이다. 영어의 해양어, 일본의 비, 에스키모인의 눈, 한국어의 감각어의 발달이 이러한 것이다. 한국의 경우 역사적으로는 "화백(和白), 골품제도, 국자감, 훈민정음, 탕평책, 민적(民籍), 호패, 월남(越南)"과 같은 것을 들 수 있고, 현대어로는 "문민정부, 시국사범, 양심수, 구조조정, 초토세, 수능, 도우미, 전작권" 따위를 들 수 있다. 특히 보기의 앞엣것과 같은 것은 민족학적 설명을 필요로 한다고 하겠다. 이 밖에 단어의 유연성(有緣性)의 문제를 생각할 수 있다. 이는 어원과 관련되는 것인데, 한국어의 경우 여러 가지 이유에 의해 어원을 밝히기가 어려우나, 교육에 필요한 정도의, 밝힐 수 있는 어원은 밝히는 것은 바람직하다. 몇 개 단어의 어원은 앞에서 살펴본 바 있거니와 이 밖의 예를 몇 개 들어 보면 다음과 같다.

 * 푸르다(<草, 붉다(<火, 맛(<食品, 이바지(<供饋, 살<元旦
 * 눈물(淚-水), 한숨(大-息), 바늘귀(針-耳), 비호같다(如-飛虎), 쏜살같
   다(如-飛矢)

이들 가운데 "눈물, 한숨"은 영어의 경우 "tear, sigh"와 같이 단일어이며, "바늘귀"는 "needle's eye"와 같이 결합된 형태소가 개념을 달리한다. 이러한 조어에 대한 설명은 학습자의 흥미를 끌 것이다. 그리고 명명(命名)의 일반화와 세분화도 문화의 차이를 드러낸다. 이는 어휘 조직의 조밀도(稠密度)와 관계되는 데 한국어는 의미영역을 세분화함으로 조밀도가 높은 것으로 보게 한다. 영어의 경우 "rice" 하나로 통용되는 것이 한국어의 경우는 "벼, 쌀, 밥"으로 분화된다. "wear"에 대한 한국어는 더욱 다채롭다. "입다, 신다, 쓰다, 매다, 끼다, 걸다, 달다, 바르다, 차다, 기르다, 띠다" 등이 그것이다. "strong"도 "진하다, 세다, 커다랗다, 단단

하다, 독하다, 강하다" 등으로 세분된다. 이들의 구체적인 예를 보면 다음과 같다. 한국어의 이러한 세분화 경향은 일본어에서도 비슷하게 나타난다. 중국어도 많이 분화되고 있는 것을 볼 수 있다.

* wore a jacket.	입다.....	着る..............	穿
wore black shoes.	신다.....	はく..............	穿
wore glasses.	쓰다......	かける.........	戴
wore a tie.	매다......	しめる...........	系上
wore a ring.	끼다.......	はめる...........	戴
wore a hat.	쓰다......	かぶる.........	戴
wore a neckrace.	걸다......	かける...........	帶上
wore a decoration.	달다......	つける...........	別上
wore a perfume	바르다....	ぬる..............	塗
	뿌리다......	かける...........	灑
wore a sword.	차다.......	さす.............	佩帶
wore a mouthtache.	기르다...	はやす.........	蓄
wore a smile.	띠다........	うかべる.....	帶

* a strong coffee	진한 커피........	濃い......	濃
a strong horse	힘이 센 말......	強い......	大
a strong possibility	커다란 가능성...	大い......	多
a strong stick	단단한 막대.......	固い.......	硬
a strong whisky	독한 위스키.......	強い.......	烈
a strong will	강한 의지...........	強固な...	堅強

이 밖에 "break-부수다, 찢다, 깨다, 파괴하다", "brother-형, 동생, 언니, 오빠", "cold- 춥다, 차다", "cut-자르다, 끊다, 베다, 깎다, 다듬다", "hot-덥다, 뜨겁다, 맵다", "life-생명, 생활, 인생(일생)", "wash-씻다, 빨

다, 닦다, 감다" 등도 이러한 예이다. 이 밖에 한국어의 감각어는 상대적으로 분화된 대표적인 어휘라 할 수 있을 것이다. 일례로 색채어 yellow에 해당한 한국어를 보면 다음과 같다.

> 노랗다, 누렇다, 샛노랗다, 노르께하다, 노르끄레하다, 노르므레하다, 노르스름하다, 노릇하다, 노릇노릇하다, 노르톡톡하다, 노리께하다, 노리끄레하다, 노리톡톡하가다, 노릿하다, 노릿노릿하다, 누르께하다, 누르끄레하다, 누르므레하다, 누르스름하다, 누릇하다, 누릇누릇하다, 누르칙칙하다, 누르특특하다

이들 어휘와는 달리 오히려 영어 단어가 더 분화된 경우도 있다. "꽃-flower, bloom, blosome", "가락- finger, toe", "닭-hen, cock", "무릎-knee, lap", "벌레-insect, worm", "보다-look, watch, see", "상처-wound, injury", "소-bull, cow, ox, calf", "시계-watch, clock", "푸르다-blue, green" 같은 것이 이러한 것이다.

문법(文法)은 우선 도미문과 산열문의 차이를 볼 수 있다. 이것은 사고 방식의 차이를 드러내는 것이다. 주어를 흔히 생략하는 것은 한국어의 특성이다. 특히 "나(我)", "너(爾)"와 같이 언어적 맥락이나 사회적 맥락으로 보아 그것을 알 수 있는 경우에는 생략한다. 이것이 한국의 언어문화다. 서구어의 주어를 일일이 번역하면 그것은 한국어다운 한국어가 되지 않는다.

이 밖에 관용어와 속담도 문화적 차이를 반영하는 것이다. 이는 형태적인 면뿐 아니라, 개념적 면에서도 차이를 보인다. 더구나 그 의미는 조성 요소 A+B=AB와 같이 지시적 의미를 드러내는 것이 아니라, XxY=Z와 같이 사회적 의미를 지니는 것이 보통이다.

경을 치다, 괴발 개발 그린다, 눈이 맞다, 담을 쌓다, 등골 뽑다, 등 치다, 마음을 쓰다, 말발이 서다, 머리를 올리다, 바가지 긁다, 바람이 나다, 발이 짧다, 뽕도 따고 임도 보고, 삼수 갑산에 가는 한이 있어도, 손끝이 맵다, 손발이 맞다, 인상 쓰다, 입이 닳도록, 죽 쑤다, 쩔고 까불다, 찬밥 더운 밥 가린다, 코가 땅에 닿다, 퇴짜를 맞다, 한눈을 팔다, 허물없다, 헛물 켜다, 혼쭐이 나다

이들은 관용구의 예이다. 다음은 속담의 예이다. 이들은 다 사회적인 의미를 지니는 것이다.

간에 기별도 안 간다, 개밥에 도토리, 고래 싸움에 새우 등 터진다, 금강산도 식후경, 꿩 먹고 알 먹는다, 남대문 입납, 남의 친환에 단지, 보리죽에 물 탄 것 같다, 썩어도 준치, 아닌 밤중에 홍두깨, 억지 춘향이, 저녁 굶은 시어미 상이다, 중 술취한 것, 촌년이 아전 서방을 하면 날 샌 줄을 모른다, 춥기는 사명당 사처방이다, 홍길동이 합천 해인사 털어 먹듯, 황회 정승네 치마 하나 가지고 세 어이 딸이 입듯.

4.3.2. 운용적 요소

언어는 사회적 규범에 따라 여러 가지 변이형을 생성해 낸다. 다시 말하면 사회적인 규칙에 따라 서로 다른 독자적인 표현을 형성해 낸다. 예를 들면 자동차를 후진하다 남의 차를 잘못 들이받는 장면을 보고, "잘한다!"고 하는 것이 이러한 것이다. 이는 물론 지시적 의미 그대로 잘했다는 말이 아니다. 운전을 잘못한 것을 조소한 것이다. 이 말은 순수한 언어적인 문맥의 한계를 넘어 언어외적 상황이 고려된 뜻이다.

인간의 언어행위는 좁은 뜻의 문법규칙에 의해서만 규제되는 것이 아니고, 발화행위가 일어날 때의 사회적인 여건에 의해 규제된다. 대화가 이루어지는 장면이나 상황, 대화자 사이의 사회적 관계, 대화의 주제와

같은 사회적인 요소에 의해 표현 형태에 제약이 가해진다. 그리하여 많은 상황변이형(situational variants), 또는 기능변이형(functional variants)이 산출된다. 따라서 정상적인 언어생활을 하기 위해서는 문법성에 관한 지식 외에 다음과 같은 사회언어학적 지식을 갖추어야 한다(황적륜, 1998).

① 언어표현의 명제적 의미만이 아니라, 사회적 의미를 이해하고 쓰는 데 필요한 규칙에 대한 지식
② 언어를 사물 지시적 기능만이 아니라, 여러 가지 사회적 기능으로 이해하고 쓸 수 있는 능력
③ 언제, 어디서, 누구에게, 무엇에 관해 말하느냐 등 발화행위의 사회적 상황에 따라 적절한 표현을 골라 쓸 수 있는 능력, 나아가서는 언제 말을 해야 되고 언제 침묵을 지켜야 하는지 등에 관한 지식

이러한 언어 능력이 커뮤니커티브 컨피턴스로, 이는 지시적 기능 외에 여러 가지 사회적 기능을 갖는다. Jacobson(1960)의 여섯 가지 언어 기능이 이러한 것이다. 모국어의 경우는 물론 외국어의 표현에서도 이러한 언어의 기능은 잘 알고 있지 않으면 안 된다. 「안녕하십니까?」, 「진지 잡수셨습니까?」, 「How are you?」가 인사말로, phatic function을 지니는 말이라는 것을 모르고, 지시적인 기능으로 받아들여 일일이 자기의 상황을 설명한다면 그것은 우스개가 될 것이다. 사실 개화기에 한 신부가 「신부님, 어디 가십니까?」 하는 인사말을 지시적인 표현으로 받아들여 이에 대한 설명을 하느라고 발걸음을 옮길 수 없었다는 구체적인 사례까지 보여 주고 있기도 하다.

그러면 학습에 반영하여야 할 문화적 요소로서의 언어의 운용적 요소에는 어떤 것이 있는가?

이의 대표적인 것으로는 호칭과 지칭, 待遇法의 표현, 문맥에 의존도, 문화변용규칙 등을 들 수 있다. 호칭과 지칭의 문제는 대우법과 밀접한 관련을 갖는 것이다. 영어권의 경우 호칭을 결정하는 요소는 권력(power)과 유대(solidarity)이며, Power를 나이와 직위로 나눌 때 직위가 우선한다. 이에 대해 한국어의 경우는 서열이 가장 중요하고, 그 다음이 나이, 유대(친근도)의 순이 되어 영어권과 차이가 난다. 대우법은 앞에서 언급한 바와 같이 대인관계를 평등 아닌, 상하 종속관계로 묶는다. 따라서 경어법의 등급을 작정하는 것이 언어운용의 커다란 흐름을 좌우하게 된다. 경어법의 선택 요인은 친족 서열> 사회적 서열> 연령> 친분의 순서로 나아가는 것으로 보인다(이익섭, 1994). 이상재 선생의 일화에 왜경이 집에 와 문밖에서 "이리 오너라"하고 찾으니, "오냐, 나간다"고 했다는 일화가 있다. 왜경이 의외의 반말에 항의하였더니, 선생은 상대방이 반말을 하니 이쪽도 반말을 한 것이라고 응수하였다 한다. 이는 선생이 일경을 골탕을 먹이고자 꾸민 것으로, 언어의 사회적인 기능으로 볼 때는 수용할 수 없는 것이다. "이리 오너라"는 그 집의 하인을 부른 것이기 때문이다. 맥락의 의존도는 고맥락(high context)과 저맥락(low context) 문화의 어느쪽으로 기울어지느냐 하는 것이다. 기본적으로 한국은 고맥락 문화에 속하는 것으로 본다. 모호하게 표현할 것인가, 아니면 직설적으로 말할 것인가의 문제가 제기된다. 마지막의 문화변용규칙은 가치관의 문제로 이는 민속지적 특성을 지닌다. 松本(1994)는 日美의 문화변용규칙 여덟 가지를 제시하고 있는데, 韓日 文化는 동질성을 지니는 것으로 보인다. 그 여덟 가지는 폐쇄지향 대 개방지향, 자연지향 대 개인지향, 형식지향 대 자유지향, 겸손지향 대 평등지향, 의존지향 대 자립지향, 긴장지향 대 이완지향, 비관지향 대 낙관지향, 조화지향 대 주장지향이다. 전자가 일본의 변형규칙에 해당되는 것으로, 한국의 경우도 여기에 해당되는 것으로 볼 수 있다. 아니 동양이 여기에 해당한다고 보아 좋을 것이다. 진수성찬을 차리고도 "차린 것은 없으나 많이 드시라"고 하는 한국의 인사는 이 가운데 겸손지향에 해당될 것이다.

이 밖의 요소로 "장면 전환(contextual transfer)"을 들 수 있다. 이는 적합하지 않은 다른 장면에 전환함으로 웃음거리를 만들거나, 재앙을 빚게하는 것이다. 안부를 잘 묻는다는 것이 "선친도 안녕하신가?"와 같이 하는 것이 그것이다. 이러한 social incompetence는 대화의 상대방과 관련이 있는 것일 때 더욱 심각한 결과를 빚게 된다. 앞에서 예를 든 "죄송합니다. 더 드릴 말씀이 없습니다"를 직역하여 영어권에서 사용하는 것도 이러한 예라 하겠다. 어떤 상황을 동작주적인 표현을 하느냐, 비동작주적인 표현을 하느냐 하는 것도 문화적인 특성과 관련이 있는 것이다. 영어에 비해 우리말은 동작주적인 표현을 즐겨하는 것으로 볼 수 있다. 그것은 영어는 수동태가 발달되어 있는데, 국어의 경우는 그렇지 않은 것이 그 증거이다. 이 밖에 시각의 차이를 보이기도 한다. "오다/ 가다"의 용법이 영어와 차이를 보이는 것이 그것이다. 영어권은 청자중심의 표현을 하여 "I will come there right away."나, "I came over your house last night."이라 하는데 대하여 우리는 화자중심의 표현을 하여 "내가곧 그리 가겠다", "나는 어젯밤 너희 집에 갔었다"와 같이 가고 오는 것이 바뀌는 것을 보여 준다. 그리고 우리의 언어생활에 넘쳐나는 비유(比喩)도 문화를 반영하는 것이다. 이는 발상이 같거나 비슷한 것도 있지만다른 것이 더 많다. 이러한 비유의 표현도 개성적인 것이 아닌, 민족지적 특성을 반영하는 것은 외국어 교육의 활성화를 위해 따로 학습 대상으로 삼는 것이 좋다. 다음에 용모와 관계되는 비유를 몇 개 보기로 한다(박갑수, 1998).

젓가락같이 말랐다(thin as a toothpick), 쭈그렁바가지 같다(like prune), 올챙이 배(a pot belly), 닭살(goose pimple), 무 다리(piano legs), 주먹코(a bulbous nose), 민둥산(bald as a billiard ball), 실눈(eyes like slits), 뱅어 같은 손가락(lily-white hands)

이상 언어의 문화적 배경, 다시 말하면 사회언어학적 요소와 이의 교수·학습의 필요성에 대해 살펴보았다. 외국어 교육의 목적은 모국어 화자와 효과적인 의사소통을 하자는 것이다. 이러기 위해서는 문법적인 문장을 이해하고 사용하는 능력 못지않게 커뮤니커티브 컴피턴스를 키워 주어야 한다. 이는 언어의 문화적 배경, 다시 말하면 사회언어학적 요소를 체계적으로 교수·학습하여 언어의 사회적인 기능을 효과적으로 수행하게 한다. 그래야 일차적인 의미 전달만이 아니라, 부차적 의미까지 제대로 파악, 화자의 참뜻을 이해하게 한다. 이는 목적어와 현지어가 다를 때 더욱 그러하다. 언어의 문화적 배경에 대한 교수·학습의 의의는 여기에 있다 할 것이다.

5. 결어

각 민족과 국가는 각기 자기 나름의 언어와 문화를 간직하고 있다. 한국은 한국 나름의, 중국은 중국 나름의 언어와 문화를 간직하고 있다. 언어는 문화를 반영한다. 따라서 상대국이나 민족을 이해하기 위해서는 그 문화를 알고 언어를 알 필요가 있다. 중국과 한국은 가까운 이웃나라다. 한국인은 중국의 문화와 언어를, 중국인은 한국의 문화와 언어를 배우고 이해할 때 보다 친근한 관계가 형성되게 된다.

우리는 지금까지 한국의 언어문화를 살펴보았고, 한국어 학습의 한 방법으로 문화교육의 문제를 살펴보았다. 언어를 보다 잘 학습하기 위해서는 문화를 이해하는 것이 지름길이다. 괴테는 "외국어를 알아야 자국어를 알 수 있다"고 하였다. 한국어를 학습함으로 가까운 이웃을 사귀게 되고, 모어(母語) 중국어를 보다 잘 알 수 있게 되길 바란다.

烟台는 다른 지방에 비해 한국어 학습의 좋은 여건에 놓여 있다고 할 수 있다. 그것은 주변에 많은 한국어 학습장이 널려 있기 때문이다. 여러분의 앞날에 행운이 같이 하길 바란다.

참고문헌

박갑수(1998), 일반국어의 문체와 표현, 집문당.

박갑수(1999), 아름다운 우리말 가꾸기, 집문당.

박갑수(2005), 국어교육과 한국어교육의 성찰, 서울대 출판부.

이익섭(1994), 사회언어학, 민음사.

Dell Hymes(1977), Foundation in Sociolinguistics-An Ethnographic Approach, Tavistock Publication Ltd.

國廣哲彌(1992), 發想と表現, 大修館.

高見澤孟(1989), 新しい 外國語教授法と 日本語教育, アルク.

松本靑也(1994), 日美文化の特質, 研究社.

강보유(2004), 문화언어학과 언어문화 교육, 한국언어문화학 제1권 제1호, 국제한국언어문화학회.

박갑수(1998), 외국어로서의 한국어 교육과 문화적 배경, 선청어문 제26호, 서울사대 국어교육과.

박갑수(2005), 언어와 문화, 그리고 한국어교육, 제9회 조선-한국 언어문학교육 학술회의, 연변대학.

조항록(2005), 정책의 연구사와 변천사, 국제한국어교육학회(2005), 한국어교육론 1, 한국문화사.

황적륜(1997), 사회언어학과 외국어 교육 -Communicative Competence의 문제, 사회언어학과 한국어교육, 서울대 외국인을 위한 한국어교육 지도자과정.

황적륜(1997), 언어와 문화 : 영어와 한국어의 경우, 사회언어학과 한국어교육, 서울대 외국인 을 위한 한국어교육 지도자과정.

Ho-min Sohn(1997), Principles of Performance-based Foregn Language Instruction, AATK Conference.

松原孝俊 外(1997), 雨森芳洲と對馬藩「韓語司」設立經緯をめぐつて, 日本硏究 第12輯, 中央大學 校 日本硏究所.

■ 이 글은 2006년 여름 중국 烟台大學 韓國專家 學術講座에서 발표된 원본이다. 이 글은 전면 적으로 개고하여 "한국어교육과 언어문화 교육"이란 제목으로, "한국어교육 연구" 제10호(서 울대학교 사범대학 외국인을 위한 한국어교육 지도자 과정, 2007:본 총서 2에 재록)에 발 표한 바 있다. 그런데 원본은 원본 나름의 특성이 있어 본서에 수록하기로 한다.

제 2 장 폴라이트니스 이론과 한국어교육

1. 서론

언어활동은 언제나 화자와 청자를 상정한다. 설사 그것이 독백일 때도 마찬가지다. 그리고 이때 상대방에 대한 배려를 한다. 이러한 것의 대표적인 것에 대우법, 혹은 경어법이란 것이 있다. 이는 흔히 존대와 하대로 구별하는가 하면, 여기에 공손법을 추가하기도 한다.

우리의 경우 공손법(恭遜法)은 통사론에 있어서 상대높임법을 의미한다 (국립국어연구원, 1988). 다음의 '국어국문학자료사전'(이응백 외, 1994)의 설명도 이러한 것이다.

> 공손법: 국어 용언에 나타나는 경어법의 하나이다. 존비법, 또는 상대 존대라고도 하며, 청자에 대한 화자의 경의 표시 여부 및 그 정도에 따라 문장의 끝, 곧 정동사(定動詞)에 나타나게 되는 어형 변화를 말한다. 어형 변화는 화자와 청자의 존비낙차(尊卑落差)에 따라 아주 공손히 말하는 합쇼체와, 경의가 전혀 표시되지 않는 해라체, 그리고 중간인 하오체와 하게체의 네 등분으로 나뉜다.

그러나 이러한 문법적 용어로서의 '공손법'과는 달리 우리는 '공손한 말', '공손한 표현'이란 말을 일상으로 사용한다. 이때의 '공손한 말·표현'이란 '겸손하고 예의 바른 말'을 의미한다. 우리 학계에서는 그동안 이러한 '공손법'에 대해 통사론적·의미론적·화용론적 연구를 해 왔다.

기호론(semiotics)은 통사론, 의미론, 화용론의 세 영역으로 나누기도 한다. 이 가운데 화용론(pragmatics)은 기호와 사용자의 관계를 연구하는 새로운 학문이다. 기호, 곧 언어와 인간관계가 가장 밀접하게 연결된 것이 경어요, 광의의 '공손법'이며, Politeness요, 정녕어(丁寧語)라 할 수 있다. 이렇다 할 경어가 없는 서양에서는 오늘날 Politeness란 용어를 우리의 '공손한 표현'이란 의미와 달리 사용한다. 인간관계 유지, 내지 인간에 대한 배려를 의미하며, 이의 화용론적 연구를 활발하게 전개하고 있다. 그 대표적인 것이 Brown, P. & Levinson, S.의 'Politeness: Some universals in language usage(Cambridge university press, 1978.)'이다. 협의의 공손법과 달리 폴라이트니스는 모든 언어에 보편적으로 나타나는 현상이다. B-L(1978)은 안면위협행위(FTA)를 바탕에 깔고 인간에 대한 배려로서의 이 이론을 전개하였다. 우리 학계에서는 공손법을 그간 경어법의 일종으로 보아 이에 대해 그다지 주목하지 않고, 종래의 연구의 틀에서 크게 벗어나지 않고 있다. 이에 여기서는 우리의 '공손법'과 달리 B-L 등의 이론을 '폴라이트니스'란 용어를 사용하여 공손법과 구별하여 보기로 한다.

이 글에서는 그간 소홀하였던 인간에 대한 배려로서의 폴라이트니스 이론의 발전 과정과 B-L의 폴라이트니스 이론을 살펴봄으로 보편적 현상으로서의 폴라이트니스에 대한 시야를 확장하고, 한국어교육에서의 이 이론의 적용 문제를 살펴보기로 한다. 외국어 교육으로서의 한국어교육이기 때문에 보편적 언어 이론에 의한 해명이 좀 더 바람직할 것으로 보이기 때문이다.

2. 폴라이트니스 이론의 발전

폴라이트니스 이론의 큰 흐름은 듀르게임(Durkheim, E.)과 고프만(Goffman, E)
과 같은 사회학 및 인류학적 연구에서 비롯하여 그라이스(Grice, P.)의 협
조의 원리, 및 리치(Leech, G. N.)의 폴라이트니스 이론을 거쳐 B-L의 폴
라이트니스 이른에 와 꽃을 피웠다고 할 수 있다.

2.1. 듀르게임의 의례론(儀禮論)

프랑스의 사회학자 듀르게임은 현대사회의 특징을 개인의 인격 존중
이라 본 최초의 인물로 알려진다. 그는 그의 '사회분업론'(1893)에서 다
음과 같이 말하고 있다.

> 사회분업이 발달함에 따라, 일반적으로 공동의식은 쇠퇴하나 유일한
> 예외로 개인을 대상으로 하는 공동의식은 강화되었고, 이에 따라 집합
> 감정도 개인을 향하게 되어 마침내 인격존중이 중요한 사회적 가치가
> 된다.

그는 사회를 단순한 사람들의 집합체가 아닌, 하나의 자율적 질서를
갖춘 통일체라 보았다. 그리고 분업이 발달한 복잡한 현대사회의 기초에
는 원초적 사회의 종교적 힘이 공동체의 통합력이 되고 있다고 생각했
다. 그는 '종교생활의 원초형태'(1912)란 대저에서 원초적인 종교 토템이
즘의 토템에 대해 자세하게 고찰하고 있다. 이의 요점은 다음과 같은 세
가지로 정리할 수 있다(瀧浦, 2008)

(i) '성스러운 것'에 대한 태도는 모두 '의례(儀禮·rites)'로 표현된다. 의례의 형태를 지님으로 사람들의 처신의 사회적 의미를 공동체 전체가 공유할 수 있다.

(ii) 의례의 제일 기능은 성스러운 것의 성성(聖性)이 더럽혀지지 않게 속된 것과 분리하는 것이다. 이 경우 의례는 기본적으로 '~하지 않는다'는 부정형으로 규정되는데, 이를 '소극적 의례(rites ne'gatif)'라 부를 수 있다.

(iii) 성스러운 것의 성성(聖性)을 더럽히지 않는다는 전제 아래, 어떤 특수한 조건이 충족되면 성스러운 것과 소통이 허용된다. 이 경우 의례는 '~해도 좋다'라는 긍적형으로 규정된다. 이를 '적극적 의례(rites positif)'라 부를 수 있다.

성스러운 것에 대한 인간의 태도 두 가지는 결국 하나는 성스러운 것을 공경하여 멀리하는 경피적(敬避的) 원격화(遠隔化)를 취하는 것이고, 다른 하나는 성스러운 것과 교통(交通)함으로 공감적 근접화의 방향을 취하는 것이다. 이를 좀 더 구체적으로 말하면 원격화는 소극적 의례로, 타부, 금욕과 같은 것이고, 근접화는 적극적 의례로, 기도(祈禱), 공물(供物), 축제(祝祭)를 베푸는 것이라 할 수 있다.

듀르게임은 이러한 태도의 두 방향성이 종교적 문맥만이 아니고, 나아가 인간관계 전반에 걸쳐 관통하는 것이라 보았다. 그리하여 그는 위의 '종교생활의 원초형태'에서 다음과 같이 이르고 있다.

인간성이란 성스러운 것이다. 사람들은 이를 감히 범하려 하지 않을 뿐 아니라, 그 경계를 넘어 발을 들여 놓으려고도 하지 않는다. 그러나 동시에 최대의 행복은 타자와 교감하는 데 있다.

2.2. 고프만의 공존(共存) 질서

고프만은 듀르게임에게서 두 가지 개념을 승계 받는다. 그 하나는 '성스러운 것'이란 개념과 회피적 의례와 전시적(展示的) 의례라는 '의례'의 개념이다.

고프만은 그의 '의례로서의 상호행위'(1982)라는 저서에서 '안면(face)'을 신성한 것이라 보고, 이의 유지를 위한 표출 질서를 '의례적 질서'라 본다.

> 안면(face)이란 성스러운 것으로, 이를 유지하는 데 필요한 표출질서는 이로 말미암아 의례적 질서가 된다.
> (현대의 세속 세계에서는) 개개인은 각자 소홀히 될 수 없는 신의 지위를 고수한다.

이렇게 고프만은 '안면'의 신성성(神聖性)을 주장하여 듀르게임의 성성 개념을 승계하고 있다. 여기서 주의할 것은 듀르게임의 '성스러운 것'은 그 자체가 공동체의 통합력이 되는 '중심'이었던 것에 비해, 고프만의 '안면'은 명확한 중심이 아닌, 현대 사회의 개개인에게 분배된 '작은 성성'이란 것이다(瀧浦, 2008)

고프만에게 있어 '자기(self)'란 절대적인 것이 아니다. 오히려 상황에 따라 다른 '역할적 자기'다. 그의 '자기'란 하나의 아이덴티(identy)를 지닌 것이라기보다 여러 가지로 연출하는 '역할적 자기'다. 그의 '자기(自己)'란 상황에 따라 조우하는, 상대적인 주체이다. 그리하여 그는 '자기'에 대한 바람직한 연구의 방향은 이러한 '자기'가 충돌을 피해, 접점을 찾아 나가는 교통 규칙을 탐구하는 것이라 한다. 따라서 그는 상황과 거기에서 어떤 역할 관계를 하는 가운데 '더불어 존재하는 것(共存)'의 질서를 형성해 내는 모양을, 커뮤니케이션의 과정이라 본다.

　듀르게임에서 그러했듯 고프만도 사회적 소통(communicate)을 하게 하는 것은 의례적 성격을 지니는 것이라 본다. 곧 일정한 형식을 지니는 것으로 본다. 고프만은 이러한 의미에서 커뮤니케이션의 과정을 '상호행위 의례(interaction ritual)'라 하였다. 이는 달리 말하면 상호행위 의례에 의해 '사회적 소통'이 이루어진다는 말이다. 그는 커뮤니케이션의 질서 3가지를 추출하여 다음과 같이 제시하고 있다(瀧浦, 2008).

　　(i) 사람들은 상대방과 자기의 '안면(face)'을 신성시하는 양 처신하며, '안면'에 대한 배려에 큰 가치를 둔다.
　　(ii) 안면 배려는 상대방의 안면을 지향하는 표경(deference)과 자기 안면을 지향하는 품행(demeanor)의 두 면이 있다.
　　(iii) '표경(表敬)'은 부정형으로 규정되는 '회피적 의례(avoidance rituals)'와 긍정형으로 규정되는 '전시적 의례(presentational rituals)'의 두 가지 방향으로 행해진다.

　고프만은 커뮤니케이션의 질서 가운데 쓰인 '안면(face)'의 신성성과 이에 대한 배려에 큰 가치를 부여하였다. 여기서의 '안면'은 비교적 고정적인 동양의 '체면(體面)'이나 '미엔즈(面子)'와는 구별되는 유동적인 것임은 이미 앞에서 본 바와 같다. '표경(表敬)'은 경의를 표하는 것으로, 타자 보호이며, '품행(品行)'은 품위를 드러내는 것으로, 자기 방어를 나타내는 것임은 물론이다. 표경과 품행에 의해 '안면 보지 행위(face-work)'가 영위된다. 회피적 의례와 전시적 의례는 '무엇을 하면 안 되는가'와, '무엇을 해야 하는가' 하는 의례 행위로, 이는 듀르게임의 소극적 의례와 적극적 의례를 승계한 것이다.

　이상의 고프만의 '표경(表敬)'과 '품행(品行)'에 대한 이론을 정리하면 이들은 대면적(對面的) 커뮤니케이션에 있어서의 개인적 의례라 할 수 있다. 이 가운데 '표경(表敬)'은 상대방의 성성(聖性)인 안면의 원격화인 회피적 의례와, 근접화인 전시적 의례의 두 가지로 나타난다. 회피적 의례는 절을 한다, 이름을 부르지 않는다(忌諱) 등으로 나타나며, 전시적 의례는 악수를 한다, 이름(first name)을 부른다 등으로 나타난다. 품행(品行)은 회피적 의례로 대등(對等) 자세를, 전시적 의례인 과시적 자세를 들 수 있을 것이다.

2.3. 그라이스의 협조(協調)의 원리

그라이스(Grice, P.)는 미국의 언어철학자로, 그는 평생 '의미'를 연구하였으며, 의미란 회화에서만 결정된다고 하였다. 그는 회화의 협조(cooperation) 원리와, 회화 수행의 네 가지 원칙을 제시하였다.

그라이스는 그의 저서 '어휘 사용 연구(Studies in the way of words, 1989)'에서 회화가 원활하게 수행되는 조건으로 '협조의 원리(cooperative principle)'를 들었다. 특별한 사정이 없는 한 사람들은 회화 수행의 최상위 규정으로 협조적이란 것을 상정한다고 한다. 우리는 길을 가다가 목적지가 얼마나 남았는지, 시간은 얼마나 걸리는지 묻는다. 그리고 이때 '십 리', '1시간'이라 할 때 그것을 불신하지 않고 수용한다. 이는 바로 협조적 원리의 실증이라 할 수 있는 것이다. 그리고 그는 칸트(Kant)가 인식 판단의 논리적 기준으로 질(質)·양(量)·관계(關係)·양태(樣態)란 네 범주를 설정한 것에 따라 네 가지 '회화의 원칙(maxims)'을 세웠다. 이 네 가지 원칙이란 정보성을 추구하는 양의 원칙, 진실성을 추구하는 질의 원칙, 관련성을 추구하는 관련성의 원칙, 양태를 추구하는 양태의 원칙이다. 이에 대해 그라이스는 다음과 같은 세부적 규칙을 제시하고 있다(Grice, 1989).

양의 원칙(maxim of quantity)

① 발화에 필요한 만큼의 정보량을 실어라(Make your contribution as informative as is required.).

② 발화에 필요 이상의 정보량은 싣지 말아라(Do not make your contribution more informative than is required.).

질의 원칙(maxim of quality)

① 허위라고 생각하는 것은 말하지 말라(Do not say what you believe to be false.).

② 충분한 증거가 없는 것은 말하지 말라(Do not say that for which you lack adequate evidence.).

관련성의 원칙(maxim of relation)

관련성이 있게 말하라(Be relevant.).

양태의 원칙(maxim of manner)

① 불명료한 표현을 피하라(Avoid obscurity of expression.).

② 다의적인 표현을 피하라(Avoid ambiguity.).

③ 간결하게 말하라, 혹은 불필요한 장황함을 피하라(Be brief or avoid unnecessary prolixity.).

④ 순서에 맞게 말하라(Be orderly.).

회화의 협조의 원리나, 회화의 원칙은 정보 전달, 커뮤니케이션의 효율성을 위주로 하는 원리요, 원칙이다. 그는 이러한 커뮤니케이션의 효율성을 강조하는 이론을 전개하였다.

회화에 있어 화자와 청자가 협조적이지 않으면 '협조의 원리'나 회화의 원칙은 작용하지 않는다. 이들 원리나 원칙은 규칙(規則), 곧 룰(rule)과 같이 회화의 진행이나, 전개를 규정하는 것이 아니다. 이는 통상적 커뮤니케이션이 성립되도록 사람들이 채용한 언어 운용의 기술적(記述的) 규칙이다. 회화의 현실은 때로 비협조적일 뿐 아니라, 이들 회화 원칙에 벗어나는 경우도 많다. 과장(誇張), 생략, 비유, 반어(反語), 죄 없는 농담을 하는 것이 이러한 것이다. 이는 함축적 표현을 하고자 하는 것이다. 따라서 청자도 외형상의 회화 원칙에 위반되는 사실이 있다 하더라도 전체적으로는 협조적이라 상정하고, 화자의 함축적 표현의 의도를 추론(推論)할 수 있는 것으로 본다.

회화는 정보 전달과 인간관계 유지라는 두 가지 목적을 지닌다. 회화의 원칙은 정확하고 정보성 있는 전달을 하게 한다. 그러나 이는 인간관계 유지라는 목적과는 거리가 있다. 이에 인간관계 유지를 위해서는 추론을 요하는 함축적 표현을 하게 된다. 추론을 요하는 함축적 표현은 정보전달이 목적이 아닌, 인간관계 유지라는 다른 목적을 우선시하는 것이다. 특히 양태(manner) 표현에서 모호하고 다의적으로 표현하는 것이 그러하다.

그라이스는 협조의 원리나, 회화의 원칙 외에 화용론적 함의인 추의(推意)에 대해서도 언급하고 있다. 그는 회화에 있어 언어 형식이 아닌, 회화 문맥에 의하여 전달되는 의미를 회화적 추의(conversational implicature)라 한다. 추의(推意)는 화용론적 함의(entailment)라 하기도 한다. 언어 형식이 지닌 의의(意義)와 발화의 의미인 효력(效力)의 차이에 해당한 부분이다. 이러한 추의는 '문맥의존적 회화의 추의(particularized conversational implicature)'와, 문맥에 의존하지 않는 '일반적 회화의 추의(generalized conversational implicature)'로 나뉜다. 전자는 그 문맥 고유의 발화 상황의 도움을 받아 특정한 추의를 드러내는 것이고, 후자는 문장 내용이 사회 통념을 유인하여 추의를 드러내는 것을 말한다. 회화는 회화의 어떤 원칙을 위반하더라도 협조의 원리에 의해 회화의 추의(推意)가 발생하고, 이에 의해 때때로 적절한 회화가 수행되는 것을 볼 수 있다.

여기서 우리의 논의의 주제인 폴라이트니스 이론이나, 배려 표현과 관

런시켜 생각해 보면, 우리말의 권유, 의뢰, 거절, 자찬 등 상대방에게 어떤
심리적 부담을 주는 발화의 경우, 그라이스의 이론에 의하면 다의성이나
불명료성을 지닌 발화라 하더라도, 그것은 청자에의 배려와 해석이라는
추의(推意)가 포함된, 함축적 표현이라 할 수 있게 된다(山岡 外, 2010).

2.4. 리치의 폴라이트니스의 원리

그라이스는 앞에서 살펴본 바와 같이 회화의 불가결한 전제로서 협조
의 원리와 인간관계 유지를 위한 추론을 요하는 함축적 표현을 들었다.
영국의 언어학자 리치(Leech, G)는 그의 '화용론의 원리(Principles of pragmatics,
1983)'에서 대인 관계를 좋게 하기 위한 원리로 폴라이트니스(politeness)를
들고 있다.

화용론 연구에서 20세기 종반부터 급속히 주목 받고 있는 토픽의 하
나가 폴라이트니스다. 여기의 폴라이트니스란 '공손(恭遜)'이나 '정녕(丁
寧)'이란 그런 협의의 표현이 아니다. 이는 회화에 있어, 화자와 상대방
의 욕구와 부담에 대해 배려하거나, 가능한 한 좋은 관계를 구축할 수
있도록 배려하여, 원활한 커뮤니케이션을 하게 하고자 할 때의 사회적
행동을 설명하는 개념이다(山岡, 2010). 따라서 이는 자연스러운 회화를
추구한다. 정확하고 효율적인 정보 전달을 목적으로 하기보다 양호한 인
간관계 유지에 좀 더 신경을 쓰는 것이다. 우리의 언어 현실이 보여 주
듯, 농담도 하고, 비유나, 생략, 과장, 반어적 표현도 한다. 리치(Leech, G.)
는 자기와 타자에 미치는 이익과 부담 등의 배려로서 행해지는 언어행
동의 원칙을 그의 '화용론의 원리(1983)'에서 다음과 같이 폴라이트니스
원리(politeness Principles)로 여섯 가지 원칙(maxim)을 제시하고 있다.

(I) 배려의 원칙(tact maxim)

  (a) 타자의 부담을 최소한으로 하라.

  (b) 타자의 이익을 최대한으로 하라.

(II) 관대성의 원칙(generosity maxim)

  (a) 자기의 이익을 최소한으로 하라.

  (b) 자기의 부담을 최대한으로 하라.

(III) 시인의 원칙(approbation maxim)

  (a) 타자에 대한 비난을 최소한으로 하라.

  (b) 타자에 대한 상찬(賞讚)을 최대한으로 하라.

(IV) 겸손의 원칙(modesty maxim)

  (a) 자기에 대한 상찬을 최소한으로 하라.

  (b) 자기에 대한 비난을 최대한으로 하라.

(V) 일치의 원칙(agreement maxim)

  (a) 자기와 타자와의 의견 상치를 최소한으로 하라.

  (b) 자기와 타자와의 의견 일치를 최대한으로 하라.

(VI) 공감의 원칙(sympathy maxim)

  (a) 자기와 타자와의 반감을 최소한으로 하라.

  (b) 자기와 타자와의 공감을 최대한으로 하라.

이들 원칙 (I)과 (II), (III)과 (IV)는 자기와 타자, (V)와 (IV)은 '자기와 타자'라는 화자들을 중심으로 폴라이트니스의 원칙을, 그리고 (V)와 (VI)은 언어행동 내용을 상대적으로 제시하여 폴라이트니스의 원칙을 제시한 것이다. 이들 원칙에 대해 다음에 간단히 설명을 붙이기로 한다.

'(I) 배려의 원칙'과 '(II) 관대성의 원칙'은 대인관계 있어 '부담'과 '이익'을 다루는 것으로, (I)은 타자의 부담을 최소화하고, 이익을 최대화하는 타자지향적 원칙이고, (II)는 자기 이익을 최소화하고 부담을 최대화하는 자기지향적 원칙이다. 이들은 한 마디로 타자를 우대하는 원칙이라 할 수 있다. '(III) 시인의 원칙'과 '(IV) 겸손의 원칙'은 대인관계에 있어 상찬과 비난을 다루는 것으로, 이는 인지상정을 원칙으로 명문화한 것이다. (III)은 타자에 대한 상찬을 극대화하고, 비난을 최소화하는 원칙이고, (IV)는 자기에 대한 상찬(賞讚)을 최소화하고, 비난을 최대화하는 원칙이다. 이는 한 마디로 타자를 상찬하고, 자기를 비난하는 인간관계의 표현이라 하겠다. '(V) 일치의 원칙'과 '(VI) 공감의 원칙'은 회화의 참여자들이 협조의 원리를 도모하고자 하는 것이다. (V)는 인간관계의 유지를 목적으로 서로 의견의 일치를 꾀하려는 것이고, (VI)은 감정 표출에 관한 것으로, 공감을 표출함으로 상호간에 감정적 일치를 도모하고자 하는 것이다. 이렇게 함으로 폴라이트니스는 우호적 인간관계 형성을 목적으로 한다. 리치는 이렇게 회화에 있어 협조의 원리보다 강한 작용을 하는 이들 양호한 인간관계 유지·형성의 원리를 폴라이트니스의 원리로 제시한 것이다(Leech, 1983).

3. B-L의 폴라이트니스의 이론

Brown, P.와 Levinson, S.는 Leech G.에 이어 폴라이트니스의 화용론적 연구를 하여 이 분야의 새로운 영역을 개척하였다. 이들은 1978년에 'Politeness: Some universals in language usage(Cambridge university press.)'를 공저로 간행하였다.

B-L(Brown-Levinson)은 삶과 사람 사이의 언어적 처신의 골조를 인류학 및 사회학적 기반에서 찾았다. 그들은 '안면(face)'이란 개념을 내세웠다. 이는 고프만의 개념을 원용한 것이다. B-L은 이러한 '안면(face)'을 두 종류의 기본적 욕구로 파악하였다.

적극적 안면(positive face): '남에게 받아들여지고 싶다 · 잘 보이고 싶다'는 욕구

소극적 안면(negative face): '남에게 방해 받고 싶지 않다 · 억압받고 싶지 않다'는 욕구

'적극적 안면'이란 남의 평가에 대한 욕구이고, '소극적 안면'이란 자기 결정에 대한 욕구이다. 전자는 '-고 싶다'라는 긍정형으로, 후자는 '-고 싶지 않다'란 부정형으로 규정된다.

사람들은 커뮤니케이션에 있어 불가피하게 상대방의 안면을 침해하는 경우가 많다. 예를 들어 "펜 좀 빌려 주겠니?" 하게 되면 상대방에 대한 소극적 안면 침해가 되고, "우리 아기 착하지!" 하게 되면 적극적 안면 침해가 된다. 이렇게 '상대방의 안면을 침해하는 행위'를 B-L은 '안면 위협 행위(face threatening act)', 이를 줄여 'FTA'라 한다. 사람들은 FTA를 피하기 위한 행동, 곧 상대방의 안면을 가능한 한 위협하지 아니하려고 배려(配慮)하는 언어행동을 한다. 이를 B-L은 폴라이트니스(politeness)라 한다. 폴라이트니스를 '대면적 커뮤니케이션의 언어적 처신에 있어서의 배려'라 할 때의 '배려'란 바로 이 'FTA'에 대한 배려를 의미한다. 비난, 사죄, 상찬, 약속 등의 행위를 할 때 자기 내지 상대방에 대한 소극적 혹은 적극적 안면을 위협하거나, 안면의 위협을 받게 되는 것이 그것이다. B-L은 FTA를 청자와 화자로 나누어 적극적 안면 위협 행위와, 소극적 안면 위협 행위로 나누고, 구체적으로 안면 위협 행위의 예를 들고 있는데, 이를 간단히 살펴보면 다음과 같다(B-L, 1978).

1. 청자의 소극적 안면 위협 행위
   ① 청자에게 어떤 행위를 하게 하는 행위. 예: 명령, 의뢰, 제안, 조언, 기억 요구, 협박, 경고, 도전 등

② 청자에게 이익을 주는 화자의 미래 행위. 예: 제공, 약속 등

③ 화자가 청자나 청자의 소유물에 대한 욕구를 나타내는 행위.
　예: 청자에의 상찬, 선망, 증오, 노여움, 육욕 등의 표출

2. 청자의 소극적 안면 위협 행위

① 화자가 청자에 대해 부정적 평가를 하는 행위. 예: 불찬성, 비판, 불만 표명, 질책, 비난, 모욕, 반론 등

② 화자가 청자의 적극적 안면 배려를 하지 않는다는 것을 나타내는 행위. 예: 격한 감정 표현, 불손한 태도, 금기의 언급, 청자에 대한 나쁜 소식, 화자에 대한 좋은 화제, 장난으로 감정을 선동하는 것, 대립을 불러일으킬 화제 제시, 회화의 비협조 등

3. 화자의 소극적 안면 위협 행위

① 감사 표명

② 청자측의 감사 및 사죄 수용

③ 변명

④ 청자의 제공 수용

⑤ 청자가 범한 무례에 대한 반응

⑥ 본의 아닌 약속의 제공

4. 화자의 적극적 안면 위협 행위

① 사죄

② 상찬의 수용

③ 신체의 제어가 되지 않게 되는 것

④ 자학

⑤ 고백

그리고 이들은 안면 침해 가능성을 의미하는 '안면 리스크'를 수학 공식으로 제시하고 있다. 이 '안면·리스크 견적 공식'은 다음과 같다.

$Wx= D(S, H) + P(H, S)+Rx$

Wx(weightiness): 어떤 행위 x의 상대방에 대한 안면 리스크
D(distance): 화자(speaker)와 청자(hearer)의 사회적 거리
P(power): 청자(hearer)와 화자(speaker)에 대한 힘(權力)
Rx(ranking of imposition): 특정 문화 내에서의 행위 x의 부하도(負荷度)

안면 리스크란 거리(친밀도)와 힘(권력), 및 특정 문화에 따라 그 정도가
달리 나타난다. 이는 FTA의 정도에 따라 다양한 표현을 하게 된다. 이
러한 표현 방법을 유형화하면 직언, 적극적 폴라이트니스, 소극적 폴라
이트니스, 넌지시 말하기, 행위 회피 등의 다섯 가지가 된다. 이들 표현
유형과 안면 리스크의 관계를 도시하면 다음과 같이 나타난다(B-L 1978).

안면 리스크 소(小)

(의도 전달을 명시적으로 나타낸다.)
안면 침해의 경감을 하지 않음.
　(1) 직언(bald on record)
안면 침해의 경감을 명시적으로 행함.
　(2) 적극적 폴라이트니스(positive politeness)
　(3) 소극적 폴라이트니스(negative politeness)
(의도적 전달을 비명시적으로 나타낸다.)
　(4) 넌지시 말하기.(off record)
(의도 전달을 하지 아니한다.)
　(5) 행위 회피(don't do the FTA)

안면 리스크 대(大)

'직언(直言)'은 대담하게 배려 없이(without redressive action, baldly) FTA를 행하는 것이다. 이는 긴급하거나 효율성을 요하는 경우 행해지는 언어행위다. "위험해, 빨리 피해!"와 같이 외치는 것이 그것이다. 위험한 상황에서는 안면 침해를 걱정할 사이가 없다. 청자의 안면에 부담을 지우느냐의 여부보다, 안전이란 이익을 제공해 주는 것이 우선이다. 이러한 경우에는 상대방을 배려하는 폴라이트니스를 사용하기보다 직언을 한다. 직언은 또 화자의 권력이 청자보다 클 때 사용된다.

'적극적 폴라이트니스'와 '소극적 폴라이트니스'는 안면 침해에 대한 보상으로, 폴라이트니스를 행하는 경우다. 적극적 폴라이트니스는 FTA가 인간관계 유지를 위해 어쩔 수 없이 행해지는 것이라는 사실을 알리고, 적극적 안면을 배려하는 보상행위다. 적극적 폴라이트니스는 이렇게 함으로 FTA 실행과 인간관계 유지를 양립시키고자 하는 화법이다. 이에 대해 소극적 폴라이트니는 소극적 안면을 배려하는 보상행위다. 이러한 대표적인 보상의 예로는 ①청자의 욕구를 방해하지 않도록 한다, ②FTA에 대해 사죄함으로 보상을 받는다, ③직접적 표현을 피한다, ④관습화된 완곡한 표현을 사용한다 같은 것을 들 수 있다(山岡, 2010).

'넌지시 말하기'는 흔히 우리가 공손한 표현이라 하는 것으로, 완곡하게 의도를 전하는 것이다. 여름날 날씨가 더울 때 문을 열었으면 좋겠다는 뜻으로, "이 방은 너무 덥구나!."라고 말하는 것이 이런 것이다. 이는 의사소통보다 인간관계를 중시한 대화로서 경우에 따라서는 의도가 전해지지 않거나, 다른 의도로 잘못 전달될 수도 있다.

마지막의 '행위 회피(don't do the FTA)'는 FTA를 행하지 않는 것이다. 예를 들어 필기도구가 없어 메모를 할 수 없을 때, FTA를 가하지 않으려고 어떤 내용을 열심히 암기할 수 있다. 이런 것이 행위의 회피다. 이런 면에서 언어 표현에는 전혀 나타나지 않는 폴라이트니스도 있다고 할 수 있다(山岡, 2010).

4. 결어 – 폴라이트니스 전략과 한국어교육

언어활동의 한 방법인 폴라이트니스 이론의 흐름과 B-L의 폴라이트니스 이론에 대해 살펴보았다. 언어활동은 흔히 의사소통에 그 목적이 있는 것이라 본다. 그러나 그 기능을 조금 넓혀 생각해 보면 그것만이 목적이 되는 것은 아니다. 인간관계 유지라는 것도 중요한 목적이 된다. 언어활동은 의사소통과 인간관계 유지라는 두 가지 목적을 지닌다.

폴라이트니스는 의사소통과 인간관계 유지라는 두 기능 가운데, 좀 더 인간관계 유지에 비중을 두는 것이라 하겠다. 이러한 폴라이트니스를 B-L은 앞에서 살펴본 바와 같이 (1) 직언(bald on record), (2) 적극적 폴라이트니스(positive politeness), (3) 소극적 폴라이트니스(negative politeness), (4) 넌지시 말하기(off record), (5) 행위 회피(don't do the FTA)라 본다.

사람들은 FTA가 상대방의 안면을 위협하는 데 따라 위의 폴라이트니스의 어느 한 방법을 골라 보상행위를 하게 된다. 그뿐 아니라, 같은 유형의 폴라이트니스 가운데도 무수한 폴라이트니스 표현 가운데 특정한 표현을 골라 언어활동을 한다. B-L은 이러한 다종 다양한 폴라이트니스 군(群)의 선택기준의 체계를 폴라이트니스 전략(politeness strategy)이라 한다. 이를 알기 쉽게 B-L이 제시한 폴라이트니스 전략의 도표를 보면 다음과 같다.

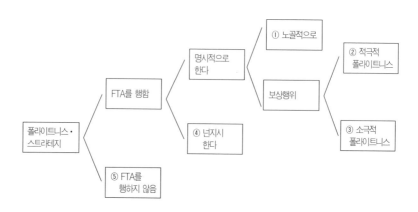

위에 원문자로 제시한 것이 폴라이트니스 전략이다. B–L은 이들의 하위 전략으로 다양한 것을 제시하고 있다.

언어교육의 목적은 효과적인 커뮤니케이션과 인간관계 유지 협조에 있다. 외국어로서의 언어교육은 개별언어의 문화적 차이로 말미암아 언어의 효율성에 비하여 인간관계 유지라는 목적을 중시하여야 할 것으로 생각된다. 이에 외국어로서의 한국어교육에 있어서는 인간관계 유지를 위한 대표적 표현 수단인 폴라이트니스의 전략이 중요한 학습 대상이 된다고 하겠다.

앞에서 언급한 바와 같이 B–L은 폴라이트니스의 여러 가지 하위 전략을 영어의 용례와 함께 제시하고 있다. 이에 여기서는 바람직한 한국어교육을 위해 폴라이트니스의 하위 전략에 한국어의 용례를 제시함으로 결론을 삼기로 한다. 폴라이트니스의 하위 전략은 적극적 폴라이트니스, 소극적 폴라이트니스, 넌지시 말하기의 전략이 된다.

1. 적극적 폴라이트니스 전략

적극적 폴라이트니스는 공감(共感)·연대(連帶)의 전략이다. 이는 상대 방을 칭찬하거나, 동의하고 공감할 수 있는 점을 찾으려 한다. 상대방의 조그마한 변화에도 주의를 기울인다. 제의(提議)·약속을 함으로 공동 행위를 추구한다. 특정한 언어 형식은 경체(敬體), 아닌 상체(常體), 곧 무표적(無標的) 특성을 지닌다. 모녀 사이에 반말을 하는 것은 이의 대표적인 예다. 이러한 적극적 전략으로는 다음과 같은 것이 있다.

① 상대방(관심·욕구·필요·소유물)을 의식해 주의를 기울인다.
　[예] 상대방의 외모 변화를 화제로 한다.
　"루즈 발랐네. 더 예쁜데"
② (흥미·동의·공감을) 과장한다.
　[예] A: "나 SKY 대학에 합격했다!"
　　　B: "그래? 대단한데!"
③ 상대방에 대한 관심을 강조한다.
　[예] A: "방학에 같이 배낭여행 가자!"
　　　B: "친구 많잖아."
　　　A: "마음에 맞는 친구는 너밖에 없어!"
④ 동류(in group)라는 것을 강조한다.
　[예] (동일 집단의 은어를 사용한다.)
　　　A: "존나 짱난다."
　　　B: "오늘 학교 쉼 잔나 즐겨워."
⑤ 일치(동의)를 추구한다.
　[예] (손님이 물건 고르는 것을 보고)
　　"물건 볼 줄 아시네. 그것 요즘 인기예요."
⑥ 불일치를 피한다.
　[예] (불일치를 드러내지 않고, 일치할 수 있는 부분에 동의한다.)

A: "그 친구 참 등산 좋아하지?"

B: "전에는 좋아했는데, 지금은 사업이 바빠서…?"

⑦ 공통 기반을 가정·환기·주장한다.

[예] (동의할만한 일반성에 호소한다.)

"걔는 식탐을 하잖아? 그래서 늘 과식을 한다니까."

⑧ 농담을 한다.

[예] (이야기의 탈선과 웃음을 공유한다.)

A: "배불러서 더 못 먹겠어요?"

B: "몇 달 됐는데?"

⑨ 상대방의 욕구에 대한 지식과 관심을 주장하거나 가정한다.

[예] "너는 술 좋아하잖아? 이 술맛은 어때?"

⑩ 제안·약속을 한다.

[예] "이번 토요일 시간 어때요? 야구 구경이나 갑시다."

⑪ 낙관시한다.

[예] A: "주가가 떨어졌어."

B: "주가는 오르락내리락 하는 거니까 신경 쓸 것 없어."

⑫ 자기와 상대방의 양자가 행동을 함께 한다.

[예] (공동행동을 하는 듯이 말한다.)

"경기가 침체되는 것 같으니, 며칠 경과를 지켜 봅시다."

⑬ 이유를 알리거나 질문한다.

[예] "그 사람은 반드시 성공할 겁니다. 성실하거든요."

⑭ 상호적임을 확인하거나, 주장한다.

[예] "지난번에는 내가 신세를 졌으니까, 이번에는 내가…"

⑮ 상대방에게 (물건, 공감, 이해, 협력을) 선물한다.

[예] "이번에 좀 특별한 것이 생겨서 몇 개 보내 드립니다."

2. 소극적 폴라이트니스 전략

소극적 폴라이트니스는 회피(回避)·경피(敬避)의 전략이다. 이는 상대방의 영역을 침범하거나, 직접 이름을 부르는 것을 피한다. 경어를 쓰고, FTA에 대해 사죄한다. 상대방과 거리를 두고, 사물에 근접하지 않는, 원격 표현을 하고, 간접 표현을 한다. 특징적 언어형식은 경어를 사용하고, 대명사 너-당신을 구별한다. 적극적 전략과 달리 유표적(有標的) 특성을 지닌다.

① 관습적인 간접성에 호소한다.
　[예] A: "농장지경(弄璋之慶)을 축하합니다."
　　　 B: "순산을 하였으니 다행입니다."
② 질문한다, 모호화한다.
　[예] (표현을 생략한다.)
　　　 A: "어려운 부탁을 드려 죄송합니다."
　　　 B: "좀 알아 보겠습니다만…"
③ 비관시한다.
　[예] (상대방이 도망갈 구멍을 남겨 놓는다.)
　　 "결혼 주례 좀 하여 주십시오. 그날 딴 일정이 잡혀 있으면 어쩔 수 없지만…"
④ 부하(Rx)를 최소화한다.
　[예] (상대방의 부담이 크지 않다는 것을 강조한다.)
　　 "별로 어려운 일은 아닙니다. 좀 도와 주시면 감사하겠습니다."
⑤ 경의를 표한다.
　[예] (경어를 사용한다.)
　　 "보행은 우측통행을 하시기 바랍니다."
⑥ 사죄한다.
　[예] A: "제가 실수를 하였습니다. 사과 드립니다."

B: (사죄를 감사의 표현으로 사용한다.)

"언제나 신세만 지고 있습니다. 고맙습니다."

⑦ 자기와 상대방을 비인칭화·비개인화·비인격화한다.

[예] (동작을 사건으로 표현한다.)

A: "마침내 일이 터졌구나."

(비개인화, 위장된 객관)

B: "아아, 깨졌구나!"(위장된 객관)?

⑧ FTA를 일반 법칙으로 진술한다.

[예] "일단 구매한 상품은 반환이 불가능한 것으로 되어 있으므로 주의해 주시기 바랍니다."

⑨ 명사화한다.

[예] "(매우 기쁘다는 의미로) 망외의 기쁨입니다."

⑩ 자기가 손해를 보고, 상대방에게 손해를 보이지 않겠다는 것을 분명히 말한다.

[예] A: "밑지고 파는 겁니다. 싸게 사시는 거예요."

A: (은혜를 베푸는 쪽이 사과한다.)

"물건이 좀 무거워 죄송합니다만, 직접 가져가셨으면 감사하겠습니다."

3. 넌지시 말하기(암시하기) 전략

상대방의 안면 침해를 꺼려 사물을 명시적으로 표현·전달하기보다 암시적으로, 모호하게 표현하려는 전략이다. 이는 용건에 대해 직접적인 언급을 피하고, 함축적으로 표현한다. 암시적 전략에는 '관계의 원칙 위반', '양의 원칙 위반', '질의 원칙 위반', '양태의 원칙 위반' 등이 있으며, 표현 방법으로는 비유, 반어, 수사의문, 동어반복, 모호한 표현 등 여러 가지가 있다.

1) 관계의 원칙 위반

① (동기나 조건을) 암시한다.

　[예] "오늘은 날씨가 더워 목이 칼칼한데... (→ 맥주라도 마시러 가고 싶다.)

② 연상의 단서를 제공한다.

　[예] "배가 꼬르록 꼬르록 한다." (→ 배가 고프다)

③ 전제를 말하게 한다.

　[예] "찬 바람이 분다." (→ 경제가 침체될 조짐이 있다.)

2) **양의 원칙 위반**

④ 말을 적게 한다.

　[예] A: "요새 어때?"

　　　B: "그저 그렇지 뭐."(→ 별로 할 말이 없다.)

⑤ 지나치게 말을 많이 한다.

　[예] (춘향이 집 가리키기)

　　　춘향이: "저 건너 석교상의 한 골목 두 골목의 조방청(朝房廳) 앞으로 홍전문(紅箭門) 들이달아 대로 천변 나가서 향교를 바라보고, 동단 길로 돌아들면 모퉁이 집 다음　집, 옆댕이 집 구석집, 건너편 군청(郡廳)골 서편 골 남편 짝 둘째 집, 저 배추밭 앞으로부터 갈라진 김 이방(吏房)네 집 바라보고, 최 급창(及唱)이 누이 집 사잇 골 들어서 사거리 지나서 북쪽 골 막다른 집이오." (→ 가르쳐 주고 싶지 않다.)

⑥ 동어반복을 한다.

　[예] "없는 것 없이 다 있다."(→ 없다는 것인지, 다 있다는 것인지 알 수 없음)

　　　A: "물건 괜찮아?"

　　　B: "역시 싼 것은 싼 것이야." (→ 역시 싼 것은 형편없다.)

3) **질의 원칙 위반**

⑦ 모순된 것을 말한다.

　[예] A: "그 사람 좋아?"

B: "좋은 것 같기도 하고, 싫은 것 같기도 하고..."→ 어쩐지 싫다.)

⑧ 아이러닉하게 말한다.

[예] "이렇게 맛있는 음식은 처음이다."(→ 맛이 형편없다.)

⑨ 비유로 말한다.

[예] "방귀 뀐 놈이 성낸다." (→ 잘못을 저지른 사람이 도리어 화 낸다.)

"뺑덕어멈 같다." (→ 못 생겼다)

⑩ 수사의문을 사용한다.

[예] "우리나라는 진정 민주국가인가?" (→ 독재가 행해지기도 하 였다.)

A: 그 동안 단역만 맡고 고생 많았어."

B: 내가 주인공을 맡다니, 이 얼마나 감격적 순간인가?"

4) 양태의 원칙 위반

⑪ (다의적으로) 말한다.

[예] A: "잘 부탁합니다."

B: "생각해 봅시다." → 거절한다는 의미를 나타냄.)

⑫ 모호하게 말한다.

[예] "그 여자는 너무 예쁘다." (→ 예쁘다는 의미와 그렇지 않다는 의미를 지님)

⑬ 지나치게 일반화한다.

[예] "싼 것이 비지떡이다." (→ 싼 것 가운데도 좋은 것이 있을 수 있다.)

⑭ 청자를 대치한다.

[예] "누가 자 좀 빌려 줄래?" (→ 특정인을 지칭하기 곤란할 때 가 까이 있는 사람을 지칭)

⑮ 불완전하게 말한다, 생략한다.

[예] "인생은 지옥..." (→ 인생은 고난의 연속이다.)

이상 폴라이트니스 전략을 구체적으로 살펴보았다. 언어는 커뮤니케이션의 효율성과, 인간관계 유지라는 두 가지 기능을 지닌다. 폴라이트니스는 효율성보다 인간관계 유지를 좀 더 중시하는 언어의 표현법이다. 폴라이트니스 전략을 효과적으로 사용하여, 한국어교육에서 언어의 인간관계 유지 기능이 제대로 작동하여 원만한 커뮤니케이션을 할 수 있게 되기를 기대한다.

참고문헌

김명운(2009), 현대국어의 공손성 연구, 서울대 대학원 박사학위 논문.
김영실(1996), 언어적 공손 현상의 화용론적 연구, 인하대 대학원 박사학위 논문.
이종철(2004), 국어 표현의 화용론적 연구, 역락.
이해영(1996), 현대 한국어 활용어미의 의미와 부담 줄이기의 상관성, 이화여대 대학원 박사학위 논문.
허상희(2012), 한국어 공손표현의 화용론적 연구, 소통.
Brown, P. & Levinson, S.(1978), 'Politeness: Some universals in language usage (Cambridge university press.
Leech, G. N.(1983), Principles of pragmatics, Longman.
加藤重光(2004), 日本語 語用論のしくみ, 研究社.
蒲谷宏 編(2015), 敬語コミュニケ-ション, 朝倉書店.
瀧浦真人(2008), ポライトネス入門, 研究社.
山岡政紀 外(2010), コミュニケ-ションと配慮表現, 明治書院.

■ 이 글은 한국어교육 연구, 제21집(서울대학교 사범대학 한국어교육 지도자과정, 2017)에 발표된 것이다.

제 3 장 한·중·일 친족어와 한국어교육

1. 서언

사람들은 사물에 이름을 붙여 개체를 지칭하기도 하고, 이를 유형화하여 집합적으로 나타내기도 한다. 사람을 지칭하는 명칭도 마찬가지다. 이러한 명칭 가운데 '아버지·어머니'는 개별어인데 대해 '친족어(親族語)', 또는 '친족용어(親族用語)'는 친족의 집합을 의미하는 집합명사(集合名詞)다.

친족어(kinship terminology)란 사전에서 '혈연이나 혼인으로 이루어지는 인간관계를 나타내는 어휘'(국립 국어연구원, 1999)라고 풀이하고 있다. 이는 친족과 인척을 아울러 이르는 말로, 친족 외에 외족과 처족을 아울러 이르는 말이다. 법에서는 친족을 민법(民法) 총칙에서 다음과 같이 규정하고 있다.

제767조[친족의 정의] 배우자, 혈족 및 인척을 친족으로 한다.
제768조[혈족의 정의] 자기의 직계존속과 직계비속을 직계 혈족이라

하고, 자기의 형제 자매와 형제자매의 직계비속, 직계존속을 방계혈족이라 한다.

제769조[인척의 系源] 혈족의 배우자, 배우자의 혈족, 배우자의 혈족의 배우자를 인척으로 한다.

제777조[친족의 범위] 친족관계로 인한 법률상의 효력은 이 법 또는 다른 법률에 특별한 규정이 없는 한 다음 各號에 해당하는 자에 미친다.

1. 팔촌 이내의 혈족
2. 사촌 이내의 인척
3. 배우자

친족을 나타내는 말로는 친족명, 친족어, 친족용어 등이 있다. 친족명(name of kinship)은 문자 그대로 친족의 이름을 뜻하며, 친족어(kinship terminology)는 원칙적으로 친족을 지칭하는 말(term of reference)로, 호칭의 의미까지 아울러 나타낸다. 친족용어라는 말은 친족어와 동의어이나, 친족어에 비해 확장된 의미로 잘 쓰인다. 따라서 이들의 의미를 구태여 구분한다면 친족명< 친족어< 친족용어의 순으로 그 의미가 확장된다고 하겠다.

이러한 친족어는 명명에 일정한 법칙성이 있다. 몇 가지 기준이 있어 이에 따라 이루어진다. 그 구조 원리로는 흔히 Murdock(1965)이 든 다음과 같은 아홉 가지 기준이 들린다(이광규, 1992).

첫째, 세대기준(criterion of generation): 세대구분을 하느냐, 않느냐 하는 것이다. 할아버지-아버지-아들

둘째, 성별기준(crition of sex): 성을 구분 하느냐 않느냐 하는 것이다. 어머니-아버지

셋째, 인척기준(criterion of affinity): 인척의 구별 유무다. 외종-이종-고종

넷째, 방계기준(criterion collaterallity): 직계와 방계의 구별 유무다. 형제
-종형제-재종형제

다섯째, 분기기준(criterion bifurcation): 친족의 원근 구별 유무다. 3촌,
또는 4촌 이상의 방계친의 재구분 여부다. 재종형제-삼종형제

여섯째, 대칭기준(criterion polarity): 동일 명칭의 상대적 사용 여부다.
동서·이종사촌

일곱째, 연령기준(criterion relative age): 같은 세대의 연령에 따른 구별
여부다. 형제·자매

여덟째, 화자 성별기준(criterion of speaker's sex): 화자의 성에 따른 용
어의 구별 여부다. 오빠-누나

아홉째, 생사기준(criterion of decadence): 생사에 따른 구별 유무다. 춘
부장-선친

이 글에서는 친족어를 지칭(指稱)에 초점을 맞추어 한국어의 친족어를
고찰하기로 하되, 논의에 필요한 호칭(呼稱)에 대해서도 언급하게 될 것
이다. 그리고 한국어의 친족어를 中·日의 친족어와 비교함으로 그 특성
을 밝히며, 나아가 이러한 친족어를 한국어교육의 차원에서 어떻게 교육
을 하는 것이 바람직한가에 대해서도 아울러 논의하기로 한다.

2. 한·중·일 친족어의 비교

2.1. 한국어의 친족어

한국어의 친족어는 두 가지 체계로 이루어져 있다. 하나는 고유어(固有
語) 체계이고, 다른 하나는 한자어(漢字語) 체계이다. 한자어 체계의 친족
어는 비교적 온전한 체계를 보여 주는 데 비하여, 고유어 체계는 자료의

불비로 온전한 체계를 살펴보기 어렵다. 고유어 체계는 한글 창제 이전의 것이 온전히 전하지 않을 뿐 아니라, 한자어 체계에 눌려 더러는 소실되었을 가능성도 있을 것으로 추단된다.

친족어는 앞에서 제시한 기준에 따라 계속 확장 발전될 수 있다. 따라서 고찰의 대상은 그 한계를 정해야 한다. 여기서는 그 범위를 원칙적으로 민법(民法)에서 정하고 있는 8촌 이내의 혈족과, 4촌 이내의 인척이라 보고, 이를 중심하여 고찰하기로 한다. 친족어는 부계(父系) 친족어, 모계(母系) 친족어, 부계(夫系) 친족어, 처계(妻系) 친족어로 나누어 보기로 한다.

2.1.1. 부계(父系) 친족어

부계 친족어란 부계혈족과 그 배우자에 대한 친족어를 말한다. 한국의 고유어 친족어의 경우는 현대어와 고어가 있어 여기서는 이들을 다 살펴보기로 한다. 먼저 부계 친족어의 예부터 보기로 한다. 괄호 안의 예는 국한(國漢) 혼종어(混種語)를 표시한 것이다.

① 高祖父・母・(고조 할아버지・고조할머니)
② 曾祖父・曾祖母・한한아비・한한어미・(증조할아버지・증조할머니)
③ 祖父・祖母・한아비・한어미・할아버지・할머니
④ 從祖父・從祖母・(〈촌한아비・〈촌한아비아내・증조할아버지・증조할머니)
⑤ 大姑母・大姑母夫・넛할미・(넛할미남진)・(고모할아버지)
⑥ 再從祖父・再從祖母・(재종조할아버지・재종조할머니)
⑦ 父・母・父親・母親・아비・어미・어싀・다숨아비・다숨어미・아버지・어머니
⑧ 伯父・叔父・伯母・叔母・몯아〈비・아츤아비・아〈아자비・아비

아으·아으아즈비·아자비/ 몯아즈비겨집·아으아자븨겨집·(아
으아자븨쳐)·아즈미/ 큰아버지·작은아버지·큰어머니·작은어
머니

⑨ 姑母·姑母夫·아비누의·아븨몯누의·(아비동싱누의)·아븨아으
누의·아즈미/ (아줌의남편·아잠의남진·아븨동싱누의남진)

⑩ 從伯父·從叔父·從伯母·從叔母·從叔·堂叔·堂叔母·아저씨·
아주머니

⑪ 再從伯父·再從叔父·再從伯母·再從叔母·(재종큰아버지·재종큰
어머니)

⑫ 夫·家夫·男人·男便/ 妻·家人·女便·內子/지아비·샤옹·(남
신)·지어미·가시·안해·아내·집사람·마누라·안사람

⑬ 兄·弟·同生/ 兄嫂·弟嫂·同壻·몯오라비·오라버니·오라비·
아ᅀᆞ·오빠·아우·몯아자미·(형의겨집)·아즈미·아주머니·
아주미

⑭ 姉·妹·姉兄·妹夫·누의·누위·아ᅀᆞ누의·누님·누나·누이
·아으누의·(아으누의남진·아으누의남편)

⑮ 從兄·從弟·從姉·從妹·四寸兄·女同生·(사촌아우·사촌누의
·사촌누나)

⑯ 內從兄·內從弟·姑從兄·姑從弟·內從同生/ 內從姉·內從妹·(고
종사촌누나·고종사촌누이)

⑰ 再從兄·再從弟·再從同生·(재종누이)

⑱ 三從兄·三從弟·三從同生·(삼종누이)

⑲ 子·女·女息·家兒·家嬌/ 子婦·女婿/ 아돌·아들·아ᅀᆞ아돌·
버근아들·ᄯᅡᆯ·ᄯᅩᆯ·딸/ 며느리·며ᄂᆞ리·며느라기/ 사회·사위

⑳ 姪·姪女·아촌아돌·아촌ᄯᅩᆯ·족하·족하ᄯᅩᆯ·조카·조카딸/ 조카
며느리·조카사위

㉑ 從姪·從姪女·堂姪·堂姪女

㉒ 甥姪·甥姪女

㉓ 內從姪·內從姪女·姑從姪·姑從姪女

㉔ 再從姪・再從姪女

㉕ 孫子・孫女・孫婦・(손자딸・손자며느리)

㉖ 從孫・從孫子・從孫女・猶孫・姪孫

㉗ 再從孫・再從孫子・再從孫女

㉘ 三從孫・三從孫子・三從孫女

㉙ 曾孫・曾孫子・曾孫女

㉚ 從曾孫・從曾孫子・從曾孫女

㉛ 再從曾孫・再從曾孫子・再從曾孫女

㉜ 高孫・玄孫・高孫子・高孫女

친족어는 우선 한자어 체계의 경우 직계(直系)와 방계(傍系)로 나뉘어 명명되고 있다. 직계는 '고조-증조-조-부-본인(夫)-자-손-증손-고손'으로 이어진다. 이에 대해 방계는 祖父代부터 '종-재종-삼종-사종'으로 정연하게 확장되어 나간다. 친족어의 체계는 원칙적으로 중국어의 체계를 수용한 것이라 하겠다. 그러나 세부적 면에서는 아래에서 밝혀지는 바와 같이 차이를 보인다.

고유어 체계의 친족어는 '한한아비-한아비-아비-나-아들-(손자-증손-고손'으로 이어진다. '아비'는 본래 '압'으로, 이는 남자를 지칭하는 말이나, 뒤에 '父'의 뜻으로 변한 말이다. 이 말을 핵(核)으로 하여 선대, 곧 '조(祖)'는 '크다'는 '한'이란 관형어를 덧붙여 '한아비'라 하였다. 그리고 그 선대 증조(曾祖)는 여기에 '한'을 다시 더해 '한한아비'라 한 것이다. 이는 한자어 체계에서 '祖-曾(祖)-高(祖)'라 구분한 것과는 발상을 달리한 명명이다. '모(母)'는 '엄・엇'으로 '엄'은 '암(雌)'과 어원을 같이 하는 말로, 여자를 의미한다. '압'의 의미변화와 한가지로 여자의 의미에서 '모(母)'의 의미로 바뀐 것이다. 이들 '압'과 '엄"은 모계중심사회, 일처다부(一妻多夫) 사회를 반영하는 지칭이라 하겠다.

친족어 체계의 한 특징은 한자어 체계는 高祖에서 高孫에 이르기까지 체계가 정연한 데 비해, 고유어 체계는 질(姪), 곧 조카 이하는 친족을 나타내는 명칭이 따로 없다. 이는 적어도 고유어에는 비속 친족어가 제대로 발달하지 못했거나, 일찍이 더러는 소실되었기 때문이라 할 것이다.

이밖에 부계(父系) 혈족어의 명명의 특징으로는 다음과 같은 것을 들 수 있다.

첫째, 고유어로 된 친족어는 대체로 기술적(記述的) 경향을 지닌다. 앞에서 본 바와 같이 핵어를 꾸미는 구조로 되어 있다. 관형어는 접두사이기도 하고, 실사로서의 관형어이기도 하다. '한아비·넛할미·몯아자비·아ᅀᅵ아자비·아ᄎᆞᆫ아비·아븨아ᅌᅵ·몯아자비겨집·어미겨집동생·큰아버지·작은아버지'가 이러한 것이다.

둘째, 형제의 순서가 한자어 체계에서는 백·숙·계의 차례로 이어지고, 고유어 체계는 '큰·작은', 혹은 '몯·아ᅀᅵ(아ᅌᅵ)'나, '몯·아찬(버근)'으로 되어 있다.

셋째, 한자어 체계에 있어 4촌 관계는 '종(從)'을 써서 체계를 잡고 있다. '종조부, 종백부, 종숙부, 종형, 내종, 고종, 외종, 이종, 종질'이 그것이다. 이는 '堂叔·堂姪·堂姪女'와 같이 '堂'으로 쓰이기도 한다. 이는 기준을 父 아닌 祖에 둔 경우다.

넷째, '작다'는 의미의 '아ᄎᆞᆫ'은 숙항(叔行)과 질항(姪行)에 주로 쓰인다. 형제에는 쓰이지 않는다. '아ᄎᆞᆫ'에서 연유하는 '아주머니'는 원칙적으로 叔行의 부인에 쓰이며, 고모와 형수와 계수에도 쓰인다. 형제의 부인에게 '아주머니'라는 친족어가 쓰이는 것은 항렬 체계에 변용이 빚어진 특이한 경우다.

다섯째, 친족어에는 혼종어(混種語)가 꽤 많이 쓰인다. '아비몯兄·아비同生누이·아잠의男便·아잠의男人·바깥兩班·四寸누이·孫子사위'

등이 이러한 예다.

여섯째, 고모계 친족어는 고종과 내종의 양형이 있으며, 女息系에 친족어에는 외족(外族)과 같이 딸의 손자 이하 비속 친족에 '外'자가 쓰인다는 것이 특이한 점이다.

2.1.2. 모계(母系) 친족어

모계 찬족어에는 외족(外族)과 이모계(姨母系)의 친족어가 있다. 이들 친족어는 외족의 경우엔 '외(外)'를, 이모계의 친족어에는 '이모'나 '이(姨)'자를 정연하게 부계 친족어에 붙인다는 특성을 지닌다.

1) 외족(外族)의 친족어

 ① 外曾祖父·外曾祖母·(외증조할아버지)·(외증조할머니)
 ② 外祖父·外祖母·(외할아버지)·(외할머니)
 ③ 外叔父·外叔母·外叔·外三寸·어믜오라비·어믜오라비겨집
 ④ 外從兄·外從弟·外四寸兄·外四寸同生·外從姊·外從妹·(외사촌
  누나·외사촌누이)
 ⑤ 外從姪·外從姪女
 ⑥ 外從姪孫·外從姪孫女

2) 이모계(姨母系) 친족어

 ① 姨母·姨母夫·姨叔·(어믜형·어믜동생)·어믜아ᄋ·(어믜겨집동
  싱)
 ② 姨從兄·姨從弟·姨從四寸兄·姨從四寸同生·(이종사촌오빠)·姨
  從姊·姨從妹·(이종사촌누님·이종사촌누이)
 ③ 姨從姪·姨從姪女
 ④ 姨從孫·姨從孫女

2.1.3. 부계(夫系) 및 처족(妻族)의 친족어

부계(夫系)의 친족어란 며느리가 시가의 친족을 지칭하는 친족어를 말하며, 처족(妻族)의 친족어란 남편이 처가의 친족을 지칭하는 친족어를 말한다.

1) 부계(夫系)의 친족어

① 媤父·媤母·싀아비·싀어미·시아버지·시어머니
② 媤三寸·媤伯父·媤叔父·媤姑母·시아주버니·시아주머니
③ 男便·書房·男人·남신
④ 媤叔·媤同生·媤아주버니·싀아자비·도련님/ 媤姉·媤妹·小姑·싀누의·지아븨몯누의·시누이· / 아ᄋ싀아자비·(아ᄋ싀아자비쳐)/ 同壻·(남진동셰·사나희동셰·아ᄋ동셰)·(큰동서·작은동서)
⑤ 媤姪·媤姪女·시조카·시조카딸

2) 처족(妻族) 친족어

① 妻曾祖父·妻曾祖母
② 妻祖父·妻祖母
③ 丈人·丈母·岳父·岳母·聘父·聘母·가싀엄의·가시아비·가시어미
④ 妻伯父·妻叔父·妻叔·妻三寸·妻伯母·妻叔母
⑤ 妻男·妻兄·妻弟·(겨집동생·처남의댁)
⑥ 妻四寸兄·妻四寸弟·妻四寸同生
⑦ 妻姪·妻姪女·(처조카·처조카딸)

2.1.2.의 모계 친족어 외족(外族)과 처족(妻族) 등 인척의 친족어는 한자어 체계의 경우 부계 혈족어와 같이 비교적 정연한 체계를 이루고 있다.

그러나 고유어의 체계는 몇 개의 친족어를 제외하고는 거의 볼 수가 없을 정도이다. 이는 부계중심의 가족제도로 말미암아 인척의 친족어가 발달되지 못한 결과라 하겠다. 그것은 인척(姻戚)의 친족어가 기술적 명명을 하고 있다는 것이 한 증거가 될 수 있다. 혹시는 고유어의 친족어가 소실된 데도 다소의 원인이 있다고 추정할 수도 있다.

다만 인척의 친족어는 아래의 중·일어와의 비교를 통해 밝혀지는 바와 같이 우리의 친족어는 특히 한자어 체계의 경우, 중국의 친족어와 같이 외조·처족 외에 이모·고모·자매 및 여식의 친족어에 이르기까지 그 친족어가 어느 정도 정연한 체계를 보여 준다. 이는 우리의 친족어와 일본의 그것을 비교할 때 그 실상이 분명히 드러난다.

2.1.3.의 부계(夫系) 친족어의 경우는 남편 이외에는 한자어 및 고유어를 불문하고 '媤'자가 붙는 것이 하나의 큰 특징이다. 그리고 남편의 형제를 '媤叔'이라 하는가 하면, '시아주버니'라 하는 것은 용어에 항렬의 변화가 이러나는 특수한 경우다. '시숙'은 '시형(媤兄)'이라고도 한다는 것이 그 단적인 증거다. 이는 남편의 삼촌을 '시삼촌', 그 부인을 '시아주머니'라 하는 것과도 짝이 맞지 않는다. 처족(妻族)의 친족어는 한자어 친족어의 경우 부계(父系) 친족어에 일괄적으로 '처(妻)'자를 어두(語頭)에 붙인다는 것이 한 특징이다.

2.2. 중국의 친족어

2.2.1. 부계(父系) 친족어

중국의 친족어는 우리의 한자어 체계의 친족어와 매우 유사하다. 따라서 그 이동(異同)을 비교함으로 한국 친족어의 특징을 좀 더 분명히 드러낼 수 있다. 중국의 부계 혈족의 친족어는 다음과 같다.

〈한국〉 : 〈중국〉

① 고조부・모: 高祖父・高祖母
② 증조부・모: 曾祖父・曾祖母
③ 조부・모: 祖父・祖母
④ 종조부・모: 伯祖父・叔祖父・伯祖母・叔祖母
⑤ 대고모・부: 姑祖母・姑祖父
⑥ 재종조부・모: 堂伯祖父・堂伯祖母
⑦ 부・모: 父親・母親
⑧ 숙부・모: 伯父・叔父・伯母・叔母, 선모
⑨ 고모・부: 姑母・姑父・姑夫
⑩ 종숙(당숙)부・모: 堂叔父・堂伯父・堂叔母
⑪ 재종숙부・모: 再從伯父・再從叔父・再從叔・再從叔母
⑫ 부・처: 夫・妻・丈夫・妻子
⑬ 형・제: 兄・弟・嫂・弟婦/ 哥哥・弟弟・嫂嫂・弟媳
⑭ 자・매: 姉・妹・姐夫・姉夫・妹夫
⑮ 종형제・자매: 堂兄・堂弟・堂姉・堂妹・堂嫂・堂弟婦・堂姉夫・堂妹夫
⑯ 내종(고종)형제・자매: 姑表兄・姑表弟・姑表姉・姑表妹・姑表嫂・姑表弟婦・姑表姉夫
⑰ 재종형・제: 再從兄・再從弟・再從嫂・再從弟婦・再從妹
⑱ 삼종형・제: 族兄・族弟・族嫂・族弟婦
⑲ 자・녀: 子・女・兒子・女兒/ 子婦・女婿
⑳ 질・질녀: 姪・姪女・姪婦・姪壻・姪女婿
㉑ 종질(당질)・녀: 堂姪・堂姪女・堂姪婦・堂姪婿
㉒ 생질・녀: 外甥・外甥女・外甥婦・外甥女婿
㉓ 내종(고종)질・녀: 姑表姪・姑表姪女・姑表姪婦・姑表姪女婿
㉔ 재종질・녀: 再從姪・再從姪女・再從姪婦・再從姪婿

㉕ 손자·손녀: 孫·孫女·孫婦·孫女婿

㉖ 종손(질손)·녀: 姪孫·姪女孫·姪孫婦·姪女孫壻

㉗ 재종손·녀: 堂姪孫·堂姪孫女·堂姪孫婦·堂姪孫女婿

㉘ 삼종손·녀: 再從姪孫·再從姪孫女

㉙ 증손·녀: 曾孫·曾孫女·曾孫婦·曾孫女婿

㉚ 종증손·녀: 從姪孫·從姪孫女·從姪孫婦·從姪孫女婿

㉛ 재종증손·녀

㉜ 고손(현손)·녀: 玄孫·玄孫女·玄孫婦·玄孫女婿

한국어와 중국어의 친족어는 앞에서 언급한 바와 같이 한국에서 중국의 친족어 체계를 수용해 유사하다. 위에 제시한 중국어 친족어 체계가 보여 주는 바와 같이 부계 혈족의 존속(尊屬) 및 비속(卑屬) 직계 4대인 경우에는 한·중의 친족어가 동일하다. 이에 대해 '대고모·재종조부모·종형제·내종형제·삼종형제·생질·내종질·삼종질·재종손'의 경우는 용어의 차이를 보인다. 그리고 '고모부·이모부·부처·형제·자매'의 경우는 부분적으로 차이가 난다. 차이를 보이는 친족어는 전적으로 용어가 다르다기보다 같은 체계를 나타내는 말로 되어 있으면서 부분적으로 형태적 차이를 보인다. 이들 예를 보면 다음과 같다.

(1) 차이를 보이는 경우

대고모·부: 姑祖母·姑祖父/ 재종조부·모: 堂伯祖父·堂伯祖母/ 종형제·자매: 堂兄·堂弟·堂姉·堂妹/ 堂嫂·堂弟婦·堂姉夫·堂妹夫/ 姑表兄·姑表弟·姑表姉·姑表妹·姑表嫂·姑表弟婦·姑表姉夫·姑表妹夫/ 생질·녀: 外甥·外甥女·外甥婦·外甥女婿/ 내종(고종)질·녀: 姑表姪·姑表姪女·姑表姪婦·姑表姪女婿/ 삼종질: 族姪/ 재종손·녀: 堂姪孫·堂姪孫女·堂姪孫婦·堂姪孫女婿/ 삼종손·녀: 族孫/ 종증손·녀:

從姪孫·從姪孫女·從姪孫婦·從姪孫女婿

(2) 부분적 차이를 보이는 경우

고모부: 姑父/ 이모부: 姨父·姨夫/ 형수: 嫂·弟嫂: 弟婦/ 자형: 姊夫/
매부:妹夫

(3) 이중체계를 단일체계화한 경우

고종(내종)형제·자매: 종질(당질)·녀: 堂姪·堂姪女·堂姪婦·堂姪
女婿/ 종손(질손)·녀: 姪孫·姪女孫·姪孫婦·姪女孫壻/ 고손(현손)·녀:
玄孫·玄孫女·玄孫婦·玄孫女婿

2.2.2 모계(母系) 친족어

다음엔 모계의 친족어를 보기로 한다.

1) 외족의 친족어

① 외증조부·모: 外曾祖父·外曾祖母
② 외조부·모: 外祖父·外祖母·外公·外婆·舅祖父·舅祖母
③ 외숙·모: 舅父·舅母·舅舅·舅氏·舅媽·叔母/ 表親叔父·表親叔
母
④ 외종형·제: 舅表兄·舅表弟·舅表嫂·舅表弟婦
⑤ 외종자·매: 舅表姊·舅表妹·舅表姊夫·舅表妹夫
⑥ 외종질·녀: 舅表姪·舅表姪女
⑦ 외종손(질손)·녀: 舅表姪孫·舅表姪孫女

2) 이모계의 친족어

① 이모·부: 姨母·姨媽·姨父·姨夫

② 이종형제·자매: 姨表兄·姨表弟·姨兄·姨弟·姨表姐·姨表妹·
姨姐·姨表嫂·姨表弟夫/ 姨表姊夫·姨表妹夫

③ 이질·녀: 姨表姪·姨表姪女

④ 이종손·녀: 姨表姪孫·姨表姪孫女

2.2.3. 부계(夫系) 및 처족(妻族)의 친족어

(1) 부계(夫系)의 친족어

① 시부모: 公公·公爹·婆母·婆婆

② 시삼촌·숙모: 伯公·叔公·白婆·姑婆(시고모)

③ 남편: 丈夫·先生

④ 시숙·시누이: 大伯·小叔·小郎·大姑·小姑·姑娘·姑子

⑤ 시조카: 姪子·姪女/ 外甥·外甥女(시누이의 자녀)

(2) 처족(妻族)의 친족어

① 처증조부·모: 妻曾祖父·妻曾祖母

② 처조부·모: 妻祖父·妻祖母·太岳父·太岳母

③ 장인·장모: 丈人·丈母·岳父·岳母·外舅·外姑·妻父·妻母

④ 처숙부·모: 伯岳父·叔岳父·伯岳母·叔岳母

⑤ 처형제·자매: 舅兄·大舅子·小舅子·妻舅·內兄·內弟/ 姨姐·
大姨姐·小姨姐· 大姨子·小姨子/ 舅嫂·內弟婦·內嫂·內弟媳/
連襟兄·連襟弟·襟兄弟

⑥ 처질(내질)·녀: 內姪·內姪女·妻外甥·妻外甥女·姨外甥·姨外甥
女

⑦ 처형제의 손·손녀: 內姪孫·內姪孫女

중국의 인척 관계의 친족어를 살펴보았다. 한중 인척의 친족어는 우선
한국어 친족어와 비교할 때 외족(外族)의 경우 '외증조부모·외조부모',

처족(妻族)의 경우 '처증조부모, 처조부모'의 경우는 친족어가 같으나, 나머지는 모두 차이를 보인다. 따라서 부계 친족어에 비해 인척의 친족어는 크게 차이를 드러낸다고 할 수 있다.

그러면 앞에서 살펴본 한·중 친족어 전반에 관하여 차이점을 중심으로 그 특징을 유형화해 보기로 한다. 부계 혈족어와 인척어의 차이를 보이는 용어에 관해서는 앞에서 이미 언급하였으므로, 이는 생략하고, 그밖의 특징을 고찰하기로 한다.

첫째, 한·중 두 언어의 친족어의 특징의 하나는 형제자매에 대한 화자의 시점의 차이가 있다는 것이다. 한국어는 화자의 성(性)에 따라 형제자매가 외형상 여덟 가지 친족어로 구분된다. 이에 대해 중국어의 친족어는 화자의 성별기준이 적용되지 않으므로 '형·제·자·매'의 네 가지로 구분될 뿐이다.

둘째, 친족어에서 '외삼촌 구(舅)'자는 주로 外族을 나타내는 데 쓰이나, 이는 외삼촌 외에 '시아버지·장인·처남' 등 다양한 친족어에 쓰인다. 한국어에서는 외족의 친족어의 경우 '舅'자가 아닌, '외할아버지·외삼촌·외사촌'과 같이 '바깥 외(外)'자가 쓰인다. 중국의 친족어에 쓰인 '舅'자를 보면 '舅姑(시부모)·外舅(장인)·舅子·舅兄·妻舅(처남)·舅嫂(처남의댁)' 같은 것이 있다. 한국어의 친족어에서는 외가(外家) 관계는 '舅姑(시아비와 시어미)·外舅(장인)' 등 몇 개가 보일 뿐이다.

셋째, 중국의 친족어에는 '겉 표(表)'자가 外從·內從·姨從에 '外表·內表·姨表'와 같이 쓰여 '表'가 '從'과 같이 4촌의 의미를 나타낸다.

넷째, 중국의 친족어에서 '바깥 외(外)'자는 '外曾祖父·外祖父·外公·外婆' 등 한정된 외족과, '外孫·外孫女·外孫婦·外孫女婿·外孫曾孫'과 같이 딸의 아들과 손자를 나타내는 친족어에 쓰인다. 이러한 용법은 한국의 친족어에도 쓰인다. 다만 중국의 친족어에는 생질(甥姪)을 '외생(外甥)'이라 하여 '外甥·外甥女·外甥孫'과 같이 차이를 보인다. '外甥'은 한국어 친족어에도 쓰이나, 이는 사위가 장인 장모에게 자칭(自稱)하는 말로, 중국의 친족어와는 그 의미가 다르다.

다섯째, 이모부와 고모부의 경우 한국어에서는 '姨母夫·姑母夫'와 같이 '지아비 부(夫)'를 쓰는데, 중국에서는 '姑父·姨父'라고 하여 '아비 부(父)'자를 쓰는 것이 원칙이다. '姑夫·姨夫'라고도 한다.

여섯째, 한국에서는 형제의 부인을 '兄嫂·弟嫂'라 하는 것이 원칙이나, 중국에서는 '嫂·弟婦'라고 하는 것이 원칙이다. '형수'는 '兄嫂'라 하지 않고 '嫂'라고 하는데 이는 형을 '長兄如父'라고 아버지같이 생각한다는 윤리의식에서 나온 명명이다.

일곱째, 한국에서는 자매의 남편을 '姊兄·妹夫'라고 구분하는 것이 일반적인데, 중국에서는 '姊夫·妹夫'라 하여 연령기준을 중시하지 않는다. 우리의 경우에도 俗에 '妹夫·妹兄'과 같이 일러진다.

여덟째, 며느리(婦)의 부계(夫系) 친족에 대한 지칭이 한국어에서는 어두에 '시(媤)'자를 붙여 매우 정연한 체계를 이루는데, 중국의 친족어는 이러한 일정한 형식 없이 개별적으로 일러진다. '公公·婆母·姑婆·大伯·小郎·小姑' 등이 그것이다.

아홉째, 한국의 친족 체계에는 촌수법(寸數法)이 있다. '三寸, 四寸兄' 등이 이러한 친족어이다. 이광규(1972)는 傍系性의 원리를 설명하며, 친족명이 중국의 직선형과 달리, 한국에서 원형을 이루는 것은 이 계촌법에 원인이 있는 것이라 보고 있다.

2.3. 일본의 친족어

일본의 친족어 체계도 우리와 같이 한자어와 고유어의 두 체계로 이루어져 있다. 이들 친족어의 체계는 한·중 친족어와 비교할 때 상대적으로 간단하다. 순서에 따라 먼저 일본의 부계 친족어를 보기로 한다.

2.3.1. 부계(父系) 친족어

① 고조부·모: 高祖父·高祖·高祖母
② 증조부·모: 曾祖父·曾祖·曾祖母·ひいじじ·おおおば
③ 조부·모: 祖父·祖母·おじいさん·おばあさん
④ 종조부·모: 從祖父·從祖·從祖母·おじいさん·おばあさん
⑤ 대고모·부: 大伯母·大叔母·おおおば
⑥ 재종조부·모: 再從祖父·再從祖母·おじいさん·おばあさん
⑦ 부·모: 父(じじ)·父親(じじおや)·母(はは)·母親(ははおや)·おとうさん·おかあさん
⑧ 숙부·모: 伯父·叔父·おじ·伯母·叔母·おば·おじさん·おばさん
⑨ 고모·부: 叔母(おば)·叔父(おじ)
⑩ 종숙부·모: 從伯父·從叔父·從叔·おじ/ 從伯母·從叔母·おば
⑪ 재종숙부·모: 再從伯父·再從叔父·おじ/ 再從叔母·おば
⑫ 부·처: 夫(おっと)·主(ぬし)·亭主·主人 妻(つま)·家內·內房·細君
⑬ 형·제: 兄(あに)·長兄·次兄·三兄·弟(おとうと)·兄嫁(あによめ)·季嫂·弟嫂(おとうとよめ)·弟嫁(おとうとよめ)/ 義兄·義弟
⑭ 자·매: 姉(あね)·姉御(あねご)·妹(いもうと)/ 姉壻·妹婿/ 義姉·義妹
⑮ 종형제·자매: 從兄·從弟·いとこ/ 從姉·從妹·いとこ(從姉妹)
⑯ 내종형제·자매: いとこ(從兄弟)·いとこ(從姉妹)

⑰ 재종형제·자매: 再從兄·彌(いや)·六寸·又從兄弟(またいとこ)
·二兄弟(ふたいとこ)

⑱ 삼종형제·자매: 三從兄·三從弟·三いとこ·三いとこ妹

⑲ 자·녀: 息子(むすこ)·娘(むすめ)/ 子婦·嫁(よめ)/ 女婿·婿(むこ)
·むすめむこ

⑳ 질·질녀: 姪(おい)·姪女(めい)·從子

㉑ 종질·녀: 從姪(おい)·從姪女(めい)

㉒ 생질·녀: 甥(おい)·姪(めい)

㉓ 내종질·녀

㉔ 재종질·녀

㉕ 손자·손녀: 孫(まご)·孫娘(まごむすめ)·女孫·內孫·內孫女

㉖ 종손·녀: 從孫·從孫女

㉗ 재종손·녀

㉘ 삼종손·녀

㉙ 증손·녀: 曾孫·ひまご·ひまごむすめ·曾姪孫

㉚ 종증손·녀

㉛ 재종증손·녀

㉜ 고손(현손)·녀: 玄孫· 玄姪孫·ひまごのご

일본의 인척인 외족과 처족 등의 친족어는 더욱 소략하다. 따라서 앞에서 살펴본 한국의 친족어와 대응되는 친족어가 있는 일본의 친족어만을 보면 다음과 같다.

2.3.2. 모계(母系) 친족어

1) 외족의 친족어

① 외조부·모: 外祖父·外祖母·祖父·祖母

② 외숙부·모: 外叔·外舅·舅母·舅妻/ 伯父·叔父·おじ/ 伯母·叔

母・おば

③ 외종형제・자매: 外從兄・外從弟・そといとこ

④ 외종질

2) 이모계 친족어

① 이모・이모부: 伯母・叔母(おば)・伯父・叔父(おじ)

② 이종형제・자매: いとこ(從兄弟)・いとこ(從姉妹)

③ 이종질

2.3.3. 부계(夫系) 및 처족(妻族)의 친족어

1) 부계(父系)의 친족어

① 시부모: 舅(しゆうと)・姑(しゆうとめ)

② 시삼촌: おじ・おば・おじさん・おばさん?

③ 남편: 夫(おっと)・主(ぬし)・亭主・主人

④ 시숙: 小舅(こじゆうと)

⑤ 시누이: 義姉・義妹・小姑

2) 처족(妻族)의 친족어

① 장인・장모: 丈人・岳父・義父・舅(しゆうと)/ 丈母・義母・姑(し
ゆうとめ)

② 처숙부・처숙모: おじ・おば・おじさん・おばさん

③ 처: 妻(つま)・家內・內房・細君

④ 처형제・자매: 義兄・義弟・義姉・義妹

이상 일본의 친족어를 살펴보았다. 일본의 친족어는 한국의 친족어와
비교할 때 그 체계가 상대적으로 간략하다. 이의 번간(煩簡)의 정도는 중

국, 한국, 일본의 순으로 간략하다고 할 수 있을 것이다. 그러면 일본의 친족어는 어떤 특징을 지니는가? 이는 다음과 같이 정리할 수 있다.

첫째, 일본의 친족어도 한자어와 고유어의 두 체계로 되어 있다. 한자어의 체계는 중국의 영향을 받았으나, 한국어처럼 심하지 않다. 부계 직계혈족의 경우 우리와 동일한 친족어는 '고조-증조-조-증손-현손' 정도이다. 나머지는 고유어가 대세를 보인다. 姻戚의 친족어는 '외조-외숙-외종형제-외손' 등에 한자용어가 쓰인다. '대고모・부, 고모・부, 이모・부' 등은 차이를 보이거나 개별 친족어가 없는 편이다. 그리고 '父母-伯・叔父・母-夫妻-兄弟・姉妹-子女-姪・姪女-孫・孫女' 등은 비록 한자로 쓰인 경우라도 대부분 고유어로 읽히고 말해진다.

둘째, 인척의 친족어는 분기(分岐)기준이 제대로 작동되지 않는가 하면, 대부분 부계 혈족명을 그대로 사용한다. 따라서 인척이 제대로 구별되지 아니하고, 그 친족어는 간단하다. 이종 및 고종(내종)의 경우는 아예 친족어가 따로 없고, 외종의 경우도 '외종형・외종제'가 있기는 하나, 이종・내종・외종형제를 다 같이 고유어 'いとこ'라 하여 구별하지 않는다. 형제자매의 성별기준도 제대로 작동하지 않는다.

셋째, 삼촌 이내의 친족어는 한자어와 고유어의 두 체계로 되어 있는데, 고유어는 지칭과 함께 호칭으로 사용된다. 'おじいさん(祖父)・おばあさん(祖母)・おじさん(叔父)・おばさん(叔母)'이 그 예다. 또한 대부분의 경우 한자로 쓰인 지칭어가 고유어로 사용된다.

넷째, 처의 부모나 부(夫)의 부모는 원칙적으로 친부모와 같이 지칭, 또는 호칭한다. 인척의 지칭도 부계 혈족의 지칭어를 사용하여 구별하지 않는다. 따라서 'おじいさん(祖父)・おばあさん(祖母)・おとうさん(父)・おかあさん(母)' 등이 어느 집 조부모요, 부모인지 제대로 구분되지 않는다.

다섯째, 일본어의 형제자매에 대한 친족어는 성별기준·연령기준에 따라 구별되나, 우리의 경우처럼 화자의 성별기준은 작용하지 않는다. 따라서 일본의 친족어는 중국과 같이 兄弟姉妹의 네 가지로 구별된다. 이는 한국어에서 여덟 가지로 구분하는 것과 다른 점이다.

여섯째, 고유어 친족어의 경우 조부모를 나타내는 'おじい-さん(祖父)· おばあ-さん(祖母)'과 叔行을 나타내는 호칭어 'おじ-さん(叔)·おば-さ ん(叔母)'은 부계친, 모계친의 친척 구분이 따로 없다. 며느리(婦)의 시가 와 본가의 친족에 대한 지칭이나 호칭도 구별이 없다. 이는 우리의 친족 어와 다른 점이다.

일곱째. 고유어 친족어는 기술적(記述的) 구조로 되어 있는 것이 많다. 이는 역사적으로 볼 때 고어가 좀 더 기술적 해설적 구조로 되어 있다. 이는 이러한 친족어를 단일어라고 보아야 하느냐 하는 문제를 제기하기 도 한다. 夏目漱石의 소설 '吾輩は猫である'에 보이는 '御っかさんの甥 (おひ)の娘(むすめ)'와 같은 것이 그것이다. '어머니의 생질의 딸'이란 말 이다. 'の(의)'를 붙임으로 친족 관계를 해설적으로 나타낸 것이다. 우리 의 고유어에도 '아븨동싱누의남진(男人)' 등의 예가 보인다. 이러한 구조 적 특징은 한·일어가 다 같이 지니는 문제이다.

3. 한·중·일의 친족어와 한국어 친족어의 특징

한국과 중국 일본의 친족어와 그 특징을 각각 살펴보았다. 이들 특징 을 논의하는 가운데 약간의 비교도 하며 한국 친족어의 특징에 대해 언 급하기도 하였다. 그러나 본격적으로 한국의 친족어의 특징을 논의한 것은 아니다. 따라서 이 장에서 삼국의 친족어를 비교하며 한국 친족어의 특징을 살핌으로써 외국어로서의 한국어 교육에 이바지할 수 있게 하기로 한다.

첫째, 한국어 친족어는 앞에서 언급한 Murdock(1965)의 친족어 체계의 구조 원리를 전반적으로 반영하고 있다. 곧, 세대기준, 성별기준, 인척기준, 방계기준, 분기기준, 대칭기준, 연령기준, 화자성별기준, 생사기준의 아홉 가지 기준을 다 반영하고 있다. 중국의 친족어는 이러한 기준 가운데 대칭기준과 화자성별기준이, 일본의 친족어는 분기기준과 화자성별기준이 제대로 적용되고 있지 않다고 할 수 있다. 중·일 친족어에서 제대로 반영하고 있지 않는 화자성별기준은 동세대의 형제자매를 네 개의 친족어로 구분하게 한다. 이에 대해 한국어서는 여덟 가지로 구분하게 한다.

둘째, 한국어 친족어는 중국의 친족어에 비해 덜 분화하였고, 일본의 그것에 비해 좀 더 발달하였다. 따라서 중국의 친족어 '堂姑祖母, 表祖父, 舅表伯父, 姨表叔母, 姑表外甥, 外姪孫, 姑表姪孫女, 外甥曾孫, 堂姨表妹, 堂舅表姪, 堂姨表姪壻, 內姪孫, 內姪孫女' 등 많은 친족어가 한국어에는 보이지 않는다. 그리고 이에 대해 일본 친족어에는 한국의 '오빠, 누이, 내종형, 이종제, 생질손녀, 외증손' 등의 한국의 친족어가 보이지 않는다.

셋째, 부계(父系)친족의 경우 한국의 한자어로 된 친족어는 중·일의 친족어와 상당 부분 동일하다. 그러나 중국어의 경우 앞에서 예시한 ⑯ 내종형제·자매, ㉒생질·녀, ㉓내종질·녀, ㉗재종손·녀, ㉘삼종손·녀, ㉚종증손·녀, ㉛재종증손·녀의 경우는 차이를 보인다. 일본의 경우는 동일한 친족어보다 차이가 나는 친족어가 좀 더 많다. 같거나, 부분적으로 같은 친족어는 32개 친족어 가운데 ①~④, ⑥, ⑧, ⑩, ⑪, ⑮, ⑰, ⑱, ㉖, ㉙의 13개이다.

넷째, 한국의 친족어의 경우 고유어 및 혼종어가 있는 친족어는 32개 친족어 가운데 21개다. 중국어의 경우는 문어(文語) 아닌 구어(白話體)의 경우 또 다른 체계를 이루고 있어 대부분이 문어체와 차이를 보인다. 일본어의 체계도 한자어보다 광의의 고유어 체계가 발달되어 있어 대부분이 고유어로 운용된다고 할 수 있다. 이들 고유어 또는 구어의 체계는 비록 형태는 다르나, 의미면에서는 상호간에 밀접한 관련성을 갖는다. 일본의 고유어 친족어 가운데는 'おじ(숙부)・おば(숙모)・いとこ(사촌)・おい(종질)・めい(종질녀)' 등 성별기준, 인척기준 등의 면에서 구별이 없는가 하면, 대칭기준이 적용되는 용어가 적잖이 쓰인다.

다섯째, 모계(母系) 친족의 경우 한국의 외족의 한자어 친족어 체계는 부계 친족어에 '외(外)'자를 머리에 얹어 정연한 체계를 이룬다. 이 '外'자는 '외할아버지・외할머니'와 같이 고유어 친족어에도 그대로 쓰인다. 이는 父系 친족을 '內'라 하고, 인척을 '外'라 한 발상에서 명명된 것이다. 중국의 친족어는 '外叔' 이하의 친족어에는 모두 '舅'자를 어두에 붙여 차이를 보인다. 또한 중국의 친족어에서는 고종・외종・이종을 나타내는 경우 '姑表・舅表・姨表'라고 '表'자를 붙여 지칭함으로 차이를 보인다. 일본의 친족어는 외족의 경우 '外'와 '舅'를 혼용하여 또 다른 경향을 보인다. 어머니의 자매에 대한 친족어는 한국과 중국에서는 '姨'자를 부계 친족어에 붙여 그 경향을 같이 한다. 이에 대해 일본의 친족어는 '從母', 또는 'おば'라 하여 차이가 난다. 이종 사촌의 경우는 형제자매를 통틀어 'いとこ'라 한다.

여섯째, 처족의 경우 한국의 친족어는 원칙적으로 '장인・장모'를 제외하고는 모두 부계 친족어에 '처(妻)'자를 붙여 나타낸다. 이에 대해 중국에서는 처조부 이상의 존속에만 '妻'자를 붙이고, 나머지는 '舅', 또는 '內'자를 부계 친족어에 붙여 나타낸다. '內'자는 內姪과 같이 한국의 친족어에도 쓰이는 것을 볼 수 있다. 일본의 경우는 '義父・義母・義妹'와 같이 '義'자를 써, 영어의 'Father in law'와 같이 실부가 아니라 혼인에 의한 관계임을 나타낸다. 한국에서는 이 '義'자를 써 일반적으로 '계부・계모'를 나타냄으로 일본의 친족어와 차이를 보인다.

일곱째, 참고로 영어권의 친족어를 보면 이는 일본어보다 좀 더 간략하다. 직계가 아닌 친족어는 uncle(aunt)과 nephew・niece 및 cousin이 있을 뿐이다. 존속・비존속은 grand 와 great-grand를 붙여 구별한다. grandfather-grandson, great-grand-father, great-grand-son 과 같은 것이 그 예다. 인척의 경우는 처족에만 따로 친족어가 보이는데 부계 친족어에 'xx in law'라고 실제의 친족이 아니라, 법적인 친족이란 말을 붙인 것이다. 이러한 예로는 'father in law, mother in law, son in law, daughter in law, brother in law, sister in law, cousin in law' 같은 것이 있다.

4. 한국어교육에서의 친족어 교육

한・중・일의 친족어를 비교하며 한국 친족어의 특성에 대해 살펴보았다. 다음에는 한국어교육에서 친족어 교육을 어떻게 하는 것이 바람직한가, 그 방법에 대해 살펴보기로 한다.

첫째, 친족어 지칭 교육을 강화한다.
친족어 교육이라면 흔히 호칭어 교육을 생각한다. 그리고 지금까지 그래 왔다. 물론 실용적인 면에서 볼 때 호칭어 교육이 좀 더 중요하다. 그러나 지칭어 교육이 없는 호칭어 교육은 사상누각이라 할 수 있다. 본질 없는 현상은 생각할 수 없다. 우선 지칭의 대상이 무엇인가부터 알아야 한다. 그래야 이를 부를 수 있다. 그런 의미에서 그간 소홀했던 친족어의 지칭에 대한 교육을 강화해야 한다. 오늘날 한국의 가정은 핵가족화 하여 한국인 스스로도 친족어와 그 지칭 대상을 잘 알지 못하고 있다. 따라서 외국어로서의 한국어의 친족어와 그 지칭 대상은 더구나 알기 어려운 상황에 놓여 있다. 지칭은 문어에서 사용 빈도가 높고, 구어에 비해 중요성을 보인다. 따라서 호칭과 더불어 지칭 교육을 강화하도록 해야 한다.

둘째, 구조 속에 체계적으로 교육을 한다.

어휘교육은 개별어보다 구조 속에 교수·학습할 때 좀 더 효과를 거둘 수 있다. 더구나 친족어와 같이 형태 및 의미면에서 유연성을 갖는 어휘 장의 경우에는 더욱 그러하다. 예를 들어 '조카'를 교수·학습하자면 '아버지·어머니·형·아우·누님·누이'에 대한 이해 없이는 '조카'라는 친족어를 학습할 수 없다. 인척의 경우는 더욱 그러하다. 이는 외족, 처족, 나아가 이모 및 고모가와, 누이와 딸의 시집이란 구조 속에 그 친족어를 학습해야 체계적이고 용이한 학습이 가능하다.

셋째, 학습자의 언어권 친족어와 이동(異同)을 비교하며 교육한다.

비교는 특성을 드러낸다. 그리고 교육은 어떤 특성이 드러날 때 이해가 잘 되고, 기억에 남는다. 따라서 한국어의 친족어를 교수·학습할 때는 학습자의 모어 친족어와 비교함으로 그 異同을 파악하게 한다. 이때 우선 친족어의 분화·발달 여부부터 파악하게 함으로, 한국어 친족어 학습에 임하도록 한다. 모어 친족어의 煩簡이 우선 학습자의 학습 태도를 달리 할 것이기 때문이다. 그리고 조어상(造語上) 친족어의 형태와 의미가 서로 어떻게 같고 다른지를 파악하게 한다. 그래서 발상이 같으면 쉽게 학습할 수 있을 것이고, 다르면 다른 점에 유의하여 신경을 써 학습할 것이기 때문이다.

넷째, 학습자의 언어권에 대한 배려를 한다.

이 글에서는 한국어 친족어와 중·일어의 친족어를 비교하여 살펴보았다. 중·일은 한자문화권에 속하는 나라들이다. 따라서, 이들 국가의 학습자들은 우선 한국의 한자체계의 친족어부터 교수·학습을 시킬 것이다. 저들은 한자를 이해할 뿐 아니라, 스스로 친족어의 비교도 할 수 있어 쉽게 학습할 수 있을 것이기 때문이다. 이러한 한자어 체계의 친족어를 학습한 다음에 고유어 계통의 친족어를 학습하게 하면 쉽게 정착할 수 있을 것이기 때문이다. 이와는 달리 영어권 국가의 학습자들에게는 우선 한자가 난해한 학습 장애요소가 될 것이므로 고유어 체계부터 학습하도록 하는 것이 바람직할 것이다. 고유어 체계는 비교적 형태 내지 의미적 유연성을 지니고 있으므로 형태적 분석을 함으로 교수·학습하는 경우 쉽게 따라 올 수 있을 것이다.

다섯째, 중국인 학습자들에게는 한국 친족어의 한자체계가 중국어와 대부분 같다고 안심시키고, 다른 점에 주의하게 한다.

부계(父系) 친족어의 경우 한국의 형제자매는 화자의 성에 따라 친족어가 구별된다는 것을 주지시킨다. 인척의 경우 모계친족은 부계 친족어에 일률적으로 '外'자가 붙으며, 처족의 경우와 夫系 친족의 경우는 거의 일률적으로, 각각 '시(媤)'와, '처(妻)'라는 말이 붙어 중국 친족어와는 달리 학습이 용이하다는 것을 주지시킨다. 그리고 구표(舅表)·고표(姑表)·이표(姨表)의 경우 거의 기계적으로 '외종·고종·이종'과 같이 대응된다는 사실을 이해시키면 형제는 말할 것도 없고, 조카까지 파급되어 많은 친족어를 쉽게 학습할 수 있게 된다. 누이의 자녀는 생질(甥姪), 생질녀(甥

姪女)라 하여 중국의 '外甥, 外甥女, 外甥孫'과 구별된다는 사실도 이해하도록 해야 한다. 그리고 한국의 고유어 및 혼종어로 된 친족어도 한자어 친족어체계와 다르지 않고, 다만 고유어로 되어 있는 것만이 다를 뿐 발상 및 체계가 같다는 사실을 개별어의 학습에 앞서 주지시키는 것이 바람직하다.

여섯째, 일본인 학습자들에게는 한국어의 친족어 체계가 일본에 비해 발달되어 세분화되어 있으니 주의를 기울이도록 한다.

한자어 체계는 서로 비슷하다. 따라서 한자어 친족어 체계 학습에는 큰 어려움이 없을 것이다. 다만 일본어 친족어는 한자로 표기하더라도 고유어로 읽히는 것이 많으나 한국어의 친족어는 음독한다는 사실에 유의하도록 한다. 일본어에도 중국어의 경우와 같이 화자의 성에 따라 친족어가 구별되지 않으니 이 점에도 주의하도록 한다. 일본의 친족어는 한자체계만이 아니라, 고유어 체계도 상대적으로 간소하다. 따라서 분화된 한국어의 친족어는 해설적(記述的) 설명을 하여 학습자들로 하여금 이를 이해하고, 사용할 수 있도록 함이 필요하다. 일본어에는 처족이나 부계(夫系) 친족에 대한 구별도 거의 하지 않는 편이다. 따라서 이와 다른 한국어 친족어가 집중적으로 지도되어야 한다.

일곱째, 지칭과 호칭의 차이를 인식하고 바로 사용하도록 한다.

한국어는 한자어 체계와 고유어 체계가 있는 경우 대체로 고유어가 호칭에 사용된다. 이는 일본의 경우도 마찬가지다. 그런데 중국의 경우는 文語 아닌, 口語의 경우에도 지칭어 따로 있다. 이 점은 한·일어와 다른 점이다. 따라서 중국어의 경우는 한국어와의 대응 관계를 특별히 신경을 써서 교수·학습함이 바람직하다.

참고문헌

고륙양(2007), 한·중 호칭어의 대조 연구, 박이정.

김동섭(2001), 언어를 통해 본 문화 이야기 II, 만남.

박갑수(2005), 국어교육과 한국어교육의 성찰, 서울대 출판부.

박갑수(2012), 한국어교육의 원리와 방법, 역락.

박갑수(2013), 한국어교육과 언어문화 교육, 역락.

이광규(1992), 가족과 친족, 일조각.

이두현·이광규(1973), 한국생활사, 서울대부설한국방송통신대학.

이윤표(1985), 국어친척용어의 연구, 고려대학교 박사학위논문.

최재석(1988), 한국의 친족용어, 민음사.

洪珉杓(2007), 日韓の言語文化の理解, 風間書房.

黃 濤(2002), 語言民俗與中國文化, 人民出版社.

森岡健二 外編(1982), 講座 日本語學 4, 語彙史, 明治書院.

■ 이 글은 2016년 11월 16일 작성된 것으로, 미발표, 신고이다.

제 4 장 한국어 능력 검정 시험의 방안

1. 서론

오늘날 우리 주변에서는 세계화(世界化)라는 말이 입버릇처럼 되뇌지는 것을 들을 수 있다. 그러나 무엇보다 세계화해야 하고, 세계화할 수 있는 것은 우리말과 우리 문화라 생각된다.

근래에 우리나라는 국력이 증대되며 우리말이 세계에 퍼져 나가는 것을 피부로 느끼게 된다. 미국에서는 SAT II에 한국어가 채택되었으며, 호주의 초·중·고등학교에서는 한국어가 선택과목으로 가르쳐지고 있다. 중국에는 25개 대학에 한국어학과가 설치되어 우리말을 가르친다고 한다. 그뿐이 아니다. 동남아를 비롯한 여러 나라에서는 우리나라로 취업 이민을 오고 있다. 그래서 그 곳에서는 한국어 학습이 붐을 이르고 있다고 한다.

한국어는 이렇게 세계적인 언어로 발전하고 있다. 그럼에도 아직 우리는 이에 대처할 바람직한 교과서 하나를 제대로 간행하지 못하고 있으며, 나아가 한국어 능력을 평가하는 도구를 제대로 만들어 갖추지 못하고 있다.

학습에는 마땅히 평가가 따라야 한다. 이런 의미에서 우리는 외국어로서의 한국어 능력검정 시험제도를 수립해야 하고, TOEFL이나 TOEIC과 같은 평가 문제를 만들어 성취도를 평정해 주어야 한다.

세계의 여러 나라들은 외국어로서의 자국어 능력시험을 국내외에서 치르고 있다. 독일의 경우는 The Goethe-Institut에서 교육과 평가를 실시하고 있다. ZDaF는 독일어 기초학력 증명 시험이며, ZMP는 중급 시험, ZOP는 고급 시험이다. 이와는 달리 미국, 프랑스, 중국, 일본은 국가적인 규모로 시험을 보이고 있다.

우리도 이제 한국어 능력 검정 시험을 불원간에 치러야 할 형편에 와 있다. 이에 미국, 프랑스, 중국, 일본의 능력시험 제도를 살피고, 우리의 능력 검정 시험의 방안을 모색해 보기로 한다.

외국어 능력시험에 대한 자료는 김하수 외(1996)의 보고서가 대표적인 것이다. 따라서 이 글에서는 이 자료를 많이 참고하여 살피게 될 것이다.

2. 외국의 자국어 능력 검정시험

한국어를 외국어로서 가르칠 경우 한자어권과 비한자어권 및 알타이어권과 비 알타이어권은 현격한 차이가 있다. 따라서 바람직한 한국어의 능력 검정시험을 시행하기 위하여 외국의 사례를 살펴볼 때는 이러한 양면이 고려되어야 한다. 그러기에 여기서는 영어권과 불어권 및 중국어권과 일본어권의 능력 검정시험에 대해 참고로 살펴보기로 한다.

2.1. 영어 능력의 검정시험

영어 능력을 측정하는 제도로는 우리가 다 잘 아는 바와 같이 TOEFL 과 TOEC이 있다. 이 밖에 이를 보완하는 것으로 TWE와 TSE, 그리고 GRE, G-TELP 같은 시험도 있다.

TOEFL은 Test of English as a Foreign Language의 준말로서, 이는 영 어권 내의 대학에서 수학할 수 있는 능력이 있는지, 없는지 그 여부를 평가하고자 하는 것이다. TOEFL 응시자에게는 이와 아울러 TWE(Test of Written English)와 TSE(Test of Spoken English)가 별도로 부과된다. GRE (Graduate Record Examinations)는 대학원에 진학하려는 학생들의 언어, 수리, 및 분석 능력 측정을 목적으로 하는 것이다.

TOEIC은 Test of English for International Communication의 준말로, 직장인들의 실생활에서의 의사소통 능력 측정을 목적으로 한다. 이런 면 에서 TOEFL과 TOEIC은 성격을 달리한다. G-TELP는 특정한 업무 수 행이 아닌, 일상생활과 관련된 일반적인 의사소통 능력의 평가를 목적으 로 하는 것이다.

그러면 구체적으로 시험은 어떻게 시행되는가? TOEFL의 경우 듣기 능력(Listning Comprehension), 구문 및 문법(Structure & Written Exprehension), 어휘력 및 독해력(Vocabulary & Reading Comprehension)의 세 기능 영역을 소 위 4지선택형 문제로 실시한다. TWE와 TSE가 별도로 부과되는 것은 이 때문이다.

이들 기능분야의 측정 내용, 문항수, 시험시간 및 문제의 구성, 평가 방식 등은 다음과 같다(김하수 외, 1996).

(1). 듣기 능력(50문항/ 30분)

미국 영어를 이해하는 능력의 측정

파트 A(30문항): 짧은 대화나 단문(statement)를 듣고 답 고르기

파트 B(8문항): 파트 A보다 조금 더 긴 대화를 듣고 질문에 답하기

파트 C(12문항): 라디오 토크 쇼, 보도(announcements), 강의(lectures)

등 긴 구어 문장(spoken passage)을 듣고 질문에 답하기

(2) 구문 및 문법 (40문항/ 25분)

표준영어에 적합한 언어를 식별하는 능력의 측정

구조(structure)(15문항): 문장을 완성할 수 있는 가장 적절한 단어나

구절(phrase) 고르기

문어 표현(written expression)(25문항): 밑줄친 부분 중 틀린 곳 고르

기

(3) 어휘력 및 독해력(50문항/ 55분)

기술적이 아닌 읽기 자료의 이해 능력 측정

5개의 지문에 주제, 주제문, 단어나 숙어, 지문에서 추론할 수 있는

것, 지문에서 찾을 수 있는 사실 등에 관한 문제

문제 형식은 앞에서 언급한 바와 같이 4지선택형으로 출제되며, 평가 결과는 '점수제(700점 만점)'를 채택한다. 대학에서는 일반적으로 500점 이상을 요구하며, 400점 미만은 부적절, 600점 이상은 우수한 것으로 평가한다.

TWE는 30분 동안에 200-300개의 낱말을 사용한 수필(essay)을 쓰게 하고, TSE는 테이프를 듣고 대답하는 형식으로 녹음기에 녹음한다. 따라서 이들 문항은 모두 주관식 문항에 속하는 것이다. TWE의 측정 내용은 주로 아이디어를 생산하고 조직하는 능력과, 사례와 증거를 동원하여 아이디어를 뒷받침하는 능력, 주어진 주제에 대하여 표준 영어로 문장을 짓는 능력 등이다. 평가는 1점에서 6점에 걸친 척도 점수제로 운영된다.

TSE는 영어 말하기의 숙련도를 평가하는 것인데 이는 다음과 같이 일곱 개의 섹션으로 이루어진다.

> 섹션 1: 수험자의 개인 신상에 관한 질문에 답하기
> 섹션 2: 소리 내어 읽을 거리 읽기
> 섹션 3: 문장 완성하기
> 섹션 4: 그림 묘사하기
> 섹션 5: 그림에 대한 질문에 답하기
> 섹션 6: 특정 주제에 대해 의견 말하기
> 섹션 7: 주어진 스케줄이나 공고 등 설명하기

이 평가는 전반적 이해도, 발음, 문법, 유창성의 네 항목에 걸쳐 행한다.

TOEIC은 **TOEFL**과는 달리 그 내용이 "듣기"와 "독해"의 두 영역으로 되어 있다. 이의 구성과 평가 방식은 다음과 같다(김하수 외, 1996).

> (1) 듣기 (100문항/ 45분)
> 　파트 1 사진 묘사(20문항): 네 개의 보기를 듣고, 가장 잘 묘사한 것 고르기
> 　파트 2 응답문(30문항): 세 개의 보기를 듣고, 가장 적절한 것 고르기
> 　파트 3 대화문(30문항): 세 사람의 대화를 듣고 질문의 답 고르기
> 　파트 4 설명문(20문항): 지문을 듣고 질문에 대한 답 고르기
> (2) 독해 (100문항/ 75분)
> 　파트 5(40문항): 문법 및 어휘의 4지선택형 문제
> 　파트 6(20문항): 밑줄 친 네 개 부분에서 문법적으로 잘못된 곳 고르기

파트 7(40문항): 서신, 신문 기사, 공고문, 경고, 광고 등 약 16개
지문, 지문 당 2-4개 문제가 사지선택형으로 출제함.

듣기의 파트 1-2는 순수한 듣기로 구성되며, 파트 3-4는 질문과 답지
가 문제지에 주어진다. 평가 방식은 점수제(999점 만점)를 취하며, 점수에
따른 언어 능력 평가의 기준은 대체로 다음과 같다.

999-860점: 원어민과 충분한 의사소통이 가능하다.
859-730점: 업무상 지장이 없을 정도의 의사소통 능력이 있으나, 문법,
구문상 잘못이 있을 수 있다.
729-470점: 한정된 범위에서 기본적 구문을 사용, 의사소통이 가능하
나 표현력이 부족하다.
469-290점: 최소한의 의사소통 능력을 지닌다.

GRE의 언어 능력 검사(Verbal Ability Test)의 내용은 유추, 반의어, 문장
완성 및 독해력으로 구성되어 있다. 이 언어 영역은 두 개의 섹션으로
나뉘어, 각 섹션 38문항을 30분에 풀도록 되어 있다. GRE의 문제 형식
은 5지선택형으로 되어 있고, 점수제(8000점 만점, 최저 10점)를 취한다.
G-TELP는 위의 검사들이 점수제로 되어 있는데 대해 등급제를 취하
고 있다. 5단계로 나누고 있는데 각 단계의 정의, 언어 구사 능력, 문항
수와 시간을 보면 다음과 같다.

1단계(50문항/ 50분): 극히 초보적인 학습 영어
영어의 초보로 일상의 인사 소개 등을 이해하는 정도
2단계(55문항/ 60분): 최소한의 의사소통을 위한 초보적인 학습 영어
기본적 어휘와 짧은 문장에 의한 최소한의 의사소통이 가능한

수준

3단계(70문제/ 80분): 단순한 의사소통을 할 수 있는 실용 영어

혼자만의 해외 여행과 단순 업무 출장이 가능한 수준

4단계(80문항/ 90분): 실생활의 의사소통을 원활히 할 수 있는 수준

일상생활에서 별 어려움 없이 의사소통을 하며, 외국인과의 회

의 및 세미나 참석, 해외 연수 등이 가능한 수준

5단계(90문항/ 100분): 다양한 의소소통 과정에서의 능통한 영어

영어를 모어로 하는 사람들과 거의 같이 의사소통을 할 수 있으

며, 국제회의에서 통역도 가능한 수준

이 시험의 내용은 문법, 듣기, 독해 및 어휘의 세 분야이며, 객관식으로 평가한다. 1등급만은 문법 분야를 제외한 나머지 두 분야의 문제만으로 구성한다. 등급은 응시자가 결정한다. 세 영역의 문제 양식은 다음과 같다.

문법: 4지선택형문제와 문장 완성형

듣기: 구어(spoken passage)를 듣고, 질문에 대해 4지선택형에서 정답

고르기

독해 및 어휘: 서신, 공고, 안내서 등에 관한 지문을 주고, 단어와 숙

어, 그 지문에 나온 사실 등에 대한 문제

2.2 불어 능력 검정 시험

프랑스어의 언어 능력을 검사하는 제도는 두 가지가 있다. 그것은 일반 프랑스어 능력 학위(Diploma d'Etudes Langue Francaise: 약칭 DELF)와 고급 프랑스어 능력 학위(Diplome Approfondi en Langue Francaise: 약칭 DALF)의 두 가지다. 이들은 '국가학위'를 수여하는 것으로, 언어의 지식과 실제 상황

에서의 의사소통 능력을 동시에 평가한다.

DELF와 DALF는 "필기 고사"와 "구술 고사"의 두 부문으로 구성되어 있으며, 이들은 각각 6단계 2등급, 4단계 1등급으로 나뉘어 있다. 각 단계의 주요 과제와 시험 내용은 다음과 같다. 아래의 A1-A4는 DELF 1급, A5-A6은 DELF 2급이며, B는 DALF의 단계이다.

A1 주요과제: 일상적 표현
구술 고사 1: 응시자의 일상생활에 관하여 발표하고 토론하기
구술 고사 2: 시험관이 제시하는 주제로 대화하기
필기 고사 1: 시각 자료에 관한 짧은 글쓰기(60-80 단어)
필기 고사 2: 초청, 제안, 약속 시간 등을 수락하는 글쓰기
A2 주요 과제: 생각과 느낌의 표현
구술 고사 1: 청중 앞에서 간단한 주제에 대한 관점 말하기
구술 고사 2: 응시자가 지참한 자료에 대해 시험관의 요구에 따라
　　　　　　자료 제공하기
필기 고사 1: 주어진 자료의 의도와 관점 파악하기
필기 고사 2: 응시자가 제공한 자료에 대한 태도 표현하기
A3 주요 과제: 읽기
구술 고사: 간단한 자료의 내용 분석하기
필기 고사 1: 자료의 내용 분석하기
필기 고사 2: 일상생활과 관련된 정보 요청하기
A4 주요 과제: 언어의 기능
구술 고사: 발음, 억양, 언어의 구조
필기 고사: 문자 언어의 이해와 표현
A5 주요 과제: 문화와 문명
구술 고사 1: 응시자가 선택한 주제(일, 아동, 학문, 제도, 문화, 현
　　　　　　대 문명)에 대해 프랑스어권과 관련하여 말하기
구술 고사 2: 위의 주제에 대해 비교의 관점에서 발표하고 토론하

　　　　　기

　　필기 고사: 제시된 자료를 분석, 또는 요약하기

　A6 주요 과제: 특수 프랑스어

　　구술 고사 1: 응시자의 전공 영역(인문사회과학, 경제학과 법학,

　　　　　　　　수학과 물리학, 생명과학)과 관련된 자료 분석하기

　　구술 고사 2: 위의 영역에 대해 시험관과 토론하기

　B1 주요 과제: 이해와 표현 I

　　필기 고사: 1. 500-700 단어 분량의 자료 분석

　　　　　　　2. 다섯 개의 질문에 간단히 답 쓰기

　B2 주요 과제: 이해와 표현 II

　　구술 고사: 3분 짜리 녹음 자료를 두번 듣고 토론하기

　B3 주요 과제: 특수 프랑스어 I

　　필기 고사: 1. 응시자의 전공에 따른 500-700단어 정도의 문서 분

　　　　　　　석하기

　　　　　　　2. 응시자의 전공에 따라 5개의 질문에 간단한 답 쓰기

　B4 주요 과제: 특수 프랑스어 II

　　구술 고사: 응시자의 전공 영역에서 한 주제를 택해 발표하고 토

　　　　　　　론하기

이들 등급의 응시 자격에는 제한이 있는데, DELF 2급에 응시할 경우
에는 DELF 1급의 자격을 소지해야 하며, DALF에 응시할 경우에는
DELF 2급 소지자이거나, 응시 자격시험에 합격하여야 한다.

2.3 중국어 능력 검정 시험

중국어의 국가적 능력 시험은 "漢語水平考試(HSK)"라 하는데, 이는 중
국어를 모국어로 하지 않는 사람들의 중국어 수준을 측정하기 위한 것

이다. 이는 "초중등 한어 수평고시"와 "고등 한어 수평고시"의 둘로 나뉘어 있다.

한어 수평고시는 매년 정기적으로 국내외에서 실시하는데, "듣기(聽解)", "문법(語法結句)", "독해", "빈칸 채우기(綜合塡空)" 등 네 개의 평가 영역, 170개 문항으로 되어 있으며, 시험 시간은 145분이다. 이들의 측정 요소와 시험 시간을 보면 다음과 같다.

(1) 듣기 이해 (50문항/ 35분)

주로 응시자가 정상 속도의 문장·대화와 일반 제재의 담화를 듣고 이해할 수 있는가를 측정한다. 구체적으로 요구하고 있는 것은 다음과 같다.

① 듣고 난 문장과 간단한 대화 및 담화의 기본 대의의 이해
② 장애를 뛰어넘어 그 속의 주요 정보 또는 중요한 세부 사항의 파악
③ 듣고 난 자료에 근거한 추리와 판단
④ 말하는 사람의 목적과 태도의 이해

(2) 어법 구조 (30문항/ 20분)

주로 응시자의 중국어 보통화 어법 구조에 대한 파악 정도를 측정한다. 측정하는 중점 사항은 다음과 같다.

① 흔히 보게 되는 양사, 방위사, 능원동사, 부사, 개사, 연접사, 조사 등의 용법
② 동사, 형용사, 명사의 중첩
③ 몇 가지 주요 보어, 한정어, 상황어의 용법
④ 어순
⑤ 비교의 방법

⑥ 질문의 방식

⑦ 상용 절구와 관용어

⑧ 상용 복문

(3) 독해의 이해

① 읽은 자료의 주요 의도와 대의 파악

② 읽은 자료의 주요 사실과 정보의 이해

③ 장애를 뛰어넘어 필요한 자세한 사항의 포착

④ 읽은 자료에 근거한 확대 해석과 추리 판단

⑤ 자신의 태도와 정서의 체득

(4) 종합 빈칸 채우기

두 부분으로 나뉘는데, 제1부분은 여러 가지 용도의 종합 자료를 선택하여 각 단락의 문장 가운데 약간의 빈칸을 두고 응시자로 하여금 아래 위의 문장의 뜻에 따라 가장 적당한 단어를 채워 넣는 방식이다.

제2부분은 한자 빈칸 채우기로 응시자가 흔히 보게 되는 통지문, 초청장, 광고, 메모, 서신 등 응용문에서 재료를 선택한다. 각 단락에 빈칸을 두고, 문맥에 근거하여 가장 적당한 한자 하나를 써 넣도록 하는 방식이다.

고등한어 수평고시는 듣기 이해(聽力理解), 독해 이해(列讀 理解), 종합 표현(綜合表達) 등 세 영역의 "필기 고사" 120문항 외에, "작문 고사", "구술 고사"가 추가되며, 전체 시험 시간은 155분이 주어진다(김하수 외, 1996).

* 필답고시(120문항/ 105분)

> ‣ 듣기 이해 (40문항/ 25분)
> ‣ 독해 이해 (40문항/ 40분)
> ‣ 종합 표현 (40문항/ 40분)
* 작문 고시(30분)
* 구어 고시(20분)

　한어수평고시의 평가는 등급제를 택하고 있다. 초등, 중등, 고등의 3
등급에 ABC의 3단계를 두고 있다. 그러나 실제로는 이 밖에 초등 C 아
래 1급과 2급을 더 두어 11급으로 나뉘었다. 이들 등급에는 언어 능력의
내용과 학습 수준이 규정되어 있는데, 이를 보면 다음과 같다.

　　1급(78-114점): 중국어를 약간 이해해 개별 단어를 구사하고, 이해할
　　　　수 있을 정도다.
　　2급(115-151점): 초급 중국어 기초를 알며, 간단한 문장을 이해하고,
　　　　간단한 의사 표시가 가능하다.
　　3급(152-188점): 초급(低)의 능력을 지니고, 800시간 이상 현대 중국어
　　　　정규 교육을 받은 사람은 이 급에 이를 수 있다. "한어수평증서"
　　　　C급을 취득하는 수준이다.
　　4급(189-225점): 초급(中)의 능력을 지니고, 초등 B급을 취득하는 수준
　　　　이다.
　　5급(226-262점): 초급(高)의 능력을 지니고, 초등 A급을 취득하는 수준
　　　　이다.
　　6급(263-299점): 중급(低)의 능력을 지니고, 1500시간 이상 현대 중국
　　　　어 정식 중국어 교육을 받은 사람은 이 수준에 이를 수 있다. 이
　　　　는 동시에 중등 "한어수평증서" C 급을 취득하는 수준이다.
　　7급(300-336점): 중급(中)의 능력을 지니고, 중등 "한어 수평 증서" B급
　　　　을 취득할 수 있는 수준이다.
　　8급(337-400점): 중급(高)의 능력을 지니고, 중등 "한어 수평 증서" 최

고급인 A급을 취득할 수 있다. 이 수준은 동시에 초급 통역 수준
에 이르렀다고 볼 수 있다.

고등 "한어 수평고시"에 대한 기준은 "한어수평고시대강"(1993)에는
보이지 않는다.

2.4. 일본어 능력 검정 시험

일본어 능력시험(Japanes Language Proficiency Test: JLPT)은 "일본 국내 국
외에서 일본어를 학습하고 있는, 일본어를 모어(母語)로 하지 않는 사람
을 대상으로, 일본어 능력을 측정하고, 인정하는 것을 목적"으로 한다.
이는 1급에서 4급까지의 네 단계로 나뉘는데, 각급의 평가 내용은 "문
자, 언어", "청해(聽解)", "독해, 문법"의 세 부분으로 나누고 있다. 각급
의 인정 기준은 첫째, 문법·한자·어휘의 습득 정도, 둘째 일상에서의
일본어 능력의 정도, 셋째 학습 시간의 정도라는 세 가지 측면에서 정의
하고 있다. 이들 시험의 구성 및 인정 기준은 다음과 같다.

* 1급: 고도의 문법·한자(2천자 정도)·어휘(1만어 정도)를 습득하고,
    사회생활에 필요한 동시에 대학에서의 학습과 연구의 기초로
    도 이바지할 종합적 일본어 능력.
    (일본어를 900시간 정도 학습한 수준)
* 2급: 약간 정도가 높은 문법·한자(1000자 정도)·어휘(6천어 정도)
    를 습득하고, 일반적인 사실에 대해 회화를 할 수 있고, 읽기
    쓰기를 할 수 있는 능력.
    (일본어를 600시간 정도 학습하여 중급 일본어 과정을 수료한
    수준)

 * 3급: 기초적 문법·한자(300자 정도)·어휘(1,500자 정도)를 습득하
　　　고, 일상생활에 도움이 될 회화를 할 수 있고, 간단한 문장을
　　　읽고 쓸 수 있는 능력.
　　　(일본어를 300시간 정도 학습하여, 초급 일본어 과정을 수료한
　　　수준)
 * 4급: 초보적 문법·한자(100자 정도)·어휘(800어 정도)를 습득하고
　　　간단한 회화를 할 수 있고, 평이한 문장 또는 짧은 문장을 읽
　　　고, 쓸 수 있는 능력
　　　(일본어를 150시간 정도 학습하여 초급 일본어 과정 전반(前半)
　　　을 수료한 수준)

　응시할 때 급수의 선택은 수험자가 정한다. 이는 흔히 학습시간 또는
수료한 학습 과정에 따라 결정된다.
　각급의 평가 내용은 "문자·어휘", "청해(聽解)", "독해·문법"의 세부
분으로 나눈다. 수험 시간은 급수별로 차이가 있어 4급이 100분으로 제
일 짧고, 2-3급은 140분, 1급은 180분으로 되어 있다. 총점은 400점으
로 동일하다.
　출제되는 내용은 국제교류기금·일본 국제교육협회 공편의 "日本語
能力試驗 出題基準(凡人社, 1994)"에 상세한 정보가 실려 있다. 이에 의해
문제의 내용과 성격을 살펴보면 다음과 같다.

　"문자·어휘"는 등급에 따라 기준이 다르다. 3-4급은 "학습 도달도"를
측정하는데 목적을 두어 대표적 교과서를 바탕으로 출제의 대상을 선정한
다. 이에 대해 1-2급은 일본어의 능력 정도를 측정하는 것을 목적으로 한
다. 따라서 교재와는 관계를 짓지 않는다.
　"문자"는 "상용한자표"의 범위로 한정한다. "어휘"는 4급의 경우 출제

기준에 제시된 679어를 포함한 800어 및 "인사말 등 표현" 21항목을 포함하게 되어 있다. 3급은 출제기준에 제시된 1,315어를 포함한 1,500어 및 "인사말 등 표현" 32항목이 포함된다. 2급은 지정된 4,833어를 포함한 6,000어로 하게 되어 있다. 4,833어 이외의 어휘는 1·2급 지정 어휘만에 국한되지 않는다. 1급은 출제 범위로 지정된 7800 어를 포함한 10,000어로 하게 되어 있다. 이들은 "日本語 교육을 위한 基本語彙調査"(국립국어연구소 1984) 등의 자료에서 가려뽑은 것이다.

"독해·문법"의 경우 "독해"는 급수에 따라 문장의 길이를 규정하였고, 설문의 수도 정해 놓았다. 설문의 수는 1-2급의 경우 18-22문항, 3급은 13-17문항, 4급은 9-12문항으로 정하고 있다. 문제의 유형은 크게 다음과 같은 일곱 가지로 나뉜다.

① 텍스트 내의 언어 형식에 관한 질문
② 텍스트 내의 사실 관계에 대한 질문
③ 의미 해석에 관한 질문
④ 전개 예측에 관한 질문
⑤ 추론적인 질문
⑥ 텍스트 전체의 정보에 토대를 둔 질문
⑦ 텍스트 기능 전체를 대상으로 한 질문

"문법"은 "구문과 문형", "활용", "문법적 기능어"를 중요한 문법 사항으로 본다. 그리하여 3-4급에서는 "구문과 문형"을 중시하고, "활용"과 "문법적 기능어"의 순으로 비중이 약한 것으로 본다. 이에 대해 1-2급은 "문법적 기능어"가 가장 중요하고, "활용", "구문과 문형"의 순으로 비중이 낮은 것으로 본다. 그리고 여기에는 경어, 기타가 추가된다. 이들 급수에 따른 문법 사항과 항목 수는 다음과 같다.

* 4급 문법 사항: a. 문형, 활용 등에 16개 항목
                        b. 조사, 지시어, 의문사 등에 5개 대항목
                        c. 표현 의도 등에 23항목
* 3급 문법 사항: a. 문형, 활용 등에 21개 항목
                        b. 조사, 지시어 등에 7개 항목
                        c. 표현 의도 등에 82개 항목

* 1-2급 문법 사항: 문법적인 기능어·활용·구문·문형 외에 경어, 화용론적인 요소 등 기타 항목이 추가됨. 고도의 기능어류를 습득하여 정확하고 풍부하게 사용하는 것을 주요 과제로 본다.

"청해"에서 측정되는 능력은 "구문·어휘의 능력", "정보를 정확히 파악하는 능력", "듣고 이해하는 행동의 능력"이 포함된다. 청해의 문제 유형은 크게 다음과 같은 일곱 가지로 나뉜다.

① 정보 완성
② 규칙, 법칙, 경향의 적용 및 검증
③ 정보 종합
④ 의도의 파악
⑤ 조회(照會)
⑥ 순서의 재구성
⑦ 사물·인물의 경향

3. 한국어 능력 검정 시험의 현황

외국의 자국어 능력 검정 시험과는 달리 우리나라에서는 아직 본격적

인 한국어 능력 검정시험이 실시되고 있지 않다. 그리하여 뒤늦게 이의 필요성을 깨달은 정부는 내년 10월에 능력 시험을 실시해 보겠다고 이제 겨우 한국어 능력 검정위원회를 발족, 가동하려 하고 있다.

그러나 한국어 능력시험이 그 동안 전혀 실시되지 않은 것은 아니다. 일본의 두 기관에서 한국어 능력 시험을 수차 실시하였기 때문이다. 따라서 정부나 국내 기관에서 실시한 것은 아니나, 이는 선구적 한국어 능력시험으로, 바람직한 국가적 능력시험의 실시를 위해서는 마땅히 이를 살펴 참고하여야 할 것이다. 다음에 이들에 대해 살펴보기로 한다.

3.1. 한글 능력 시험

"한글 능력 검정 시험"은 재일 "한글 능력 검정 협회"가 실시하는 것으로, 한국어를 모어로 하지 않는 일본인 및 재일 동포의 한국어 능력을 측정하기 위해 실시하는 것이다. 한글 능력 검정 협회는 민간단체로, 일본에서 한국어 교육에 종사하고 있는 교수들을 중심으로 구성되었다. 이는 1955년 "한국교육재단"의 "한국어 능력 검정 위원회"가 "한국어 능력 검정시험"을 준비하기 이전까지 梅田博之 교수 외에 10명의 일본인 교수와 한국인 교수 金東俊이 참여하였다.

지금까지 8회를 실시한 "한글 능력 검정 시험"의 형식과 내용은 다음과 같다.

우선 시험 형식은 등급제로 6등급으로 나누었다. 이는 당초에는 1급에서 4급에 이르는 4단계로 되어 있었으나, 1995년 6월에 시행된 제5회 검정시험 때부터 준2급과 5급을 추가하여 6등급으로 바뀌었다. 따라서 시험 문제는 여섯 가지가 출제된다. 시험 영역은 "읽기", "쓰기", "말하기", "들기"의 네 영역에 걸치게 되는데, "말하기"는 종래에는 1-2급 합격자에 한하여 면접시험을 거쳐 2차로 실시하였다. 응시자는 스스로 급을 선택 시험을 치르는데, 급별 시험 내용과 시험 시간은 다음과 같다.

> 필기 시험: 1-준2급 90분, 3-5급 60분
> 듣기·쓰기 시험: 1-3급 30분, 4-5급 20분

문제의 형식은 객관식과 주관식을 섞은 혼합형이며, 말하기는 앞에서 언급한 바와 같이 면접 시험으로 시행한다. 시험은 東京, 新潟, 名古屋, 大阪, 廣島, 福岡 등 6대 도시에서 실시한다.

한글 능력검정협회(1994)에 의하면 각 등급에 따른 한국어 능력 수준은 다음과 같이 규정되어 있다.

> 1급: 일반 회사의 상식 범위 내의 고급스런 내용의 한국어 구사 가능
> 2급: 일상생활이나 직업상의 용무를 보는데 필요한 일반적 한국어 구사 가능
> 준2급: 2급과 3급의 중간 수준으로, 상급(1,2급)의 준비단계로서, 일상생활에 필요한 일반적인 한국어 구사가 가능
> 3급: 평이한 한국어를 듣고 말하고, 읽고 쓸 수 있음.
> 4급: 기초적인 한국어를 듣고 말하고, 읽고 쓸 수 있음.
> 5급: 한글을 배우기 시작한 초보 단계

2차 시험으로 치르는 "말하기"는 그 평가 내용이 크게 발음, 내용 이해, 작문 능력, 표현 및 구성의 네 가지로 되어 있는데, 이의 구체적인 내용은 다음과 같다.

‣ 발음: 개개 단어의 발음을 비롯하여 억양에 이르기까지의 모든 면
‣ 내용 이해: 낭독한 문장의 내용을 잘 이해하고, 시험 위원의 질문 등을 정확하게 파악하여 적절히 대답할 수 있는 능력
‣ 작문 능력: 개개 문장을 만드는데 오류는 없는가 하는 문법적인 측면
‣ 표현 및 구성: 전달해야 할 내용을 적절한 순서로 적절한 표현 형식을 사용하여, 알기 쉬운 구성으로 표현하는 능력

3.2 한국어 능력 검정시험

"한국어 능력 검정 시험"은 재일 "재단법인 한국교육재단 한국어 능력 검정 위원회"가 주최하고, 주일 대한민국 대사관에서 후원, 실시하는 것이다. 이는 1995년은 12월 한국어 능력 검정 모의시험을 치렀고, 1996년 5월 19일 제1회 검정시험을 보였으며, 금년 10월 제2회 한국어 능력 검정시험을 札幌, 仙台, 東京, 新潟, 名古屋, 大阪, 廣島, 福岡 등 여덟 곳에서 보였다. 일본에서 한국어 능력 시험이 두 가지 치르게 된 데에는 그 만한 배경이 있다. 그것은 "한글 능력 시험"이 북한의 언어 규범을 적용하기 때문에, 한국대사관에서는 정책적으로 한국의 언어규범을 적용하는 능력시험을 치르도록 해야 하겠다고 판단하여 "한국어 능력 검정시험"을 치르게 된 것이다. 이는 대사관의 김진성 교육관이 주도하고, 박갑수, 성광수, 심재기, 진태하 교수가 출제를 담당하고, 상기 한국교육재단이 이를 시행하였다.

"한국어 능력 검정시험"은 물론 일본에서 한국어를 학습하고 있는 학습자들의 한국어의 능력을 측정하고자 한 것이다. 그러나 그 목적은 여기에만 두지 않았다. 한국교육재단의 "제2회 한국어 능력 검정시험 수험 안내"에 의하면 그 목적은 다음과 같이 되어 있다.

"이 많은 학습자의 학습 환경과 학습 형태는 각급 정규학교(중·고·대학), 각종 강습소, 일본방송협회의 텔레비전, 라디오의 한국어 강좌, 한국에서의 학습(유학) 등, 각종 각양이며, 학습 정도 및 능력 또한 다양합니다.

이와 같은 현상에 있어 학습자의 학습 성과 및 한국어의 능력을 공통되는 척도에 의해 평가하는 제도가 필연적으로 추구되어 왔습니다.

그래서 학습자의 한국어 능력을, 객관적·종합적으로 일관성 있는 방법으로 한국어 능력 검정 시험을 실시, 평가하여 규정된 기준에 의해 능력급(能力級)을 부여하고, 인정하도록 하였습니다.

이 시험에 의해 학습자가 성취감을 지니고 학습 의욕을 증진시키게 되기를 기대하고, 또한 일본에서의 한국어 보급에 의해 한국 문화의 이해와 우호관계의 촉진에 이어지게 되기를 바라고 있습니다."

이렇듯 한국어 능력 검정 시험은 본래의 목적인 능력 측정 외에, "일본에서의 한국어 보급에 의해 한국 문화의 이해와 우호관계의 촉진"이라는 좀 더 거시적인 목적에도 아울러 주목하였다.

시험은 등급제로 1급에서 5급의 5단계로 나누었으며, 시험 문제는 객관적인 4지선택형을 취하고 있다. 시험 영역은 읽기, 듣기, 쓰기의 세 영역이며, 등급에 따른 시험 시간은 다음과 같다.

▸ 필기 시험(읽기): 1-3급 90분, 4-5급 60분
▸ 듣기 쓰기시험: 1-5급 전부 50분

그리고 각급 시험의 구성과 인정 기준은 다음과 같이 정하였다.

1급: 고도의 문장(신문·잡지·교양서·문예작품 등), 및 텔레비전·라디오·강연 등의 내용을 충분히 이해하여, 문장이나 구술로

바르게 전달할 수 있고, 토의·토론에 있어 자기 의견을 정확하
게 표현할 수 있는 정도

2급: 일상생활에서 보통 접하는 문장(신문 기사·설명문·서간 등)이
나, 텔레비전·라디오 뉴스, 평이한 해설 등을 이해하고, 일상
언어활동에 있어 불편함이 없이 의견을 표현할 수 있는 정도

3급: 일상생활의 언어활동에서 잘 쓰이는 말과 평이한 문장을 이해하
고, 짧은 문장으로 의사전달이 가능하며, 간단한 일상회화에 불
편이 없는 정도

4급: 정확한 발음으로 읽을 수 있고, 기본어휘 1,000어 정도의 문장을
이해하고, 초보적인 대화가 가능한 정도

5급: 입문 수료 정도의 기본적인 문형과 기초어휘 400어 정도로 되어
있는 짧은 문장을 바르게 읽고, 이해하며, 관용적인 인사와 기초
적인 대화가 가능한 정도

시험문제는 1-3급은 필기시험 문제를 60문항, 듣기·쓰기 문제를 30
문항으로 하였으며, 4-5급은 필기시험 문제를 50문항, 듣기·쓰기 문제
를 30문항으로 하고 있다.

4. 바람직한 한국어 능력검정 시험

바람직한 한국어 능력검정 시험의 방안을 모색하기 위해 외국어와 일
본에서의 한국어 능력검정 시험에 대해 살펴보았다. 지금까지 살펴본 것
가운데 대표적인 것을 정리해 보면 다음과 같다.

(1) 시험 제도

TOEFL과 TOEC은 점수제를 택하고, DELF와 DALF, 중국어, 일본어,

한국어 검정시험은 등급제를 취한다.

(2) 시험 영역

TOEFL은 3개 영역(듣기, 구조 및 문법, 독해), TOEC은 2개 영역(듣기, 독해), 프랑스어는 2개 영역(필기, 구술), 중국어는 초중등 4개 영역(듣기, 문법, 독해, 빈칸 채우기), 고등 5개 영역(초·중등의 4개 영역과 말하기), 일본어는 3개 영역(문자 및 어휘, 청해, 독해 및 문법), 한글 능력은 3개 영역(듣기, 독해, 글쓰기 및 말하기), 한국어 능력은 2개 영역(필기, 듣기·쓰기)으로 나누고 있다.

(3) 문제의 형식

TOEFL과 TOEC, 중국어, 일본어, 한국어는 4지선택형을 취하고, 프랑스어는 주관식(주로 발표, 토론, 대화 및 필기), 한글능력은 주객관 혼합식(4지선택형과 단답형, 면접), 한국어 능력은 객관식 사지선택형을 취한다.

이상의 시험 제도, 시험 영역, 문제 형식은 외국어의 능력 검정시험에 가장 중요한 요소들이라 할 수 있다. 따라서 여기서는 한국어의 바람직한 능력 검정시험을 위해 이들 세 항목에 대해 살펴보기로 한다.

4.1. 시험 제도

외국어는 왜 배우는가? 그리고 외국어의 능력 시험은 왜 치르는가? 이는 세 가지 이유를 상정할 수 있을 것이다. 그것은 첫째, 대학 등에 진학하기 위해서이고, 둘째, 취업을 하기 위해서이며, 셋째, 자기 계발을 하기 위해서이다. 학습과 평가는 표리의 관계를 지닌다. 따라서 학습 목적에 따라 시험 제도가 결정된다. 이렇게 볼 때 첫째, 둘째 대상자를 위해서는 점수제를 취하는 것이 바람직하겠고, 셋째 자기 계발을 목적으로 하는 대상자를 위해서는 등급제가 바람직하다 하겠다.

우리의 현실을 보면 첫째와 셋째에 해당한 지망자가 상대적으로 많을 것으로 추정된다. 첫째는 대학 또는 대학원에 진학하기 위해 한국어를 학습하고, 평가를 받고자 하는 것이다. 셋째는 한국어에 대한 취미, 관광, 한국 문화에 대한 관심 등으로 말미암아 한국어를 학습하는 경우다. 일본의 한국어 검정시험 지망자들 가운데 상당 수가 이 유형에 속하는 것으로 보인다. 둘째 취업 이민도 적지 않아 많은 사람이 필요로 할 법하나, 아직 능력 검정을 필요로 할 정도의 인원에는 미치지 못한 것으로 보인다.

또한 제도 면에서 볼 때 점수제는 상당한 수준에 오른 사람이 한두 번 보는 시험이고, 등급제는 승급하기 위해 여러 차례 보아야 하는 시험이라 할 수 있다. 그리고 점수제는 초보자가 어려운 문제에 부딪쳐 좌절감을 맛보기 쉽고, 상급자가 기초적인 문제까지 풀어야 하는 번거로움이 따르게 된다. 이에 대해 등급제는 여러 틀의 문제를 내어야 하는 어려움이 따른다.

이렇게 볼 때 외국어의 능력 검정시험은 학습 및 평가 목표에 따라 두 가지 유형의 시험 제도를 아울러 운영함이 바람직하다 하겠다. 한국어의 국제화를 위해서는 등급제를 채택할 일이다. 등급제는 유인책(誘引策)이 되기 때문이다. 지역적 특성도 고려하여 제도를 취택함도 한 방법이다. 일본 지역 같은 곳은 등급제를 선호하기 때문이다. 따라서 능력시험은 두어 차례 치르되, 한번은 점수제, 다른 한번은 등급제를 취함이 바람직하겠다. 우리의 현실이 아직은 수요도 많지 않고, 거기까지 갈 수 없다면 우선 단일 방법으로 등급제를 한시적으로 적용하는 방안을 생각할 수 있을 것이다.

그리고 여기 하나 덧붙일 것은 한자 사용의 문제다. 이것은 물론 언어 능력과 관련이 있는 것이다. 그러나 이것이 등급제 시험에서 사용된다면 한자문화권과 비한자문화권의 평가에 차이를 드러내 등급에 대한 불신을 초래할 수 있으므로 고려돼야 한다. 따라서 지문의 한자 사용 및 한자 쓰기 문제는 출제에 앞서 문화권에 대한 충분한 검토를 필요로 한다 하겠다.

4.2. 시험 영역

외국의 언어능력 시험 영역을 보면 대체고 "듣기, 독해, 구조·문법"으로 나누고 있다. 그러나 이는 현실적 상황을 고려한 것으로, 시험이 의사소통 능력(communicative competence)을 평가한다고 볼 때 이는 바람직한 것이 못 된다. "말하기"가 빠진 것은 현실적으로 평가하기가 어려워 뺀 것이나, 말하기를 제외한 의사소통이란 생각할 수 없기 때문이다.

시험 영역은 마땅히 언어의 네 가지 기능과 문법·구조, 및 언어문화가 되어야 한다.이는 언어 장면과 결부시킬 때 대인관계, 문화활동, 언어에 대한 지식 등이 된다. 이러한 영역에 대한 하위 항목은 김하수 외 (1996)를 참고할 수 있다.

(1) 읽기
  ① 일상적이거나 비일상적인 내용의 일정한 수준의 문장 이해 능력의 평가
  ② 문자, 어휘, 담화 등의 형태적인 지식의 평가
  ③ 문장 내용의 이해 및 추론, 종합 등의 조직화 능력의 평가
  ④ 문장을 구성하는 텍스트 구조(주장·태도·의견·화제 등)에 관한

지식의 평가

(2) 쓰기

① 정해진 수준과 범위의 어휘 및 문법을 사용하여 표준적 한국어 문 장을 구성하는 종합적 운용 능력의 평가
② 문장의 조합, 배열 등에 의한 텍스트 구성 및 이해 능력의 평가

(3) 듣기

① 음성언어의 의미 파악 등의 청취 능력의 평가
② 청취한 내용에서 정보를 정확히 파악해 내는 분석 능력의 평가
③ 청취 내용에 대한 적절한 반응을 할 수 있는 언어 능력의 평가
④ 청취한 내용에서 논리적 추론 능력 및 종합 능력의 평가

(4) 어휘 및 문법

① 한국어의 수준별 어휘 및 문법의 이해 능력, 및 이해도의 평가
② 어휘 및 문법(구문과 문형, 활용, 문법적 기능어의 용법) 구사의 정 확성, 및 적절성의 평가
③ 표준적 문장의 구성 능력의 평가
④ 한국어의 언어 구조에 관한 지식의 평가
⑤ 어휘 및 문법의 문화적, 역사적 배경에 관한 이해도의 평가
⑥ 한자 및 한자어(특히 추상적이거나 고급 문장에 나오는 것을 중심 으로)의 이해및 구사 능력의 평가

(5) 말하기

① 일상적 내용의 발화에 필요한 언어 구성의 정확성(발음, 어휘 및 문법 사용, 적절한 발화의 구성)과 적절성 평가
② 주어진 질문에 대한 언어적 대응 능력 평가
③ 특정 사건이나 주제의 내용 전달력의 평가
④ 주제나 주장에 대한 발표 및 토론 능력의 평가

이러한 항목들은 다소간의 정리를 필요로 한다. 읽기는 독해 아닌, 지식에 많은 비중이 놓인 것이 흠이다. 앞에 제시한 "일본어 능력 시험"의 독해 문제 유형을 도입함으로 이를 보충하는 것이 바람직하겠다.

듣기는 "구문·어휘의 능력", "정보를 정확하게 파악하는 능력", "듣고 이해하는 행동의 능력"이 측정 대상이 된다. 따라서 이것도 "일본어 능력시험"의 문제 유형을 참고하는 것이 좋을 것이다. 말하기, 쓰기는 표현력을 측정하는 것이다. 따라서 아이디어, 어휘, 표현구조가 측정의 대상이 되어야 한다. 여기에서는 조리(條理)가 평가의 대상이 되어야 하겠고, 언어·문화에 따라 다른 사고방식이 검토되어야 한다. 어휘는 다음과 같은 것이 대상이 되겠다(박갑수, 1994).

① 의식주에 관한 기본적이고 전통적인 어휘
② 대표적 문학 예술 작품과 관련된 어휘
③ 전통적 문화, 제도, 풍습, 민속에 관한 어휘
④ 언어 예절과 관련되는 표현
⑤ 대표적인 관용적 표현
⑥ 대표적 속담
⑦ 대표적인 신어와 유행어

문법은 일반 문법 사항도 중요하나, 학습자의 모어에 간섭을 받는, 외국어로서의 한국어 문법이 학습되고, 이것이 또한 평가 대상이 되어야 한다. 이는 한국어교육에 대조언어학적 고려가 있어야 함을 의미한다.

이밖에 생활과 문화의 반영으로서의 언어가 평가의 대상이 되어야 한다. 문화적인 바탕 없이 외국어의 의사소통 능력을 기른다는 것은 있을 수 없는 일이기 때문이다.

4.3. 문제의 형식

문제의 형식은 객관성을 유지하고, 채점을 수월하게 하기 위해 대부분의 외국어 능력검정시험이 4지선택형을 취하고 있다. 이는 편의주의적 발상에 말미암은 것이다. 무엇보다 좋은 문제의 형식은 주관식으로 출제하는 것이다.

물론 이는 평가의 타당도나 신뢰도의 면에서 문제가 될 수 있다. 이러한 문제점은 시간을 많이 주고 장문의 글을 쓰게 하거나, 장시간의 면접을 통해 평가할 때 해소될 수 있다. 그러나 이는 수험자가 많지 않은 경우라면 몰라도 현실적으로 운영에 어려움이 따르는 평가 방법이라 할 것이다.

4지선택형 또는 5지선택형과 같은 선택형 문제는 앞에서 말한 바와 같이 편리한 것은 사실이다. 그러나 이는 능력의 평가라는 점에서는 문제성을 안고 있는 것도 사실이다. 이는 잘 알지도 못하며, 소위 '찍기'에 의해 요행의 수확을 거두게도 하기 때문이다. 알아야 쓰고, 알아야 점수를 받게 되어 있는 주관식 문제와는 다른 점이다.

이렇게 볼 때 외국어의 능력시험은 주객관식을 혼합한 문제 유형이 가장 바람직하다. 주관식 문제가 채점에 어려움이 있다면 단답형의 문제를 출제하면 된다. 그리하여 객관식, 또는 주관식의 장단점을 보완하는 것이다. 특히 말하기 영역은 면접이란 주관식을 위주로 하고, 여기에 객관식을 가미하여 신뢰도를 높이는 방법이 강구될 수 있을 것이다. 바람직한 한국어 능력시험이 실시되고, 나아가 한국어가 세계적으로 보급되기를 기대해 마지않는다.

참고문헌

김하수 외(1996), '한국어 능력검정 시험 제도 실시를 위한 기본 연구'에 관한 최종보
　　　고서, 교육부 보고서.
박갑수(1994), 올바른 언어생활, 한샘출판사.
박갑수(1994), 이중언어 교육의 과제, 교육월보, 10월호, 문교부.
박갑수(1996), 한국어 국제화의 현황과 과제, 해외 한민족과 차세대, SAT II 한국어진
　　　흥재단.
손연자 외(1993), 외국어로서의 한국어 말하기 능력 평가 기준, 제5차 국제 한국어교
　　　육 학술대회 발표 요지.
최길시(1991), 한국어 능력 검정 방안에 대한 연구, 연세대 교육대학원 석사학위 논문.
國際交流基金, 日本國際教育協會(1994), 日本語 能力試驗 出題基準, 凡人社.
財團法人 韓國教育財團(1996), 第1回 韓國語能力檢定 試驗問題と正解, 1·2級, 信山社.
財團法人 韓國教育財團(1996), 第1回 韓國語能力檢定 試驗問題と正解, 3·4級, 信山社.
中國 國家漢語水平考試委員會 辦公室 編(1993), HSK 漢語水平考試大綱, 韓國 HSK 委
　　　員會.
ハングル能力檢定協會(1994), 第4回 ハングル 能力檢定試驗 模擬問題集(1級·2級) 問題
　　　と解答, ハングル能力檢定協會.
ハングル能力檢定協會(1994), 第4回 ハングル 能力檢定試驗 模擬問題集(3級·4級) 問題
　　　と解答, ハングル能力檢定協會.
石田敏子(1992), 日本語テスト法, 大修館書店.
大坪一夫(1992), 日本語 能力試驗の槪觀, 日本語學, 12-7, 明治書院.
Ambassade de France en Core'e(1994), DELF-DALF: Annaies 94 Core'e du Sud, 1994
　　　프랑스어 능력시험 연보.
Commission Nationale du DELF et du DALF(1993), DELF: Guide de l'examinateur
Haie, G. A., W. Stanfield & R. P. Doran(1984), Summaries of Studies Incolving the
　　　Test of English as a Foreign Language, 1963-1982, TOEFL Research
　　　Report 16: Educational Testing Service.
Test of English as a Foreign Language(1987), TOEFL Test and Score Manual. Prentice Hall.
Test of English as a Foreign Language(1993), Practicing to take the Official GRE,
　　　Prentice Hall.

■ 이 글은 KBS 아나운서실 한국어연구회의 KBS 한국어 연구논문, 제44호,(한국방송공사,
　1996)에 수록된 논문이다. 이는 한국능력시험을 보이기 전의 논문이나, 한국어능력시험
　의 역사를 돌아보게 하는 글이어 본서에 전재하기로 하였다.

찾아보기

일어